CUFE LAW REVIEW

第十一卷

中财法律评论

中央财经大学法学院 / 主办

陈宝妮 / 主编

中国法制出版社
CHINA LEGAL PUBLISHING HOUSE

图书在版编目（CIP）数据

中财法律评论．第十一卷／陈宝妮主编．—北京：中国法制出版社，2019.9
ISBN 978-7-5216-0556-3

Ⅰ．①中… Ⅱ．①陈… Ⅲ．①法律-文集 Ⅳ．①D9-53

中国版本图书馆CIP数据核字（2019）第202070号

责任编辑 周琼妮（zqn-zqn@126.com） 封面设计 杨泽江

中财法律评论 第十一卷
ZHONGCAI FALÜ PINGLUN DISHIYIJUAN

主编/陈宝妮
经销/新华书店
印刷/北京京华虎彩印刷有限公司
开本/710毫米×1000毫米 16开 印张/20.75 字数/308千
版次/2019年9月第1版 2019年9月第1次印刷

中国法制出版社出版
书号 ISBN 978-7-5216-0556-3 定价：75.00元

北京西单横二条2号
邮政编码 100031 传真：010-66031119
网址：http：//www.zgfzs.com **编辑部电话：010-66067023**
市场营销部电话：010-66033393 **邮购部电话：010-66033288**

（如有印装质量问题，请与本社印务部联系调换。电话：010-66032926）

目　录

contents

网络法前沿

WANGLUOFA
QIANYAN

创生性的互联网*

Jonathan L. Zittrain** 著　胡凌***译

一、导言

从1969年诞生的那一刻起,① 互联网就被设计成以两种身份运行：它既是一种建立合乎逻辑的网络的方式，又是一种包含既有不同种类网络而又能使它们独立运行的方式。也即，它既是一整套建筑物，又是将这些建筑物黏合在一起的胶质。② 互联网还被建造为只要得到恰当连接（interface)，就可以向任何设备开放——这几乎没有技术含量，任何电脑或其他信息处理器都可以成为新

* 原文 Jonathan L. Zittrain，“The Generative Internet”，119 *Harvard Law Review*，1974－2040（2006)，翻译已获得作者授权。为令译本阅读更通顺，编辑对文本略有改动，由此带来的字词不精确对应之处，请作者、译者和读者谅解。

** 乔纳森·齐特林，牛津大学互联网治理与管制教授，哈佛大学法学院 Berkman 中心访问教授。

*** 胡凌，上海财经大学法学院副教授、副院长。

① See Neil Randall，*The Soul of the Internet*，Stamford：Thomson Learning，1997，pp. 25－26；LIVING INTERNET，ARPANET－THE FIRST INTERNET，at http：//livinginternet. com/i/ii arpanet. htm（Last visited on April 9，2006)．通过该系统传递的第一个信息本来是“log”，但是在第二个字母之后传输出现了问题，只剩下“lo”成为第一个互联网信息。

② Supra note 1，Randall，*The Soul of the Internet*，p. 60（描述了 Vinton Cerf 和 Robert Kahn 开发一个网络可以相互连接的协议所做出的努力)；WIKIPEDIA，HISTORY OF THE INTERNET，at http：//en. wikipedia. org/wiki/History of the Internet（Last visited on April 9，2006)；see also Barry M. Leiner et al.，“The Past and Future History of the Internet”，*Comm. ACM*，Feb.，102，104（1997)（评论说，“互联网并不是只为了一个应用程序而设计的，而是作为一个总的基础设施架构，可以在上面设计发明新的应用程序”)。

网络的一部分。① 自从互联网以上述两种架构建立后，② 这些原理和将它们付诸实施的协议（protocols）在本质上一直没有变化，即使当网络已经成长并延伸覆盖至发达世界和发展中世界的上亿人口时，也依然如此。③

个人电脑（以下简称“电脑”或“计算机”）的发展既反映了互联网的爆炸式成长，同时也促成了这一结果：这是一种人们支付得起的多功能设备，它可以随时在零售店买到，也可以被用户以任何目的轻易地重新调配。为电脑编写软件——包括可为互联网识别的软件——的用户人数众多，形形色色。④ 这些广泛的用户推动着各式各样的应用程序，为我们业已习惯的迅速的技术革新提供了强大动力，这反过来又会推动在政治、娱乐、新闻和教育诸表达性领域的革新。⑤

---

① See BRIAN E. CARPENTER, ARCHITECTURAL PRINCIPLES OF THE INTERNET (1996), at http://www.ietf.org/rfc/rfc1958.txt（描述了为容纳异质硬件而设计的需要）; see also Leander Kahney, “Jacking Into Home Networking”, *Wired News*, May 4, 2000, at http://www.wired.com/news/technology/0, 1282, 36078, 00.html（描述了一个“居民网关”设计，允许消费者建立家庭网络）; Leander Kahney, “Your Car: The Next Net Appliance”, *Wired News*, Mar. 5, 2001, at http://www.wired.com/news/technology/0, 1282, 42104, 00.html（描述了一个内置的操作系统，能够使各种消费者的应用程序连接到互联网上去）。

② 关于互联网历史的其他背景介绍，See LIVING INTERNET, ARPANET - THE FIRST INTERNET, at http://livinginternet.com/i/ii arpanet.htm (Last visited on April 9, 2006)。

③ See INTERNET WORLD STATS, INTERNET USAGE STATISTICS - THE BIG PICTURE, at http://www.internetworldstats.com/stats.htm (Last visited on April 9, 2006)（估计在2005年超过10亿人使用互联网）。

④ See Steve Lohr, “Microsoft To Offer Streamlined Products Aimed at Programmers”, *N. Y. Times*, June 29, 2004, at C2（估计全世界大概有1800万业余程序员，这是职业程序员人数的三倍）。

⑤ See Paul Freiberger & Michael Swaine, *Fire in the Valley*, Raleigh: Pragmatic Bookshelf, 2000, pp. 78 - 79, 118 - 124（描述了发烧友和狂热分子们在建立电脑市场中的作用）; HOWARD RHEINGOLD, INNOVATION AND THE AMATEUR SPIRIT (DEC. 23, 1999), at http://www.hrea.org/lists/huridocs - tech/markup/msg00383.html（注意到业余爱好者的如下作用：他们“创造了一个从未存在过的平台——个人电脑可以连接到一个全球网络上面——在专业人士能够在该平台上面建立产业之前”）; CF. ROBERT HORVITZ, PROGRAM MANAGER, GLOBAL INTERNET POLICY INST., ICT APPLICATIONS, UNDESA - UNITAR “E - GOVERNMENT FOR DEVELOPMENT” SEMINAR 2 (JUNE 23 - 28, 2003), at http://unpan1.un.org/intradoc/groups/public/documents/un/unpan012242.pdf（注意到“第一台个人电脑生产商鼓励消费者们创制新的应用程序”，并且“把业余程序员和电子发烧友们看成个人电脑的最主要的市场”）。

尽管目前互联网和电脑如此持久稳固，并且普遍地向第三方的贡献开放，以至于这似乎不可避免，但这些技术本来并不需要被配置和允许广泛的第三方做出即刻贡献。本文将勾画互联网与电脑的创生性特征，同时也将勾画被这些设备工具打败的替代性配置。尽管技术向第三方革新的开放性拥有一种强大的惯性，这种惯性到目前为止抵制了政府管制和商业上的控制，但这种开放正日益变得自相矛盾。本文随后将描述这种矛盾的诸种表现方式。

互联网技术专家们长久以来忽视了互联网和电脑的安全威胁，这种威胁可能促成一种对今天互联网和电脑工作方式的空前干涉。这些安全威胁比源自于特别的操作系统缺陷的脆弱性要更加普遍和深入：只要操作系统允许消费者运行第三方代码——电脑操作系统的必备要素（sine qua non）——用户就能够执行恶意代码，由此威胁到自己的和网络上其他人的工作。鼓吹对“信任”的关切很可能助长一场逐渐而根本的转变：这场转变将发生在消费者对信息处理操作平台日益增长的稳定性需求中。这种转变将会与现存政府管制和商业上的压力发生相互作用，从而产生一些解决方案，它们都立基于推进经济上理性的并且经常受法律保护的利益。这些方案使得如下状况很可能发生：未来的个人信息处理和网络互联环境之发展将会被阻碍，这将与今天世界上大多数人享受的状况几乎完全不同。

互联网最可能的发展道路就是，通过向一种能力——自命不凡的革新者向大规模用户群体展示其天才智慧的能力——施加更多的约束，但不是彻底消除，从而实现更大的稳定性。在这样的网络上进行的金融交易将会更加值得信赖，但是其用户的商业模式范围将会变得狭窄。附着在互联网上的吸引消费者的硬件将更易于理解并且更易于按照硬件生产商预想的目的使用，但是它将不允许业余爱好者进行修补。如果这种情况在 1994 年互联网诞生 25 周年之前发生，它的很多先前不寻常的，但现在成为核心的用途将永远不会被开发出来，因为构成这些用途之基础的软件将会缺少一个可以向用户展示并被用户接受的操作平台。

珍视互联网创生性特征的人们必须对某种前景——无论这是要实现还是挫败反对那些特征的增长中的力量——进行评价，以便不需要出现一种极端不同的技术配置。这正是因为未来是不确定的，那些关注由今日互联网和电脑促进的开放与创新的人们，面对朝向改变的、无法阻挡的压力，不应该仅仅寻求或维持一种站不住脚的技术现状，从而为了完美而牺牲好的东西，或者说，为了当下而牺牲未来。相反，我们应该建立起一些原则，它们可以削弱一个更加封锁的、技术性未来中最不具吸引力的特征；还同时承认，对那些从事信息技术工作的人们来说前所未有而又无法想象的边界很可能成为我们必须对其例外事项进行协商的规则。

尽管这些事务对网络法来说非常重要，但总的来讲这一内容不在我们研究领域的关注范围之内，逐渐增进的文献已经尽力对现今互联网中究竟什么是有价值的予以甄别，它们还将端点开放性排除在所关注的网络开放性之外。承认创生性的互联网的重要和不稳定性对诸多事项中如下一些意义重大：网络服务供应商（ISP）应当坚定地遵守端对端中立性原则，在“互联网治理”标题下恰当的关注重点，围绕数字权利管理系统（DRM）产生的多方面争论，以及集权国家对互联网进行审查和过滤的前景。

Yochai Benkler，Mark Lemley 和 Lawrence Lessig 等学者，已经明确表示对保持互联网“开放”问题的关注，这实际上是将一个几十年前技术上的端对端的争论——其涉及互联网协议设计的简约性——转译成这样一种主张：ISP 应该避免对特别的数据来源或类型区别对待。① 这对一个开放的互联网来说很有价值，但是这种主张实际上代表了某种更深层次的东西：一种创生性的互联网格（networked grid）。那些认为从端对端理论中推导出的“网络中立性”极为重要的人们混淆了手段和目的。他们只是关注于“互联网络”，而忽视了某种特别的网络政策对网络终端设计的影响，例如个人电脑。这种偏颇关注的结果便是，端对端的政治上的支持者常常是近视的。很多作者似乎假定，当前的电脑和操作系统架构是安放在一个“开放的”位置上的。如果可以说服他们看到一个更广阔的图景，他们可能会同意在网络层面上的某种妥协。如果完全忠实于端对端网络的中立性原则且任由其一直持续，我们的电脑就可能被信息应用设备取代，或可能经历一场从开放操作平台到封闭社区（gated communities），再到监狱的转变，从而创造出一种消费者的信息环境，其恰恰背叛了最初的端对端理论及其诸原则。

---

① See e. g. , Mark A. Lemley & Lawrence Lessig, “The End of End - to - End: Preserving the Architecture of the Internet in the Broadband Era”, 48 *UCLA L. Rev.* 925 (2001); cf. Yochai Benkler, “Freedom in the Commons: Towards a Political Economy of Information”, 52 *Duke L. J.* 1245, 1266 - 1267 (2003)（把 ISP 控制数据内容的能力谴责为“对个人自主的冒犯”）。

电脑操作系统是应当自由开放还是垄断专有？这两者之间的诸多差异可能难以反映对互联网未来至关重要的事项。垄断专有的系统可以保持“开放”，就像很多已经做到的那样，它们通过允许独立第三方编写替代性程序，并允许电脑所有者安装这些程序而不要求操作系统提供商进行任何防护。在这个意义上，关于我们未来电脑体验之争论应当较少关注于像 Linux 对微软 Windows 这样的普通战斗，因为双方按照这种定义都是“开放”的，而应当较多关注于创生性对非创生性：这就是要理解哪些操作平台会向第三方创新保持开放，而哪些不会。

对于那些参与互联网治理讨论的人们来说，关注域名管理制度同样是不幸的。对于这项互联网图景中微小而日益萎缩的方面来说，人们在其制度性治理的问题上面耗费了太多的学术努力。① 一旦将之同创生能力（generativity）的问题并列，域名问题几乎微不足道。网络法提出的挑战应该是找到管制的途径（尽管不一定通过直接的国家行为），管制哪种代码能、哪种不能轻易传播，并在互联网和电脑的创生性网络上运行，以免消费者的情感和先前存在的管制压力过早悲惨地终结今天互联网的盛大试验。

新的软件工具可能实现集体管制，如果它们能够利用互联网上的知识——由那些用过这种代码的用户之经验产生——把新代码的性质告知互联网用户。集体管制还可能牵涉设计新操作系统，这样的设计将在封锁的与完全开放的电脑之间采取一条中间道路，比如像允许用户在“安全模式”和“试验模式”之间转换的操作系统，将那些新的或者可疑的代码列为只适合于在机器的试验区域运行。

换句话说，对 Lessig 教授和那些比他在名义上更主张自由的人们来讲，本文寻求解释为什么划出一条明确的界限——将几乎任何形式的日益增多的互联网管制区别出来——不再可行。那些关心保持互联网行为和编写代码之灵活性的人们，应当积极地参与到关于网络和电脑架构的变化的争论中来，以帮助改进而不是忽视这种灵活性带来的问题。这种灵活性如果不加制约，就会给主流

① See *e. g.*, Robert A. Badgley, “Internet Domain Names and ICANN Arbitration: The Emerging ‘Law’ of Domain Name Custody Disputes”, 5 *Tex. Rev. L. &Pol.* 343 (2001); Tamar Frankel, “Governing by Negotiation: The Internet Naming System”, 12 *Cardozo J. Int'l&Comp. L.* 449 (2004); A. Michael Froomkin, “Wrong Turn in Cyberspace: Using ICANN To Route Around the APA and the Constitution”, 50 *Duke L. J.* 17 (2000).

消费者体验网络的方式带来不幸而笨拙的改变。

对于如下三者的理解：创生能力价值、其过度发展带来的风险，以及将两者协调起来的可能方式，很可能使围绕 DRM 的争论得以复兴。特别是，尽管没有出现朝向 Julie Cohen 和 Pamela Samuelson 教授于 20 世纪 90 年代末预计的那种全面封锁的悲惨世界的明显变动，① 这种理解承诺向人们展示，正在改变的状况是如何摇摆消费者的情感从而提高 DRM 有效性的架构的。这种重新排列需要的不仅仅是一般性地反对禁止规避 DRM 或者规定了特定的 DRM 体制的法律，它还需要一种对肯定性的技术政策的眼光，包括某些关于增加知识财产可控能力的措施，这种眼光目前尚难出现。

最后，某些西方世界中很可能用来使电脑为了稳定性的缘故更加驯服的手段，还可以极大影响世界其他地方的集权国家对互联网的审查和监视的前景。如果电脑技术不适当地被精制或取代而在新代码传播过程中创造出新的控制端点，这样的技术就可以水平移植到这样的国家中，这些国家当前正通过封锁网络漏洞而非封锁或取代电脑来使其审查有效。

二、创生性技术总览

为了强调开放的互联网和电脑的特征与优点，并且为了助于评价，明确需要放弃（或遏止）何种特征来控制某些过度发展的后果是有助益的。这是为了使这样一种强大的可更改的技术成为主流而造成的后果，而创生能力是启动信息技术革新轨迹的核心特征。创生能力是指一项由大规模形形色色的、未被协调在一起的用户所推动，从而产生自发变革的全面能力。由互联网进行联结的电脑网格就是以这样一种完美的创生方式发展的。从一开始，电脑就被设计成为可以运行由生产商、用户或远程第三方创造的几乎任何程序，并且使创制这些程序变得相对容易。当这些具有高度适应能力的机器连接到一个几乎没有集

---

① See Julie E. Cohen, “Some Reflections on Copyright Management Systems and Laws Designed To Protect Them”, 12 *Berkeley Tech. L. J.* 161 (1997)（主张谨慎采用保护 DRM 的法律）; Pamela Samuelson, “Intellectual Property and the Digital Economy: Why the Anti – Circumvention Regulations Need To Be Revised”, 14 *Berkeley Tech. L. J.* 519 (1999)（主张美国的 DRM 反规避法内容过于宽泛且不清晰）。

中化控制的网络时，结果便是一个几乎完全向创造和革新迅速传播——由拥有技术的用户向广大不用知道他们如何工作就可以享用这些创新成果的爱好者们传播——的开放的网络。

（一）创生性技术的界定

创生能力是以下能力所具有的功能：技术在各种任务中的杠杆能力（capacity for leverage），对一系列不同工作的适应能力（adaptation），易于掌握（ease of mastery），以及容易获得（accessibility）的能力。

1. 杠杆能力。我们的世界充满了有用的事物，这些事物可以是自然的或人造的，切实的或无形的。杠杆能力描绘了这些事物使有价值的成就成为可能的程度（否则这些成就要么不可能，要么不值得付出努力得到）。拥有很强的杠杆能力的设备或系统的例子包括：杠杆本身（就其可以举起物理物体而言），一架带锯机（可以切割），一架飞机（可以从一处飞往另一处），一张纸（成为书写语言的载体），或是一张字母表（用来构词）。创生性的技术使困难的工作变得简单。一种设备或技术节省的工作越多——比较一下锋利的和钝的小刀——它就越具备创生能力；它能够成就的种类越广泛——比较一下锋利的瑞士军刀和锋利的普通小刀——它就越具备创生能力。①

2. 适应能力。适应能力既是指一种技术的使用不需要改变就可以达到的广度，也指其可能被改进以拓宽其使用范围的容易程度。某种给定的工具可能拥有很强的杠杆能力，但其应用范围却很有限。例如，尽管一架犁头可以栽培很多种类的种子，其本质目的还是耕种。当用作他途时，其原有的杠杆能力就会迅速消失，且它并不容易为了新目标而改进，比如用犁头来使门一直敞开。这一现象对剑（假设它们确实难以打造成犁头）、枪、椅子、带锯，甚至飞机都适用。相反，用来书写的纸可以作为纸袋用来卷鱼。一项提供数百种不同种类的额外用途的技术，和那些提供较少用途的技术相比，其适应能力和创生能力（在其他条件相同时）都更强。一项工具的适应能力使先前无法预见的目的更

---

① See Paul Freiberger & Michael Swaine, *Fire in the Valley*, Raleigh: Pragmatic Bookshelf, 2000, p. 200.（把一个叫 Framework 的文字处理器、电子表格程序、数据库和编程语言的组合描述成为一个“相当强大和先进的产品”，“将‘瑞士军刀’的方式应用到了软件设计中”。）

好地得到了实现。

3. 易于掌握。一种技术是否易于掌握反映了广大用户使用和适应它的容易程度：要使用其杠杆能力用于他们关心的事项，需要掌握多少技能，无论这项技术是否是为了那些目的设计出来的。一架飞机既不容易驾驶，也不容易为了新目的而被改造，这不仅因为就本质而言它不适合除了运输之外的其他用途，也因为进行任何可能的改造所需的技能较高，且如果人们不当地进行了改造，飞机就有可能承担物理损伤的风险。相反，纸是易于掌握的：儿童在进入幼儿园时便可学习如何使用，无论是在上面画画，还是折成纸飞机（其本身也比一架真飞机更容易飞行和改造）。易于掌握还指人们可能采用和改造一种给定技术而无须必然掌握所有可能用途的容易程度。操纵一支铅笔只需一瞬间就可以理解，并可以用于很多用途，尽管它可能要求天生的艺术才能和一生的练习才能达到和达·芬奇一样的掌握铅笔的水平。即是说，铅笔的创生能力的大部分源自于它既对新使用者也对熟练工而言的有用程度。

4. 容易获得。人们越容易开始使用和控制一种技术，并掌握该种技术的知识，这种技术就越容易获得。“容易获得”的障碍可能包括生产和消费此技术的纯粹成本、对其使用（例如，是直接服务于政府的利益，还是帮助私人通过知识产权法垄断技术）施加的管制和税赋，以及其生产者为维持稀缺性而使用的保密和混淆措施，而没有必要完全地依赖一种肯定性的知识财产利益。① 经过这样理解“容易获得”的属性，纸张和犁头就是高度可获得的，飞机则几乎不可能，汽车位于它们的中间某处。要学会如何开车可能是容易的，但汽车很贵，而且通过展示驾驶技能而获得的驾驶的特权，可以被政府废止。此外，考虑到汽车和驾驶的性质，这种废止并不需要很高的成本就可以有效实施。

5. 回到创生能力。正如这四项标准所定义的，创生能力随着用户生产新的、有价值的用途的增长而增长，它们易于传播，并且反过来成为进一步创新的源泉。在 2006 年，就很难鉴别一项技术要比互联网以及依附其上的电脑更具创生性。

---

① See WIKIPEDIA，OBFUSCATED CODE，at http：//en. wikipedia. org/wiki/Obfuscated code（Last visited on April 9，2006）（描述了混乱的源代码的实际用处）。

（二）创生性的个人电脑

现代电脑的创生能力源于硬件与软件的分离。① 从早期的计算活动开始，这种分离就很明智，但并不必要。硬件和软件都由多套基于信息输入产生信息输出的指令组成；它们的本质区别在于硬件一旦出厂就不易改变。如果生产商拥有足够的有关一台机器会被要求操作的计算任务的知识，执行这种任务的指令就可以当作硬件嵌入电脑。确实，模拟加数机（analog adding machine）、电子计算器、“聪明的”打字机，或咖啡机里可以在用户选定的时间开始酿造的固件，它们就是这样“嵌入”的。这些设备都是硬件而非软件。或者，正如一些人可能会说的，它们的软件是在硬件之内的。

软件独特的本质和特征在于它允许未经改造的硬件执行新的运算法则，这排除了将该种运算法则嵌于硬件中这一困难而昂贵的过程。② 电脑通过允许用户输入新代码来继承研发型计算机应用硬件与软件分离的传统。即使消费者单独持有该机器，这种代码也可以下载和使用。因此，生产商在电脑出厂后可以编写新软件，而消费者需要知道的仅仅是如何将其载入盒式磁带、磁盘或含有软件的磁带并享受这些硬件带来的好处。（在今天网络互联的环境里，消费者对这类重新编写的程序不需要采取任何行动。）更进一步说，软件对生产商来说开发起来相对容易，是因为电脑携带着另一个较优的制度性传统：它们利用操作系统。③ 操作系统提供了一种更高层次的抽象化，程序员可以据以执

---

① See Paul E. Ceruzzi, *A History of Modern Computing*, Cambridge: MIT Press, 2003, pp. 81 – 84（描述了关于可储存在移动媒体上面的代码的洞见）。

② See Winn L. Rosch, *Winn L. Rosch Hardware Bible*, Hoboken: Que Publishing, 2003, pp. 35 – 38.

③ See Martin Campbell – Kelly, *From Airline Reservations to Sonic the Hedgehog: A History of the Software Industry*, Cambridge: MIT Press, 2003, pp. 206 – 207; WIKIPEDIA, HISTORY OF OPERATING SYSTEMS, at http: //en. wikipedia. org/wiki/History of operating systems (last visited on April 9, 2006).

行他/她的运算法则，这就允许了程序员在设计软件的时候走捷径。① 使用内在输入端为重新编写程序的能力提供了适应性，操作系统则提供了杠杆能力和易于掌握性。

最有重大意义的是，电脑过去曾经是，现在仍然是容易获得的。它们被设计出来执行非电脑生产商或操作系统发行商编写的软件，包括由那些和生产商们没有任何特殊协议的人编写的软件。② 早期的电脑生产商不仅发布对可以在他们操作系统上运行的软件进行编写时所必备的文件，而且还将高水平的编程语言与他们的电脑绑定，这样用户自己就可以学会编写软件，在他们自己（还有潜在的他人的）电脑上使用。③ 高水平的编程语言像汽车上自动的而非人工的传动装置：它们没有使电脑更强大，但是它们确实使其对更广泛的程序员用户来说更加容易获得。④ 这种增长的易于获得性使程序员能够生产软件，否则软件就不会被编写。

由此，个人电脑可以让其用户自行编程，此事意义重大。然而，电脑真正的变革潜能，作为其全面创生能力的一个结果而得到了充分的理解。

电脑被具有不同的背景和目标的人们运用到很多领域中。早期的操作系统缺乏我们今天视为理所当然的能力，比如多重任务处理，但是它们使程序员怀着适度的努力和理解来编写有用的软件成为可能。⑤

编写他们自己的软件，并认为其适合于一般使用的用户可以在软件行业中

---

① 这些捷径可以以新的运作形式出现。例如，一台电脑可以只是被告知对一组数字做平均除法，就可以将程序员从更烦琐的工作中解放出来；比如说还要精确地要它先把数字加起来，然后再做除法。这些捷径还可以专门应用到一台电脑的非处理性硬件可以运行的功能中去。例如，不用直接和一台打印机相连并确切知道它如何接收数据，程序员直接告诉一个操作系统进行打印即可，操作系统就会处理好余下的工作。

② See Paul Freiberger & Michael Swaine, *Fire in the Valley*, Raleigh: Pragmatic Bookshelf, 2000, p. 199.

③ See WIKIPEDIA, QBASIC, at http: //en. wikipedia. org/wiki/QBasic (last visited on April 9, 2006)（注意到 QBasic 和 MS - DOS 5.0 及后来的版本一起被发布出去了）。

④ See Winn L. Rosch, *Winn L. Rosch Hardware Bible*, Hoboken: Que Publishing, 2003, pp. 45 - 49; WIKIPEDIA, HIGH - LEVEL PROGRAMMING LANGUAGE, at http: //en. wikipedia. org/wiki/High - level programming language (last visited on April 9, 2006).

⑤ “程序员”这个术语最好被循环地理解为“编程序的人”而不是那些选择其作为职业的人：这一群体中有很多自学成才的人，把编程当成一种嗜好或第二职业，而不是在职业环境中训练出来的职业者。

挂起小招牌经营，或者只是与他人分享。一个第三方软件市场由此发展起来，并且见证了一系列参与者。从雇用上千人的商业软件发行商，到可以使他们的成果得以免费获取的集体协作软件项目，再到通过在电脑用户杂志上或通过当地电脑用户群体发布广告，来展示并销售他们的软件的发烧友。① 这样的一系列开发人员丰富了各种应用程序的种类，它们被写出来不仅因为有争议的易于获得性大幅增加了编写代码人员的数量，而且因为人们编写代码是为了各种不同的原因。发烧友们可能只是为了玩乐，而其他人却可能出于需要来编写，他们想要一种应用程序但却没有足够的钱来雇佣一个商业软件开发公司。当然，商业公司也可以向个人用户提供定制的编程服务，或者可以开发面向更广阔市场的打包软件。

这种多样性很重要，因为企业通常用来衡量和服务市场对特定应用程序需求的机制可能不会提供足够的洞见来生产每一种有价值的应用程序。这是显而易见的。例如，一种电子制表软件会对受困于加数机的人十分有用，但是新应用程序和旧方法之间的差异可能阻止企业认识到前者能更好地完成其他的任务。然而，电脑却允许多重方式进行新应用程序的创造：企业可以试图评估市场需求，然后编写推销一种产品来满足需求。可以替代的是，有需求的人也可以委托企业编写软件。最后，一些人自己就可以编写软件。

分散化的软件编写人员中，其中大多数人并不隶属于电脑生产商，但却为其生产的电脑编写软件。这种配置后来证明对生产商也有好处，因为对软件更

---

① 小的运行软件继续风行美国软件市场。到 2004 年，每一个软件公司雇员数量的中数值仅仅是 4 名，但平均值却是 39 名。而且，美国 23311 家软件公司中，54.5% 的软件公司只有 2 到 4 名雇员，只有 2.2% 的软件公司雇员超过 100 人。同时，雇员超过 5000 人的软件商仅占 0.2%，却带来了整个行业约三分之二的利润。See SOFTWARE & INFO. INDUS. ASS'N，SOFTWARE INDUSTRY PROFILE JUNE 2004，1（2004），at http：//www.siia.net/software/pubs/profile 0604.pdf. 用户在软件应用程序上的花费（即除了操作系统的软件）从 1970 年的 1 亿美元翻了 10 倍以上，到 1980 年为 13 亿。1990 年业界创造了超过 170 亿的产值，并在十年中维持了近 15% 的年增长率，到 2000 年达到 230 亿美元。See Martin Campbell-Kelly，*From Airline Reservations to Sonic the Hedgehog*：*A History of the Software Industry*，Cambridge：MIT Press，2003，pp. 14-15 tbl. 1.1. 打包软件业整体上在 20 世纪 90 年代每年增长了 12%，这与新的个人电脑的销售增长关系紧密。SOFTWARE & INFO. INDUS. ASS'N，PACKAGED SOFTWARE INDUSTRY REVENUE AND GROWTH 2（2004），at http：//www.siia.net/software/pubs/growth software04.pdf。

多的易于获得性增加了电脑及其操作系统的价值。尽管很多用户是业余爱好者，更多的人用电脑几乎是没有预见的特定的目的，电脑生产商可以向后者吹捧随时使用他们的机器，而这是由不断增加的可获得的软件支持的。

借用互联网架构的一个比喻，电脑架构可以被理解为塑造成像的一个沙漏。① 电脑操作系统位于沙漏的中间，大多数进化缓慢是因为专有的操作系统与重要的外在革新隔绝。在电脑沙漏的宽阔底端，是廉价的、商品化了的硬件。在沙漏宽阔的上端则是应用层，其中很多电脑革新发生在那里。事实上，电脑及其操作系统是产品，而不是服务；而且尽管这种产品的生命可能被扩展至升级，比如增加新的物理存储芯片或操作系统升级，电脑真正的价值却在于其作为一个可以进行进一步革新的平台的易于获得和稳定性，从包括用户自己在内的各种各样的源头获取和使用应用程序，因此提高了操作系统完成令人激动的一系列任务的内在能力。②

尽管学术领域和商业上都关注操作系统的开放与专有这一争论，③ 电脑的创生能力却并不依赖于操作系统是免费开放，还是专有和封闭的，即是说，无论操作系统是否可能被终端用户还是第三方软件开发人员修改，都不会影响其创生能力。像 Windows 这样封闭的操作系统可以并且已经成为一种高度创生性的技术。Windows 系统是创生性的，例如，它的应用编程界面可以使一名程序员启用电脑的任何部分的功能，还令内部的开发者很容易接触电脑硬件输入端

---

① Cf. Comm. on the Internet in the Evolving Info. Infrastructure et al. , *The Internet's Coming of Age*, Washington: National Academies Press, 2001, pp. 36 – 38, 126 – 130. [hereinafter Coming of Age]（将互联网的架构比作一个沙漏，因为“符合最低限度的必备要素往往出现在最窄的地方，而持续增长的选择则存在于较广的顶端和底端”）。

② 与一系列既有应用程序相兼容对传统操作系统的发布商来说十分重要，以至于它阻碍了操作系统更新版本的上线。See Steve Lohr & John Markoff, “Windows Is So Slow, but Why?”, *N. Y. Times*, Mar. 27, 2006, at C1。

③ 例如，see Jonathan Zittrain, “Normative Principles for Evaluating Free and Proprietary Software”, 71 *U. Chi. L. Rev.* 265 (2004)（描述并提出了一个评估免费软件和专有软件之间差异的框架）; Henry Chu et al. , “Developing Nations see *Linux as a Savior from Microsoft's Grip*”, *L. A. Times*, Aug. 9, 2004, at A4（强调了中国和巴西政府机构最近采用了 Linux 系统，并提供了一个关于微软和 Linux 之间争夺操作系统主导地位的国际视角）; Lee Gomes, “Linux Campaign Is an Uphill Battle for Microsoft Corp.”, *Wall St. J.* , June 14, 2001, at B10（描述了微软对 Linux 给其核心操作系统生意带来的威胁的回应）。

和输出端，包括扫描器、照相机、监视器和大规模储存器。因此，几乎任何对Windows工作方式的改变都可以通过放置在应用层的代码进行模仿。① 操作系统最重要的品质在于其计算能力和它能完成的无数种任务；可以被大量的用户获得，并通过应用软件的创造和交换被适应、分享和使用。如果采用这个衡量标准，围绕操作系统源代码本身是否应当允许被修改的争论就是次要的了。

封闭但具创生性的操作系统，主要是微软DOS和其后的微软Windows，支配了电脑兴起的后半段发展历史，它们的早期应用程序胜过了其以应用程序为基础的对手们。例如，尽管起始于一种二战中以录音带为基础的纸质词语处理单元的IBM产品，精致的词语处理设备②已经被使用词语处理软件的电脑所痛击。电脑电子制表软件从未知道一种封闭的、以应用为基础的消费者产品是它的竞争者；③ 电脑已经证明其可以替代视频游戏机作为游戏平台；④ 甚至如果电脑被配置成可记录销售和消费者信息，接受信用卡号码，以及在零售地点兑换零钱，点钞机也被允许在电脑上应用。⑤

---

① 极端地说，一个人可能甚至将GNU/Linux输进Windows，就像Windows的功能已经被输进GNU/Linux中一样。See PRESS RELEASE，LINSPIRE，MICHAEL ROBERTSON，CEO OF LINDOWS. COM，TO OFFER A PC OPERATING SYSTEM TO RUN BOTH LINUX AND WINDOWS SOFTWARE（OCT. 23，2001），at http：//www. linspire. com/lindows news pressreleases archives. php？id = 1［描述了Lindows（现在叫Linspire），一种将Windows的功能输进Linux的产品］；see also Andy Patrizio，“Lindows：Linux Meets Windows”，*Wired News*，OCT. 25，2001，at http：// www. wired. com/news/linux/0，1411，47888，00. html（评估了以Linux为基础的Windows替代品的潜力）。

② IBM文字处理器的继任者包括Friden Flexowriter，See WIKIPEDIA，FRIDEN FLEXOWRITER，at http：//en. wikipedia. org/wiki/Friden Flexowriter（last visited on April 9，2006），和20世纪70年代与80年代在办公室环境中可以找到的“聪明的”打字机。

③ See Paul Freiberger & Michael Swaine，*Fire in the Valley*，Raleigh：Pragmatic Bookshelf，2000，pp. 338 – 339.

④ 2003年，单机游戏和携带式游戏销售额达58亿美元，而电脑游戏销售额仅为12亿美元。See PRESS RELEASE，NPD GROUP，INC.，THE NPD GROUP REPORTS ANNUAL 2003 U. S. VIDEO GAME INDUSTRY DRIVEN BY CONSOLE SOFTWARE SALES（JAN. 26，2004），at http：//npd. com/press/releases/press 040126a. htm. 这项统计可能并不能作为电脑游戏与单机游戏实际使用情况的指标，因为电脑游戏盗版率可能更高。

⑤ See NCR CORP.，2004 ANNUAL REPORT 8 – 9（2005），at http：//investor. ncr. com/downloads/ncr2004ar. pdf（观察到近期零售店自动化技术的发展是由自助结账系统和对点销售工作站技术推动的）。

尽管有硬件和软件生产商过山车式的分裂与整合使个人电脑行业的历史随之改变——产生的突然转变，但是高创生性的电脑技术和市场结构仍然存在。①这些结构及其隐含的意义很可能在不远的未来发生改变。为了理解这些潜在的变化、它们的内涵、为什么它们应该被关注以及通过何种行动来解决。这种行动被设计为使其负面影响最小化，首先应大致理解类似的、正在进行中的对互联网结构的改变是重要的。正如本部分解释所提醒的，电脑与互联网之间的界限正变得难以察觉地模糊；当思考消费者信息技术的未来及其与革新创造的关系时，认为电脑与互联网是分离的，这将不再有帮助。

（三）创生性的互联网

今天的互联网已经异乎寻常地具有创生性。它可以具有很强的杠杆能力：它的协议解决了数据传输的困难问题，使之更加廉价地执行网络互联的服务。②它适应能力强，因为它的结点之间互联的基础架构可以通过修正来适应数量众多的应用设备，从电子邮件和即时通讯到电话和流动视频。③ 适应能力广泛存在是因为互联网协议依赖于少数几个关于其用途的假定，以及它能够有效地测量以容纳大量数据和用户。④ 它易于掌握，因为它的结构允许用户设计新应用程序，而无须知道或担心数据路由的复杂性。⑤ 它容易获得是因为，在功能层面，没有一个需要与之协商连接的中央守门人，也因为其协议是可以公开获得

---

① 近期有关信息技术行业整合的评论，See Andrew Ross Sorkin & Barnaby Feder, "A Sector Where 'Merger' Can Mean the Start of Something Ugly", *N. Y. Times*, Feb. 10, 2005, at C1。

② See BARRY M. LEINER ET AL., A BRIEF HISTORY OF THE INTERNET (2003), at http: // www. isoc. org/internet/history/brief. shtml（讨论了互联网协议在解决如下事项中的作用：数据传输能力、传输费用和互联网发展中的架构设计的灵活性问题）。

③ See id.（"互联网的一个核心概念是，它并非只为了一个应用程序而设计，而是作为可以构思新应用程序的通用基础架构而存在，此后出现的万维网恰恰证实了这点"）。

④ See Comm. on the Internet in the Evolving Info. Infrastructure et al., *Coming of Age*, Washington: National Academies Press, 2001, p. 101 ["在很多情形下（特殊情况除外），增加互联网带宽能够提供充足的运行环节……它能够使越来越多的应用程序在网上安全运行，而不需要特殊处理；这和涨潮时冲进海港的水流能够浮起更大的船道理是一样的。"]。

⑤ See Comm. on the Internet in the Evolving Info. Infrastructure et al., Coming of Age, Washington: National Academies Press, 2001, pp. 36 – 38, 126 – 132（描述了开放的标准和"沙漏"架构是如何允许应用程序使用互联网而不要求其作者拥有网络技术专业知识的）。

的，不受知识产权的限制。[1] 因此，对于新的软件或服务，独立于互联网建筑师和服务提供商的程序员们可以提供，消费者也可以接受。

这种情况是如何发生的呢？不像联邦快递（FedEx）的网络，其广泛成功的线下包裹邮递网络最初依赖于冒险资本家的金融支持，创造出一个有效的物理基础设施，那些在20世纪60年代和20世纪70年代思考互联网的人们设计了一个网络，将现存网络修补到一起并且尽量多地从中获取各种用途。[2]

这种网络的设计在1984年研讨会上一篇题为《系统设计中的端对端争论》的论文中得到了最好的阐述。[3] 该文描述到，互联网缔造者们想要将其设计成沙漏，在中间是一个简单的、狭窄且变化缓慢的协议，立基于底端的一个开放的物理运营者群体，在顶端则是由第三方编写的任何数量的应用程序。互联网沙漏在关键部分反映了电脑的架构，尽管它是被与那些设计了电脑市场的人们完全不同的建筑师群体构想出来的。网络漠视它运作于其上的物理媒介和它传输的数据的性质，就像开放的电脑操作系统一样，可以在“下面”多种物理硬件上面运作，并且支持来自于“上面”各种源泉的任何数量的应用程序。

《系统设计中的端对端争论》一文的作者描述了作为一个工程学上的事项，为什么保持基本网络操作协议简单化，并因此在网络终端或至少是接近终端的地方执行希望得到的特征是比较好的。[4] 像“纠正数据传输中的错误”这类特征，在客户端的应用程序上可以得到最好的执行，这些应用程序可以检查数据是否已经到达其目的地，而不是通过在网络链条中间用来传输数据的路由器来完成。[5] 而那些使路由器在网络工作上的方式发生改变的想法——它们试图使路由器更加聪明、更关心它们选择传输的数据——挑战了端对端哲学。

---

① See Barry M. Leiner et al. , “The Past and Future History of the Internet”, *Comm. ACM*, Feb. 106 (1997) (“通向互联网快速发展的关键就是可以开放地获取基本文件，特别是那些协议的具体说明”); see also Comm. on the Internet in the Evolving Info. Infrastructure et al. , *Coming of Age*, Washington: National Academies Press, 2001, pp. 124 – 126 (讨论了在互联网发展中开放标准的作用)。

② Supra note 1, Leiner et al. , “The Past and Future History of the Internet”, pp. 103 – 104.

③ J. H. Saltzer et al. , “End – to – End Arguments in System Design”, 2 *ACM Transactions on Computer Sys.* 277 (1984).

④ See id. at 277 – 286.

⑤ Jonathan Zittrain, “Internet Points of Control”, 44 *B. C. L. Rev.* 653, 685 – 686 (2003).

互联网的设计还反映了其创造者的资源局限和知识产权利益，他们首先是学术研究者和在公司里兼职的工程师。这些个人并没有要求实现一个全球化网络所需要的巨大资源，也几乎对控制网络或其用户的行为没有兴趣。①使网络运转所需的精力被认为是一项负担；工程师们更愿意设计优雅而有效的协议，这些协议的成功是由其运转能力来衡量的，不需要实际成果。为了增长和未来发展而保持选项的开放被认为是明智的，②而对网络资源的滥用却很少引起大家的担心，因为使用互联网的人就是设计它的人，一组文化上同质的人被他们想看到网络运转的欲求约束着。

互联网设计者们认识到，网络中的任意两个节点之间都缺乏持续的连接，③他们想以既不会向中央集线器征税，也不会要求整个网络拓扑做中央化调整的方式向网络中添加附件。④这些约束促成了无状态协议和分组交换（packet switching）。该协议不假定节点会持续连接且认为这些连接没有集中化的可供学习的知识；⑤而分组交换则把所有的数据打碎为小的、离散的数据包，允许不同的用户共享一个连接点，每一个用户都可以发送一个数据片段，同时还允许其他人的数据通过。这个限制还激发了数据包路由的基础协议。通过它，网络上的任何数量的路由器——每一个都由不同的实体拥有和管理——都维持着指示数据应该往哪个方向行动的路由表，而不需要确切知道通往数据的终点的确切路径。⑥

一个为从各个角落出现的革新准备的、有伸缩性的、强劲的操作平台起源于这些技术和社会的基础。两项更为深远的历史发展确保了，一个易于掌握的

---

① See Barry M. Leiner et al.，“The Past and Future History of the Internet”，*Comm. ACM*，Feb.，102－104（1997）.

② See Comm. on the Internet in the Evolving Info. Infrastructure et al.，*Coming of Age*，Washington：National Academies Press，2001，pp. 34－41（讨论了互联网暗含的设计原则，允许可缩放的、分布式的和适应性强的设计）。

③ See id. at 9－10，98－106（讨论了诸如可靠性和耐用性这样的服务目标的质量）。

④ Supra note 1，Leiner et al.，“The Past and Future History of the Internet”，pp. 103－104.

⑤ See WIKIPEDIA，PACKET SWITCHING，at http：//en. wikipedia. org/wiki/Packet switching（last visited on April 9，2006）.

⑥ See WIKIPEDIA，ROUTING，at http：//en. wikipedia. org/wiki/Routing（last visited on April 9，2006）；supra note 4，Leiner et al.，“The Past and Future History of the Internet”（把“网关允许网络适当地传递数据包的功能”列为互联网设计的目标之一）。

互联网同时还会异乎寻常地容易获取。首先，早期的互联网由主要放置在大学计算机科学系、美国政府研究单位和挑选出来的对前沿的网络研究感兴趣的技术公司的节点组成。① 这些研究所为了宽带管理进展和研究者用来通讯和讨论的工具而协力工作。② 但是却找不到消费者的应用程序，直到互联网开始接受商业互联，而无须要求学术或政府研究的正当性证明，而且人们普遍被请求加入互联网。③ 反对商业用途和广泛互联的相关规范被取消这一历史性发展，已经体现在了美国国家科学基金会的警告中，即它对运行互联网主干网的贡献被用于非商业目的，④ 这极大增加了互联网的创生能力。它向一个广泛的，受商业利益驱使的受众开启了网络互联技术的开发，提供私人服务的个人公司并没有想到要邀请这些受众，原初互联网的设计者则没有想到会把他们包括在设计过程中。

另一个历史发展很容易被忽视，因为回溯看来它似乎不可避免：即互联网作为电脑连接的网络占了主导地位，而不是和信息应用设备——电脑击败了它们——相似的专有网络。第一个大规模的消费者电脑网络互联是通过像 CompuServe、The Source 和 Prodigy 那样自我包含的“围墙花园”网络而发生的。⑤ 每一个网络将其成员仅仅连接到其他注册的成员那里，或者连接到通过网络拥有者管理和清除的内容上。例如，早在 1983 年，一个在 CompuServe 注册的家庭电脑用户可以参与一系列活动——阅读新闻订阅，发送电子邮件，在公共布

---

① See Paul Freiberger & Michael Swaine, *Fire in the Valley*, Raleigh: Pragmatic Bookshelf, 2000, pp. 208 - 209（描述了 ARPANET 作为一个“连接国防部用于军事搜索的计算机和学术站点的计算机”的网络）; Christos J. P. Moschovitis et al., *History of the Internet*, California: ABC - CLIO, 1999, p. 126. WIKIPEDIA, HISTORY OF THE INTERNET, at http: //en. wikipedia. org/wiki/History of the Internet（Last visited on April 9, 2006）。

② Christos J. P. Moschovitis et al., *History of the Internet*, California: ABC - CLIO, 1999, pp. 102 - 103（讲述了 Usenet 的产生，这也导致了“新闻组的出现，人们可以在其中分享对特定话题的想法和相关信息”）。

③ See Barry M. Leiner et al., “The Past and Future History of the Internet”, *Comm. ACM*, Feb., 107 - 108 (1997).

④ See id. at 105（“NSF 强制执行了一个允许使用的政策，禁止以用于‘研究和教育’以外的目的使用主干网”）。

⑤ See WIKIPEDIA, COMPUSERVE, at http: //en. wikipedia. org/wiki/Compuserve (last visited on April 9, 2006); WIKIPEDIA, PRODIGY (ISP), at http: //en. wikipedia. org/wiki/Prodigy %28ISP%29 (last visited on April 9, 2006).

告栏中张贴信息，参与初级多重玩家游戏（同样是只能和其他 CompuServe 用户一起玩）。① 但是每一种活动都是由 CompuServe 或其正式的合伙人编写代码的。和互联网相比，这就使得网络的创生能力降低，较难获得。尽管 CompuServe 和外界软件程序员、内容提供商达成了某些开发协议，② 即使到 1994 年其服务增长至几乎两百万个用户，其核心的功能仍然几乎没有变化。③

专有服务可以为了特定任务而增加杠杆能力，它们的技术也适应于很多目标，并且易于掌握，但是消费者和外界的人无法容易地修补服务，这限制了它们的创生能力。④ 它们更像早期的视频游戏控制台⑤而不是像电脑：通过对由中央管理允许的个人“字体盒”（catridges）的开发允许多功能使用，然而其进化却很缓慢，因为潜在的开发者被集中化的对网络服务的控制所延缓或扼杀掉了。

首先接入互联网的电脑是大型主计算机和微型电脑，它们是典型地在大学计算机科学系中产生的机器。⑥ 早期的笔记本电脑接入互联网是通过专业化的非消费者工作站完成，很多都使用 UNIX 操作系统。⑦ 当互联网扩展并且开始吸引非专家们的参与时，在消费者手中的数十万台电脑就成为互联网生长的自然资源。⑧ 然而，尽管有潜在的市场，却没有主流的操作系统生产商或软件开发

---

① See Peter H. Lewis, “A Boom for On – line Services”, *N. Y. Times*, July 12, 1994, at D1.

② See William Glaberson, “Press Notes: As On – Line ‘Circulation’ Expands, More Newspapers Are Making the Plunge into Electronic Publishing”, *N. Y. Times*, Oct. 10, 1994, at D5（讨论了报纸和在线服务之间的合作关系）。

③ See Amy Harmon, “Loyal Subscribers of Compuserve Are Fearing a Culture Clash in Its Takeover”, *N. Y. Times*, Feb. 16, 1998, at D8.

④ See ROBERT X. CRINGELY, THAT DOES NOT COMPUTE!, PBS, SEPT. 17, 1997, at http: //www. pbs. org/ cringely/pulpit/pulpit19970917. html（讨论了专有服务因技术的不灵活而面临的挑战）。

⑤ See e. g. , Sega Enters. Ltd. v. Accolade, Inc. , 977 F. 2d 1510, 1514 – 1516 (9th Cir. 1992)（描述了用来控制 Sega Genesis 单机软件开发的安全和许可机制）。

⑥ See Paul Freiberger & Michael Swaine, *Fire in the Valley*, Raleigh: Pragmatic Bookshelf, 2000, pp. 24 – 25（注意到大型计算机和迷你电脑是 20 世纪 70 年代早期仅有的计算机类型）。

⑦ See NETACTION, THE ORIGINS AND FUTURE OF OPEN SOURCE SOFTWARE, at http: //www. netaction. org/ opensrc/future/unix. html (last visited on April 9, 2006)（认为工作站生产商在 1987 和 1988 年开始使用带有内置互联网协议的系统）。

⑧ See Barry M. Leiner et al. , “The Past and Future History of the Internet”, *Comm. ACM*, Feb. , 102, 104 (1997) [“局域网（LANs）、个人电脑和工作站在 20 世纪 80 年代的广泛发展使萌芽中的互联网繁荣起来。”]。

公司迅速地转向，将互联网协议兼容性设计到电脑操作系统里面。电脑可以接入“围墙花园”的专有服务，但是它们在本地使用互联网识别的应用程序的能力就会受到限制。

一名发烧友自己利用电脑的创生能力，生产并传播缺失的技术链接。Peter Tattam，一名 Tasmania 大学心理学系的雇员，编写了 Trumpet Winsock 程序，它允许运行微软 Windows 的电脑拥有者同附近 ISP 产业运行的服务器实现点对点网络互联。① 方便消费者接入互联网允许的应用程序比如 Winsock，加上圆形万维网协议的发展和电脑浏览器来支持它们——一开始它们都是非商业的冒险——标志着专有信息服务的终结和像电子布告栏那样的点对点电话网络互联环境的开始。在意识到 Tattam 软件的流行之后，微软将 Winsock 的功能绑定在 Windows 95 后来的版本中。②

当电脑用户发现自己正日益可以接近互联网时，专有的网络运行者和内容提供商抢着重新为他们的商业模式定位，从封闭的内容转向连接更广阔的互联网。③ 这些在线服务提供商迅速变成了纯粹的 ISP，他们的用户则可以享受互联网上的应用程序和服务。④ 像 CompuServe 的“电子大厅”一类的服务——一种允许外界经销商通过与 CompuServe 达成协议，可以向用户出售商品的电子商务服务⑤——在可以向任何上网的人出售物品的个人网站兴起中迷失了自我。

---

① See TRUMPET SOFTWARE INTERNATIONAL, HISTORY, at http: //www. trumpet. com. au/history. html (last visited on April 9, 2006).

② See WIKIPEDIA, WINSOCK, at http: //en. wikipedia. org/wiki/Winsock (last visited on April 9, 2006).

③ See WALLED GARDENS - A BRICK WALL?, SHOSTECK EMAIL BRIEFING (HERSCHEL SHOSTECK ASSOCS., LTD.), MAR. 2000, at http: //www. shosteck. com/news/mar00. htm (“无论美国在线公司提供的线上专属内容和服务有多好，用户仍要求访问万维网上成千上万的其他网站和网络电子邮件”); see also Amy Harmon, “Loyal Subscribers of Compuserve Are Fearing a Culture Clash in Its Takeover”, *N. Y. Times*, Feb. 16, 1998, at D8. (“Compuserve 作为技术精英的首选的时代真的结束了……当该服务没能迅速为用户提供一条通向万维网的道路的时候。”)。

④ Supra note 3, WALLED GARDENS - A BRICK WALL? (“当美国在线公司继续从其专有的电子商务服务和广告关系中赚取利润时，该企业对外界的主要吸引力就在于它是通向互联网的一个便捷的入口，而本质上看，它是一个较少关注详细内容和服务的访问提供者。”)。

⑤ See Stephen C. Miller, “Point, Click, Shop Till You Drop”, *N. Y. Times*, Apr. 20, 1995, at C2.

和专有网络的内容提供商相比，互联网具有的更强的创生能力创造了网络的外部性：当更多的信息受众逐渐认识互联网时，有望获取更多的信息资源给予了这些用户充足的理由去开办网上商店，这反过来又会吸引更多的消费者。分散的第三方可以并且已经为客户和服务商编写即时讯息①、网页浏览②、电邮交换③和互联网搜索④。更多的是，互联网保持着广泛的可获得性：任何人都可以廉价地登入，他们很快成为互联网上在信息交换能力上和所有其他人相同的一个节点，只受到带宽的限制。今天，互联网接入可能是免费的，因为一个人正坐在一张接近一个宽带网用户的公寓的公园长凳上，该宽带网用户开通了无线网络；⑤ 这很大程度上归功于消费者无线路由器的默认设置这一偶然事件。

没有人能专门拥有由此产生的互联网，但任何人都可以加入。当然，要加入需要至少一个当前互联网用户的默许，但是如果一个人在一处被拒绝，还会

① See e. g. , ICQ, THE ICQ STORY, at http: //company. icq. com/info/icqstory. html (last visited on April 9, 2006).

② See Christos J. P. Moschovitis et al. , *History of the Internet*, California: ABC – CLIO, 1999, pp. 153 – 154, 164 – 165; LIVING INTERNET, TIM BERNERS – LEE, ROBERT CAILLIAU, AND THE WORLD WIDE WEB, at http: //livinginternet. com/w/wi lee. htm (last visited on April 9, 2006).

③ See Comm. on the Internet in the Evolving Info. Infrastructure et al. , *Coming of Age*, Washington: National Academies Press, 2001, p. 146; Randall, *The Soul of the Internet*, Stamford: Thomson Learning, 1997, pp. 89 – 95; LIVING INTERNET, EMAIL HISTORY, at http: //livinginternet. com/e/ei. htm (last visited on April 9, 2006).

④ Supra note 2, Moschovitis et al. , *History of the Internet*, California: ABC – CLIO, 1999, p. 181.

⑤ See Associated Press, "Security – Free Wireless Networks", *Wired News*, May 30, 2004, at http: //www. wired. com/news/wireless/0, 1382, 63667, 00. html. 实际上，在 2006 年就有一个叫 FON 的企业开始帮助人们建立便捷的网络连接，该公司要求其用户向 FON 成员开启自己家里的无线网络，以使他们在旅行的时候也可以方便地使用其他 FON 成员的无线连接。See John Markoff, "Venture for Sharing Wi – Fi Draws Big – Name Backers", *N. Y. Times*, Feb. 6, 2006, at C3; WHAT IS FON?, at http: // en. fon. com/info/what – is – fon. php (last visited on April 9, 2006)。

有数不清的其他人设法获得这一地位，商业 ISP 也会以商业的速度提供服务。① 那些想要在互联网上提供服务或者想要连接一个正式的、自我维护的本地网的人——比如说想要把电脑连接到互联网上去的学校——可以找到快速可靠的宽带网接入，每月只需花费几百美元。② 服务质量（QoS）——两个端点之间的不间断的带宽③——很难得到保证，因为互联网不像诸如联邦快递一样的由一方从端点到端点运行的物理分发网络，它是由很多相异的个体网络组成的。无论如何，当骨干网已经发展并且当技术革新既降低了带宽要求，又安排了内容在那些需要它的人附近的时候，④ 网络已经证明，甚至在像个人之间的视频和音频传输那些最初失败的领域，其都是非常有效的。

---

① See Ken Belson, "Yahoo To Offer Portal Service to BellSouth", *N. Y. Times*, Oct. 18, 2005, at C5（详细介绍了宽带互联网服务提供商之间的价格竞争）; see also Comm. on the Internet in the Evolving Info. Infrastructure et al., *Coming of Age*, Washington: National Academies Press, 2001, p. 46（描述了 ISP 市场的增长）。除此之外，几个城市已经实施或宣称为其居民提供免费或有补贴的互联网接入。See e. g., Christos J. P. Moschovitis et al., *History of the Internet*, California: ABC – CLIO, 1999, p. 126（讨论了 Cleveland 的免费的公共互联网连接项目）; Bob Tedeschi, "E – Commerce Report: What Would Benjamin Franklin Say? Philadelphia Plans Citywide Free Wi – Fi Internet Access for Computer Users", *N. Y. Times*, Sept. 27, 2004, at C8（描述了 Philadelphia 在公共场所提供免费无线网的计划）。

② See e. g., MOTOROLA, INC., A BUSINESS CASE FOR T1 VOICE AND HIGH – SPEED ETHERNET COMMERCIAL SERVICES 4（2005）, at http://broadband. motorola. com/ips/ pdf/CommSvcs. pdf（发现在美国，T1 服务的费用范围是每个月从 250 到 1200 美元不等）; Ross Wehner, "Out of the Shadows", *Denver Post*, Sept. 30, 2005, at 1C（注意到典型的 T1 花费为每月 400 – 600 美元）。

③ See ABOUT. COM, QOS, at http://compnetworking. about. com/od/networkdesign/l/bldef qos. htm（last visited on April 9, 2006）[主张 QoS 的目标是"保证……网络传输结果的可预测性"，还主张"在 QoS 范围内进行网络运行的要素应包括可获得性（上线时间）、带宽（流量）、延迟（拖延）和错误率"。]; Coming of Age, supra note 1, Belson, "Yahoo To Offer Portal Service to BellSouth", pp. 9 – 10, 98 – 106 页（讨论了 QoS 的目标）; WIKIPEDIA, QUALITY OF SERVICE, at http://en. wikipedia. org/wiki/Quality of service（last visited on April 9, 2006）（讨论了 QoS 的要素与网络提供 QoS 的诸机制）。

④ Akamai 是一家主要的边缘缓存服务的提供商。See AKAMAI TECHNOLOGIES, INC., ANNUAL REPORT（FORM 10 – K）, 3 – 5（MAR. 16, 2006）, at http://www. akamai. com/en/ resources/pdf/investors/10k 2005. pdf（描述了 Akamai 的服务项目）, Internap 是另一家主要的为互联网出版商提供优质流量服务的提供商。Internap Network Services, Inc., Annual Report（Form 10 – K）, 1 – 3（Mar. 10, 2006）。

（四）创生性的网格

非商业和商业企业都已经利用开放的电脑和互联网技术开发出了多种多样的互联网应用程序和服务，其中很多在发布后的几个月甚至几天内就变得很流行（或是臭名昭著）。Yahoo!，Amazon. com，eBay，flickr，the Drudge Report，CNN. com，Wikipedia，MySpace：即便只是少部分网站和应用程序为大部分的用户提供线上活动，这串互联网上可得的服务和相关活动的名单也有成百上千个。① 有些例如 CNN. com 的网站，就是现有制度下的在线实例；其他的网站，从 PayPal 到 Geocities，则代表了以前未获成功的市场参与者的新冒险行为。尽管很多产生于 . com 兴盛的年代——大致从 1995 年到 2000 年——的产品和服务是不成熟的，或者没有很好地进行策划，但如下这点却是事实：很多大公司，包括以技术为导向的公司，都长时间地忽视了互联网的潜在能力。②

值得注意的是，近年来通过宽带进行网络连接的电脑数量激增。③ 创生性的电脑已经变得和创生性的互联网纠结在一起，整体目前要比部分的总和强大得多。一个经常在线的数量众多的电脑群体意味着，对很多任务的处理能力，从很难的数学运算到迅速且巨大的文件传输，可以在成百上千、甚至数百万台电脑中分配。④ 同样，这还意味着很多曾经需要躺在一台电脑中可为

---

① See e. g. , James Fallows, "A Journey to the Center of Yahoo", *N. Y. Times*, Nov. 6, 2005, 3, p. 3（注意到 Yahoo! 估计其网站的浏览量占了所有网页浏览的百分之十三），最新的美国用户访问次数最多的十大网站的母公司名单，see NIELSEN//NETRATINGS, NETVIEW USAGE METRICS, at http://www. nielsen – netratings. com/ news. jsp? section = dat to&country = us（follow "Weekly Top 10 Parent Companies" hyperlinks under "Home Panel" and "Work Panel" headings）（last visited on April 9, 2006）。

② See e. g. , Neil Randall, *The Soul of the Internet*, Stamford: Thomson Learning, 1997, p. 324（注意到微软推迟进入网络浏览器市场）；Joshua Quittner, "Billions Registered", *Wired*, Oct. 1994, p. 50, at http://www. wired. com/wired/archive/2. 10/mcdonalds. html（注意到几家大公司没能注册到与它们同名的互联网域名）。

③ See FCC, WIRELINE COMPETITION BUREAU, HIGH – SPEED SERVICES FOR INTERNET ACCESS: STATUS AS OF DECEMBER 31, 2004, 6 (2005), at http://www. fcc. gov/ Bureaus/Common Carrier/Reports/FCC – State Link/IAD/hspd0705. pdf.

④ See George Johnson, "Supercomputing '@ Home' Is Paying Off", *N. Y. Times*, Apr. 23, 2002, at F1（描述了诸如 SETI@ home, distributed. net, and Genome@ home 这样的分布式超级计算项目）。

他人方便地访问的信息——文件、电子邮件、照片和类似的东西——可以改为存在互联网上的某个地方。① 用户可能需要运行的应用程序也可以如此。

这个还在持续涌现的“创生性的网络”扩展了信息技术杠杆能力、适应能力和易于获得性的边界。它还为网络法方案的出台增加了筹码，因为这条创新的曲线斜面（增加速度）可能很快就会被某些因素所制约，而正是这些因素起初使之倾斜的。这样的约束之所以会出现，是因为在当前的秩序环境中，创生能力是脆弱的。这一事实表明数百万机器连接到可以在几秒之内进行重新编程的网络上，这意味着那些电脑正面临着几乎可以是瞬间的改变。这种创生能力使出版商容易受到最新的知识产权侵权工具的攻击，这些工具被设计得更加聪明，可以躲避监控，并且在瞬间就可以到处下载安装。它还使电脑病毒制造大规模感染成为可能，这些病毒利用用户的疏忽大意或者安全漏洞，允许网络代码在未经拥有者同意的情况下在电脑上运行。要支撑这些脆弱性就要求在网络的某些方面进行实质性的改变，这些改变一定会影响到当前创生能力的水平。面对这种可能发生的变化，我们的眼光不能如此狭隘，不能仅仅维持端对端的中立性，或是专注于如域名和信息记录程序（cookies）这些相对琐碎的领域。我们应该认识到网格的真正价值，即它高度的创生能力。我们还应该认识到它的漏洞的广度，以及消除这些漏洞结果和影响。这使我们认识到，我们应该仔细地研究改革措施，在对创生能力影响最小的范围内解决这些漏洞问题。

三、创生性的不满

创生性互联网的反对者主张一种截然不同的、能够管制的互联网，这也是内容提供商和其他反对者努力尝试过但最终失败的互联网状态。为了理解这股反对创生性互联网的力量，就必须首先认清三个强大的群体，它们可能在寻找低创生性网格上有共同的目的：政府管制者（部分管制者受到包括内容提供商等经济利益受到威胁的群体的驱使）、成熟的技术产业参与者以及消费者。这些

① See Jonathan Zittrain, “Searches and Seizures in a Networked World”, 119 *Harv. L. Rev. F.* 83, 85 (2006), at http://www.harvardlawreview.org/forum/issues/119/dec05/zittrainfor05.pdf.

群体并没有在技术政策上结成联盟，而且最近，三个群体中都出现了主张重新塑造互联网和电脑架构并努力推动这一变革的支持者，这将严重限制互联网的创生能力。

（一）创生性的均衡

网络法学界已经发展出三股不同的趋势。首先，早期检视法律冲突的工作，常常在发布司法意见时进行描述，这种冲突源自于使用包括互联网在内的电脑和数字网络。① 学者们将成文法或普通法学说运用到此类冲突中，有时又回过头来讨论新环境是否需要一套新的法律方法。② 通常答案是他们并没有这样做：这些学者们大多相信，创造性地运用既有学说，无论直接应用还是通过类比，可以解决大部分问题。像 David Johnson 和 David Post 这样的教授不同意这种观点，他们形成了另一股趋势，认为网络空间是不同的，因此最好应该由它自己

---

① See e. g. , Ann Bartow, "Electrifying Copyright Norms and Making Cyberspace More Like a Book", 48 *Vill. L. Rev.* 13 (2003)（主张需要立法以使数字版权遵循模拟版权的规则，因为既有规则没有很好地约束互联网用户）; Dan L. Burk, "Trademarks Along the Infobahn: A First Look at the Emerging Law of Cybermarks", 1 *Rich. J. L. & Tech.* 1 (1995), at http: //www. law. richmond. edu/jolt/v1i1/burk. html（主张使用商标法解决有关域名和其他类似事项的争议）; Austen Goolsbee & Jonathan Zittrain, "Evaluating the Costs and Benefits of Taxing Internet Commerce", 52 *Nat'l Tax. J.* 413 (1999)（注意到地方在对互联网商务征税方面遇到的困难，并提出经验证据表明现行立法无效）; I. Trotter Hardy, "The Ancient Doctrine of Trespass to Web Sites", 1996 *J. Online L.* art. 7, at http: //www. wm. edu/law/publications/jol/95 96/hardy. html（主张应将侵权法应用至互联网中以保护作为财产的网站）; Donald J. Karl, "Comment, State Regulation of Anonymous Internet Use After ACLU of Georgia v. Miller", 30 *Ariz. St. L. J.* 513 (1998)（注意到一个 1997 年的法院判决给互联网自由带来的影响）。

② See e. g. , Austen Goolsbee & Jonathan Zittrain, "Evaluating the Costs and Benefits of Taxing Internet Commerce", 52 *Nat'l Tax. J.* 424 - 425 (1999)（主张互联网应当通过新机制进行治理，因为它无法被既有主权所控制）; I. Trotter Hardy, "The Proper Legal Regime for 'Cyberspace'", 55 *U. Pitt. L. Rev.* 993 (1994)（强调了既有学说和网络空间行为之间的不协调，并认为新的规则可能是必要的）。

的一套规则进行管理，而不是由拥有领土的政府的法律来进行。①

在20世纪90年代末，领军第三股趋势的Lessig教授和其他人认为网络法讨论的范围太过狭窄了。Lessig教授指出，证明网络法已成为一个独特的领域的观点是正当的，技术就像法律一样，能够微妙而深远地影响人的行为方式："代码就是法律。"② 他坚持，网络法的真正目标是，既要纠正那种普遍的认为互联网永远不会被管制的错觉，也要重塑学理上的争论范围，使之成为更广泛的政策导向的争论，去追问何种水平的管制可以恰当地建入电子架构中。就Lessig教授来说，政策制定者应该避免通过代码来行使管制权力，这种权力是他们常常未能意识到的。③

代码即法律的观点成了一个强有力的理论，但是其最令人困惑的经验性预测——关于使用代码限制个人自由的预测——尚未发生。Julie Cohen 和 Pamela Samuelson 等教授的著作回应了 Lessig 教授对技术可以不适当地约束个人行为的方式感到的恐惧——包括一整套明显的关于不受社会欢迎的数字权利管理系统

---

① See David R. Johnson & David G. Post, And How Shall the Net Be Governed?: A Meditation on the Relative Virtues of Decentralized, Emergent Law, in Coordinating the Internet 62 (Brian Kahin & James H. Keller eds., 1997)（主张互联网应当通过新机制进行治理，因为它无法被既有主权所控制）; David R. Johnson & David Post, "Law and Borders – The Rise of Law in Cyberspace", 48 *Stan. L. Rev.* 1367 (1996)（主张互联网的跨管辖运作使得小型的管制机构的管制成为不可能）。一些学者反对 Johnson 和 Post 的互联网例外论的观点和主张。See e.g., Jack L. Goldsmith, Against Cyberanarchy, 65 *U. Chi. L. Rev.* 1199 (1998); see also A. Michael Froomkin, "Time To Hug a Bureaucrat", 35 *Loy. U. Chi. L. J.* 139, 144 (2003)（提出了关于互联网自我管制的怀疑论，并认为"对大多数电子商务来说，讲存在一个'互联网'并不比讲存在一个'电话空间'更有实用的意义，相反，互联网只是另一个在机器和人们之间传递信息的更加快速和更好的方式"）; Allan R. Stein, "The Unexceptional Problem of Jurisdiction in Cyberspace", 32 *Int'l Law.* 1167, 1191 (1998)（主张互联网管辖权的问题产生于交易数量而非质量，互联网管辖权的问题因此"并不是独有的"）。Post 教授后来对这些论辩做出了回应。See David G. Post, Against "Against Cyberanarchy", 17 *Berkeley Tech. L. J.* 1365 (2002)。

② See Lawrence Lessig, *Code: And Other Laws of Cyberspace*, New York: Basic Books, 1999, pp. 19-20.

③ See id. at 43-60.

和“可信任系统”（trusted system）的担忧。①

可信任系统是指那些可以被局外人信任以对抗使用者的系统。② 在消费者信息技术的语境下，该系统被描述为“版权管理系统”或“权利管理系统”尽管该术语已经超载了。正如批评观点所指出的，这些系统承担的保护职责并不需要和美国版权法授予的权利有任何特别关系。③ 相反，对一名用户能做什么的技术限制是由设计者们自己决定的，因此设计者可能（并且常常是这样）禁止了许多其他合法的用途。比如阅读一本电子书，权利管理系统可能会限制其打印出来的次数。如果用户发现了如何规避这种限制，就不能进行合理使用抗辩。同样，订阅通过版权管理系统传送的电子材料的图书馆可能会发现，自己在技术上无法像传统的图书馆那样借出该材料，即使出借的行为按照“首次销售”学说来讲是一项特权，一项针对侵犯版权并进行非法“传播”的抗辩。④

在美国，围绕技术上可执行的“私人的”版权体制的争论在《千年数字版

---

① See Lawrence Lessig, Code: And Other Laws of Cyberspace, New York: Basic Books, 1999, pp. 127 - 130, 135 - 138（评论说“当知识财产被代码保护的时候，……没有什么能要求其向所有人授予合理使用的权利”，而且“合理使用隶属于私人收益”）; Julie E. Cohen, “Some Reflections on Copyright Management Systems and Laws Designed To Protect Them”, 12 *Berkeley Tech. L. J.* 161 (1997); Pamela Samuelson, “DRM [and, or, vs.] the Law”, *Comm. ACM*, Apr., 41, 42 (2003)（强调了对DRM用户开放的版权作品的控制）; see also P. Bernt Hugenholtz, “Code as Code, or the End of Intellectual Property as We Know It”, 6 *Maastricht J. Eur. &Comp. L.* 308, 308 (1999)（评论说“合同与‘代码’使版权和有关它的一套法定限制显得更加多余，我们可能需要一个全新的信息法来保卫公共领域”）。

② 关于可信任系统的一般讨论，see Mark Stefik, *The Internet Edge*, Cambridge: MIT Press, 2000, pp. 55 - 78。

③ See Dan L. Burk, “Anticircumvention Misuse”, 50 *UCLA L. Rev.* 1095, 1106 - 1107 (2003)（认为“DRM反规避条款……是一种排他权利的新形式成为可能”，即“完全从版权的排他性权利中分离出来”）; Julie E. Cohen, Pervasively Distributed Copyright Enforcement, 95 Geo. L. J. (forthcoming Nov. 2006) (manuscript at 2, on file with the Harvard Law School Library)（认为“正在出现的普遍分布的版权执行体制并没有简单以界定法律权益为目标，也不是以在市场中创造和理性化信息流通为目标”，并且“它寻求产生的不仅仅是自愿的销售商和顾客，还有可以追溯得到的销售商和顾客，它寻求这些挑战不仅仅在行为层面上，也在基础设施层面上”）; supra note 1, Cohen, “Some Reflections on Copyright Management Systems and Laws Designed To Protect Them”, p. 177（注意到了用来保护数字作品的DRM系统“将阻止一些版权法允许的行动”）; supra note 1, Samuelson, “DRM [and, or, vs.] the Law”, p. 42（认为“DRM允许内容所有者行使远比版权法提供的对使用版权作品的控制要多”）。

④ 17 U. S. C. 109 (a) - (b) (2000).

权法》（DMCA）① 颁布之后不断增多，它带有大量复杂的反规避条款②。这些条款意在支持私人权利管理系统，并为违反这些系统提供了政府制裁。对那些使用、出售或运输为规避侵犯版权的技术障碍而设计的技术的人，它们提供了刑事和民事方面的惩罚。它们还惩罚那些仅仅是“接触”这样材料的人，这项权利并没有保留给版权所有人。③ 例如，如果一本书的一边有一个投币口，要求读者投入硬币才能阅读，一个发现如何不用投币就可以打开阅读的人就可能违反反规避条款——即使他并没有直接侵犯版权的排他性权利。

这就是对应用到互联网和电脑中的“代码即法律”这一规则最主要的恐惧：技术壁垒阻止人们使用智识作品，几乎任何对那些壁垒的破坏，即使为了合法使用，也是非法的。但是这些恐惧很大程度上还只是假设。当然，自从DMCA 通过以来，很多不显眼的权利管理系统已经得到了广泛使用。④ 然而只有一小撮案件被提起以反对那些破坏该系统的人，⑤ 并且消费者复制电子作品的能力几乎没有任何减少，无论这是为了合理使用还是进行盗版侵权。历史上程序员们一直有能力打碎几乎每一种电脑保护系统，而那些较少有技术倾向的人就会有不用打碎系统就能产生一种新的电子作品的麻烦，比如说，通过录制

---

① Pub. L. No. 105 –304，112 Stat. 2860（1998）（作为修正 17 U. S. C. 分散的条款而编纂）。

② See generally ELEC. FRONTIER FOUND.，UNINTENDED CONSEQUENCES：FIVE YEARS UNDER THE DMCA 1 –2（2003），at http：//www. eff. org/IP/DMCA/unintended consequences. pdf；Dan L. Burk，“Anticircumvention Misuse”，50 *UCLA L. Rev.* 1102 –1110（2003）（解释了 DMCA 反规避条款的立法历史和意图）；Pamela Samuelson，“DRM [and，or，vs.] the Law”，*Comm. ACM*，Apr.，42（2003）（提供了对 DMCA 的简要概览）。

③ 17 U. S. C. 1201，1203，1204（2000）. 然而，在 DRM 语境之外，控制“使用”作品的排他性权利并不是版权持有人所享有的。*See* 17 U. S. C. 106（2000&Supp. II 2002）。

④ See Bill Rosenblatt，“2004 Year in Review：DRM Technologies”，*DRM Watch*，Dec. 29，2004，at http：//www. drmwatch. com/drmtech/article. php/3453001；Bill Rosenblatt，“2003 in Review：DRM Technology”，*DRM Watch*，Dec. 31，2003，at http：//www. drmwatch. com/drmtech/article. php/ 3294391.

⑤ See ELEC. FRONTIER FOUND.，DMCA ARCHIVE，at http：//www. eff. org/IP/DMCA（last visited on April 9，2006）（列出了 DMCA 颁行下的新近讼案）；see also DVD Copy Control Ass'n，Inc. v. Bunner，10 Cal. Rptr. 3d 185（Ct. App. 2004）（评价了一个在加州贸易保护法下的诉讼请求，该请求是针对使用被称为 DeCSS 的解密软件访问配备反破解技术的 DVD 的个人提出的索赔）；ELEC. FRONTIER FOUND.，NORWAY V. JOHANSEN，at http：//www. eff. org/IP/Video/Johansen DeCSS case（last visited on April 9，2006）（介绍了一名挪威少年因使用 DeCSS 观看带有反破解技术的 DVD 而被起诉的案件）。

电视节目或一首歌曲来探索“模拟漏洞”（analog hole）。① 一旦一套不受保护的副本产生，它随后就可以按照用户的指令，在电脑中的互联网文档共享网络里被免费地分享。②

因此，20 世纪 90 年代中期出现的，对通过可信任系统实现数字加密的担忧是肤浅和片面的。实际上，任何企图保护原有内容和程序的技术方案都会被迅速侵入，这种侵入（或被保护的内容）反过来又发现自己被技术上不熟练的电脑用户分享。作为替代，模拟漏洞可以被用来创造出新的、不受保护的主副本。这仍然是事实：只要代码可以由任何人自由地编写，并易于在电脑平台上运行，可信任系统就不过是缓冲路拱（speed bumps）或是天鹅绒绳索（velvet ropes），但若其成了公众规避的障碍，就不仅仅是带来不便这么简单了。苹果公司的 iTunes 音乐商店就是这种现象的很好的例子：通过 iTunes 购买的音乐光碟用苹果专有系统进行了加密，③ 使用它们就有一些限制，尽管大多数消费者并没有注意，但它们被设计成防止通过 P2P 网络进行即刻散播光碟内容。④ 但是该系统很容易被规避：从商店里买回音乐，将其烧录到一张标准音轨的 CD 上，然后再将 CD 重新录制为一种不受保护的格式，比如 MP3。⑤

---

① See MOTION PICTURE ASS'N OF AM., CONTENT PROTECTION STATUS REPORT (2002), at http://judiciary.senate.gov/special/content protection.pdf.

② DRM 在当前的创生性信息技术网格内很可能永远无法有效抗击盗版。See Stuart Haber et al., “If Piracy Is the Problem, Is DRM the Answer?”, in *Digital Rights Management* 224, 224 (Eberhard Becker et al. eds., 2003)（认为“如果，甚至是只有一小部分用户能够将内容从一种受保护的形式转换成不受保护的形式，那么非法的传播网络就可能会使该内容无处不在”）。

③ See WIKIPEDIA, FAIRPLAY, at http://en.wikipedia.org/wiki/FairPlay (last visited on April 9, 2006).

④ See id.（描述了 FairPlay 施加的限制条件）。

⑤ 2005 年末，Sony BMG Music 生产出了含有一种软件的音频 CD，如果将该 CD 插入电脑并要求回放，该软件就会运行。See Tom Zeller Jr., “The Ghost in the CD”, *N. Y. Times*, Nov. 14, 2005, at C1. 这个软件在电脑上安装了一个 DRM 系统，然后将 CD 的音乐以一种受到保护的、并且不与正流行的苹果 iPod 相兼容的格式复制到电脑上。Sony 建议用户使用“间接的”重新烧录的方式，以便做出可以在 iPod 上面播放的音乐。See SONY BMG MUSIC ENTERTAINMENT, FREQUENTLY ASKED QUESTIONS, at http://cp.sonybmg.com/xcp/english/faq.html#ipod (last visited on April 9, 2006)；注意到 Sony BMG 提供了如何往 iPod 上面载入同 FairPlay 兼容的音轨的指导。

来自于网络法学界第三股趋势，即坚持“代码即法律”。该项重要的主张一直以来都存在。Samuelson、Lessig 和 Cohen 正确地对丧失如下能力的可能性提出了警告：匿名阅读、借给朋友受到版权保护的作品，以及对仅仅是允许浏览的加密材料进行合理使用。然而，第二种学界趋势，包括由 Johnson 和 David Post 教授提出的关于互联网独立论的经验主张，似乎揭示了第三股趋势的关切是不成熟的。尽管存在对管制和封闭的担忧，互联网和电脑对主流用户——他们在线下的世界中受到管制，但是希望在线上世界中摆脱它——来说在很大程度上是不受管制的，无论是赌博、获取非法色情文学，还是复制版权保护的材料。

第一股趋势，支持不断增加对新技术的学说适用，解释了互联网管制者是如何在事实上以较轻的举动行事的，即使他们本来可能会有更严厉的选择。正如我在其他地方讨论过的，在西方世界中，互联网管制的历史是不确定的和受到约束的，灵活的互联网管制者对监守（gatekeeping）体制一直很关注，这是通过某一主权管辖之内个别的第三方或是修改技术构架的方式发挥作用的。①尽管互联网管制者很强大，因为他们能够塑造、运用和强制推行政府的权威，但是其中很多管制者却证明其愿意放弃主要的介入。

尽管主流的监管方式扩大了使用互联网所可能威胁到的利益的规模，但缺乏干预这一问题仍然存在且持续着。到 2001 年，围绕互联网的成功而出现的敬畏与庆祝的喧嚣，包括由 . com 导致的股市评估的攀升，都淹没了很多关于互联网用途和改革的反对和讨论，谁会想要打扰一只下金蛋的鹅呢？而且，很多人把互联网视为是不可改变的，认为其产生的问题应该逐一解决，而没有考虑网络运行方式的变化——一种“实然—应然（is - ism）”的形式，这是 Lessig 教授第三股潮流在 20 世纪 90 年代末的著名挑战，即使他赞成认为互联网技术本质上仍然是不受管制和约束的。②

---

① See Jonathan Zittrain, “A History of Online Gatekeeping”, 19 *Harv. J. L. &Tech.* (forthcoming Spring 2006) (manuscript at 2 - 5, on file with the Harvard Law School Library).

② See Lawrence Lessig, “Open Code and Open Societies: Values of Internet Governance”, 74 *Chi. - Kent L. Rev.* 1405, 1415 (1999) [认为互联网通过“开放代码”由下至上的进化方式已经考虑到了技术上迅速的进步，且允许市场（而非政府）来决定何种思想是最好的]; see also Lawrence Lessig, “Open Code and Open Societies: Values of Internet Governance”, 74 *Chi. - Kent L. Rev.* 24 - 42 (1999)（主张即使在管制缺位的情况下互联网仍会采取一个控制式架构）。

到2002年，.com留下的问题已经全面暴露，形成了一种对互联网价值看法更加狭隘的社会背景。对消费者宽带的吸收，连同像文档共享服务的Napster——由业余爱好者开发但是繁荣时期受到了几百万美元的资助——那样的有创造性但引起混乱的应用程序，激起了内容提供商的恐惧与怀疑，而不是嫉妒和模仿。很多控告这种技术的法律诉讼，在互联网波动的高峰时出现，在这个时间之前已经导致了对其制作者不利的判决。① 内容提供商遭受的困扰已经提供了一个理解创生性互联网缓慢反弹之趋势的自然起点，它们适时地警醒着一大群网络法学者。但是出版商问题的持续与.com的兴盛并没有说服监管者或法院对互联网的创生能力作根本修补。西方世界ISP的治安与防止不希望发生的活动的职责相对而言还是很轻的，即使在像《千年数字版权法》和最高法院在Metro – Goldwyn – Mayer Studios Inc. v. Grokster, *Ltd.* ② 中对文档共享的支持者做出了不利的判决之后也是如此。尽管在像沙特阿拉伯这样的国家里有更多的管制，那里的ISP被指派审查政府认为反感的内容和服务，③ 但是管制的努力仍然是如下规则的例外：哪里有互联网，哪里就有用户的自由行动。

通过吸收创生性互联网带来的，伴随着管制者相对温和反应的破坏轨迹，前述三股竞争的网络法学界趋势可以整合在一起说明互联网的道路：封锁的电脑是可能的，但却是不受欢迎的。管制者不愿意采侵入手段封锁创生性的电脑，也并没有试图在某种意义重大的程度上修剪互联网相应的创生性特征。互联网

---

① See e. g., A & M Records, Inc. v. Napster, Inc., 114 F. Supp. 2d 896 (N. D. Cal. 2000), aff'd in part and rev'd in part, 239 F. 3d 1004 (9th Cir. 2001); UMG Recordings, Inc. v. MP3. com, Inc., 92 F. Supp. 2d 349 (S. D. N. Y. 2000). 相反，Third Voice，一个有争议的、允许用户对网页用“便签程序”(stickies) 进行评注——有些人则觉得是破坏——的浏览器插件，它的倒闭不是因为法律诉讼而是因为财务困难。See Aparna Kumar, “Third Voice Trails Off...”, *Wired News*, Apr. 4, 2001, at http://www.wired.com/news/business/0, 1367, 42803, 00. html。

② 125 S. Ct. 2764 (2005). 我详细研究了防止诽谤和侵犯版权的管制性介入的历史和轨迹。

③ See OPENNET INITIATIVE, DOCUMENTING INTERNET CONTENT FILTERING WORLDWIDE, at http://www.opennet.net/modules.php? op = modload&name = Archive&file = index&req = viewarticle&artid = 1 (last visited on April 9, 2006); JONATHAN ZITTRAIN&BENJAMIN EDELMAN, DOCUMENTATION OF INTERNET FILTERING WORLDWIDE, at http://cyber.law.harvard.edu/filtering (last visited on April 9, 2006).

的生长使得管制者关心的潜在性问题更加细致了。尽管他们不愿意引起改变，管制者将会欢迎、甚至鼓励一种较少异常且较多管制的电脑/互联网网格。

（二）脆弱的创生能力：网络安全的支柱

主流企业和个人现在都使用互联网。其中一些主要用它来加强网络的创生能力，无论是创制新技术还是新的艺术形式和其他由该种技术实现的表达方式。其他人则消费网上的智识作品，无论是创生性地开发出来的，还是仅仅从传统的传播渠道获取新闻和诸如 CD、DVD、收音机广播与电视节目一样的娱乐节目。还有一些人，他们上网主要为了非表达性的事项，比如购物或出售，他们更希望技术运作简易且稳定。

消费者们手中把持着未来互联网权力平衡的钥匙。他们是强大的，因为他们驱策着市场并且很多人投票。如果他们对互联网创生能力的特征保持满意——继续购买使这种特征成为可能的硬件和软件，继续成为提供总体上没有过滤的互联网接入的 ISP 用户——那么希望约束互联网的政府管制和企业界的力量就会继续受到制约，创生性的平衡状态就会持续。相反地，如果消费者改变了看法，不仅可以忍受封锁的互联网，而且完全欣然接受，那么对创生性革新有利的竞争者们之间的利益平衡就会发生倾斜。这样一种转变已经并且将继续被一种尚未被关注的现象所推动：内在于创生性互联网安全的脆弱性，而这种互联网正由主流的拥有强大电脑的消费者所占据。

人们通常认为，第二部分描述的互联网节点的开放性、非集中化以及对等性对网络社会贡献极大，因为没有中心的网络将没有可损坏的中心。但是这些特征也产生了脆弱性，特别是联网机器中的缺陷和用户缺乏专业技能这两者结合在一起的时候。已经有一些个人注意到了这一点，但大多数人却仍然在忽视它。非中心化的互联网并不完全适合于集体行动，它的漏洞一般被认为是重要却并不紧迫的弱点。即便行动责任的核心在这样一种混乱的配置中很难找到，也很难阻止互联网以集中的方式处理这些漏洞问题。

1. 未被回答和实现的威胁

1988 年 11 月 2 日傍晚，一名叫 Robert Tappan Morris 的康奈尔大学研究生通过互联网从康奈尔大学向麻省理工学院发送了一个小软件。[①] 那时，很少有电脑联网，相反，互联网是研究所拥有的主计算机、小型电脑和专业的计算机工作站们的领地。[②] Morris 的软件在 MIT 的机器上运行的时候，其同时也在物色网上其他临近的电脑，然后就企图想要登入那些机器。[③]

这种软件被称作“病毒”或“蠕虫”，它可以独立地发送自己，且其唯一的目的就是繁殖，后通过推测用户密码或发现已知的安全缺陷来尝试侵入每一台感染的电脑。[④] 它成功了。到第二天早上，已经有大量的联网电脑处于接近瘫痪的状态。其中每一台机器都运行了与加州大学伯克利分校免费提供的易受伤害的 Unix 软件类似的软件程序。[⑤] 估计有 1000 到 6000 台电脑受到了影响。[⑥]

此后的一两天内，迷惘的网络管理员们对蠕虫病毒进行了反向解构。[⑦] 它的繁殖方式被发现了，伯克利分校计算机科学系给脆弱的 Unix 系统增添了补丁。[⑧] 这些补丁可以从网上获得，为那些没有因为惧怕重新感染病毒而选择不

---

① Bob Sullivan, “Remembering The Net Crash Of 1988”, *Msnbc*, NOV. 2, 1998, at http://www.msnbc.com/news/209745.asp? cp1 = 1.

② See id. （注意到只有60,000 个结点联结到网上，并且 Morris 的软件主要影响的是大学和研究所）; see also Patricia Wallace, *The Internet in the Workplace*, Cambridge: Cambridge University Press, 2004, p. 36（讨论了工作场所中计算机配置的变化，并把个人电脑同大型计算机装配进行了对比）。

③ See JOYCE K. REYNOLDS, THE HELMINTHIASIS OF THE INTERNET 1 – 2 (1989), at http://www.faqs.org/ftp/rfc/pdf/rfc1135.txt.pdf; supra note 1, Sullivan, “Remembering The Net Crash Of 1988”. 更多关于蠕虫如何工作的信息, see Eugene H. Spafford, “Crisis and Aftermath”, 32 *Comm. ACM* 678, 678 – 684 (1989)。

④ See U. S. GEN. ACCOUNTING OFFICE, GAO/IMTEC – 89 – 57, COMPUTER SECURITY: VIRUS HIGHLIGHTS NEED FOR IMPROVED INTERNET MANAGEMENT 8&N. 1, 13 – 14 (1989) [hereinafter GAO Report], at ftp://coast.cs.purdue.edu/pub/doc/morris worm/GAO – rpt.txt; supra note 1, Sullivan, “Remembering The Net Crash Of 1988”.

⑤ Supra note 3, REYNOLDS, THE HELMINTHIASIS OF THE INTERNET; John Markoff, “Computer Invasion: ‘Back Door’ Ajar”, *N. Y. Times*, Nov. 7, 1988, at B10.

⑥ Supra note 4, GAO REPORT, p. 8, 17; supra note 5, Markoff, “Computer Invasion: ‘Back Door’ Ajar”.

⑦ Supra note 3, REYNOLDS, THE HELMINTHIASIS OF THE INTERNET 1 – 2 (1989), pp. 3 – 4.

⑧ Id. ; supra note 1, Sullivan, “Remembering The Net Crash Of 1988”.

再上网的用户提供了一定的保障。[1] 之后，蠕虫病毒的制造者 Morris 被追踪到，他道了歉，但同时，因之而提起的刑事指控导致他被判处 3 年缓刑、400 小时的社区服务以及 10050 美元的罚款。[2]

Morris 蠕虫病毒是一个转折性事件，因为它是第一个在连接经常开启的电脑的开放网络上散播的病毒。尽管当 Morris 的蠕虫病毒传播的时候，信息技术图景很小，电脑数量也较少，但一个人需要知道的所有有关互联网和电脑的安全风险几乎都包含在这个故事中了。自 1988 年的 Morris 蠕虫病毒事件以来，尽管如今的计算机技术大大提高，互联网规模大大增加，对其的控制也较为宽松，但对安全漏洞的处理方式并没有得到重大改善。

1988 年联网的电脑们很可能会受到损害，因为它们是通用机器，局外人可以很熟练地掌握其操作系统，还可以编写可执行的代码。这些电脑强大到足以运行多重应用程序，允许多重用户同时使用。[3] 它们是创生性的。当第一台电脑被损坏时，它们能够满足蠕虫和常规用户的双重需要，因此在人力干预发生之前就为蠕虫繁殖节约了时间。[4] 机器上运行的操作系统和其他软件并不完美，它们有比其设计者设想的更容易被侵入的创生性缺陷。[5] 更重要的是，即使没有这种缺陷，电脑也被设计为可以远程操作、接收并运行从别处发来的软件的机器。即使在没有用户使用的时候，它们也不断被驱动并连接至互联网。这些电脑的用户对可以获得的、能够修补已知漏洞的程序并不关心——他们经常机械性地认为密码足以保护自己的电脑账户。[6]

---

① Eugene H. Spafford, "Crisis and Aftermath", 32 *Comm. ACM*, 678 (1989); Bob Sullivan, "Remembering The Net Crash Of 1988", *Msnbc*, NOV. 2, 1998, at http://www.msnbc.com/news/209745.asp? cp1 = 1.

② United States v. Morris, 928 F. 2d 504, 505 – 506 (2d Cir. 1991). 有关 United States v. Morris 的一般讨论, see Susan M. Mello, "Comment, Administering the Antidote to Computer Viruses: A Comment on United States v. Morris", 19 *Rutgers Computer&Tech. L. J.* 259 (1993)。

③ See Patricia Wallace, *The Internet in the Workplace*, Cambridge: Cambridge University Press, 2004, p. 36.

④ 据报道，当 Morris 意识到蠕虫带来的危害时，他曾考虑编写一个"蠕虫杀手"软件来将蠕虫从计算机中移除。然而，他并没有这样做，因为他感觉自己已经造成了很大的损失。See Brief for Appellant at 18 – 19, Morris (No. 90 – 1336), 1990 WL 10029997。

⑤ Supra note 1, Spafford, "Crisis and Aftermath", pp. 678 – 681.

⑥ See id. at 680.

这类使我们的网络生活极具脆弱性的事件，在今天依然存在。而且它们都有着显著的特征，即自1988年以来，真正具有破坏性的安全事件很少再次发生。值得注意的是，一个为在学术机构和政府研究人员之间建立通讯而设计的网络，在20世纪90年代完美地扩张成拥有几亿新用户的庞大网络，这是最令人印象深刻的伟绩，特别是考虑到相对于1998年的群体，现在大多数新用户在技术上是多么外行的时候。无论不加注意的网络管理员们在1988年有多么好的安全意识，20世纪90年代的主流消费者的情形更加恶化。很少有人知道如何管理或为自己的电脑设置密码，知道如何正确使用补丁或者留心电脑密码安全状况的人就更少了。

尽管经过一段时间的深入探索，网络工程师和政府官员们仍然没有采取任何意义重大的预防行动来阻止其他类似Morris蠕虫的病毒。虽然很多反思Morris蠕虫病毒的人抓住了它所预示的问题，但该问题却不容易解决，因为互联网和联网电脑的管理是如此分散，并且因为任何真正有效的解决方式都恰恰会灼烧互联网的目标。①

蠕虫病毒并没有像其字面上形容的那样“感染”互联网本身，因为它并没有对互联网各种分散的路由机制和相应连接进行重新编程。它给网络带来的负担仅仅是增加了网络通信时的流量，因为当蠕虫试图无止境地传播时，会迫使所有的联网电脑相互通讯。② 受到感染的电脑是由不同的群体或个人进行管理的，他们没有义务向特定的机构报告他们使用电脑或受感染的情况。③ 这些特征致使忽视了网络协议和操作管理的人们认为，蠕虫不是他们的问题。

相反，关心互联网协议的工程师们对Morris蠕虫病毒做出了回应，他们建议的妥善的解决方法是：编写代码的人要更加专业。互联网工程任务组（Internet Engineering Task Force）——一个长期被抛弃的、没有组织的工程师群体，他们围绕互联网标准展开工作并且通过一系列正式的“请求注解”文件

① See GAO Report, at ftp: //coast. cs. purdue. edu/pub/doc/morris worm/GAO - rpt. txt, p. 28.

② See JOYCE K. REYNOLDS, THE HELMINTHIASIS OF THE INTERNET 2 - 3 (1989), at http: //www. faqs. org/ftp/rfc/pdf/rfc1135. txt. pdf.

③ Supra note 1, GAO Report, pp. 19 - 21（注意到“每一个主机站点都对建立足以满足其需求的安全措施负责”）。

（RFC）界定自己的协议——出版了通知性的 RFC1135 号文件，以此作为对蠕虫事件的事后反思。① 在描述蠕虫的技术细节之后，RFC 关注的是“计算机伦理”，以及向如 Morris 这样的年轻的计算机科学家们灌输并要求他们遵守伦理标准。②

现在看来，1988 年的情况是，大家承认了蠕虫事件的严重性，同时极力避免由此而产生的对互联网结构的过度反应。该事件导致的最具体的结果便是对 Morris 的刑事指控，这使互联网技术群体达成了明显的共识，他们认为该问题属于个人责任。国防部还建立了 CERT 协调中心来监控互联网的健康状况和有可能威胁安全的零散消息③，而将事前预防和救济的行动权交给以个体为单位的电脑使用者。

和连接在 1988 年的互联网上的电脑相比，第二部分描述过的连接在 20 世纪 80 年代专有的消费者网络上的电脑就没有这种根本上的脆弱性，因为专有网络能够更容易地将特定的安全威胁排除出去而不用牺牲它们存在的基础。④ 例如，尽管 CompuServe 是资源密集的，但它可以试图在指定的网关对其网络交通进行扫描，来防止蠕虫散播。更重要的是，没有蠕虫能以 Morris 的方式散播到 CompuServe 的网络中，因为连接到 CompuServe 上的电脑被配置成纯粹的“聋子终端”：它们和 CompuServe 交换数据而不是可执行的文档，因此并不运行来自 CompuServe 网络的软件。而且，CompuServe 中与这些“聋子终端”通信的大型计算机能够保证使用者和程序员之间的界限受监控，且可以通过电子技术加以执行。⑤

像 CompuServe 一样，美国 20 世纪 70 年代的长途电话网络意在以电话交谈

---

① See JOYCE K. REYNOLDS, THE HELMINTHIASIS OF THE INTERNET 2 - 3 (1989), at http: //www. faqs. org/ftp/rfc/pdf/rfc1135. txt. pdf.

② See id. at 5 - 8.

③ 关于 CERT 的起源，See HOWARD F. LIPSON, CERT COORDINATION CTR. , SPECIAL REPORT CMU/SEI - 2002 - SR - 009, TRACKING AND TRACING CYBER - ATTACKS: TECHNICAL CHALLENGES AND GLOBAL POLICY ISSUES 5 (2002), at http: //www. cert. org/ archive/pdf/02sr009. pdf; and CERT, FREQUENTLY ASKED QUESTIONS, at http: // www. cert. org/faq/ cert faq. html (last visited on April 9, 2006)。

④ 参见本文第二（三）部分。

⑤ See Amy Harmon, “Loyal Subscribers of Compuserve Are Fearing a Culture Clash in Its Takeover”, *N. Y. Times*, Feb. 16, 1998, at D8 (把 CompuServe 描述成“一种信息服务”)。

而非代码的形式在用户之间传输数据。在20世纪70年代早期，一些对电话网络工作方式好奇的用户发现，电话线使用一种频率为2600赫兹的声音来表达它们没有被占用。① 同样的，有一种购买Cap'n Crunch麦圈时附送的玩具口哨，当盖住一个口的时候，可以发出与电话线的闲时频率一模一样的声音。② 知道这种方法的人可以用家庭电话拨打免费的电话、利用口哨伪装但并不断开线路，然后再拨打一个新的非免费号码，这样就能够不用付费而进行连接了。③ 当这种有想象力的方式出现的时候，美国电话电报公司（AT &T）重新设置了网络，这样2600赫兹的声音就不能控制它了。④ 事实上，整个关于波段内信号的概念都被重置了，此后控制网络除了需要一定频率的声音外，还需要其他的东西。为了完成这种重新配置，AT &T将网络中的数据和可执行的代码分开——一种自然而然的解决方法，加强了网络的集中控制结构以及它传输数据的目标，而不能执行用户的编程操作。

理解AT &T长途电话网络和它相应的专有信息服务，可以揭示昨天的互联网与今天的创生性网络的利弊：互联网的通讯渠道也正是控制渠道。使互联网如此具有创生能力的是它既能够传输电脑上的可执行代码，也可以传输电脑用户的数据。这种双重功用允许一个用户读取订阅的新闻，而允许另一个人创制一种可以聚集新闻订阅的软件程序，然后向数百万其他用户提供这种软件。如果一个人像AT &T或CompuServe那样把数据和可执行代码分开，这将会使互联网失去创生性的强大力量。

CompuServe的主计算机是服务器，而消费者的电脑则是客户。在AT &T的网络上，拨打电话的人和接听电话的人都是"客户"，他们的连接都被中心的交换器系统——服务器——所配置。在昨天和今天的互联网上，只能循环界定一个服务器：它是一台可以将自己附在网上并且能够使自己成为别人的主机的

---

① See Ron Rosenbaum, "Secrets of the Little Blue Box", *Esquire*, Oct. 1971, p. 116, 119. 关于对声称自己是最早"盗用电话线路者"的人的说明, see James Daly, "John Draper", *Forbes*, June 3, 1996, p. 138。

② Supra note 1, Rosenbaum, "Secrets of the Little Blue Box", p. 120.

③ See id. at 119 – 120.

④ See Amy Harmon, "Defining the Ethics of Hacking", *L. A. Times*, Aug. 12, 1994, at A1.

电脑——不多不少。① 一台创生性的电脑可以用来当作客户端，也可以变成供他人访问的网站。消费者和程序员之间的界线被自我消解和强化了。

考虑到这种配置，在 Morris 蠕虫病毒恐慌之后，集体行动几乎没有动力就不足为奇了。互联网和其上的电脑分散化、非专有的特性使人们难以对它们的工作方式实施任何结构性的修正。更重要的是，还不清楚哪种有效的应对措施不会使互联网网络发生急剧的目标改变：这一想法的弊端非常明显，以至于它甚至没有被提起讨论。

2. 电脑/网络网格与目前已意识到的威胁

那么在没有重大变革的时候，互联网在总体上如何避开进一步的攻击呢？这一问题的根本解决方式取决于一系列因素，每一样因素对今天互联网的情形来说都很有指导意义。

首先，计算机科学家们是对的，他们认为破坏性非法侵入不符合当时的道德意识。② 纵使 Morris 蠕虫病毒比其创造者所意图的造成了更大损失，且对于它实际上造成的所有损失而言，蠕虫病毒除了自己以外并没有其他装备。一旦蠕虫病毒破坏了一个系统，那么 Morris 就能够检测到那个蠕虫病毒并轻而易举地删除多个文档。像 Morris 蠕虫病毒一样，20 世纪 90 年代随之而来的大多数的病毒反映了相似的作者局限③：它们只是为了传播得更远而传染。它们造成的损害以清理它们所需的工作量和传播造成的网络流量负担来衡量，而不是以重新恢复失去的文档或找到被破坏的敏感信息的费用来衡量。④

---

① See Comm. on the Internet in the Evolving Info. Infrastructure et al. , *Coming of Age*, Washington: National Academies Press, 2001, pp. 107 – 124（把互联网描述为“一组独立的网络相互链接，以提供一个统一的网络外观”，并解释了互联网的架构）。

② 计算机犯罪的增长已经受到黑客群体的注意，并且已经影响了黑客的行为。See Amy Harmon, “Defining the Ethics of Hacking”, *L. A. Times*, Aug. 12, 1994, at A1.（按时间顺序记录了一名自称黑客的人“待在区分黑客行为和犯罪行为的模糊不清的界线的正确的一边”的努力）。

③ See Steve Lohr, “A Virus Got You Down? Who You Gonna Call?”, *N. Y. Times*, Aug. 12, 1996, at D1（认为大多数病毒并不是故意破坏的）。

④ 对 Morris 攻击造成损失的众多估计范围变化很大。请比较 Kevin Commins, Insurers Plan Computer Virus Coverage, J. Com. &Com. , June 8, 1989, at 1A（$ 1. 2 billion），和 Panel Speculates on Rogue Hacker's Motives, St. Louis Post – Dispatch, Apr. 2, 1989, at 10A（$ 96 million），这些估计之所以有不同是因为它们基于诸如工作时间、受影响的电脑数量和生产力损失等相对柔性的变量而统计。

第二，大学和其他研究所里的网络操作中心成为全职机构，拥有专业的管理人员，他们更加注意有规律地更新补丁，搜寻安全隐患。管理员们携带着传呼机，时刻准备着在系统被入侵的情况下迅速介入。即使20世纪90年代很多用户开始将不安全的电脑联网，但总的来说他们大部分使用的也是当时的电话拨号上网，极大减少了他们的电脑每天面临安全威胁或其他严重问题的时间。

最后，人们并没有商业动力编写病毒——他们总的说来是写着玩的。因此，没有理由认为，实质的资源会被应用到创制病毒或使它们特别恶毒上来。①

随着用户可获得的个人电脑的功能及联网能力日益强大，这些提供自然安全防护的因素都被削弱了。当网络变得无处不在时，普遍的伦理就变得不可行了：确实，任何可以找到一台电脑并联网的人都被允许上网。除此以外，消费者正过渡到一个能够时刻在线的宽带网时代，② 他们的电脑更加强大，因此如果被破坏将造成更多的损害，而且他们的操作系统也存在数量众多的致命缺陷。更进一步说，现在很多的病毒和蠕虫都已经有了包括反映潜在商业动机在内的自生目的，而不再只是单纯的传播。这也使得这一现象变得十分普遍：病毒能够破坏一台电脑，并使它接受随后的指令，比如命令它成为自己的互联网邮件中心，向从硬盘中得到的电子邮件地址发送垃圾邮件，或者进行网页搜索以便参与广告欺诈，而电脑的主人却对整个过程丝毫不知情。在2003年秋季进行的一场著名的试验中，一位研究人员将模拟运行“开放代理服务器”——这在网

---

① 对黑客的分析，see Clifford Stoll, *The Cuckoo's Egg: Tracking A Spy Through The Maze of Computer Espionage*, London: The Bodley Head Ltd, 1989.“黑客伦理”一般被界定为这样一种信念：“只要黑客不偷窃、故意破坏或是泄露机密，为了乐趣和探索而进行的破坏系统行为在伦理上就是可接受的。”WIKIPEDIA, HACKER ETHIC, at http://en.wikipedia.org/wiki/Hacker ethic (last visited Apr. 9, 2005); see also Pekka Himanen, *The Hacker Ethic And The Spirit of The Information Age*, New York: Random House Inc., 2001（对黑客伦理进行了深度探讨）。

② 事实上，有更多的美国家庭现在使用宽带上网而非拨号上网。See PRESS RELEASE, FCC, FCC REPORT SHOWS STRONGEST EVER AMERICAN BROADBAND MARKET 1 (SEPT. 9, 2004), at http://hraunfoss.fcc.gov/edocs public/attachmatch/DOC－251959A2.pdf。

络邮件服务器中非常普遍——的电脑连接上网。① 在十小时内，垃圾邮件发送者发现了该电脑，开始试图通过它发送垃圾邮件。② 六十六个小时以后，该电脑已经记录了229468 条信息并试图发给3360181 个可能的接收者。③（研究人员的电脑假装发送了垃圾邮件，但实际上将它们删掉了。④）

CERT 协调中心的数据反映了这种巨大的变化。该组织在1988 年成立时便开始记录互联网连接系统受攻击的次数，并将其称为“意外事件”。如图 1 所示，1997 年以来意外事件呈指数增长，到2003 年几乎每年增加一倍。

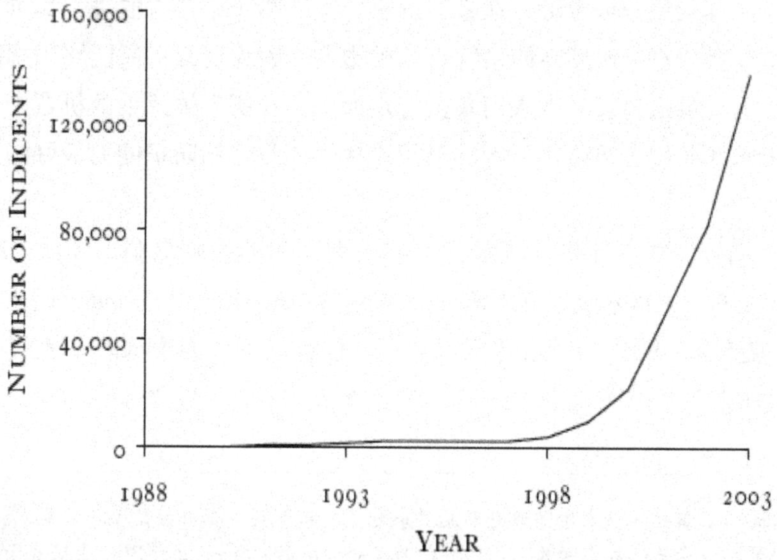

图 1　1988 –2003 年间 CERT/CC 接到的安全意外事件报告的数量⑤

① See LUKE DUDNEY, SANS INST. , INTERNET SERVICE PROVIDERS: THE LITTLE MAN'S FIREWALL (2004), at http: //www. sans. org/rr/whitepapers/casestudies/1340. php（讨论了端口封锁、数据包封锁和其他ISP 可以用来防止计算机病毒扩散的方法，并且进行了一个实验对“开放代理服务器”问题进行评估）。

② Id. at 4.

③ Id. at 5.

④ See id. at 4.

⑤ See CERT COORDINATION CENTER, CERT/CC STATISTICS 1988 –2005, at http: // www. cert. org/ stats#incidents (last visited on April 9, 2006).

CERT 于 2004 年宣布其将不再跟踪记录这个数字，因为攻击已经变得如此普遍和广泛，以至于彼此之间无法区别了。①

在 Morris 蠕虫病毒发作的年代，估计网上有 60000 台各异的电脑或“主机”。② 在 2005 年，该数量已经超过了 3.53 亿，③ 而全球范围内的电脑估计达 9 亿台。④ 这些大量的、总是在线的强大电脑，很多都配备高速的网络连接，却由不熟练的用户操作，这是二十一世纪的新现象。如今的病毒具有高度可传染性，能够在瞬间发送，几小时内就能感染全球范围内大量的电脑。⑤ 这些症状可能瞬间传输给用户或者潜藏在重新发送的操作指令中，这取决于病毒创造者的选择。即使没有受到感染的系统也会被影响，因为病毒传播能够干扰网络连接能力，且能够通过反复进入而攻击特定网络。在所有被感染的机器上，这样一种分布式拒绝服务攻击甚至能够干扰连接性能最好和防护能力最好的服务器的连接能力。

设计精妙的蠕虫和病毒通常能够感染大面积的联网电脑。例如，2004 年 Sasser 蠕虫在三天内感染了五十多万台电脑。⑥ 2003 年 1 月 Slammer 蠕虫只花了 15 分钟就感染了 90% 的微软特别服务器，使数以万计的电脑陷于瘫痪——。⑦ SoBig. F 病毒在 2003 年 8 月被发布，并迅速感染了全世界 70% 的电子邮件，单

---

① See id. 其他研究表明，随着网站越来越多地将网页与公司数据库联系起来，应用程序受攻击的次数量呈爆炸式增长，这已经称为了一种威胁。See e. g. , BEE WARE SAS, THE RISK OF APPLICATION ATTACKS SECURING WEB APPLICATIONS 1 – 2 (2005), at http: // www. securitydocs. com/pdf/2839. PDF。

② See Bob Sullivan, “Remembering The Net Crash Of 1988”, *Msnbc*, NOV. 2, 1998, at http: //www. msnbc. com/news/209745. asp? cp1 = 1; INTERNET SYS. CONSORTIUM, ISC DOMAIN SURVEY: NUMBER OF INTERNET HOSTS, at http: //www. isc. org/index. pl? /ops/ds/host – count – history. php (last visited on April 9, 2006).

③ Supra note 2, INTERNET SYS. CONSORTIUM.

④ See PRESS RELEASE, COMPUTER INDUS. ALMANAC INC. , MOBILE PCS IN – USE SURPASS 200M (JUNE 20, 2005), at http: //www. c – i – a. com/pr0605. htm.

⑤ See e. g. , Associated Press, “A New Computer Virus Is Making the Rounds”, *N. Y. Times*, June 20, 2000, at C6 (描述了 2005 年盛行的 Love Bug 病毒)。

⑥ See “Worm Brings Down PC's and Networks”, *N. Y. Times*, May 4, 2004, at C10.

⑦ John Schwartz, “Rampant Epidemics of Powerful Malicious Software”, *N. Y. Times*, Dec. 1, 2003, at C19; John Schwartz, “Worm Hits Microsoft, Which Ignored Own Advice”, *N. Y. Times*, Jan. 28, 2003, at C4.

单“美国在线”（America Online）就收到了2320万封携带病毒的电子邮件。[①]后SoBig. F的威胁消失了，部分原因是它的制造者对它做出了“在几周后消失”的设定。[②] 如果这些恶意软件[③]有任何一个带有真正的“恶意”，例如，被设计成可无限繁殖、清洗硬盘、随机调换电脑中电子表格程序中的数字，或者间歇在Word文件中添加脏话，就没有什么安全系统能够经受这样的破坏了。尽管这些例子都发生在运行微软Windows系统的电脑上，但根本的问题还是在互联网的创生能力上，而不是在特定生产商的安全缺陷上。无论运行的是MacOS、Windows还是UNIX，任何一台能够使其代码在用户不知情的情况下被重新改写的电脑，都是能够被破坏的。

将能够入侵防火墙和反病毒软件的、设计精妙的蠕虫，与一个怀有真正恶意的蠕虫制造者结合起来，只是令人恼怒的病毒传播事件就有可能会产生更严重的影响：无法在某些航空公司柜台办理登机手续；无法进行夜间派送和包裹、信件的邮递；工资软件无法为数百万人计算和生成工资；或者医药局、学校、市政厅和其他资料存管机构的重要记录被销毁、公布或被邪恶更改。

政府的管理者、网络设计者和网络操作者已经鼓励，或至少默许了创生性互联网和创生性的计算机的发展。他们已经对很多因信息技术的使用所可能导致的问题做出了基本的回应，且小心谨慎地在从属责任（secondary liability）体制和架构的授权下尝试消除有害的活动。当这些活动增加的时候，线上与线下用户的合法利益都会受到损害，这种约束将在新兴的计算机/互联网网格受到行为控制干预的时候被证实。因此，第四部分将转向有利于管制的网格，以及在第二部分中描述的完美的不受控制的创生性增长之后，该网格是怎样出现的。

---

① Brendan I. Koerner, “In Computer Security, a Bigger Reason to Squirm”, *N. Y. Times*, Sept. 7, 2003, 3, at 4; “Sobig Is Biggest Virus of All”, *BBC News*, Aug. 21, 2003, at http: // news. bbc. co. uk/ 2/hi/technology/3169573. stm.

② Amy Harmon, As Digital Vandals Disrupt the Internet, A Call for Oversight, *N. Y. Times*, Sept. 1, 2003, at A1; Koerner, supra note 8, Koerner, “In Computer Security, a Bigger Reason to Squirm”.

③ See generally WIKIPEDIA, MALWARE, at http: //en. wikipedia. org/wiki/Malware (last visited on April 9, 2006)（把恶意软件定义为“被设计成以渗透或损坏计算机系统为目的的软件”）。

四、大泛滥后的（postdiluvian）互联网

至此我已经描绘了一个具有高度创生能力的电脑和网络结合体，其组成部分胜过了它们各自在二十世纪八九十年代的对手，这多亏了它们的强大的能力、灵活性和可以接触到的外部发展。现在，几千万人拥有了能够随时上线的互联网接入通道，而且这个数字还在迅速增加。他们可以下载新的软件或享受新的在线服务，提供软件和服务的开发人员与电脑生产商、操作系统开发商或者 ISP 间都没有固定的联系或特别协议。这就是正在出现的创生性网格下的状态。尽管管制者有意愿控制个人的不当行为，技术专家们也希望防止恶意软件破坏相应服务，但这种创生性的网格似乎仍然没有变化。事实上，这种外观是欺骗性的：尽管网格没有变化，其创生能力却遭到了威胁。

这一部分将描述网络和电脑架构的基本变化，我认为这很可能发生，因为这是在强大的管制者和很快意识到安全问题的（第三部分描述过的）用户集体施加的压力下驱动或实行的。这些变化很可能否定很多第二部分展示的创生性特征。在第四部分描述这种正在出现的大泛滥后的互联网之后，第五部分将描述对于它可以采取什么措施。

（一）大泛滥后的互联网的诸要素

思考网络的未来将会让我们感知到管理者和用户的需求，感知到何时这些群体的利益和观点会基本一致，或者至少不会发生剧烈冲突。

1. 信息应用设备（information appliances）

一种“信息应用设备”只能运行那些生产或销售它们的厂商选定的程序。在创生能力的谱系下，信息应用设备可能拥有电脑的杠杆能力和适应能力，但是在获得更多的代码方面则受到了严格的限制。

现在已经有好几种互联网识别的主流信息应用设备。一个最主要的例子就是 TiVo，一种数字音像摄录机，可以连接到用户的网线、卫星或天线来录制电

视节目。[1] TiVo 还可以连接到电话线或互联网接口上以下载每日节目信息。[2]因此它既是一种产品，也是一种服务。拥有 TiVo 的消费者几乎都非常喜爱它，很多人表示如果没有它就不想看电视了。[3]

TiVo 的设计者并没有从头开始编写软件，他们是在高度创生性的 GNU/Linux 操作系统上执行该程序的。[4] 大多数 TiVo 拥有者并没有意识到他们购买了一种形式的电脑。没有迹象表明存在着操作系统——就创生能力来说，某种向第三方开放的程序。用户使用远程控制与 TiVo 互动,[5] 使用 TiVo 的限制也并不容易被规避。[6] 这种限制包括不能创造标准化的数字输出，TiVo 的录制程序如果没有 TiVo 自己的由 DRM 限制的软件就不能复制到电脑上。[7]

TiVo 的工作像传统的应用设备一样可靠，因为其制造者比大多数电脑生产商都更确切地知道它的用途。这种确信对 TiVo 及其合作软件生产商是有利的,[8]因为它给予了 TiVo 对它提供的结合在一起的产品/服务完全的控制权。这对消费者也是有利的，因为他们发现 TiVo 有用并值得信赖。它也会令管制者满意，因为 TiVo 被设计成能够防止加剧点对点问题的形式。如前所述，TiVo 摄录的场景只能被保存到标准的 VCR 或 DVD 上面，或者以一种版权受保护的形式，而

---

① See TIVO, WHAT IS TIVO?, at http: //www. tivo. com/1. 0. asp (last visited on April 9, 2006).

② See WIKIPEDIA, TIVO, at http: //en. wikipedia. org/wiki/TiVo (last visited on April 9, 2006).

③ See e. g. , Eric A. Taub, "How Do I Love Thee, TiVo?", *N. Y. Times*, Mar. 18, 2004, at G1.

④ See Peter Wayner, "Whose Intellectual Property Is It Anyway? The Open Source War", *N. Y. Times*, Aug. 24, 2000, at G8; see also TIVO, TIVO – GNU/LINUX SOURCE CODE, at http: //www. tivo. com/linux/linux. asp (last visited on April 9, 2006) (使 TiVo 的源代码可以被公众获取)。

⑤ See Katie Hafner, "Now Preening on the Coffee Table", *N. Y. Times*, Feb. 19, 2004, at G1.

⑥ See e. g. , Paul Festa, "TiVo Hacks Flourish", *CNET News. com*, Nov. 11, 2004, at http: //news. com. com/TiVo + hacks + flourish/2100 – 1041 3 – 5447461. html.

⑦ TiVoToGo 允许用户以非常缓慢的速度从他们的 TiVo 向个人电脑传送有版权保护格式的唱片，并且可以复制到电脑 DVD 上。See David Pogue, "TiVo Adds Portability to the Mix", *N. Y. Times*, Jan. 6, 2005, at G1。

⑧ 飞利浦、索尼和其他公司在 TiVo 许可下生产兼容 TiVo 的机顶盒 . See Laurie J. Flynn, "Networks see Threat in New Video Recorder", *N. Y. Times*, Nov. 5, 2001, at C4。

不是以一种不受保护的数字化形式保存到消费者的电脑硬盘里，或是通过互联网传播到任意的地方。① 尽管很多消费者毫无疑问会喜欢这种特征，TiVo 却可能避免提供该特征，一部分原因是它和内容提供商有关系，② 另一部分是因为害怕版权责任。尽管在历史上对互联网是存在管制的，在 Grokster 案下，为数字音像摄录机——它们允许广泛传播的复制和传输它们录制下来的节目——找到传播者一类的责任是完全可能的，特别是当这些节目被其发行者注明他们不想让这些节目被广泛分享的时候。③ TiVo 的竞争者 ReplayTV 的生产商就因为允许这种向任何其他网上的 ReplayTV 重新传输，以及因包括一个 TiVo 没有的自动商业快进功能，而遭到起诉。④ ReplayTV 在案件审理结束前就宣告破产。⑤ 继承它的生产商制造的 ReplayTV 机器缺乏所有这些特征，⑥ 并且 TiVo 正在实现一种新功能，可以允许内容传播者将其设置为不会长时间保存自己录制的节目的形式，从而只允许用户通过调整时间来观看内容（time - shifting），而不能长时间储存。⑦

TiVo 预示着互联网可识别的应用设备的增长，这些设备探索操作系统和网络的创生能力，但是它们自己却不会让消费者或其他终端用户使用创生能力。

---

① 然而，TiVo 可以和家中的其他 TiVo 产品共享其节目。See Katie Dean，“TiVo Breaks into Home Networks”，*Wired News*，June 10，2004，at http：//www. wired. com/ news/digiwood/0，1412，63776，00. html。

② See e. g.，TiVo Inc.，Definitive Proxy Statement（Form DEF 14A），at 7，13 - 14（May 31，2005）（注意到 NBC 有权任命 TiVo 的一名董事，并指出 NBC 的子公司拥有多于百分之四的 TiVo 的股份）。

③ See Digital Broad. Content Prot.，“Report and Order and Further Notice of Proposed Rule-making”，30 *Commc'ns Reg.*（*P&F*）*FCC* 03 - 273. 1189，1194 - 1197（Nov. 4，2003）；see also PRESS RELEASE，FCC，FCC ADOPTS ANTI - PIRACY PROTECTION FOR DIGITAL TV（NOV. 4，2003），at http：//hraunfoss. fcc. gov/edocs public/attachmatch/DOC - 240759A1. pdf.

④ 然而，TiVo 用户已经发现了 TiVo 内含的秘密，即 30 秒钟快进的特征。See O'REILLY，THE 30 - SECOND SKIP，at http：//hacks. oreilly. com/pub/h/491（last visited on April 9，2006）。

⑤ See Paramount Pictures Corp. v. Replay TV，298 F. Supp. 2d 921，923（C. D. Cal. 2004）.

⑥ See id.

⑦ See Dan Tynan，“Winners and Losers 2005”，*PC World*，Dec. 27，2005，at http：//www. pcworld. com/news/article/0，aid，123923，00. asp（描述了 TiVo 与 Macrovision 提供的 DRM 的兼容性）。

这种缺乏创生能力的表现本身并不是对互联网/电脑网格基本架构的主要改变，但它也许确实补偿了一些失去的、潜在的集体行动能力。那些想去买一台可以当成电视机使用的电脑的消费者，以及发现它具有在购买时并没有想到过的用途的消费者可能会购买电脑，否则就会去购买 TiVo。反过来，某些程序员缺少动力创制新的用途，因为可能从那些用途中受益的用户们已经减少了。确实，就那些依赖于大规模吸引用户以显示其价值的用途来说，例如在线拍卖，这些用途将不太可能出现。TiVo 的制造者可能为了和电视无关的活动决定为 TiVo 制造一个集线器——毕竟，这是一台电脑的底部基础，且越来越多地访问互联网——但是这种发展必须以在专有的 CompuServe 服务上开发新软件为基础，需在公司自身的倡议下，或者通过和第三方软件开发者协商进行交易。当然，TiVo 的制造者可以选择更新机器，以便能够运行第三方开发的应用程序。在最近几个月中，TiVo 在这个方面采取了非常有限的措施，开放了一种软件开发者的设备，它可以允许 TiVo 用户连接到一台电脑或服务器上，以有限的方式进行互动——这实质上是在 TiVo 的功能上添加了一个网络浏览器，而不允许第三方重新为其编码。①

类似的形式可以在其他新的信息应用设备那里找到。例如，智能手机（smartphone）是移动电话被设计成能在网上冲浪，并且处理诸如照相、保持日历和待办事项等非通话业务的升级版机器。② 有一些像 Palm Treo 那样的智能手机，就是基于一般目的的掌上电脑加上通话功能而产生的，③ 它们可以运行第三方程序，这可能令其用户很是懊恼，如果 Treo 被恶意软件破坏，他们的服务就要

① See TIVO HOME MEDIA ENGINE SOFTWARE DEVELOPMENT KIT, at http://tivohme.sourceforge.net (last visited on April 9, 2006).

② See Simon Romero, "Wireless Wanderer: A Field Study", *N. Y. Times*, May 24, 2001, at G1.

③ See PRESS RELEASE, PALMONE, INC., TREO 600 FROM PALMONE NOW AVAILABLE FOR CINGULAR WIRELESS GSM/GPRS CUSTOMERS (NOV. 13, 2003), at http://www.palm.com/us/company/ pr/2003/111303.html; UPDATE: PALMONE FINALLY TAKES WRAPS OFF TREO 650, SMARTPHONETODAY, OCT. 25, 2004, at http://www.smartpho-netoday.com/articles/2004/10/2004-10-25-palmOne-Finally-Takes.html.

受到干扰。其他的，包括 Cingular 公司生产的电话，运行了 Windows 的一个版本，① 但却被手机运营商加以配置，他们出售这些机器是为了只能运行特别“签名”的软件：消费者不能只是双击鼠标就能运行不被手机运营商批准的软件。超越了智能手机的一些信息应用设备和电脑联系更加密切。例如，Xbox 是一种微软公司制作的强大的视频游戏控制台。作为一种单一目的的设备，它能够使用非游戏应用程序，但是不像在电脑上运行的 Windows，这种非游戏应用程序并不容易获取：添加的第三方硬件与软件必须得到微软的授权，而且从中得到的利润的一定比例也必须作为版税同微软分享。②

2. 变成应用设备的电脑

个人电脑正朝着这些信息应用设备的方向发展。作为一种对来自病毒和蠕虫的威胁的自然反应，操作系统制造商已经采取的第一步是，在用户第一次运行陌生代码的时候警告他们。用户们会发现，点击可执行的电子邮件附件或者下载恶意软件，或只是访问错误的网站就会破坏他们的电脑。当用户试图运行“陌生”的软件时——即那些未取得微软承认的数字认证证书的软件——微软的 Windows 就会显示一个安全警告。③ 在最新的 Windows 版本（Windows XP）中，当用户试图运行这样一种陌生的程序时，或者当他试图自动执行程序——也许是在访问一个网站的时候——用户就会看到一个警告：“发行者无法认证。您确定想要运行该软件吗？”

---

① See e. g. , Thomas J. Fitzgerald, “Music for Your Cellphone”, *N. Y. Times*, July 7, 2005, at C9; WINDOWS MOBILE, at http: //www. microsoft. com/windowsmobile/devices/default. mspx (last visited on April 9, 2006).

② See INA FRIED, DIGGING PROFITS OUT OF XBOX, CNET NEWS. COM, AUG. 10, 2005, at http: // news. com. com/Digging + profits + out + of + Xbox/2100 – 1043 3 – 5827110. html（描述了 Xbox 的许可制度）; WIKIPEDIA, XBOX 360, at http: //en. wikipedia. org/wiki/Xbox 360#Dashboard (last visited on April 9, 2006)（描述了非游戏的应用程序）. 这种许可结构可以部分地存在，因为 Xbox 的硬件正亏本进行销售。

③ 微软认识到了很多像 VeriSign 那样的认证权威，他们反过来可以接受代码作者的签名。See e. g. , PRESS RELEASE, MICROSOFT CORP. , MICROSOFT AND VERISIGN ANNOUNCE. NET ALLIANCE (JULY 10, 2001), at http: //www. microsoft. com/presspass/press/2001/Jul01/07 – 10VeriSignPR. mspx. See generally PAGEBOX, TRUSTED SITES, at http: //www. pagebox. net/java/java – trusted. html (last visited on April 9, 2006)（解释了可信任网站背后的技术）。

很多情况下用户不知道如何理性回答这个问题。除非他当时并不希望运行任何软件，否则他只知道，只要软件能用，他就想运行。除非用户试着运行该软件，否则他怎么知道软件是不是好用呢？通常情况下，他都会假定电脑应该比他更清楚答案，然后就发现自己对完美的软件说“不”了。

让消费者选择的解决方式由此就成了对付他们无意下载的有害程序的万能钥匙。对点击带有病毒的电子邮件感到好奇的消费者很可能不会被一个警告框吓住，特别是当运行一种只是没有签名的无恶意软件时警告框频繁出现。更多时候，一个签名单独没有什么含义：人们可以将软件签上“唐老鸭”之类的名字。① 用户根本不能确定什么软件是好的，什么软件是有问题的。当无法有效解决这种基本的、脆弱的创生能力的问题时，一个电子软件签名的架构就会使电脑看护人更容易把它们变成应用设备。公司可以很容易地把雇员的电脑配置成只能运行允许的软件；图书馆、学校和父母也能够这样做。这不仅会屏蔽不受欢迎的内容，而且还会锁住电脑以防止某些积极的用途，即使并没有被电脑看护人明确地批准。

对于那些自己购买电脑并希望不受病毒经常性侵犯的人来说，保卫安全的下一步，不应只是普通而无效的警告，而应该有更具体的建议：操作系统制造者认为该软件应该运行么？软件发行商可以提供一个回答这类问题的框架。微软长期以来一直为设备驱动程序这样的软件维护着一个数字签名程序，它控制操作系统与某些外部计算机设备（如打印机，扫描仪和摄像头）之间的交互。② 第三方经销商可以编写他们自己的驱动程序而不加签名，他们可以自己主动签名，或者将软件提交给微软批准。在第三种情况中，微软对驱动程序进行测试，如果通过测试就为它们签名，就像当作批准使用一样。③

在某些方面，这种测试和批准对消费者来说是一种积极的发展方向。电脑使用者常常会发现自己的电脑感染了病毒，并且因这种感染不在电脑生产商或

---

① MSDN, INTRODUCTION TO CODE SIGNING, at http: //msdn. microsoft. com/library/default. asp? url =/workshop/security/authcode/intro authenticode. asp (last visited on April 9, 2006)（描述了软件发布者为了符合认证而必须提交的最低资格证书）。

② See MICROSOFT, DIGITAL SIGNATURE BENEFITS FOR WINDOWS USERS, at http: //www. microsoft. com/ winlogo/benefits/signature - benefits. mspx (last visited on April 9, 2006).

③ See id.（描述了微软的“Windows 认证”程序）。

操作系统经销商的保修范围内而感到困惑。操作系统经销商可以通过承诺给予某种形式的协助来解决这一问题，只要消费者把电脑设置成不运行未签名或未批准的软件即可。像微软这样的操作系统生产商还能因此获利，因为它在提供这种有附加值的服务方面有独特的地位，即它对每一种在它的机器上运行的软件都拥有一级（first order）监守能力。就像它对 Xbox 那样的信息应用设备所做的那样,① 微软可以决定在批准第三方软件的时候收取一定的费用，在它对这类简短的、未正式陈述进行审查或做出拒绝的决定时，可向“每一笔使用微软技术进行的网上交易”收取“抽头”（a “vig”）或一定的税。② 或者，操作系统生产商可以免费批准，或作为最主要的生产商，通过确保某种最低限度的质量控制而获取用户进行电脑体验后的有益反馈。一个独立的软件制造者可能因得不到这样一个批准而恼怒，但是当用户接受旨在阻止陌生软件的默认设置时，该制造者可以选择放弃批准并减少运行其软件的电脑的数量。

为了理解这些潜在解决方案的含义，以及它们会带来麻烦的原因，把这种发展中的架构与操作系统中另一个可能出现的（因为网络无处不在而带来的）新特征——自动更新一并讨论是有益的。③ 这种新特征出现在最新的微软和苹果公司的操作系统中，也出现在许多单独的软件中，它解释了这一事实：越来越多的电脑拥有能够即时在线的宽带互联网。从电脑第一次连入互联网的那一刻起，此种特征就便通过某种软件得以展现。包括 Windows XP 在内的其他操作系统虽然事先关闭了这一功能，但是电脑会提示用户将其开启。④ 通过自动更

---

① See INA FRIED, DIGGING PROFITS OUT OF XBOX, CNET NEWS. COM, AUG. 10, 2005, at http: // news. com. com/Digging + profits + out + of + Xbox/2100 - 1043 3 - 5827110. html; WIKIPEDIA, XBOX 360, at http: //en. wikipedia. org/wiki/Xbox 360#Dashboard (last visited on April 9, 2006), 以及参见正文的相关内容。

② See David Bank, “Microsoft Moves to Rule On - Line Sales”, *Wall St. J.*, June 5, 1997, at B1.

③ See e. g., MICROSOFT, USE MICROSOFT UPDATE TO HELP KEEP YOUR COMPUTER CURRENT, at http: // www. microsoft. com/athome/security/update/msupdate keep current. mspx (last visited on April 9, 2006).

④ 在 Windows XP Service Pack 2 中，这项功能是自动开启的。如果用户关闭该功能，频繁的警告就会提示电脑因无法接受更新而未受到充分保护。See Scott Spanbauer, “Internet Tips: ‘Tweak Windows XP SP2 Security to Your Advantage’”, *PC World*, 166, 167 - 168 (2004), at http: //www. pcworld. com/howto/article/0, aid, 117422, 00. asp。

新，计算机定期（通常是每天）检查来自操作系统发行商和装在电脑软件制造者的更新。乍一看，这种功能是无害的，它在可以下载的时候利用了电脑的网络能力和适应能力来获取最新的安全补丁，因为这并不依赖于消费者的小心谨慎。这种发展解决了早在 1988 年就被注意的消费者维护安全的问题，那是在 Morris 蠕虫病毒事件期间，当时许多电脑缺陷都没有补丁。

到现在为止，苹果和微软公司只自动安装和安全相关的、他们认为是“关键的”更新；对于操作系统“常规的”功能或辅助的应用程序的更新仍然需要消费者的同意。很多其他单个软件的制作者更加自由地使用自动更新，而且对于他们可以影响的电脑进行何种改变并没有技术限制。他们不仅能为自己更新，也会使用这种功能下载其他人制作的软件的小补丁，安装整个新的软件，升级操作系统，或者删除安装的软件。因此，自动更新带来的安全收益可能也无法证明它带来的新的脆弱性是正当的，特别是对于那些不为人所知的软件制作者们来讲，更新这些软件的服务器比起由操作系统生产商运行的糟糕版本，可能更容易被第三方破坏。但是无论它是否解决了对安全的关注，自动更新都开启了通向完全改变互联网网络运行方式的大门。

通过自动更新，操作系统和其应用程序变成了服务而不是产品。这种转变对软件生产商很有吸引力，他们可以请求或要求消费者订制常规更新，就像那些购买了反病毒软件的人在一年限期后被要求每年都订制病毒定义库更新一样。更进一步说，这种更新有助于减少盗版软件：如果一名消费者的软件或操作系统并未生效，生产商可以远程使软件失效，或者如果没有适当更新的话能够调成停止运行。①

自动更新和应用设备化是一致的，都允许生产商发现——当他们的软件被入侵或改编的时候——和关闭或卸载原始操作系统——当他们确实被攻击或改编的时候。Hughes DirecTV 卫星接收器信息应用设备就是这样。就在 2001 年超级杯赛之前，侵入了他们的 DirecTV 接收器来接收智能卡接入的消费者们发现他们的接收器突然不再工作了：卫星已经不仅播放人们收看的节目，也播放让

① 这种现象正在电脑应用程序和操作系统中发生。See e. g. , “Ban Hits Half - Life 2 Pirates Hard”, *BBC News*, Nov. 25, 2004, at http: //news. bbc. co. uk/2/hi/technology/4041289. stm; Peter Cohen, “iTunes Update Disables Internet Playlist Sharing”, *Macworld*, May 27, 2003, at http: //www. macworld. com/news/2003/05/27/itunes/。

接收器遵守的节目。[①] 接收器检查特定的侵入，如果找到了就自动破坏，使那些受到影响的智能卡完全失效。据报道，被侵入的智能卡的最后几个电脑字节被重新改写成读取“游戏结束”。[②]

电脑上自动更新的软件正变得越来越普通，同时互联网本身则成为高度受控软件的主机。电脑/互联网网格的出现使得开发应用软件的运行变得更加容易，因为它运行所依靠的是远程服务器而不是电脑本身。一台电脑或者只装有一个网页浏览器的信息应用设备现在可以使用一系列服务——这种发展就是以应用程序流、网络服务和 Web 2.0 而闻名的。[③] 一种观点认为，这种发展对创生能力来说是中性的，它仅仅改变了创生性软件的核心，这些软件是编写到一个互联网上的服务器之上的，而不是写入电脑中——它也许甚至能够避免由封锁电脑导致的创生性方面的损失。然而，就新颖的 P2P 应用程序而言，这种改变破坏了分散的电脑的处理能力。[④] 它还带有很多但并非所有自动更新的缺陷。从安全的立场看，在网上某一处的更新服务不可能干涉用户享受另一个提供商在别处提供的服务——这不像电脑应用程序的自动更新，会危害到并行的电脑程序或干扰电脑的操作状况。但是，这种服务的隔离也会阻止在其他软件的基础上创制新软件的创生能力。[⑤] 一些网上主机服务对用户数据保持着标准化的界面，可以允许外界的开发。例如，Google 至今为止已经允许独立的软件开发

---

① See Mark Ward, “Toasting the Crackers”, *BBC News*, Jan. 26, 2001, at http: //news. bbc. co. uk/1/ hi/sci/tech/1138550. stm; May Wong, “DirecTV Fires Back at Hackers”, *Miami Herald*, Jan. 27, 2001, at 1C.

② 例如，See Mark Ward, “Toasting the Crackers”, *BBC News*, Jan. 26, 2001, at http:// news. bbc. co. uk/1/ hi/sci/tech/1138550. stm.

③ See John Battelle, “Op – Ed. , Building a Better Boom”, *N. Y. Times*, Nov. 18, 2005, at A29; Tim O'Reilly, “What Is Web 2. 0”, *O'Reilly Network*, Sept. 30, 2005, at http: //www. oreillynet. com/ pub/a/oreilly/tim/news/2005/09/30/what – is – web – 20. html.

④ 如果要对像 SETI@ home 这样的应用程序的范围和优点进行细致考查，see Yochai Benkler, “Sharing Nicely: ‘On Shareable Goods and the Emergence of Sharing as a Modality of Economic Production’”, 114 *Yale L. J.* 273, 291 – 295 (2004)。

⑤ 有关托管服务可能会产生数据所有权方面的新瓶颈的讨论，see THE CONVERSATION ABOUT NETWORK EFFECTS AND SERVICE LEVELS IN READ/WRITEWEB, at http: // www. readwriteweb. com (Nov. 15, 2004)。

人员在Google地图上用他们自己的虚拟的彩头图钉创制“混编”（mush－ups）。[①] Google可以随时取消这种促进“混编”的许可，并关闭相关服务，这将使独立的创生性应用软件变得停留于想象阶段，因为失去了基础支撑，任何针对术语的长期研究或商业开发都是鲁莽的。[②]

（二）大泛滥后互联网的内涵：管制更多，创生更少

让消费者在有安全缺陷的创生性电脑与更加安全但是受到更多限制的信息应用设备（或者变成这种设备的电脑）之间做选择，这可能会不断低估未来创新的（因此也是创生性电脑的）益处。未来创新的益处在目前的价值观下很难被注意到，很少有消费者会在决定购买电脑时把不曾预想的信息技术创新当作购买因素加以考虑。

从管理者的角度看，自动更新提出了新的监守机会。更新不仅被生产商用来增加软件的功能性，也用来减少其功能性，这在将法律加以考量之时体现得尤为明显。例如，苹果公司iTunes软件的一个早期版本允许用户们在网上听音乐，却不允许他们永久地复制音乐。[③] 苹果公司随后认为应对该功能进行优化，在后来的一次自动更新中，它将iTunes的功能削减至只允许用户收听已存储在本地网上的音乐。[④] 这种能力对于第三部分讨论过的内容管理和侵权问题有相当的隐含意义。在索尼案（*Sony Corp. of America v. Universal City Studios, Inc.*）[⑤]的年代，如果VCR被作为帮助侵犯版权的工具，毫无疑问，把扣押用户的VCR作为救济措施是很难想象的。但是如果索尼公司可以立刻按照版权拥有者和管理者的指导对用户的VCR进行重新编程，这样的救济可能更加诱人。类似的启

---

① See Damon Darlin, “A Journey to a Thousand Maps Begins with an Open Code”, *N. Y. Times*, Oct. 20, 2005, at C9（描述了Google Maps Mania，它对用Google Maps建立的信息丰富的地图进行了分类）。

② See GOOGLE, GOOGLE MAPS API TERMS OF USE, at http://www.google.com/apis/maps/terms.html (last visited on April 9, 2006).

③ Peter Cohen, “iTunes Update Disables Internet Playlist Sharing”, *Macworld*, May 27, 2003, at http://www.macworld.com/news/2003/05/27/itunes/.

④ Id.

⑤ 464 U.S. 417 (1984). 在Sony案中，最高法院拒绝因VCR生产商使用户能够侵犯版权而要求它们承担从属责任。See id. at 419－421。

发促使加州地方法院塑造了 Napster 公司服务的方式，即通过命令的方式要求该公司从其向用户提供的集中化目录中尽力过滤未获授权的、有版权的文档。①

Randal Picker 教授把自动更新看成一种信息技术变化的图景，并建议管理者确实应该进行开发。② 例如，在版权的背景下，他相信一个将自动更新功能植入以便进行侵权活动的软件制作者应该有“继续设计以减少其非侵权用途的义务”。③ 对于那些开始没能植入自动更新的人，Picker 教授建议采取一种“困难使用测试”，以便在不保留编程控制的情况下，使释放可能侵权的软件的行为具有法律风险。④ Picker 教授的观点已相当直接：一旦分布式产品的修改变得容易（在管理者看来），能够使其减少危害，那么为什么不鼓励这样的修改呢？但是 Picker 教授没能考虑强迫软件生产者保留排他性控制所造成的创生能力损失问题。

举一个当前的例子：包括 iPod 在内的 MP3 播放器正日益被用来播放收音机广播。通过所谓“播卡”（podcasting）的行为，MP3 的用户为了收听的目的，可以从网上合法地下载很多经过筛选的节目。⑤ iTunes 的连续播送（streaming）特色本来可以对广泛采用播卡作出意义重大的贡献，因为它本来能够允许人们广泛地分享他们最喜爱的广播节目。但是因为苹果公司收回了这项功能，其潜在的影响无法预知。尽管苹果收回是自愿的，许多更加具有创生能力的开发可能会因为合法地强迫限制这种特征而失去。

更糟的是，Picker 教授的解决方案将难以应用到群体编写的开源（open - source）软件上。⑥ 若不进行仔细设计，一种对服务性软件有帮助的管制判断会

---

① See A&M Records, Inc. v. Napster, Inc. , 114 F. Supp. 2d 896, 927 (N. D. Cal. 2000), aff'd in part and rev'd in part, 239 F. 3d 1004 (9th Cir. 2001); see also NAPSTER FILTER WELCOMED BY MUSIC INDUSTRY, CNN. COM, Mar. 2, 2001, at http://archives. cnn. com/2001/LAW/03/02/napster. hearing. 04（分析了 Napster 讼案的后果）。

② See Randal C. Picker, "Rewinding Sony: 'The Evolving Product, Phoning Home and the Duty of Ongoing Design'", 55 *Case W. Res. L. Rev.* 749, 766 – 768 (2005)（主张 Sony 标准应当被生产商是否保有向消费者发布更新的能力的标准所取代）。

③ Id. at 752.

④ Id. at 767.

⑤ See Cyrus Farivar, "New Food for IPods: Audio by Subscription", *N. Y. Times*, Oct. 28, 2004, at G5; WIKIPEDIA, PODCASTING, at http://en. wikipedia. org/wiki/Podcasting (last visited on April 9, 2006).

⑥ See generally Jonathan Zittrain, "Normative Principles for Evaluating Free and Proprietary Software", 71 *U. Chi. L. Rev.* 272 – 273 (2004)（描述了软件开发的开放式开发模式）。

惩罚分散化的开发进程，这将反过来降低或消除整个信息技术创新的种类。

而且，Picker 教授的施加监守责任论辩的逻辑需要立基于一名软件作者自己的产品上。考虑一下如果操作系统制造者对所有在其系统上运行的软件都负有责任的后果吧。例如，DeCSS，一种可以解码 DVD 的软件，已经被发现是符合 DMCA 的 1201 条款的一种非法规避工具。① 在责任的威胁或直接政府管制下，微软会毫不费力地向其操作系统消费者发送防止 DeCSS 运行的更新，它使用的正是反病毒软件销售商用来监视和消除恶意软件的技术。事实上，任何带有自动更新定义的反病毒软件销售商都会有这样的压力。

必须承认，新用途并不总是妨碍我们消除真实的侵权行为。但是，软件作为服务出现，将创生性的强大力量从处在信息技术边缘的用户那里移走了，逐渐移向中心，移向可以被经销商、管制者和私人诉讼施加影响的专业软件制作者。② 如果它会挫败第二部分描述过的"边缘"贡献者的创造力和活力，那么这种转向将是不幸的。③

当网络网格变得足以信赖和足够快，能够保证将代码从商品化的桌面上移除的时候，软件提供服务对于市场来说也许是不可避免的。尽管如此，消费者们可能会不断低估开放式电脑未被预料到的用途，从而产生某种程度的市场失灵。此外，互联网与电脑的创生性历史表明，在我们向软件开发人员施压，包括进行自动更新并将其用于监管目的之前，我们应该深思熟虑。

第三股网络法学者，他们首先提出了对 20 世纪 90 年代中期的可信任系统时代关注，他们预见了若用户的要求超出了植入技术的许可，则软件会拒绝满足用户的要求。这种软件确实存在，但是如第三部分说明的，当在创生性电脑上运行

---

① See Universal City Studios, Inc. v. Reimerdes, 111 F. Supp. 2d 294, 316 – 319 (S. D. N. Y. 2000); ELEC. FRONTIER FOUND., UNINTENDED CONSEQUENCES: FIVE YEARS UNDER THE DMCA 6 (2003), at http: //www. eff. org/IP/DMCA/unintended consequences. pdf (讨论了 Reimerdes 和其他 DMCA 诉讼)。

② 法律执行部门可以向软件制造者发布命令，令其使用自动更新来从用户电脑中重新找回信息，关于这点的深远前景的讨论，see Jonathan Zittrain, "Searches and Seizures in a Networked World", 119 *Harv. L. Rev. F.* 89 (2006), at http: //www. harvardlawreview. org/forum/issues/119/dec05/zittrainfor05. pdf。

③ See Yochai Benkler, "Sharing Nicely: 'On Shareable Goods and the Emergence of Sharing as a Modality of Economic Production'", 114 *Yale L. J.* 356 – 358 (2004) (描述非市场关系的价值和力量，以产生具有社会和经济效益的结果)。

的时候，它的控制结构是很脆弱的。只要用户能够运行不受制约的软件，能够使用一个开放网络来获取具有破坏性且被封锁的内容，可信任系统就只能提供薄弱的保护。例如，微软的Windows媒体播放器内置了一个强大的权利管理系统，但是它仍会播放失去权利保护标签的内容。即使它应该停止这样做——而只是播放经过认证的内容——用户仍然能够安装忽略此类限制的第三方播放器。

美国的法律制定者在2002年认识到这个圈套，并提出了《消费者宽带与数字电视促进法》（Consumer Broadband and Digital Television Promotion Act，CBDT-PA）①。该法案将设立一个动态过程，在此过程中技术制造者就会为了减弱数字内容的限制在他们自己中间开发标准，然后被迫编写遵守那些限制的软件。②它将适用于任何“数字媒体设备”，这是指：

任何满足如下条件的硬件或软件：

（A）以数字形式复制拥有版权的作品；

（B）以数字形式将拥有版权的作品转换为可见或可听的图像和声音的形式；或者

（C）以数字形式恢复（retrieves）或存取（accesses）拥有版权的作品，并将这些作品传输或传输给（B）款中所述的硬件或软件。③

如果技术制造者不能就某一标准达成协议，FCC就会为他们设立一个标准。④

如果CBDTPA通过，它将会是一次令人惊叹的干预。实际上，草案非常严厉，以至于它似乎仅是议员们的警告——实际上并不打算成为法律。但是CB-DTPA的清扫式规定所代表的实质性意义却是真的：如果可信任系统真的要限制对内容的访问，开放与封闭就不能并存。CBDTPA背后的理念并非仅规范软件限制人们行为的方式，而是规范操作系统限制软件的方式，而且反过来，它也规范硬件限制操作系统的方式。

本部分描述的安全与市场驱动现象表明，技术配置已经实现了CBDTPA的

---

① S. 2048，107th Cong.（2002）. CBDTPA的实质内容类似于2001年年中起草的《安全系统标准和认证法》，但从未提交国会。See SECURITY SYSTEMS STANDARDS AND CERTIFICATION ACT，AUG. 6，2001，at http：//cryptome. org/sssca. htm。

② See S. 2048 § 3.

③ Id. § 9（3）.

④ See id. § 3（c）.

很多目标。与 CBDTPA 不同的是，这些现象并非说明要将它们移植到一个充满活力、带有抵抗性的市场上去。实际上，它们自己就是市场，代表了很多跨越技术和出版业、政府和消费者的总和。本质上讲，它们指向编码许可证，这种许可证是被主流制造者发布的，但可以被政府塑造。

这样的许可证可能不会很难得到。就像司机的驾照或者整容外科医生的执照一样，得到它需要基本的训练并满足持有者的身份条件，编码许可证存在的首要前提是，软件产品背后有一个可验证的身份。它可以由软件制作者持有，表明其被允许制作新作品，还可以应用到每一个软件之上，以便监管机构撤销个别作品的许可。此外，创作者可以被容易地鉴别出来，并且要为制作病毒或身份在不作为情形之下被盗而负责。

新的软件编写者可能会发现用户最初对运行他们的软件是持怀疑态度的。就像拍卖网站 eBay 上的新交易者一样，新的生产者必须在大胆的消费者中证明自己的价值，慢慢建立可信赖的声誉。或者，新生产者可以提交软件用于测试，就像微软要求那些想要使自己的驱动设备得到签名的那种测试；或是某些智能手机生产商在允许程序在其设备上运行之前需要进行的测试。

若被批准的软件后来助长了不恰当的行为，政府可以要求操作系统生产商将之视为病毒，并取消其许可证——甚至取消其制作者的许可证。不同的政府可能对该软件做出不同的判断，因此其可能会要求操作制造生产商仅在其各自的管辖区内的电脑上阻止违规软件。在像中国这样的国家里，为了节约资金以及避免被美国操作系统公司所控制，如果活动内容涉嫌政府管控的过滤性内容，那么进行一场针对像 Linux 那样的免费操作系统的运动①便不需要创生能力来推动。锁定电脑的工具可使用免费或专用的代码，应用型电脑或者信息应用设备的消费者市场将会使规避审查变得更加困难，因为第三方代码导致新的、未经过滤的覆盖式网络无法轻易运行。关注创生能力，而不是关注免费和专有的软件，② 揭示出在他处采取的看似无关的安全措施在此处政治审查的涵义。

---

① MARIA TROMBLY ET AL., CHINA'S BET ON LINUX, CIO, OCT. 15, 2005, p. 21, 21, at http: // www. cio. com/archive/101505/tl opensource. html.

② See e. g., Lawrence Lessig, "The Limits in Open Code: Regulatory Standards and the Future of the Net", 14 *Berkeley Tech. L. J.* 759, 768 - 769 (1999)（建议自由软件可以提供对政府权力的制约，因为它的可管制性比由单一企业生产和维持的软件更少）。

到目前为止，本部分已经讨论了为什么消费者、操作系统制造者和管制者可能更加希望一个电脑可以通过某些方式而受到更多限制的世界——这些方式打击了电脑创生能力的核心。必须承认的是，并没有主张可管制性和创生性之间的任何权衡都应有利于后者的依据。如果我们可以使网络变得更加安全而不牺牲其本质的创生性特征，这就是一种虚假的二分。在安全问题上取得进步是困难的，因为互联网的分布式特性和个人电脑的所有权并没有促使参与者将安全的负外部性内化。正如第五部分讨论的那样，当它们的用户的电脑遭到病毒袭击时，ISP 并不负有经济责任。类似的，如果某一用户受到破坏的机器给别人带来麻烦，特别是远距离的用户时，他们可能不会在意。尽管从监管的角度来看，封锁电脑非常有吸引力，但这是不可取的，因为其对创新产生了影响：随着第三方被挤出开发周期，技术革新将减缓，且由于一些受阻的技术革新可能会增强有价值的表达活动，智识上和艺术上的创造也将会减缓。

广泛分布的多用途计算机允许第三方的贡献，创新套利由此产生，那些发明或改进信息应用设备缓慢的企业会发现，自己被投入较少的创业式电脑软件程序员所超越。例如，由诸如 Skype 和具有音频功能的即时通讯程序等电脑程序提供的免费互联网电话服务，成了电话软件提供服务的基准，后者能够通过无线网络连接到网上打电话，通过避免使用传统电话网络而节省了费用。如果没有把他们的软件传播到电脑上去的能力，Skype 和它的弟兄们背后的创新者就会发现在市场中的发展费用甚高，在任者的竞争的压力会减轻，并且革新会减慢。因此，创生性的电脑和信息应用设备可以相互补充——前者提供革新的肥沃土壤，后者提供坚实的、有利于用户的革新实例。甚至像 Skype 这样的公司都可以从小做起，然后凭借它在电脑上的成功，获得资金并进入商业应用领域。① 如果没有

---

① Skype 由 Kazaa 文档共享程序的制造者于 2003 年以 250000 美元的种子基金发起成立。其目标是为电脑之间的语音通讯制造软件。See Constance Loizos, “Draper Cashes in on Billion - Dollar Skype”, *Private Equity Week*, Sept. 19, 2005, at http: //www. privateequityweek. com/pew/freearticles/1122124881310. html. Skype 于 2003 年 11 月收到了 100 万到 200 万美元的附加资金，在 2004 年 3 月又收到 1880 万。2005 年 9 月，Skype 被 eBay 以至少 25 亿美元的价格收购。See id. ; PRESS RELEASE, SKYPE, EBAY COMPLETES ACQUISITION OF SKYPE (Oct. 14, 2005), at http: //www. skype. com/ company/news/2005/skype ebaycompletesacquisition. html. 在与 Netgear 合作时，Skype 计划于 2006 年中发行一款独立的无线网络移动电话。See PRESS RELEASE, NETGEAR, INC. , NETGEAR, SKYPE TO CONNECT ON FAMILY OF INNOVATIVE PRODUCTS INCLUDING WORLD’S FIRST SKYPE WIFI MOBILE PHONE (Jan. 4, 2006), at http: //www. netgear. com/pressroom/press releasesdetail. php? id = 305。

创生性的电脑，创新的能量将会极大减弱。①

五、如何驯服大泛滥后的互联网

由于诸多技术的创生能力，互联网和电脑在发烧友和业余爱好者中发展起来，这并不比通过传统企业进行发展更加缓慢，本文第二部分就描述了这些发展方式。这些技术的适应能力、易于掌握和可获得性意味着很多社群团体，在以各式各样的商业模式回应各式各样的需要时，都能生产出新的应用程序并且将其免费、自由地传播。很多这样的程序使创造性的表达和交换成为可能，从而产生递归的创生性：开放而又可以改造的操作系统和网络为新工具提供了基础，这些新工具本身是开放的，适用于创造性表达。

宽带的出现意味着这些应用程序既能在本地运行，又能远程运行，而且可以随时获取使用。本文第三部分描述了互联网和电脑创生能力的破坏性用途（特别是网络安全问题）是如何引起警惕，并引发强烈反响的。第四部分勾勒了这样一个自相矛盾的现象：由电脑和互联网融合而成的网格可以通过更加严格的管制以实现创生能力的最大化。

即使它们会使重要的利害相关者（stakeholder）受益，但我们仍应当抑制这样一个未来可能出现的糟糕情况，即大泛滥后的互联网为监管者们创造出新的机会。它和很多技术行业中的企业的计划相一致或者相同。此外，尽管这是以牺牲难以预测的未来机遇为代价，但它确实建立在为用户带来新的便利的前提之上，并允许用户更加便利地参与他们喜欢的活动。

为了评估信息技术可能采取的不同路径，我们必须牢记其成功的核心贡献者：那些具有创造力并且被鼓舞来使用创造力的人，无论是通过生产新代码还是进行可促进代码发展的艺术作品创造。生产了被其他人忽视的应用程序的业余爱

① Skype 是一个能够说明代码可躲避审查的绝佳例子——ISP 难以停止其终端用户的使用，同时考虑到其代码大部分被加密、其使用范围广以及与其他 Skype 程序的通信是持续和不透明的，它的代码可能成为“有史以来最大的僵尸网络（botnet）”的载体。See PHILIPPE BIONDI&FABRICE DESCLAUX, SILVER NEEDLE IN THE SKYPE 3 - 4, 112 - 113 (2006), at http: // www. blackhat. com/presentations/bh - europe - 06/bh - eu - 06 - biondi/bh - eu - 06 - biondi - up. pdf。

好者们在第二部分追溯的互联网和电脑的兴起方面起到了极其重要的作用。在这个意义上，“业余爱好者”当然是那些因为他们喜欢这样做就去做了的人。业余爱好者能够用以表达创造力的工具的可获得性意味着，除了那些选择从事编写代码工作的专业人士，代码也可以由他们之外的人编写。在今天，多亏了互联网信息技术和由很多业余爱好者生产的、不断往复的创生性代码，艺术可以由此产生并被专业艺术家以外的人们分享，公民可以和他们不会遇到的人进行远程交流。人们还可以在世界的各个角落一起工作，创造具有社会和经济意义的智力成果。①

随着互联网的发展，这种创造力的最重要的机遇应该得到保留。但是这将要求那些支持富有创造力的社群的人做出重要让步。他们将不得不面对如下事实：除非抵消管制力量的压迫性要求得到满足，否则一个自由和开放的互联网（包括开放的分散在几千万消费者手中的电脑）是不可能的。现在正是法律和代码介入的恰当时机。事情仍在不断变化，而且也并没有利害相关人在大泛滥后的互联网中投入过多。干预和介入能够保留甚至增强创生能力，同时也为稳定性创造了必要的条件。

本部分将描述，当下的网络法学者对这些问题的思考也许过于局限。它还将描述一些特定的计划，它们有助于解决一些互联网最迫切的问题，并尽可能减少对损害互联网创生能力的限制。

（一）互联网设计和治理原则的精炼

1. 取代端对端的论辩

Saltzer、Reed 和 Clark 在 1984 年关于端对端设计的论文中指出，端对端只

---

① See Yochai Benkler, “Coase's Penguin, or, Linux and The Nature of the Firm”, 112 *Yale L. J.* 369, 371 (2002) (“根据我们对经济行为持有的观点，一种生产的新模式已经扎根，但这种新模式是不应该出现的。我们抵制那种认为数千名志愿者能够在一个复杂的经济项目上合作的想法。这当然不应该是因为志愿者将在他们自己的游戏中击败世界上规模最大、资金最充足的商业企业，但这正是发生在软件行业中的事情。”); Julie E. Cohen, “The Place of the User in Copyright Law”, 74 *Fordham L. Rev.* 347, 348 – 349, 370 – 373 (2005) (驳斥了如下简单化了的观念，认为“浪漫的用户”频繁地参与争论和改变他人的作品；还主张由参与“消费、通讯、自我发展和创造性参与”的“处在合适位置上的用户”做出创生性贡献的可能性); Dan Hunter&F. Gregory Lastowka, “Amateur – to – Amateur”, 46 *Wm. &Mary L. Rev.* 951 (2004) (描述了互联网如何使业余爱好者更加便利地进行贡献)。

是为保持网络简约而规定的探索性步骤。① 从那时起，端对端中立性原则就被当成一种关于建立免于过滤的、规范的互联网的理想。② 很多网络法学者已经把端对端当作互联网自由的战斗口号,③ 用它来支持关于过滤互联网信息流通的不合适的意识形态争论。尽管这些论辩很有力，且端对端中立性原则在技术和政治上已经成为影响互联网发展的至关重要的标准，但端对端并没有完全领会保持互联网创生能力的整个计划。后者才是一开始吸引网络法学者关注端对端诸多价值的更根本原因。

---

① See J. H. Saltzer et al. , "End – to – End Arguments in System Design", 2 *ACM Transactions on Computer Sys.* 277 (1984).

② See Marjory S. Blumenthal, "End – to – End and Subsequent Paradigms", 2002 *Law Rev. Mich. St. U. – Detroit C. L.* 709, 717（评论说，端对端的主张"与经济、公共政策和倡导相互作用"动态地塑造了获取通讯信息的方式并影响了创新"）。

③ 注意到了端对端在争论中的核心地位的文章，see id.，它把端对端描述为当前理解的互联网范式，以及 Lawrence Lessig, "The Architecture of Innovation", 51 *Duke L. J.* 1783 (2002)，该文认为端对端把互联网建成了一个公域。关于端对端主张中有关受到威胁的价值争论，see YOCHAI BENKLER, E2E MAP (Stanford Program in Law, Sci. & Tech. , Conference Summary, The Policy Implications of End – to – End, 2000), at http: //cyberlaw. stanford. edu/e2e/e2e map. html. 网络实践中关于保留端对端中立性的主张，see Written Ex Parte of Professor Mark A. Lemley and Professor Lawrence Lessig, "In re Application for Consent to the Transfer of Control of Licenses MediaOne Group", *Inc. to AT & T Corp*, 99 – 251 (1999), at http: // cyber. law. harvard. edu/works/lessig/cable/fcc/fcc. html; Mark A. Lemley & Lawrence Lessig, "The End of End – to – End: Preserving the Architecture of the Internet in the Broadband Era", 48 *UCLA L. Rev.* 925 (2001); DAVID D. CLARK&MARJORY S. BLUMENTHAL, RETHINKING THE DESIGN OF THE INTERNET: THE END TO END ARGUMENTS VS. THE BRAVE NEW WORLD (Stanford Program in Law, Sci. & Tech. , Conference Paper, The Policy Implications of End – to – End, 2000), at http: // cyberlaw. stanford. edu/e2e/papers/TPRC – Clark – Blumenthal. pdf，它描述了端对端的好处以及这些好处是如何同安全问题处于紧张关系的；PAUL A. DAVID, THE BEGINNINGS AND PROSPECTIVE ENDING OF "END – TO – END": AN EVOLUTIONARY PERSPECTIVE ON THE INTERNET'S ARCHITECTURE 26 (Stanford Econ. Dept. , Working Paper No. 01 – 012, 2001), at http: //www – econ. stanford. edu/faculty/workp/swp01012. pdf，它主张端对端的开放性是一种公共物品，当考虑更加密集的安全方案时，对于社会来说该物品的潜在损失必须被计算在内；and DAVID P. REED ET AL. , ACTIVE NETWORKING AND END – TO – END ARGUMENTS (Stanford Program in Law, Science & Tech. , Conference Paper, The Policy Implications of End – to – End, 2000), at http: //cyberlaw. stanford. edu/e2e/papers/Saltzer Clark Reed ActiveNetworkinge2e. html，它主张保留端对端并把端对端开放性作为一项组织原则，用以衡量编程开发能力和网络工作的积极有效性。

根据端对端理论，将控制和智识放在网络边缘将会使网络的灵活性和用户的选择最大化。① 这种观点的政治含义——端对端设计保留了用户的自由——取决于一个日益不可靠的假定：即无论谁在给定的网络终端运行一台机器，都能够轻易选择和决定机器的工作方法。例如，为了应对充满病毒和垃圾邮件的网络，网络工程师建议增加更多的带宽（使传输像病毒和垃圾邮件一样的“重负”化于无形）和对用户端采取更好的保护，而不是由接近网络中心的 ISP 介入。② 但是消费者并不能很好地维护他们的机器，使其不受攻击，这导致了他们宁愿选择第四部分描述的封锁了的电脑。那些因为支持创生能力才支持端对端的人们意识到，如果不能在网络层面上采取行动，就可能导致网络的某些部分被封闭，因为消费者会如此要求，生产商也会提供封闭的终端环境（这带来了安全和稳定性，也会使用户自行维护的工作量降到最小）。一些人可能支持无条件的端对端方式：即使在一个被封锁的电脑世界里，毫无疑问的，也会保留着为专业技术人员准备的、非主流的创生性电脑平台。但是这种观点太狭隘了。我们应该看到，电脑创生能力对每个人而言都具有可获得性，包括上千万个获取电脑只是为了在当下使用而非在未来使用的人们，但是他们最终将高兴地发现自己电脑的新用途。

简单地说，完全忠实于端对端原可能导致用户更加愿意接受数字化的封闭社区。封闭社区能为居民提供安全和稳定，当有人犯错误时，也能为其提供一个可以向其抱怨的管理员。但是从创生性的角度看，数字封闭社区是一个监狱。它的局限性十分明显，因为它封锁了创造的可能性：外部人士向用户提供代码和服务的能力将给予用户和生产者不需要管制者的许可就能影响未来的机会。如果数字围禁社群成为常态，那些在 20 世纪 80 年代中期占主导地位的、具有高超技术的互联网用户将仍能够享受没有被封锁的创生性计算机平台，但是其

---

① See Lawrence Lessig, “The Architecture of Innovation”, 51 *Duke L. J.* 1988 - 1989 (2002).

② See Saul Hansell, “Spam Fighters Turn to Identifying Legitimate E - Mail”, *N. Y. Times*, Oct. 6, 2003, at C1（讨论了认证及其他限制垃圾邮件的可能方法）; Yakov Shafranovich, “2004: The Year That Promised Email Authentication”, *CircleID*, Dec. 27, 2004, at http://www.circleid.com/posts/2004 the year that promised email authentication（讨论了在接收终端限制垃圾邮件的各种电子邮件认证计划）; see also Saul Hansell, “4 Rivals Near Agreement on Ways To Fight Spam”, *N. Y. Times*, June 23, 2004, at C1（讨论了由主要的 ISP 提出的认证方式）。

他公众却不能如此。对于那些使用了封锁的终端的人来说，网络中心的自由毫无意义。

因此，对端对端中立性原则的忠实支持应该让位给一项新的创生性原则，即一条要求对电脑/互联网进行修补（在这些修补对其可能的创生能力危害最小的时候）的规则。例如在这项原则下，通过ISP运行的网络而不是经常更新的电脑来监控病毒，这在中立的意义上可能更为可取。① 尽管这种网络监视在理论上为可能不受欢迎的额外过滤打开了后门，但这项风险应该与那些创生能力——内在于以服务而非产品身份运行的电脑——造成的风险相平衡。

这项创生性原则提出了至少两种我们可能根本上重塑网络空间的方式。首先，我们必须在可能产生分歧的那些担心网络连接和协议的人，与那些关心电脑设计的人之间搭建桥梁，这种分歧是端对端原则所鼓励的。利害相关人的能力和权限的标准模式起初是对互联网沙漏式架构的一种有用和自然的延伸：它意味着网络专家们不必成为电脑专家，反过来也一样；正如在相应的电脑沙漏中，操作系统应用软件的分离意味着那个应用程序的开发人员不需要知道电脑的外围设备和网络连接一样。但是这种职责的分离（它们对于技术设计来讲很有作用）正在严重损害我们认真思考应用信息技术轨迹的能力。既然电脑和互联网如此紧密地缠绕在一起，对于网络工程师们来讲，只关心网络开放性，并假定终端会自己照顾好自己的想法就远远不够了。终端并不能照顾好自己，这已十分清楚。

其次，“中端”（middle）和“终端”不再能精妙地抓住互联网/电脑图景的特征。从网络角度看，协议设计和执行它们的ISP是互联网的“中端”，可以和电脑的“终端”区别开来，这仍然是正确的。可是出于政策考虑，“中端”和“终端”术语的真正含义则与个人控制的力量有关。如果用户不再能对其电脑终端行使有意义的控制，却把这种控制转让给政府或像操作系统生产商及安全软件经销商这样的法人组织，那么当“终端”衰落的时候，电脑就会被一个“中端”以及它们的各种表现形式所操纵。即使在今天，消费者们也可能不会想拥有调制他们电脑的能力。创生能力的分类也表明了这样的调制是不可能的，

---

① 例如，see LUKE DUDNEY，SANS INST.，INTERNET SERVICE PROVIDERS：THE LITTLE MAN'S FIREWALL（2004），at http：//www.sans.org/rr/whitepapers/casestudies/1340.php（提供了ISP对流量过滤的个案研究）。

因为即使它们保持着强大的能力和适应能力，电脑技术对大众而言，掌握起来仍然很不容易。但是，事实上有很多方法能够帮助大众弥补难以掌握电脑技术的缺陷，只有其中的一些要求中央集中控制。例如，用户们可能会从微软、Ralph Nader 等一系列代理商或公共利益组织中选择，来学习电脑配置的基础性知识。既然网络终端可以为远程实体所控制，取消端对端争论中关于“中端”和“终端”的简单划分，将会使我们能够辨别并更好地回应正在出现的对互联网创生能力的威胁。

2. 重塑互联网治理的争论

从 20 世纪 90 年代中期以来，一场关于互联网治理的集中但被误导了的争论激烈地持续着。那些关心互联网未来的人不恰当地忙碌于域名和国际互联网名称与数字地址分配机构（ICCAN，这是负责管理顶级域名政策的非营利组织）之上。ICCAN 已经成为互联网治理争论的焦点，但其原因却是被循环论证的：ICCAN 是一个管理互联网运行的一个特定的（而且很有限的）部分的组织。域名分配的焦点问题是真实存在的，但是和不恰当地限制互联网创生能力的威胁相比，集中于这些争论和 ICCAN 的治理是目光短浅的。

处于另一个极端的则是世界峰会，这是一个 2003—2005 年间的联合国项目，其对信息社会给予高度关注。① 世界峰会探讨了包括域名管理在内的狭隘争论，也包括了全球数字鸿沟等更大的困境：如何确保尽可能多的人和国家使用互联网。② 这项事业的确很有价值，但是它使互联网治理看上去只像是国际发展政策的一个方面。

就像应该鼓励互联网建筑师把网络设计原理应用到电脑上一样（当它们发

---

① See WORLD SUMMIT ON THE INFO. SOC'Y, OVERVIEW, at http://www.itu.int/wsis/basic/about.html (last visited on April 9, 2006). 对世界峰会的评论, see John Markoff, "Control the Internet? A Futile Pursuit, Some Say", *N. Y. Times*, Nov. 14, 2005, at C4; and Victoria Shannon, "Other Nations Hope to Loosen U. S. Grip on Internet", *N. Y. Times*, Nov. 15, 2005, at C14。

② See WORLD SUMMIT ON THE INFO. SOC'Y, WHY A SUMMIT ON THE INFORMATION SOCIETY, at http://www.itu.int/wsis/basic/why.html (last visited on April 9, 2006); see also Jennifer L. Schenker, "U. N. Meeting Debates Software for Poor Nations", *N. Y. Times*, Dec. 11, 2003, at C4 [报告说，世界峰会的代表们将开源（或自由分享）软件描绘成“对发展中世界是重要的，因为它将允许更贫穷的国家发展自己的技术，而不是不得不进口技术”]。

展的时候），处理互联网治理事宜的团体应该注意互联网/电脑网格发展的途径，并且要直接努力设法解决如何让互联网保持创生能力的问题。小而言之，假定互联网发展的首要挑战是如何实现管理功能；或者大而言之，互联网发展的首要挑战是向其他人展示网络的话，这一进路就忽视了互联网未来所面对的最重要的问题。

第四部分阐述了，操作系统制造者或安全企业可能为了追求安全性的用户而封锁电脑的应用程序，从而使除了集中控制的权威之外的任何人都能够制造出对应用程序的利用来说更广的瓶颈。那么困难就在于，无论它们来自于政府还是私人代码过滤机制，在承认电脑用户不再能够进行有意义的选择之时，如何避免这些瓶颈。一个为了保持消费者选择而不会制造出新瓶颈的有价值的互联网治理计划，可以采用草根运动或者有互联网建筑师参与的公共利益组织的形式进行。这个计划可以建立起一个技术架构来标明应用程序和可执行代码的片段，同时也可以成立一个非歧视地应用这些标签的组织。这项计划可以替代性地建立一个分布式架构，通过这个架构，关于是否要运行一个给定应用程序，个人决定及其结果可以为其他考虑是否运行该代码的人提供建议。即使意识形态观点和管制日程经常嵌套在技术决定当中，但互联网的历史就伴随着成功的、献身于这样目标的组织而发展。[①] 公共利益为互联网成立的“保险人实验室”将会减少用户对操作系统生产商或 ISP 的评价需求。正是因为区分病毒、间谍软件、编写糟糕的软件以及软件制作者的定额抽租行为（flat rent extraction）的界线相当模糊，使用这类过去就用来为互联网发展服务的准公共机制，能最好地对这些界线进行评判。替代方案则是要看这样的力量附着在一小撮有动力为了安全与其他目的而成为守门人的私人企业的具体行动。

也许最有希望的是，互联网网格自身能够支持对有用信息的即刻搜集和整理，使信息随后就会从一台电脑传播到另一台，并允许用户对代码做出有见地

---

① See e. g. , ANTI – SPYWARE COAL. , at http: //www. antispywarecoalition. org (Last visited on April 9, 2006) （这是专注于打击间谍软件的信息技术公司的联合组织）; STOP-BADWARE. ORG, at http: //www. stopbadware. org (Last visited on April 9, 2006) （这是以打击恶意软件为目标的非营利学术项目）; see also THE WILDLIST ORG. INT'L HOME PAGE, at http: //www. wildlist. org (last visited on April 9, 2006) （这是献身于传播有关病毒的信息的草根组织）。

的决定。可以开发出这样的工具，它们能向互联网大众成员提供简单而强大的关于代码的信息。其中之一可以是一块显示信息（诸如世界上有多少其他电脑正运行一个候选软件，或是平均来讲，这些软件的用户对他们的电脑比那些没有运行该软件的电脑感到更多或是更少的满意）的汽车仪表盘。一项显示一个上周还不存在的软件现在却异乎寻常的流行的标尺可能使用户在运行该软件之前保持警惕。Jean Camp 教授和其他人已经勾勒出一个搜集用户对代码的评判的系统。①这种显著的用户评判——也许不可靠，因为很多用户并不知道他们的电脑如何工作——可以由自动生成的统计数据（例如一台电脑多久会重新启动或生成弹出式窗口）或者非专业用户可能产生的更可靠的不明确评判（例如用户对他们电脑有多满意）加以充实。通过在数以千计、百万计的用户之间积累，仪表盘就能够剔除和展示某一代码的效果。

3. 认识与创生能力有紧张关系的诸利益

那些为互联网自由争取先例的人们——他们相信应该抵制几乎任何形式的控制——并应该准备好做出妥协。强大的控制试图保护的很多利益事实上是合法的，而且，通过点击鼠标，向新的和有潜在危险的应用程序完全开放互联网和电脑，与广泛的用户群体也并不相适应。要想阻止对这类威胁，不可避免，必须部分满足其潜在的政策考量。

互联网在发展中曾经有过一段有意避开控制模式的时期，因为网络是实验性的，而且因误用而可能带来的危害很有限。毕竟网络只运送比特（bit）。人们可能会将它与一个假设的、高度创生性的儿童化学装置相比，能够被改造，也能被加强：它会包含可以完成各种各样任务的化学成分，只要用户渴望这样做，只需要加入少量成分便可得到结果。它也将是高度可获得的：儿童将能够学习如何使用它。但是这种创生能力有一个明显的内在风险：一场化学事故对

---

① See L. JEAN CAMP&ALLAN FRIEDMAN, GOOD NEIGHBORS CAN MAKE GOOD FENCES: A PEER－TO－PEER USER SECURITY SYSTEM (Univ. of Mich. Sch. of Info., Conference Paper, Telecommunications Policy and Research Conference, Sept. 24, 2005), at http: // web. si. umich. edu/tprc/papers/ 2005/453/tprc GoodNeighbors. pdf; ALLA GENKINA&L. JEAN CAMP, RE－EMBEDDING EXISTING SOCIAL NETWORKS INTO ONLINE EXPERIENCES TO AID IN TRUST ASSESSMENT (Apr. 1, 2005), at http: // ssrn. com/id = 707139; L. JEAN CAMP ET AL., NET TRUST, at http: //www. ljean. com/netTrust. html (Last visited on April 9, 2006).

儿童甚至对周围邻居来说可能是危险的。① 一名怀有恶意的儿童——或是成年人——随着该装置的创生能力增长，能够造成巨大破坏。当然，同样的原理也适用于基因剪接装置（gene splicing kits）、原子加速器，以及许多当地硬件商店里的强大工具。

那么在抽象层面上，人们可能会问：对于一项给定的技术，在面对威胁而妥协之时，还能保持多少创生能力？如果只知道有一项技术是在计算机或者信息科学领域，而另一项技术是在物理学领域，就可能足以暗示，前者应该比后者有更多为创生能力保留的空间。因为误用或滥用前者的危害，特别是物理损害，在结构上讲是比较低的。由于对应用程序和网络难以控制的使用而导致危害的最坏的例子——包括侵犯隐私、金融欺诈、诽谤和侵犯版权——比起那些由于对肥料、炸药和培养皿的使用导致的危害而言，物理性危害更小。② 一方面，因为有了物理科学中的创生性技术，良好的应用可以事先得到鉴别，而危害的应用则会更多地扩散，这意味着保持普遍创生能力的收益会更少。而另一方面，有了互联网，真正有危害的应用程序是那些已知的例外，应通过技术将它们从潜在的应用中剔除出去。至少，如果危害可以通过有限的介入就被辨认、预防或是修正，这些介入就比对电脑和互联网造成破坏的创生能力本身更加可取。

既然互联网不再是实验性的了，一种“它不过是比特”的直觉也不那么迫切了。1988 年的开放程度已经不能适应今天了，当时，互联网用户的“职业伦理”被认为是对付病毒制作者的适当方法③。

最适合用以解决病毒、侵犯隐私、垃圾邮件和侵犯版权的问题的人可能正置身事外，没有动力参与解决，且他们宁愿选择一个完全开放的互联网，因为他们能够因自己的技术优势而防护互联网的危害。尽管如此，如果他们不向这

---

① 实际上，这样的场景并不需要假设。See e. g. , Ken Silverstein, “The Radioactive Boy Scout”, *Harper's Mag.* , Nov. 1998, at 59（讲述了一个孩子在他家后院的棚子里造出一台核反应堆的故事）。

② 然而，一些学者对认为“非物理损害的伤害程度总要低于物理损害”的观念提出了批评。See e. g. , Eugene Volokh, “Crime - Facilitating Speech”, 57 *Stan. L. Rev.* 1095, 1217 (2005)（对容易导致严重非物理损害的重要意义进行了评论，从而建议，这种言论应当不受第一修正案保护）。

③ See Eugene Volokh, “Crime - Facilitating Speech”, 57 *Stan. L. Rev.* 2006 (2005).

些问题贡献创造力和努力，较不敏感的解决方式也很可能出现。

4. “双重机器”办法

第四部分指出，用户应对互联网/电脑网格中潜在的安全脆弱性感到恐惧，因此他们会要求一个封锁的信息应用设备能够控制创生性的电脑。尽管如此，人们可能试图通过在一部装置中同时创造出创生能力和安全性，来寻找两大需求的协调。为了达成这样的妥协，我们可以使用键盘上的物理开关建造电脑——在“红”和“绿”之间转换。① 转换到红色模式的电脑会和今天的电脑差不多：它将能够运行它遇到的任何软件。这种模式会使用户的选择最大化，允许用户参与未能预见的程序，例如电脑之间的电话通讯，其有价值的部分要依赖于其他用户的掌握。然而，这样一种配置会使系统对蠕虫和病毒保持结构性的脆弱。因此就有了绿色模式，电脑处理器会在同一硬件中指向不同的操作系统和数据。在该模式下，电脑可能只运行经过允许或审查的软件——乐趣更少，但更加可靠。消费者就能在两种模式之间转换，试图确保在绿色模式下产生和存储珍贵或敏感的数据，而红色模式则留作实验用途。像这样粗略划分的好处在于，它特别能被消费者所理解——就像司机能够理解多功能运动休旅车在越野时要全轮驱动一样——而同时还保持今日电脑的强大能力和适应能力。

但是这样的电脑又有了新问题。例如，假设绿色连接给客户服务带来的负担较轻，而且不太容易被滥用，ISP 可能就会为连接绿色模式提供比较低的速率，而为红色模式提供比较高的速率。企业环境可能只提供绿色模式的电脑从而限制了可用创新的受众。或者绿色模式可能因其严格的设计而使多数用户难以接受，因此他们会继续在传统电脑和厂商特制的信息应用设备之间选择。即使是使用了绿色模式的电脑，也要找到某种方法来确定何种软件适合在开放电脑上使用而何种不能。运行多重虚拟机的电脑②是一个有前途的平台，但是它引发了很多与被锁定的电脑可能会遇到的问题相同的问题，尽管这些问题的解决方法可能在于试图将红色应用程序和绿色分开的分布式的、为公共利益而做

① 对这样一种分离的初步描述，see BUTLER LAMPSON，ACCOUNTABILITY AND FREEDOM (2005)，at http：//www. ics. uci. edu/cybrtrst/Posters/Lampson. pdf。

② 一台虚拟机是一个自我包含的操作环境，可以将应用程序同整个电脑隔离，从而阻止该程序应用到系统的其他部分。See WIKIPEDIA，VIRTUAL MACHINE，at http：//en. wikipedia. org/wiki/Virtual machine（Last visited on April 9，2006）。

出的努力。

（二）政策介入

1. 为直接责任寻求更多机会

当造成损失的能力随着互联网的延伸和依赖它的行为数量的增加而增加，采取行动的要求也会增加。中间人将会被要求进行监视，因为他们提供了能够过滤用户行为的服务。当通过网格执行这种变化变得容易的时候，降低电脑或互联网创生能力的可能也会增加。

一个从制度和技术上减少守门人的压力的方法是使直接责任更加可行。像垃圾邮件这样零星的问题的解决办法就采取了这样的方法。ISP 正在与主要的计算机电子邮件应用程序制造商合作，以提供发件人身份认证的形式。① 给定的领域可利用公钥加密技术，以确定其是电子邮件的来源。微软的发送者 ID 或相似的东西可用于认证，但自称（没有证明）是来自 yahoo. com 用户的电子邮件可能会被当作垃圾邮件过滤掉，根本没必要再次发送。这种制度将使 ISP 对其允许从其网络发出的电子邮件负有更多责任，因为如果它们允许过量的匿名垃圾邮件，将会导致其他提供商回避自己的网络。这种更多的承担直接责任的机会将减少处理电子邮件的人的压力，既包括标明了的收信人，也包括他们的提供商。但他们仍然承受着探索无意封堵合法邮件的垃圾邮件过滤器的压力。②

同样的原则可以应用于个人对互联网的使用，这种使用似乎对法律保护的利益有危害。从创生能力的角度看，音乐产业针对个人文档共享行为的诉讼对网络和电脑本身几乎没有损害，即使它们是糟糕的政策，因为划定被保护利益范围的实体法本身是欠缺考虑的——就像我认为的那样，如果技术允许对互联网用户进行更加便捷的认证，与法律程序，也许还有技术限制，一并确保这样的认证只有拥有充分理由才能够进行，那么互联网的未来可能会更加光明。

---

① See Saul Hansell, "Spam Fighters Turn to Identifying Legitimate E – Mail", *N. Y. Times*, Oct. 6, 2003, at C1. 这样的认证系统的一个例子是微软的 Sender ID。See MICROSOFT, SENDER ID, at http: //www. microsoft. com/mscorp/safety/ technologies/senderid/default. mspx (Last visited on April 9, 2006)。

② See generally David R. Johnson et al. , "The Accountable Internet: Peer Production of Internet Governance", 9 *Va. J. L. &Tech.* 9 (2004), at http: //www. vjolt. net/vol9/issue3/v9i3a09 – Palfrey. pdf (讨论了过滤行为的不完善)。

正如第二部分讨论的那样，很多互联网用户的设备拥有无线上网功能，无线路由器默认与附近拥有配置了无线天线的电脑的任何人分享网络连接。用户可能是在无意中打开了他们的网络，但是他们的设备能够给予那些附近无法上网的人相应的创生性好处。① 其他人的使用并没有明显阻碍最初的用户享用宽带服务，但是如果外来者使用那个链接，比如说发送病毒或非法复制享有版权的作品，一旦该互联网链接被找到，原始用户便可能担责。② 当出现这样的例子且其已经广为人知的时候，用户就会试图去切断其他人对自己多余网络资源的链接，而无线路由器的生产商就会把默认设置改为“关闭”。尽管如此，如果真正的个人身份能在适当条件下被确认，无线网络共享就不必被阻碍：每一名用户都会为自己的行为负责。但是就由技术所保证的匿名性被维持的程度而言，更多通过守门人的介入来消除个人不良行为的激烈方法正在等待实施的时机。

2. 在创生能力和责任之间建立选择

就那些使用创生性平台侵害他人受法律保护的利益的人可以被施加直接责任的程度而言，技术平台的维护者——ISP 和新近类似服务的操作系统生产商——应当被鼓励使它们的平台保持创生性，而不是像 Picker 教授暗示的那样，缩减它们的服务范围而使管制性控制变得容易。③

反过来，平台越是以服务为导向，创生性便越小，我们就越应该将更多的法律责任施加给技术提供者，以确保一个有效运作的系统。如果一个 TiVo 机盒没有像承诺的那样运行——假设它只是崩溃不能录制电视节目了——保修的法律就会很快发挥作用。如果这个 TiVo 机盒足够新，该公司将通过维修或替换进行弥补。然而这个简单的交易很少在购买一台新电脑之后发生。假设一台新电脑停止运转：在用它上网冲浪和撰写文章的一个星期后用户开机后只能看到蓝

① See Yochai Benkler, “Some Economics of Wireless Communications”, 16 *Harv. J. L. &Tech.* 25 (2002)（指出开放式无线网络在优化无线通信容量方面比频谱产权更有效率）。

② See Michel Marriott, “Hey Neighbor, Stop Piggybacking on My Wireless”, *N. Y. Times*, Mar. 5, 2006, at A1（解释了开放的无线网络可能带来的一些危险）。

③ See Randal C. Picker, “Rewinding Sony: ‘The Evolving Product, Phoning Home and the Duty of Ongoing Design’”, 55 *Case W. Res. L. Rev.* 2022 (2005).

色报错屏。① 除非有烟从电脑设备中飘出，表明是硬件问题，硬件生产商很可能做出该问题和软件有关的判断。因为用户在购买电脑后安装了软件，准确找出问题所在并不容易，而且在特别困难的情况下，操作系统生产商只会建议进行耗时费力的完全重装系统，把用户已经做出的改变抹得一干二净。

硬件和操作系统生产商对这类普遍的问题应该承担很少的责任，这是正确的，因为到底是硬件还是系统出了问题并不清楚。甚至是在一台新买了两周的联网电脑上发现的软件混杂体，都能阻止特定硬件或软件生产商的责任。

第四部分认为，TiVo 和电脑是趋同的。就电脑系统试图监控其上运行的程序的程度而言，法律应当使系统生产商为出现的问题承担责任，就像 TiVo 和手机生产商都对他们控制的技术承担责任一样。如果操作系统对第三方的新应用程序保持开放，生产商的责任应该被适当减少。这样的体制允许技术经销商生产封闭的平台，但却通过减少相应的责任而鼓励他们生产创生性的设备。这就揭示了从属责任理论背后的客观事实：技术生产商可以随心所欲地塑造技术，但是他们选择的配置却反映了他们的义务和责任。

本部分勾勒出一条中庸路线，法律的运作可能通过它恰当地推进创生能力。毫无疑问还有其他方式，比如修改消费者保护法，以确保从产品到服务的转变并不允许技术供应商通过所谓的产品例行更新（而实际上在本质上改变了消费者讨价还价的优势）来打乱稳定的消费者预期。每一种介入都根植于对如下事实的承认：法律已经以多重方式影响了技术的发展，因此可以进行调整，以将创生能力作为其他政策优先事项中的一项重要目标。

六、结论

现代互联网正处在转变的关键时刻。本文认为，互联网和电脑的创生能力在信息技术方面已经取得了很大的进展，这反过来又促进了在艺术和政治表达形式上的进展。互联网建筑师们和管制当局赞同这一进展，但他们正为其过度发展而日益担忧。既然我们依赖于互联网和电脑求取我们认为重要的应用装置，

① See WIKIPEDIA，BLUE SCREEN OF DEATH，at http：//en. wikipedia. org/wiki/Blue screen of death（Last visited on April 9，2006）.

培育了最大限度创生能力的实验主义精神现在正变得不合时宜。

那些对充满活力的全球互联网感兴趣的人们面对的挑战就是，在日益增长的压力面前保持这种实验主义精神的核心要素。有一种方案会导致温和的分离，创造出两种截然分开的拥有明显不同用户的互联网：这是一种向寂静的死水回归，有别于那些拥有崭新的受控的互联网经验的消费者，寻觅将会在研究者和黑客中重新开启不断生成循环的原初实验主义互联网。这两种互联网将决定现存网格的应用化命运，其中很少有创新产生，因为现有的技术参与者是在缺乏网格促成的创新套利行为的竞争压力下，不断对现有的应用设置进行修正的。

本文支持的另一个替代性的方案则试图维护现存网格的基本创生能力，同时也认真对待那些支援“向所有人自由开放的互联网”之敌人的问题。它要求设计一条中间路线使网络变得更加安全，并使一些管制者反对的行为得到更好的管制，这是为了继续让那些使互联网取得极大成功的某些业余编程设计得到迅速发展。

通过将电脑转变为一种信息应用设备从而削弱具有创生能力的可获得性和适应能力，这是不会令人满意的。同样，ISP 们为了反击病毒和其他电脑安全威胁而对互联网进行笨手笨脚的钳制也不会令人满意，即使是在完全忠实于端对端中立性原则，并可能为了保持平衡而危害到创生性信息技术环境的时候。某些限制是不可避免的，本文试图指出可能明智地使用这些限制的方式。它们本身并不会产生新的集中化守门人，关键就是要通过采取向适应能力进行深思熟虑的调整来设置这类限制。恰当的干预会保持公众从各个角落采用新技术的能力，为那些希望向世界引入软件的人们和那些应用这些软件的人们创造一种大致的责任，同时又让那些保持创生性技术的人们，包括互联网建筑师、ISP 和操作系统生产商，能够保证技术开放，能够确保那些希望对全球信息网络有所贡献的人们可以这样做，而不必占据已经成立的公司和强大的政府的特权职位。

（初审：郑磊茜、陈宝妮；校对：何琴琴、童桐）

商业主权下社会化媒体与公民的言论、信任与隐私

——评《探寻网络法的政治经济起源》

魏　田*

摘　要：在互联网社会化媒体①背景下，资本力量对公共领域的侵蚀和对私人空间的渗透应引起重视，其潜藏在社会化媒体的“暗面”，主导了Web1.0至3.0的架构变迁。网络空间中的公共讨论、信任脆弱以及隐私异化等一系列问题，都旨在提醒公众社会化媒体的架构发展需时刻警惕资本运作的力量。这实质上触及了互联网规制的深层问题：互联网规则的主导权应由谁掌握？在“代码即法律”的线上商业主权世界中，公民能实现独立自主、参与规则的制定吗？传统的思路指向尽可能地实现线上公民主权，但这实质上忽视了互联网长期发展形成的客户与商家的稳定角色结构。未来的互联网权力资源分配，可能仍需依靠商业主体与公民在互动实践中达成利益共识，规制者得据此共识不断完善相关规则。

关键词：商业主权；公民主权；公共讨论；制度化信任；隐私

一、引言

乔布斯曾总结自己的企业经营哲学：“顾客不知道自己想要什么，你有责任

* 魏田，中国海洋大学2016级法学理论专业硕士研究生。

① 《探寻网络法的政治经济起源》作者在原文中使用的“社会化媒体”（social media）一般称社交媒体，是指互联网上主要由用户生产内容与交换信息的平台。参见 Jan H. Keitzmann，Kristopher Hermkens，Ian P. McCarthy，Bruno S. Silvestre，“Social media? Get serious! Understanding the functional building blocks of social media”，54 *Business Horizons*，241 - 251（2011）。

创造他们的需求!”他认为，如果你问用户想要什么，他们只能根据正在使用的东西描述自己的愿望，也就是在原来的基础上改进，而不是颠覆式的变革。因此，创造意味着你要走在需求的前面。如果将社会化媒体看作是互联网时代的创新产品，那么其风起云涌、历经变迁的这十几年也许正是乔布斯式经营理念的现实写照。

互联网时代数字新媒体产业的蓬勃发展彻底改变了人们交流和表达的媒介，互联网不再是诸多媒体中的一种，而是承载一切信息交流的平台。如果说 Web1.0 到 2.0 时代的网络空间更像是第二种人生，与现实生活仿佛还是平行时空，那么进入 Web3.0 的今天，“互联网 +” 打通了从比特到原子的“次元壁”，逐渐演变为日常生活的基础设施。互联网技术架构的日新月异极大丰富了社会化媒体的形式，这不仅前所未有地满足了公民自我表达、人际交往和传播、获取信息的需求，更是在源源不断地创造这些需求。数字技术发展带来交流与表达形式的多样化和民主化，使原来“沉默的大多数”可以就他们热衷的话题，选择最擅长或喜爱的方式表达意见和思想。公共议题的内容因而得到极大的拓展，突破了传统的政治中心主义走向平民主义，打破了以往的权威机构或商业力量对文化的垄断，让每一个普通人都有平等的机会表达自我，参与文化创造和传播。社会化媒体正是主导这种新兴公共领域和公共讨论的关键力量。

胡凌在《探寻网络法的政治经济起源》一书中涉及社会化媒体的篇章将关注视角投向资本驱动下社会化媒体的架构对于线上公共领域的成长和公共讨论的展开可能造成的不利影响。他在书中称资本运作为“暗面”，意指在商业利益笼罩下，线上公民社会因缺乏自主性而降低了公共讨论的有效性，而社会化媒体一派欣欣向荣的图景却遮蔽了资本侵蚀的隐患。① 总体来看，胡凌对于社会化媒体的思考，主要从资本对公共领域的侵蚀和对私人领域的渗透两个方面入手，探讨了资本推动信息架构变迁所造成的一系列互联网弊病。

梳理其大致的论证逻辑可以看出，他认为中国多以模仿美国成功的商业模式来构建国内社会化媒体平台，其技术架构服务于吸引投资。正是因这种商业模式的直接复制，技术架构虽历经 Web1.0 至 3.0 的发展，却并非我国公民社

---

① 参见胡凌著：《探寻网络法的政治经济起源》，上海财经大学出版社 2016 年版，第 249 – 258 页。

会的需求，只是资本运作的副产品，可能的结果就是威胁民主与信任、造成隐私异化。书中的论证思路有一个预设：资本运作对网络公共领域的建设很大程度上是不利的，其逐利的本质几乎无法与线上公共领域的健康发展共赢。

这实质上触及了互联网规制的深层问题。互联网意义上的规制与传统法学不同，往往需要在法律之外进行理解与规制。由于互联网最大的特点在于其技术上的高度可塑性和可控性，因此可以说在互联网背景下，“代码即法律”①。具体到社会化媒体语境下讲，就是不同的技术架构设计了花样百出的发言规则，决定着人们讨论的形式与关注的内容，比如只表态不议论的点赞或者模拟多人同时观影讨论的弹幕。互联网平台越来越发挥着基础设施的作用，通过一系列代码架构而成的技术设计和商业模式，真正决定着言论自由和信息交换的未来。也正因如此，掌握代码的“主权者”实质上扮演着线上社会“立法者”的角色，而这类“立法者”的行动能否代表公共利益并且被有效监督，则是生活在线上世界的公民显然格外关切和担忧的议题。

因此，互联网规制问题真正的复杂之处就在于，规制对象主要是以商业资本力量为代表的“立法者”，他们掌握着一系列普通民众甚至监管者并不通晓的代码和算法。公民能否意识到算法黑箱中包含的偏见和操控尚未可知，想要进一步对其进行监督，复杂性可想而知。书中对于资本运作的警惕也正是来源于此。既然网络空间的代码规则关乎公民的切身利益，那么制定规则的权力应该掌握在谁手里也应符合基本的民主价值。而现实是，网民远非规则主权者，中国网民对于规则的改变甚少有话语权。②

本文以我国社会化媒体发展现状涉及的公共讨论、制度化信任和隐私操控等问题为切入点，从理论上分析网络空间的两种主权形式：商业主权和公民主权，③ 由此指出我国社会化媒体中商业力量与公民主权虽在一定程度上存在权力竞争与冲突，但二者在未来发展的推进方向和目标上也存在相一致的可能。

---

① See Lawrence Lessig, *Code*: *and Other Laws of Cyberspace*, *Version* 2.0, New York: Basic Books, 2006, p. 1.

② 参见胡凌著：《探寻网络法的政治经济起源》，上海财经大学出版社 2016 年版，第 254 页。

③ Lawrence Lessig, *Code*: *And Other Laws of Cyberspace*, *Version* 2.0, New York: Basic Books, 2006, pp. 281 - 291.

如何引导和激发商业主权积极地反映公共利益，是值得深入探讨的治理逻辑。

二、建立在社会化媒体之上的公共讨论

（一）公共讨论的变迁

2017年初夏，“马里兰大学中国留学生杨舒平毕业演讲”冲上微博热搜首位，激起了网民的“民族主义”情绪。① 事件发酵一段时间后，网络上发出了另一种声音，指责一些媒体大号有意曲解这份毕业演讲，煽动极端情绪，换取自己的流量。这场舆论风波所展现的互联网公共领域现状引人深思。

在广播电视、纸质媒体的时代，观念和信息在公共场域中流通，被一小群数量逐渐缩减的企业控制着。这些企业通过收购、并购扩张势力，横扫大众媒体，成长为一个个传媒帝国。② 大众媒体行业的经营者集中，使得表面上看我们拥有多元多样且具独立性的新闻报道和信息分析，但事实上信息来源途径极其狭小，且皆以自身利益挂帅。③“多元观点市场”看似自由开放，事实上却未必如此。④ 如果毕业演讲事件发生在过去，可想而知，新闻媒体或多或少都是“阐释性报道”，除了渲染“年轻人应当树立正确的爱国观念”等角度，我们很难看到其他新颖的观点流通和碰撞。⑤

---

① 参见新浪财经：“美国空气更甜？马里兰大学支持‘辱华’演讲遭呛”，http：//finance. sina. com. cn/roll/2017 -05 -23/doc -ifyfkkme0242755. shtml，最后访问时间：2018年12月8日。

② 周乃菱：“《时代》杂志的第三次生命”，周乃菱的财新博客，http：//zhounailing. blog. caixin. com/archives/56999，最后访问时间：2019年4月8日。

③ 西方主要媒体往往因与特定利益团体的联结而带有一定程度的倾向性。“左”和“右”，即分别指在西方语境下的自由派和保守派倾向。但是“左”和“右”其实具备政治、经济、文化多个维度，因此这里所说的媒体机构的倾向性或者利益挂帅是指一家媒体整体上呈现的倾向性，并不一定能够判断一篇具体评论文章的倾向性，其内容仍有可能是较为多元的。例如即使是偏左的《纽约时报》也有保守派专栏作家 David Brooks。

④ ［美］艾伦·G. 约翰逊著：《见树又见林：社会学作为一种生活、实践与承诺》，成令方等译，（中国台湾）群学出版社2001年版，第85 -87页。

⑤ 参见左亦鲁：《“基于媒介”模式——大众传播时代的美国言论自由》，《北大法律评论》第13卷第2辑（2012），第345 -346页。

所幸互联网平民化、去中心化的特点，使如今社会化媒体上的公共讨论在观点的多样性、交流的广泛性上都今非昔比。毕业演讲事件引发的大讨论就存在着两种主要观点的激烈交锋，既有狂热民族主义者，指责杨舒平对中国的批评既肤浅又片面，也有崇尚言论自由的一派，批评国内互联网言论环境缺乏包容性。一个本来由主流媒体定位为爱国主义的话题，在各方观点的碰撞下却引发关于言论包容、民主自由等问题的深层思考和探讨，这幅图景正是胡凌书中所关注的对象。

但是，书中对于意见多元化亦表现出了深切担忧。社会化媒体的演进导致网络空间呈现碎裂化趋势，这一方面是因为网络空间充斥着未加证实的缺乏责任感的言论，另一方面则是由于群体之间往往毫无交流，自说自话而形成严重的群体极化。① 事实上，网民喜欢发表意见但不关注事实细节的从众心理是网络时代普遍存在的社会心理现象。一方面，摆立场、先站队是考虑到和别人趋同能够更好地被群体接受；另一方面，持相同观点的人互相声援，群体极化的效果则使得他们的观点更加统一而坚定。② 这似乎并非是通过社会化媒体架构调整所能解决的问题。但我们也应当注意的是，宏观化的视角也容易导致绝对化。微博普及成为社会化媒体之前，国内的公共讨论空间因规模相对较小，群体之间独立性更强，群体极化现象或许并不比现在更乐观，但微博带来言论空间的扩展和意见多元化的碰撞交流又相对使社会福利正向增加。因此总体来说，应避免将某种概念绝对化到非此即彼的地步，还需结合具体历史语境比较分析。③

（二）公共讨论的发展趋势及其特点

1. 公共性的倒退？

评价社会化媒体中公共讨论水平的一个标准就是公共性。胡凌在书中谈到

---

① 参见胡凌著：《探寻网络法的政治经济起源》，上海财经大学出版社 2016 年版，第 246 页。

② Cass R. Sunstein, *Republic.com* 2.0, New Jersey: Princeton University Press, 2007, p. 60.

③ 何威："互联网的宏大叙事往往过于片面"，http://huyong.blog.caixin.com/archives/68343，最后访问时间：2019 年 4 月 10 日。

“社会化媒体主导了人们对公共领域的期待和想象”，他通过分析我国社会化媒体的架构转变，将关注的重心放在社会化媒体的公共性上，指出中国社会化媒体从 BBS 到博客再到当今的社交网站（SNS），就公共性而言处在一步步倒退中，而公共性的倒退直接影响到公共讨论的有效性。同时他还特别指出，微博的架构克服了“小圈子”的局限，但也存在互动程度较低、限制发言字数等问题，使得微博不是有效的公共讨论空间。①

其书中《社会化媒体的暗面》一文写于六年之前，目前网络环境有所变化。微博已于 2017 年 2 月底取消了字数限制，但仍保持信息流里只显示 140 个字的“传统”，超过部分将在界面上“折叠”。由此可以看出，微博在字数设计上多少有所限制，这的确可能产生架构限制观点的完整性和情绪化表达有失理性等问题，但也有着网络空间中的公共讨论更为看重的“传播效率”之考量。

信息高速流动的时代，注意力才是稀缺资源。尤其在社交媒体平台上，人们已形成碎片化的阅读习惯，没有耐心阅读过长的文字内容。因此，微博字数设计并非有意削弱公共性，实质则是基于大众传播的 5W 法则，权衡内容长度和传播效果，帮助信息传播者考虑信息接受者的需求，促进传播效率的最大化，从而通过扩大信息传播范围、加快传播速度来实现增进公共性的效果。② 简言之，信息时代考验的就是传播者用最简洁的表达实现最佳的报道效果。

2. 新情境下公共性之增进

对于公共性的理解，书中主要包含开放性和信息共享两个层面。从这两个层面观察其后四年间社交媒体的发展状况：在开放性上，因为匿名、水军等问题，各大平台目前都有所收紧；而在信息共享上，平台之间因为存在竞争关系，一方面加强对平台上内容的版权保护和信息垄断，另一方面又通过联合集中、共享资源的经营策略提升竞争优势。因此，信息共享程度究竟是有所提升还是下降，很难作出准确的回答。

---

① 参见胡凌著：《探寻网络法的政治经济起源》，上海财经大学出版社 2016 年版，第 252－253 页。

② 5W 法则是指对大众传播的理解和分析要基于 5 个基本问题，即控制分析（who）、内容分析（say what）、媒介分析（in what channel）、受众分析（to whom）和效果分析（with what effects）。由同一主体说出的内容，只要出现在不同的媒介上就会产生不同的效果。参见张国良主编：《传播学原理》，复旦大学出版社 2010 年版，第 39 页。

在现今社会化媒体发展的新情境下来谈论公共性，一般将社会化媒体作为一个用户内容生产平台，从其生产主体、生产资料和生产范围来考察其整体生产运行模式的效率，相对应有三个维度的问题值得研讨，即主体参与度、话题内容丰富度和讨论形式广泛度。

首先，主体参与程度显著提升。社会化媒体的普及使得普通人有更多的机会和便利接触媒体，热点事件往往引发全民讨论。书中提到“微博只是个人化媒体的升级，架构限制用户看不到讨论的热烈程度，无法进行有针对性的辩论”，这随着社交媒体新的发展逐渐呈现出与其观点有所不同的形势。微博正是因其特色的热搜功能，巩固了其作为社会化媒体的优势，在信息发布参与度、传播力度和话题引爆能量上有目共睹。我们越来越能体会到，社会热点事件往往首先在微博上引发关注，继而在各类社交平台上展开大讨论。微博作为媒体平台在新闻价值的新鲜性和即时性方面可谓遥遥领先，与此相应的大众参与度和互动性在前互联网时代也是几乎无法想象的。毕业演讲事件就是典型的例子，话题引爆之后，各自媒体先后撰文发表评论观点，微博大 V 也跟进话题表达意见，普通用户即使不长篇大论地阐明观点，也在积极转发赞同的文章评论。甚至有话题主页还设计了调查问卷，号召关注者投票来统计意见趋势。即使是不擅长码字表达观点的“潜水者”，也有简单地点击投上一票贡献话题参与度的冲动。在公共性层面上，技术带给公共讨论的显著进步就是，调动主体参与的积极性，以最舒适的方式参与讨论，这也正是社会化媒体创造表达需求的意涵之一。

其次，话题内容超越“政治中心主义”。[①] 如今的公共话题内容包罗万象，公众不再只围绕着主旋律议题，更多的是参与感兴趣的话题的讨论。普通人热衷的话题往往无关国政大事，或者说即使关注政治，在公开平台上展现的观点和言论也较为克制，但这并不意味着线上的公共讨论就缺乏社会价值。比如前段时间虎扑体育论坛发起的“女神评选”活动，冲击了近些年社交媒体兴起的“网红审美”。公共话题的平民化趋势吸引多元群体参与网络言论市场，激发参与主体的活跃性，推动线上讨论进一步扩展其公共性功能，即踊跃地交换信息、

---

① 左亦鲁：《告别“街头发言者”——美国网络言论自由二十年》，《中外法学》2015 年第 2 期，第 430－433 页。

分享观点，充实网络空间的知识资源。

最后，讨论形式更多地由技术架构决定。典型的例子包括点赞、表情包以及弹幕等。弹幕解决了人们观影时渴望与人交流的需求，巧妙的技术设计解决交流的共时性问题，使得处在不同时空的网民可以一起观影讨论。表情包则已经成为社会化媒体通讯的必要辅助手段，许多人表示如今没了表情包简直无法顺畅的交流表达了。[①] 但此前哈佛大学部分新生在 Facebook 上发表、分享涉及不当言论的表情包而被开除。[②] 这也正表明表情包作为社会化媒体的独特产物已经融入表达成为言论规制的对象。由此可见，代码创造出的多样表达形式，极大地满足了人们表达自我的个性化需求，同时也在不断地创造着新的表达需求。

3. 公共性的异化

综合以上三个维度考察目前主流的社会化媒体，微博、微信分别针对拓展外部交友和巩固内部圈子的不同交流需求各自发挥其价值，前者是以信息发布为主的社交媒体，后者则是以即时通信为主要功能的社交网络。此前微博一度陷入低谷，大批用户转向微信，然而微信的设计初衷注重私密，必须在双方意愿下才能建立紧密关系，这也使得微信平台逐渐发展成熟人圈子，向实名社交靠拢。当人们感受到自己的一言一行在朋友圈中时刻受到来自熟人的注视，一些个人情绪化的内容就不方便在朋友圈发布。这种最初私密性的设计反倒变得不那么自在，朋友圈也似乎越来越变成了一个功利气味浓郁的秀场和展示窗。[③] 而反观微博，却因为单向关注和兴趣订阅的设计，正好满足了这种需要被信息节点轻易淹没的私密感。就公共议题的讨论而言，微博、微信在社交功能上互补，用户可以据此选择不同的平台，面向不同受众发表不同尺度的意见和思想，也不必强求实现统一的公共性。

从上述分析来看，胡凌担忧的技术架构对于公共性的损害似乎并没有那么

---

① 伍静：《新媒体时代表情包发展的传播学解析》，《出版广角》2016 年第 15 期，第 83 – 85 页。

② 参见搜狐："10 名哈佛新生因发表情包被开除，Facebook 满屏暴力涉黄信息"，http://www.sohu.com/a/146850926_ 221483，最后访问时间：2019 年 4 月 10 日。

③ 熊少翀："你为什么又开始玩微博了?"，https://www.guoyang.cc/thread – 369554 – 1 – 1.html，最后访问时间：2019 年 4 月 15 日。

严重。但他探讨公共性的目的更加侧重于对公共讨论有效性的关注，那么究竟什么样的公共讨论才真正有效呢？

（三）言论自由与过滤技术

从实用主义的角度思考，公共讨论的有效性就在于其能够实现一定的社会治理目标，发挥积极的社会功能。公共讨论的内涵要求“公共性”，意味着有效的公共讨论需要有不同的声音。一个健康发展的公共领域，就需要保证一个充分竞争的“思想市场”，让各种观点在一个自由的环境中不受限制地交锋和流通。[①] 这也引出了公共讨论的另一个重要内涵——言论自由。[②]

书中提到政府在监管公共讨论空间时往往缺乏能动性，常见举措是跟在商业力量后面试图封堵和主导舆论，对此笔者并不赞同。我国政府对于互联网言论规制实际上通常采用事先审查，能动性非常强。[③] 涉及政治性事务的言论因稳定经济发展大环境，维护政府声誉权威的需要予以最严格管控，采用的方式也从针对言论内容的直接管制转向对技术手段和媒介的控制。这体现了互联网领域的规制特点——代码取代常规法律规制手段成为最显著的规制模型。互联网领域有类似于莱斯格在 *Code* 2.0 里描写越南的特点——尽管越南有许多法律规范，甚至多于美国，但是因为没有相应的架构，规范很难有效发挥作用，政府对日常生活的控制力其实很弱。[④] 莱斯格想说明，如今互联网法律规制如不通过影响架构间接规制用户行为，几乎无法实现规制目标。

传统的“分区”（zoning）审查手段在线上的规制效果甚微，而目前最有效的代码规制手段无疑就是过滤技术。虽然过滤软件被美国学界和最高法院普遍

---

① Danielle Keats Citron, *Hate Crimes in Cyberspace*, Cambridge: Harvard University Press, 2014, pp. 197 – 198.

② 姜峰：《言论的两种类型及其边界》，《清华法学》2016 年第 1 期，第 39 页。

③ 参见《互联网跟帖评论服务管理规定》第五条、第八条。

④ 越南写在纸面上的法律规范其实就数量上来讲远多于美国，但是使得法律能够发挥效力的架构，比如执法巡逻车，电子监控探头等等，相对缺少。因而致使法律规范的威慑和规范作用在实践层面失去应有的效力，甚至形同虚设。See Lawrence Lessig, *Code*: *And Other Laws of Cyberspace*, *Version* 2.0, New York: Basic Books, 2006, pp. 281 – 285。

认为是管制言论“最不坏的方式”，但事情远不是这么简单乐观。① 过滤实现规制言论的技术原理就在于，过滤装置目前多设置在逻辑层与用户端之间过滤目标信息，客户端基本无法控制。而且过滤对于信息传播者和接收者的影响是双向的，传播者发布的言论可能被自动过滤而无从得知信息是否抵达接收者，接收者也无法意识到接触不到什么信息。因此过滤的不透明性对言论自由的侵犯也更加复杂、精巧和隐蔽。

此外，莱斯格在 *Code* 2.0 中也进一步谈到了过滤对于公共讨论的影响，即使是我们自愿选择的过滤系统，许多现实存在的问题也不能因为不想面对就过滤掉。公共讨论是一种政治责任，我们不应该选择过滤以逃避社会问题，而需要积极面对、对他人的处境感同身受才能更好地履行公民责任。这源于布兰代斯提出的言论自由的“自治理论”，他认为“自由地思考和发言对于发现社会政治生活的真理而言是必不可少的，公民比起政府更应该决定什么话题适合公共讨论”。“自治理论”的核心就在于建立在广泛的言论自由基础上的思想交流能够作出更有见识的、指导改善社会生活的决定。② 依此观点来看，言论自由是公共治理的信息机制，在一个利益多元的社会，缺少了这个机制，公共讨论很难实现有效性。③ 互联网技术架构因其开放和未定型的特点而具有明显的可规制性，借助过滤技术可实现对言论的完美控制，使原来自由的空间变得最不自由。规则主权者可以根据自身的动机，轻易地塑造线上公共领域，决定公众关注的对象和公共讨论的内容。如果是在这样一个封闭的空间里所进行的公共讨论，还有多少有效性可言？

相比之下，我国社会化媒体平台对于非政治性言论规制就显得相对宽松。④

---

① 参见左亦鲁：《“基于媒介”模式——大众传播时代的美国言论自由》，《北大法律评论》第 13 卷第 2 辑（2012），第 380 页。

② Danielle Keats Citron, *Hate Crimes in Cyberspace*, Cambridge: Harvard University Press, 2014, p. 194.

③ 参见姜峰：《言论的两种类型及其边界》，《清华法学》2016 年第 1 期，第 44 页。

④ 在我国语境下谈言论自由并不局限于政治性言论或具有政治价值的言论。宪法上的言论自由不但约束国家行为，也约束个人。参见苏力：《〈秋菊打官司〉的官司、邱氏鼠药案和言论自由》，《法律社会学》，中国政法大学出版社 1999 年版，第 379－381 页。这与美国学者强调言论的“双层保护体系”有所不同，宪法主要约束政府行为。参见 Cass Sustein, *Democracy and Promblems of Free Speech*, New York: Free Press, 1993, pp. 121－165。

哈佛教授乔纳森·齐特林曾在其著作中谈道："早期对创新充满鼓励的互联网带来了信息科技的繁荣，如今正在被改造得日益封闭和保守，而人们需要做的则是从这条毁灭之路上拯救互联网的未来。"① 我国互联网早期相对自由的发展环境带动了经济的极大繁荣，而线上因言论产生的乱象确有管控的必要，一旦施加管控又很容易越管越宽，造成"寒蝉效应"，从而遏制创新对经济的促进。因此，目前互联网规制采取有松有紧的策略也许意在平衡互联网公共领域的创新与秩序。

（四）小结

综合上述观点来看，线上公共讨论的有效性主要取决于公共性和言论自由。公共性意在开放、分享和广泛的参与。就目前社会化媒体的技术架构而言，公共性应是有所提升的。言论自由无论是从"思想市场"理论还是"自治理论"理解，其对于公共讨论的价值皆意义重大。我国线上公共领域的言论自由受诸多因素影响，其实现程度不好一概而论。单纯就技术架构思考言论自由，则需要更加关注过滤技术可能产生的影响。齐特林曾指出，互联网主权者只要有管控的意愿和可能，那么互联网控制越收越紧的前景就不可避免，只是或早或晚的事情。② 过滤给互联网主权者全面规制言论带来技术上的无限可能，目前言论规制虽然不那么严格，但是也许会像齐特林所说，言论规制加强只待契机的出现而已。

三、社会化媒体的制度化信任

（一）从谣言的治理出发

"Jimmy Kimmel live!"曾在2016年播出过一个街头采访。节目中随机采访过往路人："奥巴马医改"和《平价医疗法》（ACA）哪个更好？理由如何？很

① ［美］乔纳森·齐特林著：《互联网的未来：光荣、毁灭和救赎的预言》，康国平译，东方出版社2011年版，第5－9页、第131－149页。

② ［美］乔纳森·齐特林著：《互联网的未来：光荣、毁灭和救赎的预言》，康国平译，东方出版社2011年版，第74－77页。

多人都表示支持 ACA 但是反对“奥巴马医改”。① 事实上，“奥巴马医改”就是 ACA 的另一种说法。受访者给出的理由也大多是：“就是很烦奥巴马，所以支持 ACA!”这种现象自奥巴马医改推行以来其实很常见，大部分支持共和党的民众根本懒得关心医改的具体内容，只是反感奥巴马或民主党就盲目抵制医改。该现象在社会心理学上也被称为“heckler's veto”——人们反感某种言论观点，可能仅仅因为不喜欢发言者或者言论客体，而不是因为切实地受到了利益损害。②

网络言论环境下公信力机制的建立始终受到上述现象的影响。线上公民对一些公共事件的判断需要充足的信息，而官方、政府部门机构则倾向于极力掩饰、隐藏公共信息，限制相关言论。信息供给越不充足，公众对官方机构的猜忌和不信任就越高。现在网络环境中的官方报道似乎无论真实性与否，网民都习惯性地倾向于不信任或者不完全信任。大部分人只要看到贴上官方发布的标签，就情不自禁地怀疑背后存在被掩藏的事实真相，其往往被看作是在粉饰假象。如此一来，失去了制度化信任机制确保信息生产的质量，网民就乐于求助非制度性渠道——谣言。谣言的肆虐正是源于正规信息渠道的堵塞。③

胡凌在书中许多篇幅也涉及网络谣言的剖析和治理。值得关注和思考的是，书中指出网络空间面临巨大的信任风险。笔者对此的理解是：匿名性问题导致网络推手的存在。网络推手在社会化媒体发展的每一个阶段都悄悄活动着，试图控制舆论，甚至制造谣言，侵蚀网络空间中最基本的信任关系。而社会化媒体背后的商业力量与网络推手存在着紧密的共生关系。商业化的社会化媒体不在意信息生产的质量，只关注吸引网民的注意力，从而使经济利益最大化；商业平台出于顾及用户体验、维护网站价值和保存用户基础的动机，也会主动采取措施解决信任问题。事实上，这一观点确有合理之处，但在网络言论环境中治理谣言、恢复信任关系需要把重点放在建立公信力机制上。

---

① 节目视频见腾讯视频“鸡毛秀爆笑街访：知道奥巴马医改吗”，https：//v. qq. com/x/page/j0367ba1uz1. html，最后访问时间：2019 年 1 月 17 日。

② Danielle Keats Citron, *Hate Crimes in Cyberspace*, Cambridge: Harvard University Press, 2014, p. 179.

③ 参见姜峰：《言论的两种类型及其边界》，《清华法学》2016 年第 1 期，第 47 页。

（二）公信力机制的建立——声誉机制与实名制

莱斯格曾提到两种网络言论环境中自发产生的公信力机制：一种是博客的架构，通过互相引证营造空间的价值多元化氛围，给读者提供极其广泛的言论观点来思考、辨别事实真相——一些博主通过他人对其生产内容的大量引证赢得威信，吸引更多的关注，因而形成了一种新的声誉体系。这种声誉体系能够较容易地平衡极端观点、纠正谣言。另一种典型是维基百科，主要通过多人合作共同报道事实、揭示真相。其建立制度化信任所采用的方法是类似于自然科学研究成果的评判方法——同行评审机制。①

以上提到的架构设计有一个共同的规律，都试图通过声誉机制建立制度化信任，而声誉的作用则来源于社会规范的压力。互联网公共领域中培育、建立信任关系始终是个难题，真正的原因可能在于现实生活中有力的规制模型——社会规范，在网络空间却难以发挥应有的作用，而代码本身指导社会行为又有其局限性。社会规范形成于社群建立过程中的交流与合作，而网络空间中代码帮助人们自动建立社区，互动实践本身所能形成的社群纽带就不会建立，社会规范的作用自然会弱化。这也解释了网络言论环境中难以自发生成制度化信任的内在原因。由此可见，缺乏信任几乎是网络空间的一个固有问题，在平台架构上的小修小补无法有效解决实质难题。那么如果大刀阔斧地改造代码，比如全面采用实名制，把线下的社会规制模型完全复制到线上，却又会出现线上公共性的下降，丧失线上公共讨论的优势。公共性与信任的反比例变化关系使得目前的社会化媒体几乎无法兼顾两者。

事实上，实名制作为解决信任问题的措施也存在局限性。从个体心理机制来看，线上信息高速流动的特点使得个人言论很快地淹没在众多信息节点之中，当人们感受到自己的言论掩藏在群体言论之中时，则倾向于不受社会规范的拘束。② 这也解释了为什么网络谣言有时候明明很离谱却传播得异常汹涌。网络谣言的散布生产出大量的虚假信息，淹没了原本严肃的事实报道，信任关系在

---

① See Lawrence Lessig, *Code: And Other Laws of Cyberspace, Version 2.0*, New York: Basic Books, 2006, pp. 243 - 245.

② Danielle Keats Citron, *Hate Crimes in Cyberspace*, Cambridge: Harvard University Press, 2014, pp. 58 - 59.

这种信息生产质量整体偏低的言论环境中显然难以建立。

（三）小结

综合上述分析，我国社会化媒体平台要解决信任关系脆弱的问题，似乎没有两全齐美的方案。从官方、政府机构来看，掩藏信息并不意味着能够稳定秩序，反而信息的需求仍在。制度化信息渠道的堵塞，只会促使公众轻信谣言。因此，官方平台的报道应当尽力展现事实原貌，增加信息供给，满足公民判断公共事件的信息需求，以此形成制度化信任；从用户角度，选择不同公共性的平台给予不同的信任水平来辨别信息质量。社会化媒体平台无法同时兼顾公共性与信任水平，但用户可以培养自己从不同平台获取信息并加以甄别的能力。

四、个人隐私的操控及其不平等后果

美国曾有一家著名的折扣零售商 Target 根据庞大的客户数据库，通过分析已知孕妇客户的采购偏好观察潜在孕妇的购物行为，从而预测怀孕时间，高效地推销产品。① 互联网大数据时代这种现象更加普及，其中存在的隐私侵犯问题也显而易见。

（一）“强制式”个人选择下的隐私数据收集

个人数据的收集、使用是互联网大数据时代思考隐私问题的基本出发点。用户的隐私数据集合起来能够产生巨大的商业价值，网络服务商通过大数据分析形成完整的用户侧写以便向用户精准地投放广告、最有效地推销产品；用户享受个性化服务，节约筛选信息的时间精力，上网体验似乎得到了前所未有的提升。然而个人数据的收集和使用在操控和平等的意义上却也存在不容忽视的巨大争议。

《黑箱社会》谈到互联网媒体与传统媒体的区别时曾指出，传统媒体背景下，我们每个人日常接受的信息至少都是一样的，报纸、期刊的报道有记者署

---

① Charles Duhigg, “How Companies Learn Your Secrets”, *New York Times Magazine*, Feb. 16, 2012, pp. 25 – 75.

名、编辑评审，我们也能较容易地了解信息的来源和权威性。而新媒体每天呈现给我们的信息通常是基于个性化算法，算法的复杂性导致缺乏透明和问责的可能。① 基于个人数据分析提供的定制化信息服务可能使我们在不知不觉中被网络服务商所操控。网络商业机构将搜集到的用户信息做大数据处理分析，刻画用户特征，归入不同的客户类型。而数据的分类使用会把被观察对象类型化，而只给观察对象类型化的选择反过来又会加固对象的类型特征。② 比如，某一用户偏好浏览娱乐新闻，新闻 APP 每天就向该用户大量推送娱乐八卦。长此以往，该用户便失去了探索其他领域的主动性。

大数据收集处理关于个体详尽的隐私信息以做出数据推论，看似是在进行偏好预测从而给予用户独一无二的个人体验，实际上却是控制大数据的社交媒体平台及其背后的商业力量拥有了影响我们视野与行动的能力，而这几乎是以一种我们无法意识到的方式渗透进现实世界中的。③ Facebook 在 2010 年美国中期选举期间做了一项算法实验，对其动态消息的演算法进行特殊调整，设置 A 和 B 两个对照组，A 组用户在动态消息页面可以看到好友分享的“我已投票”的按钮，而 B 组用户看不到。实验的结果显示，A 组有 20% 的人参与了投票，而 B 组则有 18% 。虽然看起来只相差 2 个百分点，但是如果乘上当时 6100 万脸书上的美国选民，就有 120 万人可能因为演算法的更改而影响投票意愿，这足以影响选举结果。④ 可以看出，商业平台若以隐私数据为工具，操控算法或对其只作微小调整，于我们的现实生活却是利益攸关。

更贴近现实的例子是数字约会。⑤ 约会软件以用户披露个人隐私信息为前提，越多的信息披露才能产生越精准的配对结果。用户在使用此类软件时，隐私偏好也会显著地低于其他网络平台，因为使用此项服务的目的本身也在于寻

---

① Frank Pasquale, *The Black Box Society*, Cambridge: Harvard University Press, 2015, pp. 60 – 61.

② See Lawrence Lessig, *Code: And Other Laws of Cyberspace, Version* 2.0, New York: Basic Books, 2006, p. 220.

③ ［英］维克托·迈尔·舍恩伯格著：《大数据时代：生活、工作与思维的大变革》，周涛译，浙江人民出版社 2013 年版，第 205 页。

④ Robert M. Bond etc. : “A 61-million-person experiment in social influence and political mobilization”, 489 *Nature*, 295 – 297 (2012).

⑤ Romance in digital age: Modern Love, in *The Economist*, August 2018, p. 9.

找世界某个角落和自己有相似特征、爱好的人。支持者认为，由于互联网辐射广度使得约会者的选择机会极大增加，可以绕过同质社会群体，促进跨种族婚姻。[①] 不过引人担忧的问题是，在线约会市场仍会逐渐被少数因用户数据基础庞大而具有显著竞争优势的社交媒体公司控制，它们的工程师调整算法的权力似乎就决定了数字时代婚配的结果。[②] 舍恩伯格就曾提醒我们关注思考这类问题："如果我们的未来被精准地预测，那么我们不仅会失去选择的权利，而且会按照预测去行动。如果预测最终成为现实，我们在整个过程中就失去了自由意志和自由选择生活的权利。"[③] 然而从根源上讲，也正是个人过分轻易地让渡隐私信息，才为这种以预测模型为基础的商业模式提供了充分的基础资料。因此赋予信息主体力度更强的控制权，提高用户披露个人信息的"同意门槛"，即通常意义上的"选择进出模式"，是目前解决隐私问题的有效方案。

（二）算法黑箱操纵下的隐私泄露及歧视

隐私问题的一个严重后果——加剧社会不平等，远远超出了个人选择之外。不平等往往体现在阶层分化上，对不同的阶层区别对待需要大量的个人信息来判断对象应当归入哪一个阶层。这就类似于航空公司记录客户的飞行里程数来决定座位和食物的优先选择权。社会化媒体是个人信息最充足、丰富的平台，其本身对用户的区分也存在不平等问题。比如微博的大 V 就是其培育的意见领袖，拥有高于普通人的话语权和关注度，同时经营大 V 账号也能吸引流量获得超乎想象的经济利益。

此外，现今商业评分系统广泛地应用在求职、信贷、贸易和保险等领域，加剧了隐私异化的影响。算法包装起来的评分模型看似技术中立，声称评分标准一视同仁没有偏见，克服人工评分的缺陷。但是，编写算法的人类工程师却很可能将偏见和自我价值观写入代码和预测模型，使得这些包含着偏见、歧视

---

① See Lawrence Lessig, *Code: And Other Laws of Cyberspace, Version* 2.0, New York: Basic Books, 2006, pp. 258 – 259.

② 英国电视剧《黑镜》中就曾对这一科技话题进行了令人深思的畅想：未来人类不再主动去寻找选择配偶，而是将这个至关重要的人生决定交由一个配对软件进行模拟预测，最后所有人都根据预测的结果来找到自己的完美伴侣。

③ 参见［英］维克托·迈尔·舍恩伯格著：《大数据时代：生活、工作与思维的大变革》，浙江人民出版社 2013 年版，第 205 – 206 页。

的算法因为技术的外衣而显得公平。评分的使用者例如雇主、银行、保险公司则可能据此做出对个人的工作表现、还贷信用以及保费高低的预测和决定。这其中，用户在无意间披露给网络平台的信息隐私却意想不到地发挥着中介作用，进一步被商业实体利用来做出影响个人的实质性决策。

有西方学者曾对金融风险评分①做过细致的案例研究后指出，线上评分可能存在三个基本问题需谨慎看待，即模糊性、武断性以及歧视性后果。②

模糊性意味着算法的高度复杂性难以被个人和规制者理解、质疑和审查。目前被严重忽视的是与个人隐私信息密切相关的消费者分数，该分数主要由商业实体借助社交媒体上的个人资料，通过大数据分析消费者的偏好，自用或者转让给其他商家使用。这其中涉及的隐私侵犯问题一直是法律监管较少触及的领域。③ 例如保险公司可能根据被保险人每日微信步数来推断预测其生活方式健康与否，以此来决定保险费率。消费者评分极大地节省了商业机构的信息成本，也因此在一定程度上成了互联网市场竞争的重要资源，而商业力量在线上的垄断地位更是有利于它们将评分算法作为商业秘密来保护，使之脱离大众的审视。

武断性是指评分的标准不合理。比如目前求职市场上有七成的应聘者会被要求做一份性格测验，该测验问卷主要是由一家名为 KRONOS 的公司聘请大学心理学领域的专家团队设计。问卷的问题设计得相当精妙，使答题者在答题过程中不自觉地披露大量的隐私偏好，这些隐私信息是应聘者在正常求职过程中不愿披露给雇主的，并且即使问卷并不能真实反映应聘者的偏好，他们也因为意识不到自己的何种信息被收集而无法纠正错误的分析结果。在一般社会场景

---

① 该评分机制是个人声誉评分系统在信贷领域里的具体应用，个人能够获得相关金融市场的待遇与机器以其隐私信息为资料演算做出的打分密切相关。而这些机器演算法主要由商业评级机构主导，为市场主体提供有关消费者的信用信息以促成交易。国内常见的例子如芝麻信用。参见 PAM DIXON & ROBERT GELLMAN，THE SCORING OF AMERICA：HOW SECRET CONSUMER SCORES THREATEN YOUR PRIVACY AND YOUR FUTURE，at http：//www. worldprivacyforum. org/wp – content/uploads/2014/04/WPF _ Scoring _ of _ America _ April2014_ fs. pdf（Last visited on April 2，2019）。

② Danielle Keats Citron & Frank Pasquale，“The Scored Society：Due Process for Automated Predictions”，89 *Wash. L. Rev.* 10 – 14（2014）.

③ Frank Pasquale，*The Black Box Society*，Cambridge：Harvard University Press，2015，pp. 22 – 26.

下，因法律与社会规范的要求，雇主是不被允许收集此类信息以做出雇佣决策的，但是黑箱算法却恰恰帮他们实现了这个歧视结果。评分系统的标准存在偏差不仅出现在数据收集层面，更可能的原因在于嵌入评分算法的变量、相关性和参数本身不合理，其在给用户打分的过程中很大程度上参考了其他系统的评价，这意味着将用户过往的不良处境重新输入新的算法，输出的结果又会加重目前的处境，造成一处失信、处处受阻的恶性循环回路。

凯茜·奥尼尔就曾把这种不合理地扩大应用规模的评分模型称为“数学毁灭性武器”。[①] 因此，正是不透明的算法中包含了武断的评价，其很可能产生歧视性的后果，而歧视性的后果更是抗拒算法的公开、透明。三个问题环环相扣，使得评分系统根本无法自我纠正准确度和实现公平性。而算法黑箱问题显然不能依赖商业的自我规制，因为资本只会寻找最有效益的商业模式，而缺乏对公共价值的主动关切。

（三）隐私保护如何推进？

胡凌在书中提出数字隐私保护的方案是自助式隐私保护，指出只要技术设计提升用户管理自己社交信息的水平，则能够在很大程度上保护隐私不受侵犯和滥用。较为可行的方案应当是确保消费者的知情权，特别是需要向他们解释算法的运作和信息的透明化处理。[②] 用户的隐私信息被大数据处理后产生的连锁反应发生在各种生活场景中，算法的公开透明的确是解决黑箱问题的第一步，但是算法透明就意味着实现算法公正吗？恐怕远远不是。毕竟用户对于网络科技的智识水平不能总是跟上快速更新的算法模型，即使法律强制披露、解释算法细节，又有多少人有能力、有耐心去关心长篇累牍的披露文件呢？

有学者提出一个似乎更为理想的方案：算法透明之后，更关键的因素在于能够得到有效审查，而审查的主体最好是该领域内的专家。只有专业人士才能辨别出算法背后的差异和比例，不仅去理解数据评分是怎么得来的，更重要的是对算法模型的公正性和准确性的评估。而评估重点考察数据的收集、演算、

---

① 参见［美］凯茜·奥尼尔著：《大数据的傲慢与偏见》，许瑞宋译，（中国台湾）大写出版社2017年版，第124－131页。

② 参见胡凌著：《探寻网络法的政治经济起源》，上海财经大学出版社2016年版，第144－145页。

传播到决策的整个过程是否符合正当程序的目标，即透明、准确、可问责性与公正性。[①] 然而，在国内互联网治理缺乏相应的制度背景、有效的惩罚机制和具体的操作方案等现实条件下，专家审查的全面开展，目前看来还是遥遥无期的。

五、社会化媒体中商业与公民的主权竞争

胡凌在其书中先后探讨了社会化媒体架构的变迁、信任关系脆弱和隐私异化三方面的问题，并非在泛泛地描绘我国社会化媒体的发展全景。实际上其出发点意在说明商业资本力量对于社会化媒体塑造的公共领域、私人空间的侵蚀和渗透，这是贯穿全书的一个核心线索。

（一）网络空间中的“公民主权”

1. 商业架构下公民主权之表象

首先就公共讨论而言，“过滤”构成未来网络言论自由的主要威胁。相比传统分区审查的简单粗暴，过滤以一种更复杂、隐蔽的方式影响着言论自由和公共讨论的方向；[②] 其次，社会化媒体平台之间竞争用户关注度，确实也有力图解决信任问题的动机，但是平台治理信任关系的动力和实践的力度都以其商业利益为导向，而如果完全依靠商业力量则无法反映线上公民社会的需求，将威胁数字民主的根基；最后，商业化平台对于隐私数据的收集与处理缺乏透明性，算法黑箱可能存在歧视甚至操控用户的情况。由此可见，胡凌对于商业力量的担忧也确在情理之中。他试图揭示资本暗面潜藏的隐患，追求实现线上公民社会的自主性，意图阐明网络空间有实现公民主权的必要性。但线上公民主权真的有可能吗？

事实上，网络空间中有类似民主的架构，但它们本身并不是民主。民主意味着人们选择某种规则来统治特定领域，但网络空间中却罕有规则是由网民决

---

① See Danielle Keats Citron, Frank Pasquale, “The Scored Society: Due Process for Automated Predictions”, 89 *Wash. L. Rev.* 19 – 27 (2014).

② 参见左亦鲁：《告别“街头发言者”——美国网络言论自由二十年》，《中外法学》2015 年第 2 期，第 429 – 430 页。

定的。现实世界中，人们可以基于公民身份享有为所在共同体的公共事务决策投出一票的权利，但是却不能以客户的身份要求有权制定诸如迪士尼乐园、购物商场等地方的规则。而网络空间则更类似于后者。用户有决定在哪个平台上花费时间、精力的自由，而平台之间激烈竞争的是用户潜在的注意力资源。这是一种典型的商业主权模式，平台的架构由商家决定，但是用户可以通过选择进入或离开影响商业决策。而现实世界中类似于大学、俱乐部和公司等自治团体的权力结构却有显著不同的特点。在这些机构中，成员拥有对自治规则或章程的发言权，甚至是控制力。从这个意义上讲，这些机构体现的是公民主权的属性。

然而，网络空间的主权者从来都不是公民，迄今为止我们所观察到线上世界的主权者始终是商业机构，但这也并不意味着网络空间中完全没有民主因素。David Post 曾提出，“网络社区实际上是由‘规则组合’支配的，无论这些规则是融入架构的设计还是官方发布的条例，它们都规范着特定空间的行为。”① 换言之，网络空间本身就是由这一系列“规则组合”建构出来的，个人自由选择进出一套或另一套规则系统。这些“规则组合”在竞争用户的注意力资源过程中，使得网络空间逐渐成为迎合用户需求的自由市场。这意味着网络用户在线上市场中通过选择个人注意力资源的分配，形成市场竞争压力，促使网络服务商不断优化“规则组合”迎合用户需求（规则不是施加给用户的而是被用户选择出来的），从而间接地实现对网络空间规则系统的主动权。用户掌握规则主动权的网络空间似乎是在某种程度上实现了民主自治。

2. 线上公民主权实现之阻碍

需要注意的问题是，以上所述公民主权的理论前提是充分竞争的自由市场。早期的互联网创新企业如今都已逐渐发展为大型网络平台，垄断着市场份额。比如腾讯旗下的所有手机游戏一般都需要通过微信账号注册，游戏中的用户关系也是建立在微信平台的社交圈之内，并且连通着微信支付功能用以购买虚拟资产。这一套环环相扣的系统牢牢锁定用户，任何用户想要退出整个腾讯平台的成本都极高。此种情况下，用户根本没有对规则组合的主动权，显而易见地

① Peter Ludlow, “Anarchy, State, and the Internet: An Essay on Law - Making in Cyberspace”, in *Crypto Anarchy, Cyberstates, and Pirate Utopias*, Cambridge: MIT Press, 2001, p. 451.

是在垄断的市场环境中，用户几乎没有进出规则系统的自由。

这其实是一个复杂且矛盾的命题。我们很难肯定地说网络空间中的社区转换就一定比现实世界更难，但是至少表明网络空间的现实图景比“规则组合”竞赛要复杂得多。这也激发了我们渴望网络空间实现公民主权的强烈需求。更进一步讲，随着线下生活逐渐转移到线上世界，线上架构的微小变化都与我们利益攸关，因此网络空间有必要发展成为一种更民主的形式。类似地，现实中大学、社团法人等自治机构制定自治章程，规范共同体内人员的行为，在一定程度上可以豁免于政府的管辖，但其前提在于自治规则的制定须反映民主价值，得到共同体成员的认可。网络空间想要获得更多的自治权同样也需要更多地体现公民主权的价值理念。

基于以上的理论分析并不能表明事实上网络空间的未来可以完全或者部分地实现公民主权。公民主权需要一套现实可行的民主决策架构，更重要的是主权社区内的成员需要有足够的独立自主意识，对社区的建立和完善有相当的责任感。更进一步讲，处在一个特定地域及相对稳定的群体内，成员才更容易形成自主意识和公民责任感，参与民主决策的热情才相对充分。互联网从媒介一步步演化成虚拟人生却依然不能和真实的世界等同，原因就在于它还保持着一定的媒介属性。线上世界的流动性依旧远远强于线下，网民与互联网平台的关系还是更像客户与商家而非公民和公仆。当某一平台施加给用户的规则负担远远超越了用户在该平台所能享受到的利益与选择离开的成本之和时，用户最理性的做法是离开而不是试图主张改变平台代码的权利。又或者说互联网架构的分子式实质是无数 1 和 0 的复杂组合，改造代码对于普通人来说本身就是一件无能为力的事，又何谈独立自主和公众参与呢?

（二）无法忽视的商业力量

未来互联网可能的形式仍然是商业主权，而且这种趋势会进一步加强。互联网中最显著的规制模型至今还是拥有组织性力量的商业主体。但这并非意味着商业力量主导之下的互联网就一定是被一股邪恶的力量所统治，线上公民的需求仍然是商业科技创新的方向。两者并非处在绝对的对立地位，商业创新给予我们更多的产品选择，同时也带给我们表达思想更广阔的空间，我们大多数人还是更多地受惠于目前的商业模式。

胡凌对线上公共领域发展的担忧以及对资本力量的警惕，在现今网络环境下仍然有极强的现实意义。他在莱斯格“代码即法律”的基础上着墨于审视掌握着代码的商业机构可能给公民社会话语权带来的风险和威胁，力图唤醒公民参与线上社区建设的自主意识，积极参与网络空间规则的制定。但是网络空间公民自主的实现道阻且长，目前也没有看到现实可行的方案。这同样也源于从代码出发的思考，代码创造的线上社会本身就是一种科技产物，公民参与科技创新的能力实在受限，远不能与线下社会投票表决这类参与方式相提并论。

六、结语

大众传媒历经报纸、广播、电视直至今天的社会化媒体，技术革新影响的不只是我们阅读和表达的内容与方式，更重要的是影响着我们如何看待世界和设想世界。曾经的我们表达思想和观点受到方方面面的条件限制，无拘无束的交流可能只存在于家人之间茶余饭后的闲谈。

生活在社会化媒体时代的我们，庆幸互联网技术赋予个人表达思想千变万化的选择，但这是否就代表我们拥有足够的自由、掌握了主动权呢？美国学者桑斯坦指出，其实网络言论市场的“自由与效率”也没什么值得我们欢呼的，因为市场需求本身就是互联网商业创造出来的。我们向往的不受限制的用户选择固然重要，但这本身并不等同于自由。①

站在公民权和言论自由的角度讨论，真正的问题也许不在于选择的多寡，而在于我们做出的选择受限于自身的视野。大多数观点都集中在批评政府对言论的限制和审查，把理想的目标投向一个运行良好的自由表达体制来确保选择不受苛刻的限制。线上言论市场也因此一直被寄予厚望，小心呵护。那么设想一下，即使我们拥有无数的选项，该怎样具体决策？又是依据什么做出选择呢？

桑斯坦认为，我们所做出的每一个选择取决于自身的偏好或者说是需求和信念。② 这些偏好和需求并非凭空产生，而是来源于每天包围着你的信息源源

① Cass R. Sunstein, *Republic. com* 2.0, New Jersey: Princeton University Press, 2007, p. 120.

② Cass R. Sunstein, *Republic. com* 2.0, New Jersey: Princeton University Press, 2007, pp. 121 –122.

不断地向你传递的文化价值和信念。比如一个有价值的、感觉良好的人生被描绘成要什么有什么，那么你自然而然地就会形成一种信念：拥有某个你现在尚未拥有的东西，几乎是解决任何问题的答案。你因为这个信念产生强大的需求并不断与人比较，当发现你比大多数人获得的更多时而开心，又会因为得不到别人所拥有的东西而失落。患得患失之间，你所做的每一个行为选择都是在试图赶上大多数人，那么这样的选择是否真正的提升了个人的幸福感和社会的总体福利呢？在做出决定的时候是否思考过，为什么非要坚守那样的信念，为什么不选择《瓦尔登湖》一样的生活？

同样地，我们被社会化媒体中每天大量涌现的信息包围，选择关注什么，就什么话题与人讨论，始终受到他人选择传递给我们的信号的干预，形成自身选择信息的偏好。这些偏好才是真正决定我们如何在线上生活的关键。互联网商业机构给了用户更多的技术选择，而非更多的自由和自主权。

所以，如果只将关注点放在线上公民如何影响社会化媒体的技术架构设计，讨论微博究竟是该140个字还是2000个字，似乎不是试图实现多一点公民主权所需解决问题的症结所在。有学者提出，这关键在于我们自身的角色定位。如果我们以公民身份参与线上生活，则往往倾向于站在公共利益的角度，以更长远的目标思考公共议题。这和基于消费者身份在市场行为中只为自我利益的偏好显然不同。当我们以集体思维行动时，可以突破个人选择的束缚，解决更深刻更有难度的社会问题。这看起来像是转换了身份就掌握了主动权，但从社会学理论意义上讲，线上同线下一样，身份角色的转换也并不那么容易。一个人的身份就是一个人参与社会体系中所占据的结构位置，结构稳定而不轻易改变。线上领域的公民如何表现、行动，所处的身份位置比个人的意图、理想更具决定性。一个人所处的身份位置和一整个巨大的身份结构是联系在一起的，这些关系正是限制了个人能做什么、不能做什么的重要因素。

正如前文所述，线上网民与平台之间的身份关系还是更类似于客户与商家，这是互联网发展至今长期形成的相对稳定的角色结构。仅靠网民自身转换角色定位，力图改变线上领域的主权形态，前景似乎并不明朗。然而，究竟如何改变商业力量控制线上领域，网民缺少话语权的现状？或许，在没有更大的技术突破或商业模式出现的前提下，商业力量建构的社交媒体形式已经是现有约束条件下能够期待的最优形态了，至少我们渴望畅所欲言的需求在崭新的科技背景下前所未有地得到满足。而互联网治理该如何借力商业主权之发展来制定线上规则的权力分配方案，也许正如胡凌书中所言，“大众利益和商业利益之间的平衡是永远没有答案的实践问题。”①

（初审：陈宝妮；校对：赵楠）

① 胡凌著：《探寻网络法的政治经济起源》，上海财经大学出版社2016年版，第152－153页。

金融监管前沿

JINRONGJIANGUAN QIANYAN

首次代币发行监管的行为经济学路径*

Nathan J. Sherman** 著　蔡卓瞳*** 译

摘　要：虽然ICO是一种创新的资本筹集方式，但令人担忧的是其发行过程中没有任何用以保护投资者的监管措施。本文认为ICO市场构成投机泡沫并区分出两类投资者：精明投资者，即通过抬高价格吸引噪声交易者进入市场的知情投资者；以及由于心理偏差而做出投资决策的噪声交易者。有限理性的行为经济学理论为监管框架的构建提供了洞见。本文认为监管者必须运用"非对称父爱式"框架以监管ICO。这一框架假定ICO中的一些投资者（如精明投资者）比其他投资者（如噪声交易者）表现得更为理性。因此，最佳的监管方案应考虑到这些差异，在帮助欠缺理性的噪声交易者做出更好选择的同时，不限制那些更为理性的精明投资者的选择。

关键词：首次代币发行（ICO）；行为经济学；加密货币；非对称父爱主义

一、引言

首次代币发行（Initial coin offerings，ICO）是加密货币领域发展的产物。公司可以通过发行自己的加密代币而向投资者筹集资本。虽然ICO是一种创新的资本筹集方式，但是考虑到发行过程中没有任何用以保护投资者的监管措施，ICO市场令人担忧。投资者在代币发行中投入大量的钱财，但这些发行代币的

---

* 原文Nathan J. Sherman，"A Behavioral Economics Approach to Regulating Initial Coin Offerings"，107 *The Georgetown Law Journal Online*，17－35（2018）．本文翻译已取得作者及乔治城大学法学杂志授权。

** 内森·谢尔曼，美国乔治城大学法律中心（Georgetown University Law Center）2016级法律博士（J. D.）。

*** 蔡卓瞳，华东政法大学国际金融法律学院法律与金融专业2017级法学硕士研究生。

公司通常没有任何生产产品或者获取收益的历史。同时，由于其他投资者同样投入大量钱财，ICO 中发行的代币价格一路攀升。① 这一模式与投机泡沫（speculative bubble）高度相似。

当“投资者基于价格波动而非基础价值信息作出的交易行为导致资产价值非可持续增长”② 时，投机泡沫便会产生。在泡沫中，“精明投资者”（smart money），即知情投资者（informed investor），通过抬高价格吸引噪声交易者（noise trader）进入市场。③ 噪声交易者由于心理偏差而做出投资决策。④ 最后，精明投资者出售所持有资产，泡沫随之破裂。⑤ 因此，监管者应该制定能够充分保护 ICO 中投资者利益的监管框架。

有限理性的行为经济学理论为监管框架的构造提供了洞见。有限理性意味着人们的选择是次优的（suboptimal）。⑥ 监管者在了解影响投资者选择的心理偏差后，能够削弱投机泡沫对投资者产生的负面影响。为了实现这一点，监管者必须运用“非对称父爱式”框架（asymmetrically paternalistic framework）⑦ 来监管 ICO。这一框架假定 ICO 中的一些投资者（如精明投资者）比其他投资者（如噪声交易者）表现得更为理性。因此，最佳的监管方案应考虑到这些差异，在帮助欠缺理性的噪声交易者做出更好选择的同时，不限制那些更为理性的精明投资者的选择。

---

① See JIM EDWARDS，THIS IS THE TECH BUBBLE WE HAVE BEEN WAITING FOR，at http：//www. businessinsider. com/cryptocurrency - ico - bubble - 2017 - 11 [https：//perma. cc/UE87 - KYQG]（Last visited on January 20，2018）.

② Erik F. Gerding，“Laws Against Bubbles：An Experimental - Asset - Market Approach to Analyzing Financial Regulation”，2007 *WIS. L. Rev.* 990（2007）.

③ Id. at 999.

④ See id.

⑤ Id.

⑥ See Herbert A. Simon，“Invariants of Human Behavior”，41 *Ann. Rev. Psychol.* 6（1990）.（“由于我们几乎不可能精确地解决所有的问题，因此很难通过理性分析得出最优化策略。我们必须找到解决问题的近似方法，此外，这一解决方法取决于我们不经意间发现的近似事物。”）

⑦ See generally Colin Camerer et al.，“Regulation for Conservatives：Behavioral Economics and the Case for Asymmetric Paternalism”，151 *U. Pa. L. Rev.* 1212（2003）.（解释道“非对称父爱式监管是指能够提高犯错误的人的效益的同时，对那些完全理性的人几乎或者完全无害的监管。”）

本文的第一部分简要介绍了加密货币与 ICO 的背景。第二部分探讨了历史上的投机泡沫，并明确 ICO 市场是一种投机泡沫。第三部分探究那些泡沫投资者的特点以及他们可能遭遇的心理偏差。这一部分展示了心理学关于市场行为的论证，反驳了新古典经济学认为泡沫不会产生的观点，同时区分了在 ICO 市场中的两种不同的投资者，即精明投资者和噪声交易者。第四部分讨论 ICO 市场现行有限的监管措施。最后，第五部分主张“非对称父爱式”的规制方案是监管 ICO 市场最为合适的途径。第五部分并没有提供一个全方位的监管框架；而是主张对 ICO 实行轻触式监管（light - touch regulation），并通过举例说明如何实施这种监管。

二、加密货币与 ICO

加密货币是依靠点对点的加密算法验证交易的虚拟货币。① 大多数加密货币的核心创新之处在于记录加密货币所有权及其移转的去中心化公共账簿。② 这一数字账簿通常被称为区块链。当一项区块上的交易完成时，一个新的区块自动生成，并被添加进区块链作为永久的数据库。③ 当加密货币移转时，被称为“挖矿”（mining）的计算机化程序将验证交易。④ 矿工在解决加密问题的同时确保区块链验证交易。⑤ 率先解决加密问题的矿工会得到一定数量的加密货币作为努力的回报。⑥

ICO 是加密货币领域发展的创新产物。ICO 是一种公司筹集资金的方式，公司通过发行自己的代币或者通证（token）换取来自投资者的价款；此类价款

---

① INVESTOPEDIA, CRYPTOCURRENCY, at https://www.investopedia.com/terms/c/cryptocurrency.asp [https://perma.cc/M6VA - P4RE] (Last visited on February 20, 2018).

② Omri Marian, “A Conceptual Framework for the Regulation of Cryptocurrencies”, 82 *U. Chi. L. Rev. Dialogue*, 55 (2015).

③ INVESTOPEDIA, BLOCKCHAIN, at https://www.investopedia.com/terms/b/blockchain.asp [https://perma.cc/S428 - 65W8] (Last visited on February 20, 2018).

④ Omri Marian, “A Conceptual Framework for the Regulation of Cryptocurrencies”, 82 *U. Chi. L. Rev. Dialogue*, 55 (2015).

⑤ Id.

⑥ Dietmar Peetz & Gregory Mall, “Why Bitcoin Is Not a Currency but a Speculative Asset”, *Credit Suisse Asset Mgmt*, 1 (2017).

通常是其他加密货币，例如比特币或者以太坊（Ethereum）。① 与比特币不同的是，ICO 中发行的代币通常用于特定的项目或者服务。② 例如，用于促进游戏生态系统的 FLUX 代币。③ 由于能够筹集到大量的资金，ICO 融资已经成为公司传统融资富有吸引力的替代方式。例如，在风险投资机构参与的传统 A 轮融资阶段能够筹集到的资金在 100 万美元到 500 万美元之间，④ 然而一些 ICO 能够筹集到将近 1 亿美元。⑤ 这一资本筹集的替代方式正变得越来越流行，在 2017 年通过 ICO 筹集的资金大约有 50 亿美元。⑥

---

① JUSTIN JAFFE，INITIAL COIN OFFERINGS，EXPLAINED：HOW CAN THIS POSSIBLY BE A LEGITTMATE WAY TO RAISE MONEY，at https：//www. cnet. com/how – to/initial – coin – offerings – explained/ [perma. cc/ATU7 – Q9K9]（Last visited on February 20，2018）. 比特币被建模为通用的数字资产或者货币，以太坊是提供多功能智能合约的平台。有人认为比特币最终会取代信用货币。See REBECCA CAMPBELL BITCOIN MILLIONAIRE TIM DRAPER：CRYPTOCURRENCIES WILL REPLACE FIAT CURRENCIES IN 5 YEARS，at https：//www. ccn. com/bitcoin – millionaire – tim – draper – cryptocurrencies – will – replace – fiat – 5 – years/ [https：//perma. cc/PA5Q – C6A2]（Last visited on February 20，2018）。

② See JIM EDWARDS，THIS IS THE TECH BUBBLE WE HAVE BEEN WAITING FOR，at http：//www. businessinsider. com/cryptocurrency – ico – bubble – 2017 – 11 [https：//perma. cc/UE87 – KYQG]（Last visited on January 20，2018）.（"不同于 ICO 的代币，比特币和以太币并非用于特定的项目。"）

③ See COINTELEGRAPH，FLUX RELEASED DESTOP ALPHA BEFORE TOKEN SALE APRIL 17，*at* https：//cointelegraph. com/press – releases/flux – released – desktop – alpha – before – token – sale – april – 17 [https：//perma. cc/5SMQ – P297]（Last visited on February 20，2018）.

④ LAWRENCE WINTERMEYER，FORBERS，THE RACE TO BAN OR REGULATE BITCOIN AND ICOS，*at* https：//www. forbes. com/sites/lawrencewintermeyer/2017/10/31/the – race – to – ban – or – regulate – bitcoin – and – icos/2/#8415c3f5f65f [https：//perma. cc/KM2C – 8XD4]（Last visited on February 20，2018）.

⑤ JOHN RUSSELL，TECHCRUNCH，KIK RAISES NEARLY $100M IN HIGHEST PROFILE ICO TO DATE，at https：//techcrunch. com/2017/09/26/kik – ico – 100 – million/ [https：//perma. cc/B4CU – NQ8N]（Last visited on February 20，2018）. 值得注意的是，通过 ICO 筹资的公司首先会收到投资者的加密货币，用于兑换新发行的代币；接着公司能够将从投资者那里取得的加密货币兑换为美元（或者其他不同的货币）。

⑥ See JOHN PATRICK MULLIN，FORBES，ICOS IN 2017：FROM TWO GEEKS AND A WHITEPAPER TO PROFESSIONAL FUNDRAISING MACHINES，at https：//www. forbes. com/sites/outofasia/2017/12/18/icos – in – 2017 – from – two – geeks – and – a – whitepaper – to – professional – fundraising – machines/#4a3c3e1c139e [https：//perma. cc/5Q7R – VF6B]（Last visited on February 20，2018）.

ICO 的开展以白皮书的发布为起始。① 白皮书本质上是讨论公司项目以及如何分发代币的商业计划书。② 而白皮书中兜售的大多数项目是否能够发展起来难以确定。③ 为了参与 ICO，投资者必须首先购买白皮书中指定的加密货币作为交换媒介——通常是比特币或者以太币——并创建与购买货币对应④的钱包。⑤ 然后，投资者必须访问一个特定的网络站点——通常是由发行实体管理的平台——并将加密货币从他们的钱包中转移出去以换取公司发行的代币。⑥ 最后，投资者需将新的代币转移回他们的钱包。⑦ 最新发行的 ICO 代币可在之后兑换为货币并且自由流通。⑧ 考虑到 ICO 作为一种资本筹集机制的创新之处以及 2017 年通过 ICO 筹集的资金总量，出于对投资者保护问题的担忧，有必要对

---

① 关于 ICO 白皮书的示例，see TOKEN SALES，TOKENDATA，at https：//tokendata. io [http：//web. archive. org/web/20180614053644/https：//www. tokendata. io/] (Last visited on February 20，2018)。

② See JUSTIN JAFFE，INITIAL COIN OFFERINGS，EXPLAINED：HOW CAN THIS POSSIBLY BE A LEGITTMATE WAY TO RAISE MONEY，at https：//www. cnet. com/how - to/initial - coin - offerings - explained/ [perma. cc/ATU7 - Q9K9] (Last visited on February 20，2018).

③ Dietmar Peetz & Gregory Mall，"Why Bitcoin Is Not a Currency but a Speculative Asset"，Credit Suisse Asset Mgmt. 6 (2017).

④ 关于建立加密货币的钱包的具体细节不在本文的讨论范围之内，有关各式加密货币钱包的示例，see NOELLE ACHESON，COINDESK，HOW TO STORE YOUR BITCOIN，at https：//www. coindesk. com/information/how - to - store - your - bitcoins/ [https：//perma. cc/VE6K - C2FP] (Last visited on January. 20，2018)。

⑤ See ANTON TELITSYN，MEDIUM，ICO 101：HOW TO PARTICIPATE IN AN ICO MADE WITH ETHEREUM，at https：//medium. com/the - mission/ico - 101 - how - to - participate - in - an - ico - made - with - ethereum - cf57516183f6 [https：//perma. cc/6RJA - PMSH] (Last visited on February 20，2018).

⑥ See id. ; See also JUSTIN JAFFE，INITIAL COIN OFFERINGS，EXPLAINED：HOW CAN THIS POSSIBLY BE A LEGITTMATE WAY TO RAISE MONEY，at https：//www. cnet. com/how - to/initial - coin - offerings - explained/ [perma. cc/ATU7 - Q9K9] (Last visited on February 20，2018).

⑦ See ANTON TELITSYN，MEDIUM，ICO 101：HOW TO PARTICIPATE IN AN ICO MADE WITH ETHEREUM，at https：//medium. com/the - mission/ico - 101 - how - to - participate - in - an - ico - made - with - ethereum - cf57516183f6 [https：//perma. cc/6RJA - PMSH] (Last visited on February 20，2018).

⑧ JIM EDWARDS，THIS IS THE TECH BUBBLE WE HAVE BEEN WAITING FOR，at http：//www. businessinsider. com/cryptocurrency - ico - bubble - 2017 - 11 [https：//perma. cc/UE87 - KYQG] (Last visited on January 20，2018).

ICO 市场的最佳监管方式进行更为细致的研究。

三、历史上的投机泡沫和作为投机泡沫的 ICO

泡沫的标准定义是价格与资产基础价值的偏离。① 基础价值通常是通过明确特定资产未来现金流的现值来确定的。② 然而，对泡沫的精确定义则应着重关注投资者交易的信息；因此，当“投资者基于价格波动而非基本价值信息作出的交易行为导致资产价值的非可持续增长”③ 时，就会出现泡沫。本部分探究两例历史上的泡沫：第一节讨论 1637 年郁金香狂潮；第二节探讨 2000 年发生的互联网（dot－com）泡沫；第三节比较这些泡沫与 ICO 市场的相似点并最终得出 ICO 市场构成投机泡沫的结论。

（一）1637 年郁金香狂潮

最大的投机泡沫之一始于 1593 年。当时郁金香被引入荷兰，随着时间的推移，郁金香开始感染病毒，此种病毒致使郁金香花瓣带有火焰一般的图形与色彩，④ 感染了此种病毒的郁金香球茎的交易价格比未感染的郁金香高很多。到了 17 世纪 30 年代，身处荷兰的每个人都开始参与郁金香球茎交易，郁金香狂潮涌现。⑤ 虽然 17 世纪 30 年代的真实价格数据稀缺，但是荷兰国家博物馆称交

---

① Erik F. Gerding，“Laws Against Bubbles：An Experimental－Asset－Market Approach to Analyzing Financial Regulation”，2007 *Wis. L. Rev.* 990（2007）.

② Id.

③ Id. at 990.

④ ANDREW BEATTIE，INVESTOPEDIA，MARKET CRASHES：THE TULIP AND BULB CRAZE（1630S），at https：//www. investopedia. com/features/crashes/crashes2. asp［https：//perma. cc/4BFR－NSAK］（Last visited on February 20，2018）；see also Elvis Picardo，FIVE OF THE LARGEST ASSET BUBBLES IN HISTORY，at https：//www. investopedia. com/articles/personal－finance/062315/five－largest－asset－bubbles－history. asp［https：//perma. cc/95NS－D7NV］（Last visited on February 20，2018）.

⑤ ANDREW BEATTIE，INVESTOPEDIA，MARKET CRASHES：THE TULIP AND BULB CRAZE（1630S），at https：//www. investopedia. com/features/crashes/crashes2. asp［https：//perma. cc/4BFR－NSAK］（Last visited on February 20，2018）.

易者甚至以房产作抵押以实现郁金香球茎的交易。① 这一时期的郁金香价格并不能准确地反映球根的真实价值，一旦某些投资者决定出售，球根的价格将会下跌。② 当这一情形发生时，其他投资者就会抛售球茎以避免更大的损失，③ 郁金香泡沫随之破裂。④

（二）互联网泡沫

最近的一个投资泡沫例子是互联网泡沫。⑤ 该事件起源于1997年至2002年间针对互联网公司的投机性投资。⑥ 1996年4月12日，Yahoo公开发行股票，其股价在首个交易日翻了一倍。⑦ 1996年的12月，时任联邦储备委员会主席的Alan Greenspan提醒投资者注意资产价格的非理性繁荣。⑧ 1998年11月，the globe. com（首个社交媒体网站）公开发行股票，其股价在首个交易日达到

---

① RIJKSMUSEUM, 1637 TULIPMANIA, at https://www.rijksmuseum.nl/en/rijksstudio/timeline - dutch - history/1637 - tulipmania [https://perma.cc/Z4N2 - FKNM] (Last visited on February 20, 2018).

② ANDREW BEATTIE, INVESTOPEDIA, MARKET CRASHES: THE TULIP AND BULB CRAZE (1630S), at https://www.investopedia.com/features/crashes/crashes2.asp [https://perma.cc/4BFR - NSAK] (Last visited on February 20, 2018).

③ See id.

④ 值得说明的是，郁金香狂潮并非被普遍地理解为一种泡沫。比较 Lawrence J. White, "Preventing Bubbles: What Role for Financial Regulation", 31 *Cato J.* 604 (2011)（认为郁金香狂潮是"泡沫"），与 Peter M. Garber, "Tulipmania", 97 *J. Pol. Econ.* 558 (1989)（讨论为何仅将郁金香狂潮的最后一个月视为"泡沫"；其他时间的价格上升反映了球根市场正常的价格行为）。

⑤ 值得说明的是，并非所有人都同意互联网狂潮是一种泡沫。比较 Lawrence J. White, "Preventing Bubbles: What Role for Financial Regulation"（认为技术狂潮是"泡沫"）与 Lubos Pastor & Pietro Veronesi, "Was There a NASDAQ Bubble in the Late 1990s?", 81 *J. Fin. Econ.* 97 (2006)（认为"除非这一模式被否决，否则不能理所当然地认为纳斯达克存在'泡沫'"）。

⑥ BADR BELLAJ, MEDIUM, THE BLOCKCHAIN MANIA AND THE DOT - COM BUBBLE, at https://medium.com/@badrbellaj/the - blockchain - mania - and - the - dot - com - bubble - adc4885dd66b [https://perma.cc/7HWF - MTPA] (Last visited on February 20, 2018).

⑦ Id.

⑧ 参见美联储主席 Alan Greenspan 在美国企业公共政策研究所年度晚会及 Francis Boyer 讲座上的评论：民主社会下中央银行的挑战（1996年11月5日），at https://www.federalreserve.gov/boarddocs/speeches/1996/19961205.htm (Last visited on February 20, 2018)。

606%的增幅。1999年12月，VA Linux的股价在其首个交易日达到698%的增幅。[①] 这些飞速增长仅仅是互联网泡沫下认购狂潮中的部分事例。1997年互联网公司在34项首次公开发行（IPO）中筹得的资金合计10亿美元，1998年的45项IPO共筹得20亿美元，1999年的292项IPO共筹得24.1亿美元。[②] 在这一时期，投资者“抢购任何名称中带有［dot－com］的公司的股份”，推动了交易狂潮。[③] 2000年3月10日，纳斯达克指数创历史新高，收市为5048.62点（比1996年大约上升1100点）。[④] 然而，泡沫随即破裂。至2000年11月9日，Bloomberg互联网指数中有54%的互联网股票下跌超过80%，[⑤] 至2002年10月9日，纳斯达克指数创下1114.11点的历史新低。[⑥]

（三）ICO市场即投机泡沫

与1637年郁金香狂潮和随后的互联网泡沫类似，“人们正在将大量的钱财‘投资’于没有任何收益历史的ICO中，ICO价格的增长仅仅是因为其他人的大

---

① BADR BELLAJ，MEDIUM，THE BLOCKCHAIN MANIA AND THE DOT－COM BUBBLE，at https：//medium.com/@badrbellaj/the－blockchain－mania－and－the－dot－com－bubble－adc4885dd66b［https：//perma.cc/7HWF－MTPA］（Last visited on February 20，2018）.

② DAVID KLEINBARD，CNN MONEY，THE ＄1.7 TRILLION DOT.COM LESSON，at http：//money.cnn.com/2000/11/09/technology/overview/［https：//perma.cc/AZ2T－NEB2］（Last visited on February 20，2018）.

③ BADR BELLAJ，MEDIUM，THE BLOCKCHAIN MANIA AND THE DOT－COM BUBBLE，at https：//medium.com/@badrbellaj/the－blockchain－mania－and－the－dot－com－bubble－adc4885dd66b［https：//perma.cc/7HWF－MTPA］（Last visited on February 20，2018）.

④ Lubos Pastor & Pietro Veronesi，“Was There a NASDAQ Bubble in the Late 1990s?”，81 *J. Fin. Econ.* 62（2006）.

⑤ DAVID KLEINBARD，CNN MONEY，THE ＄1.7 TRILLION DOT.COM LESSON，at http：//money.cnn.com/2000/11/09/technology/overview/［https：//perma.cc/AZ2T－NEB2］（Last visited on February 20，2018）.

⑥ BADR BELLAJ，MEDIUM，THE BLOCKCHAIN MANIA AND THE DOT－COM BUBBLE，at https：//medium.com/@badrbellaj/the－blockchain－mania－and－the－dot－com－bubble－adc4885dd66b［https：//perma.cc/7HWF－MTPA］（Last visited on February 20，2018）.

量注资。”[①] 瑞信银行的分析师强调ICO市场与互联网泡沫均建立在非理性繁荣之上；不同的是，在互联网泡沫中开展IPO的互联网公司承诺了某种类型的未来现金流，[②] 比如，pets. com——一家在互联网泡沫中倒闭的公司[③]——至少销售了宠物食品，[④] 但很多从事ICO的公司并没有承诺任何类型的未来现金流。相反，有两点原因可以解释投资者对ICO发行的代币的需求：人们需要用代币兑现发行代币公司的服务，或者投资者认为代币的价格会上升。[⑤] 需要指出的是，ICO中的投资者并不拥有发行代币公司的股份。以太币的创始人Vitalik Buterin强调以太坊“并不给予投票权，从事以太币项目的人员也不能保证以太币的未来价值。”[⑥]

一些已经成立的公司，比如Eastman Kodak公司，已经选择ICO作为融资方式。[⑦] 然而，有证据显示ICO的增长源于公司的纯粹投机心理，这一点与1637年郁金香狂潮和随后的互联网泡沫类似。投资者“在ICO可能需要‘存异’才能参与ICO。”[⑧] 例如，在2013年，Doge币——一个流行的柴犬互联网表情包——是为了讽刺加密货币狂潮而被创造出来的。[⑨] 如今，Doge币的市值

---

① JIM EDWARDS, THIS IS THE TECH BUBBLE WE HAVE BEEN WAITING FOR, at http: //www. businessinsider. com/cryptocurrency - ico - bubble - 2017 - 11 [https: //perma. cc/UE87 - KYQG] (Last visited on January 20, 2018).

② Dietmar Peetz & Gregory Mall, “Why Bitcoin Is Not a Currency but a Speculative Asset”, *Credit Suisse Asset Mgmt.* 6 (2017).

③ See CNN, 10 Big Dot - Com Flops, at http: //money. cnn. com/galleries/2010/technology/1003/gallery. dot_ com_ busts/10. html [https: //perma. cc/A62G - HLQW] (Last visited on February 20, 2018).

④ JIM EDWARDS, THIS IS THE TECH BUBBLE WE HAVE BEEN WAITING FOR, at http: //www. businessinsider. com/cryptocurrency - ico - bubble - 2017 - 11 [https: //perma. cc/UE87 - KYQG] (Last visited on January 20, 2018).

⑤ Id.

⑥ VITALIK BUTERIN, LAUNCHING THE ETHER SALE, at https: //blog. ethereum. org/2014/07/22/launching - the - ether - sale/ [https: //perma. cc/UQL7 - Y2AQ] (Last visited on February 20, 2018).

⑦ ICO DROPS, KODAKONE, at https: //icodrops. com/kodakone/ [https: //perma. cc/F9TG - S2SN] (Last visited on February 20, 2018). (KODAK币允许加入的摄影师在销售时能立刻收到授权报酬，以及在安全的区块链平台上秘密地销售作品。)

⑧ JUSTIN JAFFE, INITIAL COIN OFFERINGS, EXPLAINED: HOW CAN THIS POSSIBLY BE A LEGITTMATE WAY TO RAISE MONEY, at https: //www. cnet. com/how - to/initial - coin - offerings - explained/ [perma. cc/ATU7 - Q9K9] (Last visited on February 20, 2018).

⑨ See id.

超过了5亿美元。[①] Trump币市值的顶峰为338万美元，它的唯一目的是"支持Trump总统以及其让美国再次伟大的雄伟愿景"[②]。

关于ICO的新近研究则更加清楚地显示了纯粹的投机是如何影响ICO市场的：2017年中有59%的ICO或已被确认失败或即将失败。[③] 2017年大约900起ICO中，142起在筹集阶段失败了，276起由于ICO支持的项目失败或者发行人盗用资金而失败，另外113种代币因为公司团队停止沟通，或由于团队过小预示其不太可能成功而被认为处于"半失败"状态。[④]

通过回顾泡沫的两种定义，有关泡沫的精确定义完全适用于ICO，理由是发行的代币没有由项目支撑的未来现金流。根据精确定义，当"投资者基于价格波动而非基础价值信息作出的交易行为导致资产价值的非可持续增长"[⑤] 时，泡沫随之产生。与郁金香狂潮类似，ICO发行的代币的唯一价值就体现在"其他人一致同意ICO一定有价值。"[⑥] 历史上的各类投机泡沫均表明，没有什么比看到朋友富起来更能干扰一个人的幸福感和判断能力"。[⑦] 当投资者看到ICO价格上涨时，他们也想参与其中。

---

① JUSTIN JAFFE，INITIAL COIN OFFERINGS，EXPLAINED：HOW CAN THIS POSSIBLY BE A LEGITTMATE WAY TO RAISE MONEY，at https：//www. cnet. com/how - to/initial - coin - offerings - explained/［perma. cc/ATU7 - Q9K9］（Last visited on February 20，2018）.

② LAURA SHIN，CRYPTOS IN WONDERLAND：12 OF THE WEIRDEST，WACKIEST COINS，at https：//www. forbes. com/sites/laurashin/2017/07/10/cryptos - in - wonderland - 12 - of - the - weirdest - wackiest - coins/#320cb4582a70［https：//perma. cc/V9X5 - R54J］（Last visited on February 20，2018）；TRUMPCOIN，ABOUT TRUMPCOIN，at https：//www. trumpcoin. com［https：//perma. cc/29JW - 3SVJ］（Last visited on February 20，2018）.

③ KAI SEDGWICK，BITCOIN. COM，46% OF LAST YEAR'S ICOS HAVE FAILED ALREADY，at https：//news. bitcoin. com/46 - last - years - icos - failed - already/［https：//perma. cc/Z8J8 - V5DV］（Last visited on February 20，2018）.

④ Id.

⑤ Erik F. Gerding，"Laws Against Bubbles：An Experimental - Asset - Market Approach to Analyzing Financial Regulation"，2007 *Wis. L. Rev.* 990（2007）.

⑥ JIM EDWARDS，THIS IS THE TECH BUBBLE WE HAVE BEEN WAITING FOR，at http：//www. businessinsider. com/cryptocurrency - ico - bubble - 2017 - 11［https：//perma. cc/UE87 - KYQG］（Last visited on January 20，2018）.

⑦ BUTTONWOOD，ECONOMIST，THE BITCOIN BUBBLE，at https：//www. economist. com/blogs/buttonwood/2017/11/greater - fool - theory - 0［https：//perma. cc/K5Q4 - SRWJ］（Last visited on February 20，2018）.

当然，ICO 市场泡沫并不意味着整个加密货币领域的崩塌。例如，21 世纪初的互联网泡沫“并不能证明互联网是无用的——只能证明该种模式尚不成熟”①。Amazon 在互联网泡沫时期发起 IPO 并取得巨大成功，因此，比特币和以太币是有可能在加密货币领域立足的。然而，考虑到 2017 年有超过 900 起 ICO② 筹集了大约 50 亿美元的资金③，而其中很多代币并不具备合理的商业目的（比如 Trump 币）。因此，许多代币会和 pets. com 具有相同的命运。④

四、有限理性和 ICO 泡沫形成的理论

为保护 ICO 中的投资者，监管者必须认识到泡沫中投资者的特点。如果投资者是理性的，那么应该适用“金融经济学备受尊崇的理论和当代重要的法律分析工具”⑤——有效市场假说（the efficient market hypothesis，以下简称“EMH”）⑥ 予以分析。然而，经济学家对有效市场假说的信心下降已有一段时间，市场行为的心理学解释正崭露头角。⑦ 第三部分主张 ICO 中的投资者并非

① JIM EDWARDS，THIS IS THE TECH BUBBLE WE HAVE BEEN WAITING FOR，at http：//www. businessinsider. com/cryptocurrency – ico – bubble – 2017 – 11 ［https：//perma. cc/UE87 – KYQG］（Last visited on January 20，2018）.

② KAI SEDGWICK，BITCOIN. COM，46% OF LAST YEAR'S ICOS HAVE FAILED ALREADY，at https：//news. bitcoin. com/46 – last – years – icos – failed – already/ ［https：//perma. cc/Z8J8 – V5DV］（Last visited on February 20，2018）.

③ JOHN PATRICK MULLIN，FORBES，ICOS IN 2017：FROM TWO GEEKS AND A WHITEPAPER TO PROFESSIONAL FUNDRAISING MACHINES，at https：//www. forbes. com/sites/outofasia/2017/12/18/icos – in – 2017 – from – two – geeks – and – a – whitepaper – to – professional – fundraising – machines/#4a3c3e1c139e ［https：//perma. cc/5Q7R – VF6B］（Last visited on February 20，2018）.

④ JIM EDWARDS，THIS IS THE TECH BUBBLE WE HAVE BEEN WAITING FOR，at http：//www. businessinsider. com/cryptocurrency – ico – bubble – 2017 – 11 ［https：//perma. cc/UE87 – KYQG］（Last visited on January 20，2018）.

⑤ 有效市场假说认为如果投资者是理性的，证券的市场价格将反映出股票的基础价值，也就是考虑风险后的未来现金流的现值。See Gregory La Blanc & Jeffrey J. Rachlinski，In Praise of Investor Irrationality，in Parisi & Smith（eds.），*The Law and Economics of Irrational Behavior*，California：Stanford University Press，2005，pp. 542 – 545。

⑥ Donald C. Langevoort，“Taming the Animal Spirits of the Stock Markets：A Behavioral Approach to Securities Regulation”，97 *Nw. U. L. Rev.* 136（2002）.

⑦ See id. at 137.

是完全理性的；他们拥有的是有限的理性。在讨论有限理性时，第一小节提出了市场行为的心理学论据，以此反驳有效市场假说有关泡沫将不会发生的主张。第二小节则以有限理性为基础，提出 ICO 泡沫的形成理论，同时区分 ICO 中两类不同的投资者。

（一）市场行为的心理学论据

与建立在投资者完全理性基础之上的有效市场假说相反，行为经济学的观点认为投资者的理性是有限的。① Simon 的有限理性行为理论以人们缺乏完备的认知处理能力为前提；因此，必须找到解决问题的近似方法，同时，人们寻求的不同解决方法取决于他们依托了何种近似事物。② 人们依赖于“直观推断”，也就是简化认知任务的经验法则③来降低信息处理的成本。然而，依赖于“直观推断”将会加剧诸如过度自信、从众效应等行为偏差。④

过度自信的行为偏差源于人们往往会高估自己审时度势的能力；而过去的成功和专业知识也会进一步扩大过度自信的影响。⑤ 此外，即便投资者遭受损失，他们也仅会将失败归咎于不可预见的市场变化，而不会认识到是由于对自身投资实力的过度自信。⑥ 另外，当人们做出涉及重大不确定性的选择时，会倾向于表现出从众行为，即把他人正在做的事情当作最优的事。⑦

---

① Erik F. Gerding, “Laws Against Bubbles: An Experimental – Asset – Market Approach to Analyzing Financial Regulation”, 2007 *Wis. L. Rev.* 994 (2007).

② Herbert A. Simon, “Invariants of Human Behavior”, 41 *Ann. Rev. Psychol.* 6 (1990).

③ Id. at 9.

④ Oskari Juurikkala, “The Behavioral Paradox: Why Investor Irrationality Calls for Lighter and Simpler Financial Regulation”, 18 *Fordham J. Corp. & Fin. L.* 40 – 42 (2012); see also Tom C. W. Lin, “A Behavioral Framework for Securities Risk”, 34 *Seattle U. L. Rev.* 344 (2011).

⑤ Oskari Juurikkala, “The Behavioral Paradox: Why Investor Irrationality Calls for Lighter and Simpler Financial Regulation”, 18 *Fordham J. Corp. &Fin. L.* 41 (2012).

⑥ Gregory La Blanc & Jeffrey J. Rachlinski, In Praise of Investor Irrationality, in Parisi & Smith (eds.), *The Law and Economics of Irrational Behavior*, California: Stanford University Press, 2005, p554.

⑦ Oskari Juurikkala, “The Behavioral Paradox: Why Investor Irrationality Calls for Lighter and Simpler Financial Regulation”, 18 *Fordham J. Corp. & Fin. L.* 42 – 43 (2012).

有效市场假说认为投资者的交易行为是理性的。① 一个理性的投资者毫无疑问能够收集足够的信息评估资产、计算投资风险并结合自身利益做出投资决策。② 与此相反，行为经济学认为投机泡沫形成的部分原因在于投资者并非完全理性。行为经济学研究表明许多投资者利用"噪声"交易。这种噪声是与资产的基础价值无关的信息。③ 噪声交易的投资者根据"价格趋势、情绪或者对其他投资者市场行为的预测"以决定是否交易。④ 噪声交易者运用了 Simons 所言的"直观推断"，将上述因素作为决策的基础而不是像理性投资者那样评估资产。⑤ 过度自信导致投资者高估他们审时度势的能力并且相信资产价格将持续上升。⑥

有效市场假说同时认为由于不理性的交易者是随机分布的，因此他们将相互抵消对彼此的影响。⑦ 然而，从众行为理论反对这一点。从众行为是指"人们由于思想或践行形似的事而倾向于做出相同的行为"。⑧ 因此，不理性交易者并不会相互抵消对彼此的影响，从众行为表明投资者将进入不断上涨的资产价格与不断上升的需求之间的正反馈循环（positive - feedback loop）。⑨

（二）ICO 泡沫形成的行为经济学理论

投机泡沫的精确定义以及投资者可能遭遇的心理偏差构成了 ICO 泡沫形成的行为经济学基础。当"精明投资者"，即知情投资者，通过抬高价格吸引"噪声交易者"进入市场时，投机泡沫（例如 ICO 市场）便会形成。噪声交易

---

① Erik F. Gerding, "Laws Against Bubbles: An Experimental - Asset - Market Approach to Analyzing Financial Regulation", 2007 *Wis. L. Rev.* 994 (2007).

② See id. at 995.

③ Id.

④ Id.

⑤ Herbert A. Simon, "Invariants of Human Behavior", 41 *Ann. Rev. Psychol.* 9 - 10 (1990).

⑥ Erik F. Gerding, "Laws Against Bubbles: An Experimental - Asset - Market Approach to Analyzing Financial Regulation", 2007 *Wis. L. Rev.* 997 (2007).

⑦ Id. at 994 - 995.

⑧ Tom C. W. Lin, "A Behavioral Framework for Securities Risk", 34 *Seattle U. L. Rev.* 347 (2011).

⑨ Erik F. Gerding, "Laws Against Bubbles: An Experimental - Asset - Market Approach to Analyzing Financial Regulation", 2007 *Wis. L. Rev.* 997 (2007).

者因心理偏差而做出投资决策。最后，精明投资者在市场转折点出售持有资产，使得噪声交易者为此买单。①

当然，一旦投资者认识到这是一场泡沫，其他投资者加入市场并抬高 ICO 价格的行为可能是理性的；② 然而，这一点仅适用于有能力识别泡沫的投资者。因此，区分 ICO 市场中投资者的关键在于：市场中的精明的投资者能够表现得理性而噪声交易者受制于有限理性。

五、ICO 的现行监管框架

在美国，没有任何政府机构明确将 ICO 纳入监管范围。“当虚拟货币（例如比特币）被用于衍生品合约或在州际贸易中交易的虚拟货币涉嫌欺诈或者操纵时”，③ 美国商品期货交易委员会（U. S. Commodity Futures Trading Commission，CFTC）对此具有管辖权。然而，大多数 ICO 发行的代币可能并不是货币，因为代币被用于固定的项目或者服务，同时 CFTC 亦无试图监管任何 ICO 中发行的代币的意图。

联邦贸易委员会（Federal Trade Commission，FTC）最近叫停了比特币融资团队发起的“转链计划”（chain referral scheme）。④ 在该案中，被告声称比特币融资团队能够将价值 100 美元的加密货币投资转化为每月 8 万美元的收入。⑤ 虽

---

① Erik F. Gerding，“Laws Against Bubbles：An Experimental – Asset – Market Approach to Analyzing Financial Regulation”，2007 *Wis. L. Rev.* 999（2007）.

② Id. at 994.

③ BITCOIN BASICS，U. S. COMMODITY FUTURES TRADING COMM'N，at https：//www. cftc. gov/sites/default/files/idc/groups/public/% 40customerprotection/documents/file/oceo_bitcoinbasics0218. pdf [https：//perma. cc/C8M9 – MT5Y]（Last visited on February 20，2018）；see e. g.，Commodity Futures Trading Comm'n v. McDonnell，287 F. Supp. 3d 213，228 – 30（E. D. N. Y. 2018）.（虚拟货币事受 CFTC 监管保护的“商品”；CFTC 对州际贸易中出售的虚拟货币相关的欺诈行为拥有管辖权，CFTC 在这起被告欺诈案件中取得初步证据。）

④ FED. TRADE COMM'N，FTC SHUTS DOWN PROMOTERS OF DECEPTIVE CRYPTOCURRENCY SCHEMES，at https：//www. ftc. gov/news – events/press – releases/2018/03/ftc – shuts – down – promoters – deceptive – cryptocurrency – schemes [https：//perma. cc/VPV2 – 3SNR]（Last visited on February 20，2018）.

⑤ Id.

然该案涉及加密货币，但是被告并没有通过 ICO 发行任何代币，因此 FTC 目前没有试图监管 ICO。

财政部的“金融犯罪执法网络”部门（Financial Crimes Enforcement Network，FinCEN）最近公开了致参议员 Wyden（金融委员会的高级成员）的信，详细说明对 ICO 的监管立场。① 信中指出虚拟货币交易所构成货币转移服务商，因而必须遵守银行保密法（Bank Secrecy Act）的规定。② 信中进一步指出，“ICO 开发者将销售的 ICO 代币或者通证兑换为另外一种代替货币的价值形式时，构成货币移转服务商。因此必须符合反洗钱与打击恐怖主义融资对此类货币服务业务的要求。”③ 该部门同时指出如果 ICO 中发行的代币构成证券，美国证监会将对此享有管辖权。④ 不幸的是，要求 ICO 发行者遵守反洗钱要求并不能使深陷于错误投资决策的噪声交易者免遭损失。因此，必须构建一个能够保

---

① See FIN. CRIMES ENF'T NETWORK：U. S. DEP'T OF THE TREASURY，WHAT WE DO，at https：//www. fincen. gov/what – we – do［https：//perma. cc/6582 – LTL7］（Last visited on February 20，2018）.（“FinCEN 的任务是通过收集、分析和传播金融情报和金融当局的战略利用，保护金融系统不受非法利用并打击洗钱活动，促进国家安全。”）FinCEN 的监管权力并不触及本文讨论的投资者保护。

② LETTER FROM DREW MALONEY，ASSISTANT SECRETARY FOR LEGISLATIVE AFFAIRS，DEPARTMENT OF THE TREASURY，TO SENATOR WYDEN，RANKING MEMBER，COMMITTEE ON FINANCE，UNITED STATES SENATE，at https：//coincenter. org/files/2018 – 03/fincen – ico – letter – march – 2018 – coin – center. pdf［https：//perma. cc/2FWA – FDW7］（Last visited on February 20，2018）；see also INTERNAL REVENUE SERV.，BANK SECRECY ACT，at https：//www. irs. gov/businesses/small – businesses – self – employed/bank – secrecy – act［https：//perma. cc/9NQU – QSJJ］（Last visited on February 20，2018）.（银行保密法要求公司保留文件和报告以便发现和制止洗钱。）

③ LETTER FROM DREW MALONEY，ASSISTANT SECRETARY FOR LEGISLATIVE AFFAIRS，DEPARTMENT OF THE TREASURY，TO SENATOR WYDEN，RANKING MEMBER，COMMITTEE ON FINANCE，UNITED STATES SENATE，at https：//coincenter. org/files/2018 – 03/fincen – ico – letter – march – 2018 – coin – center. pdf［https：//perma. cc/2FWA – FDW7］（Last visited on February 20，2018）.

④ Id. SEC 最近认定由 Slock. it 销售的中心化匿名组织（Decentralized Autonomous Organization，DAO）发行的代币构成证券，因此落入 SEC 审查范围。SEC，REPORT OF INVESTIGATION PURSUANT TO SECTION 21（A）OF THE SEC. EXCH. ACT OF 1934：THE DAO，RELEASE NO. 81207，at https：//www. sec. gov/litigation/investreport/34 – 81207. pdf（Last visited on February 20，2018）. SEC 同时发现 ICO 中发行的 MUN 代币构成证券。SEC，IN THE MATTER OF MUNCHEE，FILE NO. 3 – 18304，RELEASE NO. 10445，at https：//www. sec. gov/litigation/admin/2017/33 – 10445. pdf［https：//perma. cc/98P5 – 7ASB］（Last visited on February 20，2018）；see also BLOOMBERG，THE SEC IS SENDING SUBPOENAS IN EXPANDED ICO CRACKDOWN，FORTUNE，at http：//fortune. com/2018/03/01/sec – ico – cryptocurrency – subpoenas/［https：//perma. cc/9NQU – QSJJ］（Last visited on February 20，2018）.（指出 SEC 正在对 ICO 采取行动。）

护 ICO 中噪声交易者的监管框架。

六、ICO 监管的“非对称父爱式”路径

行为经济学的支持者一直以来主张加强监管，然而有效市场假说的支持者主张放松监管。① 第五部分主张通过“非对称父爱式”框架实行轻触式监管。本部分并没有提供一个全方位的监管方案，而是在第一小节中解释了“非对称父爱式”监管的内容，在第二小节通过示例解释如何实施此种框架，第三小节主张对 ICO 市场实行轻触式监管以代替其他监管方法。

（一）何为“非对称父爱主义”监管路径？

“非对称父爱式监管是指对那些犯错误的人带来大量好处而对具有充分理性的人几乎不产生损害的监管方式。”② “非对称父爱式”监管下的轻触式监管在不限制理性投资者自由选择的同时，有助于有限理性的投资者做出更优的决策。正如第三部分讨论的，在 ICO 泡沫中有两大类的投资者——有足够资金识别并进入泡沫中的精明投资者和依赖于价格趋势、情绪或者对他人行为的预测行事的噪声交易者。鉴于存在两类不同的投资者，通过“非对称父爱式”框架的轻触式监管将有助于噪声交易者做出更优的投资决策，同时不限制精明投资者参与投机泡沫的自由。

（二）ICO 市场轻触式监管的示例

轻触式监管提供两种类型的规制工具，分别是信息披露和冷静期。上述工具能够帮助噪声交易者作出更优决策的同时不限制精明投资者的自由。

1. 信息披露

有限理性理论认为人们并非以有效市场假说的支持者所预设的方式解读

---

① Oskari Juurikkala, “The Behavioral Paradox: Why Investor Irrationality Calls for Lighter and Simpler Financial Regulation”, 18 *Fordham J. Corp. &Fin. L.* 35 (2012).

② Colin Camerer et al., “Regulation for Conservatives: Behavioral Economics and the Case for Asymmetric Paternalism”, 151 *U. Pa. L. Rev.* 1212 (2003).

信息。① 从行为经济学的角度来看，信息披露并不必然主张加强披露；相反，其重点在于信息是如何呈现给决策者的。② 普通的警告可能不奏效，而是需要“清晰——甚至是令人震惊——有关错误的真实案例的信息”③，可能会在不损害精明投资者自由的情况下，帮助噪声交易者做出更好的投资选择。例如，可以要求每一份白皮书在首页披露，“X% 进行首次代币发行的公司从未生成过它们计划的产品”或者“2017 年 59% 的首次代币发行已经被确认失败或即将失败”。④ 披露的信息越多，就越有可能助长投资者的过度自信，特别是对那些在之前成功投资过 ICO 的投资者。⑤ 然而，此类警告也许能够制止噪声交易者的从众行为，⑥ 同时不限制精明投资者的自由选择。

2. 冷静期

实行冷静期的主张源于人们可能会做出不可逆转的决定。⑦ 当做出此类决定时，决定做出者可能会遭遇“自我约束问题”，即高估了满足当前精神状态的短期利益。⑧ 冷静期为某些特定决策造成的不可挽回的后果提供了替代措施，允许人们能够“重新评估其决策，避免一时冲动”。⑨

---

① Colin Camerer et al.，“Regulation for Conservatives：Behavioral Economics and the Case for Asymmetric Paternalism”，151 *U. Pa. L. Rev.* 1230（2003）.

② See id. at 1230 – 1233（阐述此种披露类型的例子）；Oskari Juurikkala，“The Behavioral Paradox：Why Investor Irrationality Calls for Lighter and Simpler Financial Regulation”，18 *Fordham J. Corp. &Fin. L.* 55（2012）.（讨论对年利率的强制性披露。）

③ Oskari Juurikkala，“The Behavioral Paradox：Why Investor Irrationality Calls for Lighter and Simpler Financial Regulation”，18 *Fordham J. Corp. &Fin. L.* 56（2012）.

④ KAI SEDGWICK，BITCOIN. COM，46% OF LAST YEAR'S ICOS HAVE FAILED ALREADY，at https：//news. bitcoin. com/46 – last – years – icos – failed – already/［https：//perma. cc/Z8J8 – V5DV］(Last visited on February 20，2018).

⑤ See Troy A. Paredes，“Blinded by the Light：Information Overload and its Consequences for Securities Regulation”，81 *Wash. U. L. Q.* 458（2003）.

⑥ See Stephen M. Bainbridge，“Mandatory Disclosure：A Behavioral Analysis”，68 *U. Cin. L. Rev.* 1040（2000）.［“（以强制披露的形式）进行的法律的干预对遏止从众效应来说是必要的。”］

⑦ Colin Camerer et al.，“Regulation for Conservatives：Behavioral Economics and the Case for Asymmetric Paternalism”，151 *U. Pa. L. Rev.* 1238（2003）.

⑧ Id.

⑨ Colin Camerer et al.，“Regulation for Conservatives：Behavioral Economics and the Case for Asymmetric Paternalism”，151 *U. Pa. L. Rev.* 1239（2003）.

冷静期的实施存在两种不同的方式：等候期，即在某一时刻前交易将不会达成；以及撤回期，即投资者能够在特定期限内撤回决定。① 在撤回期内撤回决定似乎比强制性的等候期成本更低，② 因为撤回期仅针对噪声交易者，而强制性的等候期则同时影响噪声交易者和精明投资者。

由于加密货币交易本身是不可撤回的，因此在 ICO 市场中实行冷静撤回期有益于噪声交易者。③ 一般而言，在一段特定时间内或者所有代币销售完毕前，ICO 都是开放的；然而，一旦投资者将代币转移给公司，交易即不可撤回。在冷静期内的交易是可撤销的，或者可要求发行公司返还已经移转的代币。这一措施能够保护噪声交易者的决策免受过度自信的影响。④ 当然，与专门的信息披露措施相比，冷静期对 ICO 市场运行的干预更多；因此，在决定是否运用它们时需要多加注意。

（三）轻触式监管可替代其他措施

有很多措施可用于实施“非对称父爱式”监管框架。一些人可能认为监管

---

① Oskari Juurikkala, “The Behavioral Paradox: Why Investor Irrationality Calls for Lighter and Simpler Financial Regulation”, 18 *Fordham J. Corp. &Fin. L.* 58 (2012); Colin Camerer et al., “Regulation for Conservatives: Behavioral Economics and the Case for Asymmetric Paternalism”, 151 *U. Pa. L. Rev.* 1240 (2003).

② Colin Camerer et al., “Regulation for Conservatives: Behavioral Economics and the Case for Asymmetric Paternalism”, 151 *U. Pa. L. Rev.* 1240 (2003).

③ See BITCOIN. ORG, SOME THINGS YOU NEED TO KNOW, at https://bitcoin.org/en/you-need-to-know [https://perma.cc/CE84-ZYBZ] (Last visited on February 20, 2018). (“任何使用比特币的交易都是无法撤回的，仅能由资金接受方退还。”); see also RICH APODACA, BITZUMA, SIX THINGS BITCOIN USERS SHOULD KNOW ABOUT PRIVATE KEYS, at https://bitzuma.com/posts/six-things-bitcoin-users-should-know-about-private-keys/ [https://perma.cc/QXA5-3VQA] (Last visited on February 20, 2018). [介绍了一个比特币私匙（private key）的例子：5KJvsngJeMpm884wtkJNzQGaCErckhHJBGFFsvd3VyK5qMZXj3hS。] 任何掌握私匙的人即拥有比特币。转移比特币时，（鉴于私匙的复杂性）如果字母或者数字输入错误，比特币将转移给错误的相对方并且不可撤回。

④ See Stephen J. Choi & A. C. Pritchard, “Behavioral Economics and the SEC”, 56 *Stan. L. Rev.* 65 (2003). (讨论延迟交易对心理偏差的影响。)

者不应该保护噪声交易者,① 因此无须规制 ICO 泡沫。然而，研究表明，一个国家的投资者保护水平对金融市场的发展至关重要，因为投资者保护的加强与市场中投资者信心相关。② 美国已经建立了相当发达的股权和债券市场。但是，ICO 是一个完全崭新的领域，应当给予其成为一种合法的筹资手段的机会。为实现这一点，必须保护噪声交易者，避免投资于已然失败或者没有合理商业目的的 ICO,③ 这反过来将提高投资者对 ICO 市场的信心。

一些人可能认为市场是可以自我修正的。因此，市场应当允许投资者利用金融衍生产品做空或者做多 ICO 市场，而不是通过监管来保护噪声交易者。市场会在需要的时候进行自我修正。芝加哥期权交易所推出的比特币期货代表此类衍生品的产生；在期货发行的第一天，比特币的价格上涨了大约 10%。④ 有两种原因可解释这种增长。第一，由于比特币期货受公开交易所监管，先前因缺乏监管而对比特币抱有怀疑态度的投资者可能对购买比特币更有信心。第二，由于比特币期货可公开交易买卖，机构投资者更有可能视比特币期货为可行的投资机会。⑤

然而从逻辑来看，建立 ICO 衍生品市场可能引发两个问题。第一，鉴于比特币价格在比特币期货发行后的上涨情况，在受监管的公开交易所发行 ICO 期货可能助长投资者的过度自信，这将导致噪声交易者加大对 ICO 的投资。第二，由于期货将在受监管的交易所交易，机构投资者可能更倾向于向其客户推荐 ICO 期货。如果 ICO 期货在受监管的交易所交易——因此给投资者带来其具有安全感的错觉——噪声交易者和精明的投资者都将加大对 ICO 的投资，投机泡沫将会持续增长。因此，监管者仍须通过轻触式监管保护噪声交易者以降低投

---

① See Jill E. Fisch, "Regulatory Responses to Investor Irrationality: The Case of the Research Analyst", 10 *Lewis & Clark L. Rev.* 82 (2006). (讨论"无为而治以及让不理性投资者承担其交易决策的后果"的监管方法。)

② Rafael La Porta et al., "Investor Protection and Corporate Valuation", 57 *J. Fin.* 1147 (2002).

③ 有关没有合理商业目的 ICO 的例子以及 ICO 失败的数据参见本文的第二部分第三小节。

④ CHRISJAN PAUW, COINTELEGRAPH, BITCOIN FUTURES, EXPLAINED, at https://cointelegraph.com/explained/bitcoin-futures-explained [https://perma.cc/2TPP-L47K] (Last visited on February 20, 2018).

⑤ Id.

机泡沫的影响；同时，使ICO成为一种合法的筹集资本的手段。

在面对是应当鼓励还是放弃轻触式监管这一问题时，有很多证据能证明轻触式监管是有害的，因而其不应当被盲目采纳。① 反对盲目采纳轻触式监管的一个有力理由是相比监督轻触式监管，公司更难监督“强父爱主义式”的监管（hard paternalism）。② 这一理由的核心是有效的轻触式监管“必须运用具体、精巧的语言传达信息”③。虽然这有可能是正确的，但是上文详述的轻触式监管的例子——信息披露和冷静期——对公众监督来说并不困难。有关投资ICO的危险警告对公众来说是很直观的，当噪声交易者希望撤回投资时，冷静期也会被投资者知悉。

另一主张认为轻触式监管可能导致“强父爱主义”，因为成功的轻触式监管能够引发“对受质疑活动的社会厌恶，并且减少参与活动的人数”，这反过来意味着强父爱主义对选民的吸引力越来越大。④ 这一现象的最佳例子是吸烟：1964年吸烟的危害被消费者知晓，随着时间的推移，人们更加支持对香烟的管控与征税。⑤ 正如前文所述，在ICO市场中存在两类不同的投资者——精明投资者和噪声交易者。前文提供的轻触式监管示例可能最终减少参与ICO的噪声交易者数量。因此，“强父爱主义”的方法是没有必要的，因为轻触式监管和市场力量将会弱化ICO市场纯粹的投机性，进而缓解选民的担忧。然而，即便轻触式监管的确会导致人们对实施“强父爱主义式”政策的渴望，“强父爱主义”政策对于ICO市场而言也过于苛刻，不应实施。

2017年，韩国对ICO市场实施了最为严厉的“强父爱主义”监管。由于

---

① Edward L. Glaeser, “Paternalism and Psychology”, 73 *U. Chi. L. Rev.* 150 (2006). 需注意Glaeser使用“软父爱主义”（soft paternalism）代替“轻触式”（light-touch）监管；然而，这两个术语是可互换使用的。

② Id. at 151.

③ Edward L. Glaeser, “Paternalism and Psychology”, 73 *U. Chi. L. Rev.* 151 (2006)..

④ Id. at 153.

⑤ See id. at 153-54.

ICO 被用于价格投机，韩国金融服务委员会禁止了 ICO 交易。① 表面上，此类严厉的监管看似能保护噪声交易者避免损失全部资金，但同时也牺牲了理性的精明投资者的利益并阻碍了创新。②

监管者不应当阻碍创新，而应当朝着最终将 ICO 强化为创新企业的一种合法筹资途径并保护投资者的方向前进。达成这一结果的最好方式是根据投资者的心理偏差制定轻触式监管措施，以此保护现行 ICO 市场中的噪声交易者。有人会认为，对噪声交易者的保护将会使精明的投资者退出市场，因为可供他们理性投资的泡沫将不复存在。然而，采用轻触式监管抑制 ICO 市场的投机性质并不会完全破坏市场；相反，这一措施将去芜存菁，保留具有合理商业目的的 ICO，并最终将 ICO 合法化为一种筹资的方式。保护噪声交易者并抑制 ICO 的投机性质将会促使意图通过 ICO 筹集资本的公司发布具有合理商业目的的白皮书。这一结果将与互联网泡沫的结局相似，诸如 Amazon 之类的具有合理商业目的公司将繁荣发展起来；而不具有可持续性商业模式的公司，例如 pet. com，将不复存在。

另外，诺贝尔奖得主 Robert Shiller（“天真的有效市场论信徒”③ 的批判者）认为在大多数情况下，干预包括投机泡沫在内的市场并不会起作用：很不幸，泡沫的本质相当复杂多变，我们不可能期望去证明既定政策对我们客观的长期经济福利的特定作用。虽然部分通过消除或限制泡沫而干预市场的政策在特定的情况下是有效的，但这不应该成为我们解决投机泡沫问题的首要选择。投机市场发挥资源配置的重要功能……任何抑制市场泡沫的干预措施同时会影

---

① See NIKKEI ASIAN REV.，KENICHI YAMADA，SOUTH KOREA TO BAN ICO FUNDRAISING，FOLLOWING CHINA：FINANCIAL AUTHORITIES CRACK DOWN AHEAD OF FRAUD AND SPECULATION，at https：//asia. nikkei. com/Markets/Currencies/South－Korea－to－ban－ICO－fundraising－following－China［https：//perma. cc/8SB2－EKMJ］（Last visited on February 20，2018）.

② See BURHAN WAZIR，RACONTEUR，INDIAN CRYPTO CAUTION COULD STIFLE INNOVATION，at https：//www. raconteur. net/finance/india－cryptocurrency－caution，［https：//perma. cc/7JNL－5UMS］（Last visited on February 20，2018）.（讨论印度储备银行实施的禁止使用该国银行系统进行加密货币交易的规定，以及这一规则是如何阻碍创新的。）

③ Oskari Juurikkala，“The Behavioral Paradox：Why Investor Irrationality Calls for Lighter and Simpler Financial Regulation”，18 *Fordham J. Corp. &Fin. L.* 72（2012）.

响到这些功能的发挥。[①] Shiller 接着写道：“国家应对投机泡沫的政策要点在于，通过给人们提供更多的机会，使其更广泛和自由地参与市场。”[②]

当然，允许投机泡沫继续存在可能导致负外部性。首先，ICO 市场中的噪声交易者很有可能将大量财富错误配置到代币上，而不是将钱用于消费、投资于股票或债券市场。[③] 如前所述，ICO 投机泡沫可能会助长欺诈，出现发行人窃取投资者的虚拟货币后逃匿的情形。投资者的信心将因 ICO 领域欺诈的盛行而减弱。[④] 如果允许泡沫继续存在，终有一天它将破灭并影响到 ICO 以外的领域。[⑤] 这一溢出效应包括传染（contagion），即“某一资产市场的价格下跌将导致其他类别的资产市场价格的暴跌和金融的不稳定性。”[⑥]

ICO 监管的“非对称父爱式”路径借由轻触式监管政策保护噪声交易者，同时避免限制理性的精明投资者的自由选择。[⑦] 轻触式监管通过信息披露提醒噪声交易者 ICO 的投资风险，此举有助于削弱资源错配和欺诈的负外部性。反之，这一专门的信息披露措施会抑制噪声交易者的群体效应。即便已经投资于

---

① Oskari Juurikkala, “The Behavioral Paradox: Why Investor Irrationality Calls for Lighter and Simpler Financial Regulation”, 18 *Fordham J. Corp. &Fin. L.* 73 (2012).

② Robert J. Shiller, *Irrational Exuberance*, 2rd ed., Princeton: Princeton University Press, 2005, p. 230.

③ Erik F. Gerding, “Laws Against Bubbles: An Experimental – Asset – Market Approach to Analyzing Financial Regulation”, 2007 *Wis. L. Rev.* 1031 (2007).

④ See id. at 1032.

⑤ See id.

⑥ Id.

⑦ 确定执行“非对称父爱主义”框架的监管主体超出本文讨论范围。鉴于 FinCEN 并非致力于投资者保护，需要另外的监管主体介入。SEC 已经跃跃欲试，认定 ICO 发行的某些特定代币构成证券。See FIN. CRIMES ENF'T NETWORK: U. S. DEP'T OF THE TREASURY, WHAT WE DO, at https://www.fincen.gov/what-we-do [https://perma.cc/6582-LTL7] (Last visited on February 20, 2018). 如果 ICO 发行的代币被认定为证券，那么 SEC 有能力实施本文提出的轻触式监管措施：信息披露和冷静期。考虑到 1993 年证券法案的目的是向投资者提供公开发行证券的财务和其他重大信息，SEC 可以要求其向投资者披露信息并禁止欺骗、虚假陈述和其他证券欺诈行为。See U. S. SEC. & EXCH. COMM'N, THE LAWS THAT GOVERN THE SECURITIES INDUSTRY, at https://www.sec.gov/answers/about-lawsshtml.html#secact1933 [https://perma.cc/65BV-SEAN] (Last visited on February 20, 2018). SEC 同样有权采取冷静撤回期措施，例如有规定允许众筹公司的投资者在 48 小时内撤回投资承诺。See C. F. R. tit. 17sec. 227. 201 (j) (2017)。

ICO，实行冷静撤回期制度仍能够给噪声交易者提供进一步保护，因为这一措施能使他们认识到诸如过度自信等行为偏差，从而做出更理性的决策。

七、结论

在过去几年，加密货币领域的创新及其吸引力取得了长足的增长，越来越多的公司将ICO作为规避证券监管的资本筹集方式。通过对“1637年郁金香狂潮”“21世纪初的互联网泡沫”的审视，本文认为ICO市场释放出更为强烈的投机泡沫信号，因为人们在决定是否对ICO进行投资前，没有任何基础资产机制和未来现金流可作为参考依据。在ICO投机泡沫中，精明投资者在噪声交易者进入市场时推高价格。噪声交易者由于在投资决策中遭遇的心理偏差而进入市场。最终，精明投资者抛售所持有的资产，泡沫随之破裂。

本文以有限理性的行为经济学理论为基础探究ICO泡沫的最佳监管方案。有限理性认为人们的选择是次优的，因为他们受到诸如过度自信和从众效应等心理偏差的影响。监管者在确认和理解这些心理偏差后应当采用能够帮助投资者减轻ICO泡沫所带来的不良影响的监管框架。为实现这一目标，监管者应当利用“非对称父爱式”框架监管ICO。这一框架假定某些投资者（如精明投资者）比其他投资者（如噪声交易者）表现得更为理性。因此，最佳的监管方案是考量二者的差异，在帮助欠缺理性的噪声交易者做出更优投资决策的同时，不限制理性的精明投资者的选择自由。

（初审：王艺坪；校对：胡萍）

法经济学视角下现金贷利率管制的逻辑反思

祁　程*

摘　要：为了降低金融风险，保护借款人，监管者对现金贷实施利率管制。然而，现金贷经营主体的行为转变与现金贷产品的结构异化表明，现金贷利率管制未能切实保护借款人的权益，反而限缩了现存小额信贷的授信群体范围，阻碍了行业的健康发展。从法经济学角度来看，利率管制削减了现金贷企业租值，减少了信贷供给，也加剧了行业垄断，易滋生地下信贷。现金贷产品的特殊属性与高昂的运营成本决定了现金贷业务的利率设置应具有不同于一般民间借贷利率的特殊性，高利率有其必要性。监管机构应结合现金贷业务实际，反思当前严厉的利率监管政策，充分认识和研究豁免现金贷利率管制的合理性和必要性。

关键词：现金贷；利率管制；小额贷款公司

我国“现金贷”① 业务是在政府加强对P2P网贷业务管制及严格限制校园贷业务之后发展起来的。“发展普惠金融，鼓励金融创新”的政策指引使得监管者在行业发展初期并未实施过多干预，但由于部分现金贷业务实施“高利率覆盖高风险”，导致实践中出现多起资金借贷纠纷，监管机构随后开始对现金贷利率实施严厉的监管。② 在《关于开展“现金贷”业务活动清理整顿工作的通知》（网贷整治办函〔2017〕19号）与《小额贷款公司网络小额贷款业务风险专项整治实施方案》（网贷整治办函〔2017〕56号）中，监管机构明确要求现金贷产品应将利息与各类费用合并计算借款人综合资金成本，并折算为年化实

---

* 祁程，华东政法大学国际金融法律学院2016级硕士研究生。

① 现金贷业务具有“无场景依托、无指定用途、无客户群体限定、无抵押”等特征。

② 参见李刚：《畸形现金贷，埋了多少坑》，《人民日报》2017年5月4日第10版。

际综合利率，“一刀切”地适用民间借贷的利率标准对现金贷业务予以规制；同时，对先行扣除利息、手续费、管理费、保证金或设定高额逾期利息、滞纳金、罚息等行为予以禁止。但应引起注意的是，合理的利率是现金贷业务得以维系和发展的根本条件，适时地反观现金贷利率管制的成效对行业发展具有重要意义。① 利率管制下的现金贷行业现状是否符合市场发展规律及监管预期？利率管制的目的与监管逻辑为何？其是否合理？豁免现金贷的利率管制是否更加有助于该行业的规范化发展？本文从上述问题出发，以法经济学的视角反思现金贷的利率管制。

一、现金贷利率管制现状及业态转变

现金贷行业最为人所诟病的问题在于利率过高。宏观层面上，监管者认为现金贷行业整体积累了较大的金融风险；微观层面上，部分借款人到期无法清偿本息，延期偿还又累计了较多的利息与罚金，最终深陷现金贷债务泥潭，无法自拔。针对以上现象，监管文件明确表明“保护金融消费者”与“化解金融风险”是本次整治主要的预期目标。② 表面上看，降低现金贷利率可以提高借款人偿债能力，降低行业整体违约率，最终达到保护金融消费者与化解金融风险的监管目标。因此利率管制成为监管的重要措施，监管者选择统一适用民间借贷的相关规定对现金贷利率实施管制。

作为一种新型信贷产品，现金贷的产品结构、经营主体与目标群体均不同于任何传统信贷产品，实际上难以将之划归到任何传统信贷产品类别中。我国二元金融结构下利率管制的基本格局是金融机构贷款利率无上限而民间借贷利率有上限。③ 当前现金贷的经营主体包括银行、消费金融公司与小额贷款机构。银行与消费金融公司属于正规金融机构，贷款利率不受限制，但其现金贷产品

① 参见缪因知：《现金贷整治效果需适时评估》，《无锡日报》2017 年 12 月 14 日第 A11 版。

② 参见《关于规范整顿“现金贷”业务的通知》（整治办函〔2017〕141 号）。

③ 二元金融结构是指当前我国金融结构可划分为以银行为代表的正规金融与以民间借贷为代表的非正式金融，二者在监管主体与监管方式方面存在差异。

的实际利率普遍较低。[①] 而占多数的互联网平台皆以网络小贷牌照（而非消费金融公司牌照[②]）经营现金贷业务，小额贷款机构被银监会定性为一般商事组织，[③] 适用民间借贷利率上限似乎是监管的应有之义。然而现金贷业务具有其特性，仅以经营主体为标准适用利率管制的监管逻辑是否合理？下文重点考察利率管制后现金贷市场的行业转变，试图客观呈现监管对行业造成的影响。

（一）现金贷经营主体的行为转变

银行与消费金融公司的现金贷产品利率较低，利率管制对其并无影响。但由于监管机构提出助贷模式下现金贷平台不得向借款人收取相关费用且不得承担兜底偿还的责任，作为资金提供方的银行与消费金融公司出于风险考虑可能放弃助贷模式。[④] 电商巨头的现金贷产品利率亦普遍不高，利率管制对其影响亦不大。[⑤] 其他持牌现金贷平台纷纷下调产品利率以符合监管要求，但利率管制依旧对其产生了较大影响。具体表现在以下方面：首先，平台利润下滑明显。例如，监管实施的 2017 年第四季度，趣店的贷款逾期率上升，营业收入与净利润的同比增长均出现明显下滑。[⑥] 2018 年一季度净利润更是同比下跌 32%。其次，平台交易量下滑。趣店一季度线上活跃消费金融用户为 410 万，较去年同期的 480 万下降 13.9%；放款笔数为 1090 万笔，较去年同期的 1970 万下降 44.6%。利率管制对于清退部分风控不严、资金成本过高的现金贷经营主体起

---

① 可能的原因是在审慎经营原则的制约下，银行十分注重信贷资产的安全性，因而往往主动放弃高利率、高风险的贷款业务，造成银行贷款利率低于民间借贷的普遍现象。参见缪因知：《论信用卡债务与银行贷款不适用利率管制规则》，《金融法苑》2016 年总第 93 辑，第 45 页。

② 早期的互联网企业未申请消费金融牌照是因为营业收入等指标未达到相关要求，参见《消费金融公司试点管理办法》第 9 条。

③ 参见《中国银行业监督管理委员会中国人民银行关于小额贷款公司试点的指导意见》（银监发〔2008〕23 号）。但关于小额贷款机构的性质存在争议，下文对此进行详细论述。

④ “助贷模式”指助贷机构自身不发放贷款，而是将自身的获客能力或风控能力提供给实际放贷机构，帮助其发放贷款的经营模式。

⑤ 参见包慧、黄斌：《现金贷整顿余波未了　蚂蚁借呗主动“降杠杆”》，《21 世纪经济报道》2018 年 1 月 11 日第 9 版。

⑥ 李冰：《上市互金企业年报素描：现金贷风光不再逾期率增长折射转型窘境》，《证券日报》2018 年 3 月 31 日第 B2 版。

到了的积极作用，一定程度上缓解了行业整体违约率过高的问题。但同时也迫使多数合规平台削减放款规模，缩小放款对象范围，这使得部分原本有资质获得现金贷的用户被排除在外。行业的整体发展陷入停滞。

（二）现金贷产品的结构转变

1. 合规路径转变：通过延长借款期限平摊借款成本

调整产品结构的合规路径有两种，一是将产品的综合借贷费率直接调至合规线下，少数持牌的头部现金贷平台（趣店、宜人贷、玖富等）采用此种方式；二是更改产品结构，延长借款期限向中长期信贷转变。以掌众金服“闪电借款”产品为例，产品期限由 21 天延长为 50 天期和 60 天期两款，对应综合利率由 6.8% 分别下调为 4.93% 和 5.91%，折合年化由 118.19% 下调至 36%。尽管下调利率至合规要求，掌众金服现金贷业务却受到重创。中新控股 2018 年一季度财报显示，网贷收入同比减少约 85.2%，主要原因在于掌众金服的交易量下降。[①] 就交易额的具体情况而言，一季度累计撮合交易 26.1 亿元，相较上年度全年累计撮合交易 633 亿元，月均交易量由 52.75 亿元骤降至 8.7 亿元。

尽管现金贷利率管制只针对借贷产品的年化利率，不针对借贷期限，但通过拉长借贷周期降低利率的模式仍存在相应弊端：对借款人而言，虽然利率降低，但应付利息总额却随借贷周期的延长而增多。对现金贷平台而言，借款期限的延长尽管在客观上摊薄了每笔贷款的放贷成本与资金的闲置成本，但贷款周期越长借款人违约风险越高，因此对提高风控的要求尤为关键和迫切，部分平台也相应提高放款审核标准。[②] 拉长借款周期影响平台放贷资金的周转速率，间接影响其收益。期限不同的借贷产品本质上是为了满足不同的需求，当前情形下超短期借贷产品的数量急剧减少，行业结构发生改变对于此类产品的目标消费者人群而言，其利益无疑受到了损害。

---

① 数据来源：中新控股（8207.HK）2018 年第一季度报告，http://www.hkexnews.hk/listedco/listconews/GEM/2018/0510/GLN20180510086_C.pdf，最后访问时间 2019 年 4 月 22 日。

② 参见杜川：《现金贷平台生死存亡：合规成本高、转型艰难》，《第一财经日报》2018 年 1 月 31 日第 A9 版。

2. 部分业务模式发生扭曲变形：易诱发合规风险

由于现金贷利率受到严格管制之后，平台通过利息获得收益的渠道受限，利润空间进一步压缩。为了维持运营成本和经营收益，现金贷平台需要拓展利润来源、压缩业务成本，业务开展模式必然随之发生转变，部分业务模式的合规风险较高。比如无牌照机构变换形式放贷、部分有牌照机构变相抬高利率等违规行为。[①] 目前，监管部门已着手整治变形现金贷，但效果有限。[②] 变形现金贷的形式多样，当前现金贷市场上常见有两种业务变形模式：

（1）收取会员费模式

部分平台将办理会员卡、高价购买商品作为放贷的前置性条件[③]，涉嫌变相收取利息。例如，据媒体报道，“mo9 信用钱包”平台提供 7—14 天短期借款，最高可借 2000 元，但在贷款之前客户需先购买会员。价值 199 元的会员有效期为 7 天，仅可使用一次；价值 368 元的会员有效期为 30 天，可使用 2 次。购买会员之后意味着审核通过，则平台必须放款。[④] 上海“即刻贷”产品手续费为 0，日息仅 0.065%，但借款前需充值游戏会员，会员附赠一次借款机会，该笔费用占借款金额的 10%—15% 不等。

收取会员费作为商家绑定消费者的营销模式并不鲜见，后续的产品优惠建立在前期支付一次性费用的基础之上，但会员制经营模式的关键在于长期互惠的合作关系。上述会员模式的期限极短且限定消费次数，有违商家经营的基本商业逻辑，显然并不合理，容易使消费者权益受到侵害，资金安全风险较大。但将收取会员费认定为变相收取利息的行为存在法律上的模糊地带，尤其是在会员费存在相对应的产品服务（如上述游戏产品）情形下更为困难。因此对此类业务主体的法律规制仍有一定难度。

---

① 参见“关于防范变相‘现金贷’业务风险的提示”，http：//www. nifa. org. cn/nifa/2955704/2955770/2972735/index. html，最后访问时间 2019 年 4 月 22 日。

② 魏倩：《互金整治办再度整顿“现金贷”》，《上海证券报》2018 年 6 月 8 日第 2 版。

③ 这一做法并不鲜见，英国中世纪即存在一种“mutuum”的附条件借贷合同：借 100 镑不收取利息，但前提是必须购买一件其他商品。See R. H. Helmholz，“Usury and the Medieval English Church Courts”，61 *Speculum*. 364 - 380（1986）.

④ 参见“监管整顿变相现金贷，这些平台受波及”，https：//www. wdzj. com/news/yc/2568581. html，最后访问时间 2019 年 4 月 22 日。

（2）回租放贷模式

以手机作为租赁物，构建售后回租的放贷模式将资金借贷置于售后回租的框架下，交易基本遵循如下流程：首先需评估手机现存价值。实为评估借款人的信用资质。随后平台获取手机所有权并支付对价。该价格并非手机现存价值，而是与借款人信用评估结果相对的借款额度。双方签订手机租赁合同，借款人按约定支付租金。部分平台事先收取评估费等费用，类似于借款合同中的“砍头息”做法。到期后用户可选择续租或赎回手机。但平台通常设置一定条件阻止手机的实际回收。

总体来说，上述交易模式基本符合售后回租的构成要件。司法解释肯定了售后回租作为融资租赁特殊形态的合法性，但同时也要求结合具体约定判断是否成立融资租赁法律关系①。融资租赁活动中历来存在以融资租赁法律关系掩盖借款关系的案例②，最高人民法院指出，对名为融资租赁合同实为借款合同的，“应当按照实际构成的借款合同关系确定各方的权利义务，防范当事人以预扣租金、保证金等方式变相抬高实体经济融资成本”。③ 上述放贷模式规避了可能的法律风险，但平台收取的短期回租的租金数额高于平台评估的手机现存价值，与常理不符；试图以合法的经营模式掩盖其收取高息的本质，在一定程度上容易诱发现金贷行业的合规风险。对借款人而言，部分群体可能无法识别该类产品的收取高息本质，误以为借贷成本较低而盲目借贷。即使在发生纠纷的情形下，借款人的合法权利也难以通过法律途径得到确切保障。

二、现金贷利率强监管的逻辑检视

以上事实表明，现金贷市场的变化并不完全符合监管预期。虽然行业现行

---

① 参见《最高人民法院关于审理融资租赁合同纠纷案件适用法律问题的解释》第 1 条、第 2 条规定。

② 参见最高人民法院（2014）民二终字第 109 号判决书。判决认为：“如无实际租赁物或者租赁物所有权未从出卖人处转移至出租人或者租赁物的价值明显偏低无法起到对租赁债权的担保，应认定该类融资租赁合同没有融物属性，仅有资金空转，系以融资租赁之名行借贷之实，应属借款合同。”

③ 参见《最高人民法院印发〈关于进一步加强金融审判工作的若干意见〉的通知》（法发〔2017〕22 号）。

产品的表面借贷利率得以下降，但随之而来的是行业发展的停滞与变相经营模式的产生。追本溯源，我们有必要对现金贷利率管制的监管逻辑进行回顾，检视现金贷利率受到强力监管的原因，为分析现金贷利率管制现状是否合理夯实基础。

（一）逻辑原点：现金贷平台主体的法律属性界定

当前现金贷经营主体多持小额贷款公司牌照，而小额贷款公司正是受利率管制影响最大的主体。将小额贷款公司认定为非金融机构进而适用利率管制是监管的理论基础。但事实上，对小额贷款机构的法律定性问题自其创设之日起即存在争议。本文认为小额贷款公司本质上属于金融机构。

首先，将小额贷款公司划归为金融机构存在法律依据。人民银行发布的《金融机构编码规范》历经修改但都将小额贷款公司划归为“其他”类项下的金融机构（分类码为Z1）。《金融机构编码规范》意在明确我国金融机构的涵盖范围，至少表明央行将小额贷款公司视为金融机构的立场。此外，国务院、财政部等官方文件中多次将小额贷款公司纳入到金融机构的范畴或将其与之等同。①

其次，小额贷款公司经营的贷款业务具有金融属性，符合金融机构的一般定义。② 否定其金融属性的观点以银监会颁布的《金融许可证管理办法》为依据，认为未取得金融许可证即不能视为金融机构，但《金融许可证管理办法》只是将金融许可证作为特定金融业务的准入标准，并非判断金融机构属性的标准，是否获得金融许可证并不构成判断金融机构性质的依据。从监管的角度看，虽然对小贷公司实施非审慎监管，但小额贷款公司在营业过程中与一般信贷经营主体

---

① 具体文件包括但不限于国务院发布的《国务院关于鼓励和引导民间投资健康发展的若干意见》（国发〔2010〕13号）、《国务院办公厅关于鼓励和引导民间投资健康发展重点工作分工的通知》（国办函〔2010〕120号）；财政部发布的《财政部关于小额贷款公司执行〈金融企业财务规则〉的通知》（财金〔2008〕185号）、《财政部关于印发〈地方金融企业财务监督管理办法〉的通知》（财金〔2010〕56号）；《浙江省人民政府办公厅关于促进小额贷款公司健康发展的若干意见》（浙政办发〔2009〕71号）。参见施景新、金涛：《小额贷款公司金融机构主体资格的确认与刑法保护》，《西南政法大学学报》2013年第4期，第92页。

② 大多数学者从业务属性角度对金融机构进行定义。参见茆训诚主编：《金融学概论》，机械工业出版社2011年版，第53页；苏平贵主编：《金融学》，清华大学出版社2007年版，第13页。

一样面临流动性风险，相关监管标准多数参照的是村镇银行与相关金融机构。

最后，对小额贷款机构的定位不清导致实践中出现了诸多难题。例如，由于目标客户人群普遍信用不高，小额贷款公司在经营中面临较大的骗贷风险，但因小额贷款公司金融机构主体地位的缺失，无法获得更为有效的刑法保护。① 为了切实保护小额贷款公司的合法权益，部分司法判决直接将其认定为金融机构予以保护。② 此外，将其定位为一般商事主体，会导致监管权在实践中被一分为二，准入监管由省级金融办负责，运营监管则由区县政府负责，往往降低监管效率，不利于统筹监管。③ 一方面，地方政府的监管权往往由工商、税务、公安等多部门联合行使，多头监管常会导致责任不明、效率低下等弊端。另一方面，现金贷平台的营业范围往往突破监管地域的限制，不同区域间监管部门权责边界的模糊、监管协调成本的上升最终导致实质上的监管缺位。若将小贷公司统一定性为金融机构，由银监会统一行使监管职能，则能更为有效地避免多头监管问题，推动小额贷款机构的更好发展。

（二）利率管制：法的价值追求与经济逻辑的矛盾与权衡

现金贷的利率管制建立在传统民间借贷的利率管制之上，而法学领域关于民间借贷利率管制的争论从未停歇：一种观点以经济逻辑为基础，提倡尊重契约自由，主张放松借贷利率管制；另一种观点从社会公共利益角度出发，认为应综合考虑经济逻辑与公平、正义相关的法的价值追求对借贷利率予以限制。④ 权衡之下，各国立法形成不同的规制路径。⑤ 总的来看，实施现金贷利率管制的理由从微观和宏观层面有如下出发点：

---

① 参见施景新、金涛：《小额贷款公司金融机构主体资格的确认与刑法保护》，《西南政法大学学报》2013 年第 4 期，第 91 页。

② 参见上海市杨浦区人民法院（2012）杨刑初字第 192 号判决书。

③ 参见陈颖健：《小额贷款公司监管的法律思考》，《金融理论与实践》2010 年第 3 期，第 84 – 85 页。

④ 参见邓建鹏：《现金贷的法律风险与监管思考》，《南昌大学学报（人文社会科学版)》2018 年第 1 期，第 67 – 76 页；杨东：《从现金贷监管政策看消费金融规范和发展之路》，《清华金融评论》2018 年 1 期，第 23 – 24 页。

⑤ 具体可归纳为客观主义模式、主观主义模式和折中主义模式，参见王林清：《民间借贷利率的法律规制：比较与借鉴》，《比较法研究》2015 年第 4 期，第 188 – 190 页。

1. 微观基础——借款人的非理性行为

立法预设借贷双方处于不平等的地位。有学者认为"放贷人相对于消费者具有明显的优势地位，借贷双方之间缺乏讨价还价的实力保障"①，应参照消费者保护的法理对借款人进行倾斜保护。有学者提出放贷人利用时间的紧迫性与资金对借款人的重要性达成高息借贷交易属于乘人之危②，应当予以限制。德国民法则借助具有显失公平制度内涵的禁止暴利规则与公序良俗原则对高利贷进行私法规制。③ 借贷双方的法律主体地位本应平等，但由于放贷人存在利用资金优势"剥削"借款人的可能，法律选择限制借贷利率以保护借款人。

此外，许多学者认为借款人在借贷交易中存在非理性行为。在陷入困境、急需资金救济时，借款人通常只顾当前满足而忽略借款本息的可清偿性。理查德·塞勒称该现象为"现时偏见"。此类借贷产生的新的债务极易使借款人陷入更深的债务泥潭，因此"禁止出借人和借款人过分冒险地借款同样重要"。④

2. 宏观现实——放松管制的风险

有限理性和借贷市场的信息不对称使得身处弱势的借款人难以获得廉价资金，高利率产生的逆向激励易诱导资金流向高风险经济活动，形成"金融传销化"并引发社会动荡。⑤ 有学者直接以美国次贷危机为例，指出利率自由化是导致该危机的主要原因之一。⑥

我国立法在确定当前民间借贷利率时参考了实体经济的平均利润率，认为民间借贷的利率上限应当略低于该平均利润率，否则会阻碍实体经济的扩大再

---

① 岳彩申：《民间借贷规制的重点及立法建议》，《中国法学》2011 年第 5 期，第 89 页。

② 参见缪因知：《论信用卡债务与银行贷款不适用利率管制规则》，《金融法苑》2016 年总第 93 辑，第 46 页。

③ 参见许德风：《论利息的法律管制：兼议私法中的社会化考量》，《北大法律评论》2010 年第 1 期，第 182 页。

④ 杜万华、谢勇：《民间借贷利率的规制》，《人民司法》2013 年第 19 期，第 81 页。

⑤ WILLIAM ANDERSON：AN ECONOMIC ANALYSISAND BRIEFLEGISLATIVE OVERVIEWOD USURY CEILINGS，at https：//digital. library. unt. edu/ark：/67531/metacrs8157/？q = income/（Last visited on April 22，2019）.

⑥ 参见岳彩申：《民间借贷规制的重点及立法建议》，《中国法学》2011 年第 5 期，第 89 页。

生产和生产力的发展。① 当利率水平畸高时，金融资本就会分割到超额收益，② 由此导致的资金“空转”不仅不利于实体经济的发展，也容易积聚金融风险。

3. 法的价值追求——实现公平正义

法的普适性价值追求在于通过良善的法律和妥善有效的社会治理，在社会范围内最大限度地实现公平和正义。为此，法律需要根据社会实际情况和现实影响及时进行调整，并真正发挥正向作用。因而，法往往容易天然地设定和倾向“弱势群体”，以更加审慎和严苛的态度对待新生事物，尤其是信息时代高速变化下的金融创新模式。在现金贷业务中，对利率实施严格的管制背后也有监管者追求社会公平公正、避免财富不合理地过度集中、诱发道德风险的价值判断和考量。

无独有偶，这一观点并不缺乏支持的声音。这类研究指出，历史上贫富差距扩大的时期政府倾向于降低法定利率上限，并严厉惩罚收取超过法定利率上限利息的行为。③ 社会原本存在的贫富差距可以通过借贷利率管制得到部分缓解。法的终极价值追求在此与利率管制的目的不谋而合，相比于契约自由与放贷人的财产权保护，社会的公平、正义显得更为重要。

现金贷业务不同于传统民间借贷，现金贷的运作机理包括利率、期限、额度、目标人群四个要素，其业务具有更高的效率、更高的风险、覆盖更多的线下人群、影响面更大、门槛相对更低。“两高一大，一多一低”的特点及产品结构、经营主体和目标受众群体的不同，使现金贷业务相较于传统的民间借贷而言，具有更鲜明的特殊性。套用对传统民间借贷进行利率管制的规则对现金贷利率实施“一刀切”并不符合法经济学效益。

---

① 参见杨临萍、姚辉、韩延斌、王林清：《〈最高人民法院关于审理民间借贷案件适用法律若干问题的规定〉的理解与适用》，《法律适用》2015 年第 11 期，第 7 页。

② 参见邓纲、张瑞玺：《论利率的社会性》，《贵州社会科学》2015 年第 6 期，第 126 页。

③ Edward L. Glaeser and JoséScheinkman, “Neither a Borrower nor a Lender Be: An Economic Analysis of Interest Restrictions and Usury Laws”, 41 *Journal of Law&Economics*, 1 – 36 (1998).

三、现金贷利率强监管现实的法经济学反思

利息是借贷市场中货币定价的最终表现形式。限制现金贷的最高利率即是限制资金这一特殊商品的价格，由此产生价格管制的效果。借款人的高利借贷行为是在特定市场条件下的理性选择，现金贷的利率管制无法保护借款人的利益，进而实现社会公平。

（一）利率管制削减企业租值，减少信贷供给

从租值的角度看，① “在无数的经济竞争准则中，只有市价不会导致租值消散”，② 价格管制的情形下势必产生租值消散，③ 而交易双方往往倾向于减少租值的消散。④

现金贷市场的利率管制导致现金贷经营主体的租值消散，交易双方为减少租值消散在借贷交易中改变利率之外的其他条件，进而引发了贷款交易结构的改变。⑤ 利率管制之下的现金贷在借款人资质与还款期限两方面发生重大调整。首先，反观监管之下现金贷的各类经营主体，除银行与消费金融公司外均不同程度地提高借款人资质审查要求。互联网电商巨头由于 ABS 发行受限导致借贷资金成本上升，需要提高借款人资质、降低坏账水平弥补租值的消散。相比于电商巨头，其他持牌机构因产品结构变化较大对借款人资质要求提升较高，监管导致的租值消散也较多。其次，持牌机构产品期限的延长是为了弥补利率降低所带来的租值消散，对借款人资质要求的提高也进一步抵消期限延长所带来

---

① “租值”指一定时期内，分析生产要素的收入与投入之间的差额，以及生产要素的成本。可以理解为当收益下降而行为并未改变时，仍然可以取得的该部分收益。

② 张五常：《经济解释卷一：科学说需求》，中信出版社 2014 年版，第 115 页。

③ “租值消散”是指由于产权安排方面的原因，使本来有价值的资源或财产价值下降，乃至完全消失。

④ 张五常：《经济解释卷四：制度的选择》，中信出版社 2014 年增订版，第 121 页。

⑤ Temin 和 Voth 研究了 1713 年英国调低最高年利率后霍尔银行的贷款情况，发现利率下降的同时，贷款交易结构也随之发生改变。单笔贷款金额的平均数上涨近一倍，顾客中的名人比例明显上升，担保比例上升，总放贷金额下降。See Peter Temin and Hans – Joachim Voth, “Interest Rate Restrictions in a Natural Experiment: Loan Allocation and the Change in the Usury Laws in 1714”, 118 *Economic Journal*, 743 – 758 (2008).

的违约风险。借款人资质要求的提高意味着部分资质较差的借款人被排除在授信范围之外，贷款交易量也随之减少。同样，从供需的角度看，如果现金贷管制最高利率高于或等于市场均衡利率，限价没有影响；如果低于均衡利率会导致借款人“惜贷”情形的发生，在需求不变的情形下会发生信贷配给，部分借款需求无法满足。因此利率管制反而可能导致借款人丧失获得贷款的机会。①

现金贷的利率管制显然造成了这一后果。如果贷款结构边际上的调整不足以弥补企业的租值消散，企业的行为就会发生彻底转变。多数原本从事现金贷业务的互联网金融企业在压缩相关业务的同时逐渐转向汽车消费金融、区块链与大额分期等领域，说明当前利率管制无法维系企业的基本生产经营，企业只能放弃现金贷业务，另谋出路。

当前现金贷平台交易量的降低并非表明小额信贷的需求有所降低，而是现金贷市场减少了产品的供给。现金贷的主要客户群体因资信较差，② 原本就无法被传统信贷所覆盖，现金贷产品供给减少，更加无法满足这部分人群的信贷需求。相比于较高利率获得贷款，现金贷利率管制下资信较差群体直接丧失获得小额信贷的机会，据此，难以得出利率管制有利于借款人，进而维护社会公平的结论。

（二）利率管制提高准入门槛，加剧行业垄断

从竞争的角度看，利率管制实质抬高了现金贷市场的进入门槛，淘汰竞争力较弱的主体，剩余符合监管标准的平台存在稳定的获利预期。

银行与消费金融公司、电商巨头、其他持牌机构三类主体对目标客户的资质要求逐步降低，监管对其影响程度逐步增加。当前的经营主体都具有各自不可替代的优势。银行与消费金融公司的资金成本较低，即使以较低利率放贷利润空间也较大，最具竞争力。互联网巨头的大数据风控技术较强，可控的坏账率加之较低的利率使其盈利较为可观。其他持牌机构的处境并不乐观，虽然将

---

① See Donato Masciandaro, “In Offense of Usury Laws: Microfoundations of Illegal Credit Contracts”, 12 *European Journal of Law and Economics*, 193 (2001).

② 现金贷的客户群体主要分为三类：收入较低的蓝领和刚入职的年轻人；没有固定收入的大学生；中小工商业群体。参见邓建鹏：《现金贷的法律风险与监管思考》，《南昌大学学报（人文社会科学版）》2018 年第 1 期，第 68 页。

产品降至符合监管要求，但其代价是交易量的巨额下滑。现金贷业务逐渐往上述主体聚集。众多经营主体退出的同时，银行利用行业积累起的信用数据扩大客户群体范围，借机发展消费信贷业务，这将进一步提升其在消费信贷市场的占有份额。① 行业的集中程度将越来越高。

上述三类主体现金贷业务的下沉客观上扩大了其所服务的群体范围，但显然无法覆盖已经产生现金贷需求的所有群体。贷方市场的垄断变相削弱了借款人的议价能力，借款人的借贷成本可能因此提升。

（三）变形现金贷滋生，行业竞争环境恶化

微信小程序、“回租”与“回购”等变形现金贷的出现绝非偶然。“市场利率是由借贷资金供求决定的，而非简单地由政府行政干预来制定和调整。”② 在小额信贷需求真正被激发后能否得到有效遏制存疑。正规市场的供给无法满足资质较差主体的需求，借贷市场参与者只能通过非法形式达成交易。变异平台的出现不仅加大了监管难度，也使行业竞争再次陷入无序状态。由于并非所有企业都朝着降低资金成本，提高风控水平的方向发展，如果现金贷的变异模式可以继续牟取暴利，并且公然规避监管，那么规范经营的平台将会因为获利太慢而被迫退出市场，劣币驱逐良币的现象会更加严重。贷方市场环境的恶化显然不利于借款人权利的保护。

（四）小结

以上分析表明，现金贷的利率管制并非如现存产品利率显示的那样降低了借款人的借贷成本，而是减少了高利率信贷产品的供给，变相剔除了信用资质较差的借款人。行业规模压缩较为明显，③ 集中度进一步提升。对信用资质较差的借款人群而言，只能放弃小额信贷或付出更高成本寻找替代产品。替代产

---

① 银行在去年现金贷监管趋严的态势下加大力度开拓信用卡业务。尤其采用了与线上流量平台合作发放联名卡的场景化获客方式，信用卡发卡量、交易额的增速明显。参见秦玉芳：《信用卡大战背后：银行跨界抢场景》，《中国经营报》2018 年 4 月 23 日第 B3 版。

② 刘义圣：《利息理论的深度比较与中国应用》，长春出版社 2011 年版，第 167 页。

③ 美国、英国与日本等国在出台发薪日贷款的监管政策后均出现行业萎缩、成交额与企业盈利大幅下滑的结果。参见巴曙松、王志峰、王凤岩：《国际主要国家现金贷息费监管经验》，《清华金融评论》2018 年第 1 期，第 103 页。

品在原有成本基础上为规避监管需付出更多成本，例如会员卡对应的游戏程序设计费用、手机回购的程序设计费用等，为保证自身收益，增加的成本最终会转移至借款人。此时选择成本更高的借款路径只是在货币市场中多次询价的结果，借款人必须支付与其资信相对应的价格以获取信贷。监管者则不得不逐一打击现金贷的变形形式，但在市场交易结构不断创新的情形下，监管能否做到有效识别与全面打击令人怀疑。① 即使在逐一甄别、全部打击的同时也需考虑监管成本与监管有效性问题，发现一桩打击一桩的策略会使监管者处于疲于应付的境地。②

四、豁免现金贷利率管制的合理性分析

金融创新往往意味着对现有制度框架的突破。在确定现金贷具有创新价值的前提下，金融监管需依据现金贷的基本运营逻辑采取合理的监管措施。在得出“利率管制无法真实降低资信较差群体的借贷成本”的结论后，我们需要重新反思现金贷的高利率是否具有合理性。客观而言，趣店、二三四五等平台在发展现金贷业务后纷纷扭亏为盈，业绩出现爆炸式增长。舆论借此纷纷谴责行业的暴利建立在剥削资信较差群体的基础之上，而当事人却声称行业净利润低。③ 现金贷较高的利率是否存在豁免利率管制的合理依据？下文分析现金贷产品的特殊之处，从成本构成角度解释现金贷利率较传统信贷产品更高的原因，并结合利率管制的基础理论说明其豁免利率管制的合理理由。

（一）现金贷产品具有特殊性

一是现金贷类短期借贷利率通常较高。民间借贷的短期借贷利率高于长期

---

① Koyama 分析诸多使用其他金融工具隐藏利息的方式，例如合伙制、匿名账户、海事贷款、远期合同等，得出的结论是禁绝此类方式几乎不可能。See Mark Koyama，“Evading the ‘Taint of Usury’：The usury prohibition as a barrier to entry”，47 *Explorations in Economic History*，420－442（2010）.

② 参见沈艳：《关注现金贷变异推动网贷市场良性发展》，《中华工商时报》2018 年 6 月 26 日第 3 版。

③ 参见万谦：《现金贷等于高利贷？二三四五回应质疑：净利润率低》，《证券时报》2017 年 4 月 25 日第 A7 版。

借贷利率，且期限越短加权后的年利率越高。① 短期民间借贷的筹资成本较高②，利率也相应高于长期借贷。小额信贷的单笔交易费用与违约执行费用较高，所以长期以来正规金融机构均未大力发展该项业务，市场的客观需求也未被满足。现金贷作为主流信贷市场的补充，产品期限均不超过6个月，对应的利率高于一般信贷产品有理可依。此外，部分服务费是固定需要支付的，借款金额越小，期限越短的用户需要承受的综合借款年利率通常越高。

二是现金贷借款人实际承担利息较少。小额信贷的借款人真正关注的是“贷款的可获得性（availability）和利息负担的具体数额是否在可承受的范围之内，而不是一个折算成年率的百分比”。③ 在不延期支付的情形下，借款人承担的真实利息金额并不高。同样，在限制贷款展期的规则下，以折算后的年利率作为监管标准并无现实意义，借款人支付的真实利息远非虚化的年利率显示得那么高。即使借款人延期支付也无须再次支付手续费，借款人所需支付的综合费用远低于由短期利率直接乘以时间得出的年利率。

（二）现金贷高利率具有合理性

1. 现金贷放贷资金成本高

现金贷放贷资金来源多样，主要包括自有资金、银行等金融机构、ABS、信托计划与P2P平台等。一方面，现金贷平台自有资金有限，获取足额放贷资金尤为重要，但需同时考虑资金成本问题；另一方面，资金主体出于风险考虑往往选择资信较好的平台进行对接或采用增信手段转移违约风险。

---

① 参见丁骋骋、邱瑾：《民间借贷利率期限结构之谜——基于温州民间借贷利率监测数据的解释》，《财贸经济》2012年第10期，第51页；陈雨露、马勇、杨栋：《中国农贷市场的利率决定：一个经济解释》，《经济理论与经济管理》2009年第6期，第48页。

② 岳彩申：《民间借贷的激励性法律规制》，《中国社会科学》2013年第10期，第136页。

③ 王君：《高利贷：从国际到国内的思考》，《银行家》2005年第12期，第117页。

表一：趣店资金来源及成本①

资金来源	银行	消费金融公司	ABS	信托计划	P2P 平台
合作机构	华瑞银行等	苏宁消金	网金社	渤海信托等	小银理财等
年化利率	6.5% －10%	9% －13%	6.5% －7%	6.5% －7.25%	已暂停

表二：部分银行现金贷产品及利率

银行	工商银行	招商银行	建设银行
现金贷产品	融 E 贷	闪电贷	快 E 贷
产品年利率	约 7.2%	约 10%	约 7.2%

如图所示，趣店作为行业头部公司，其融资成本基本等同于一般商业银行的同类现金贷产品的利率。一般现金贷平台因交易金额较少、逾期率较高等原因无法与金融机构合作获取低成本资金，多从 P2P 平台融资，因而资金成本更高。当前监管进一步限制了现金贷平台的资金来源，就趣店等头部公司而言，其以担保、不良回购、差额补足等兜底方式引入机构资金的途径将被堵死，通过网络小贷公司发行 ABS 募得的资金也将被纳入表内合并计算。这些举措无疑将进一步推高平台的融资成本，不利于行业的健康发展。

2. 现金贷获客流量成本高

与传统信贷借款人主动申请的线下放贷模式不同，发端于互联网的现金贷自诞生之日起就存在如何获取流量的难题。部分借款人无法获知相关放贷平台的途径，而目标群体相同的现金贷平台在流量渠道方面的竞争力显得格外重要。因此，除经营主体通过自有平台获取流量的方式外，导流平台在促成交易的过程中扮演了重要角色，但也由此产生导流费用。

导流平台应定性为信息中介，由于不存在行业准入，理论上任何有流量的平台都可成为贷款超市。头部贷款超市利用现金贷平台对流量的依赖提高导流费用，甚至借款人在该平台的重复借款都要收取费用。

流量变现是互联网金融的基本商业逻辑，流量作为新型网络财产所具有的

① 趣店公开发行招股说明书，https：//www.sec.gov/Archives/edgar/data/1692705/0001193125172874443/d282719df1.htm，最后访问时间 2019 年 4 月 22 日。

经济价值也应当得到法律认可①，但如何确定其合理价值着实困难。相比于单笔小额贷款的利息该笔费用显然过高，因此现金贷平台寄希望于用户重复借贷，形成用户黏性以降低获客成本。趣店的复借率达到85%，这或许可以部分解释其巨额盈利。

对比现金贷与传统民间借贷的交易模式可以发现，现金贷交易结构中的导流费用由现金贷平台代为收取，而民间借贷中的中介费用通常由借贷中介直接收取。问题的关键在于司法裁判中从未将中介费用与利息合计算得的综合利率适用民间借贷的利率上限，而现金贷的综合利率需要适用民间借贷的利率上限。导流费代为收取的方式是由交易成本决定的。从导流平台的角度看，因为平台流量巨大，对每一笔流量分别收取费用的成本太高，而借款者的资质不足导致其借款失败情形下存在收费困难，所以导流平台选择与现金贷平台合作。实践中双方的结算方式分为两种，以注册登记数量结算或以达成放款交易的数量结算，平台付费后再将该笔费用转移至借款人。导流费用占交易成本的费用较大，认识到其付费方式的特殊性尤为重要。

3. 现金贷违约坏账成本高

除少数头部公司外，现金贷的坏账率明显高于传统信贷产品。大多数现金贷的目标群体为资信较差的借贷群体，相应的贷款坏账率较高应在情理之中。但较高的坏账成本还可归因于以下原因：一是现金贷平台间多头借贷现象严重。出于技术障碍或企业竞争等原因，现金贷行业未能实现借款人数据共享，信息隔阂不利于对借款人还款能力进行客观、准确的评估，借款人“拆东墙，补西墙”的借款行为易累计违约风险。二是线上骗贷行为泛滥。部分平台的风控系统不完善，无法甄别借款人信息的真伪。而骗贷行为已经形成专业化的倾向，中介代为包装身份信息、团伙盗用账户或冒用身份等骗贷行为数见不鲜。对大部分大数据风控技术尚未成熟的平台而言，短期内无法根除骗贷行为。三是坏账收回率低。相比于逾期拖欠的借款金额，法院起诉与上门催收的成本过高，行业多以电话催收为主。专业负责催收的企业不仅收费较高，也无法有效提高逾期借款的收回率。

① 季境：《互联网新型财产利益形态的法律建构——以流量确权规则的提出为视角》，《法律科学》2016年第3期，第183－184页。

除上述主要成本外，还包括信用审查、支付成本与运营成本。不同平台的成本构成存在差异，客观而言很难测算行业平均成本的具体数额。① 相比较而言，银行等头部公司的信贷产品坏账率较低，信用审查、支付成本与运营成本都可依附于已有运行体系，大规模放贷也可进一步降低成本。虽然无法通过量化比较，但可以确定现金贷的成本构成高于一般信贷产品。大体而言，监管前多数行业持牌机构的产品综合利率都高于36%②。因此，以民间借贷利率予以限制显然过于严苛。

（三）现金贷豁免利率管制具有可行性

事实上，现金贷违约引发金融风险的可能性并不高，豁免现金贷利率的管制在现实监管层面具有可行性。这是由于，其一，现金贷的高利率风险可以基于借贷规模得以控制。不同于美国次贷危机，我国小额信贷的资产规模相比于房贷、车贷等其他消费贷款显然较小，违约引发金融风险的可能性极低。此外，小额信贷因其借贷资金总量较小，风险本身已受控制③，即使放贷人损失本息，小额多笔的分散借贷模式也不会造成重大影响④。其二，现金贷放贷资金来源受限。根据法律规定，小额贷款公司不得吸收公众资金，其主要资金来源为“股东缴纳的资本金、捐赠资金，以及来自不超过两个银行业金融机构的融入资金”⑤。现金贷整顿新规进一步限制了放贷资金来源，信贷资产转让与债权收益权转让的方式被禁止，资产证券化则要遵循相应的杠杆比例。在切断小贷公司的公众融资途径后，即使放贷产生部分坏账也不会对社会经济稳定造成过多不

---

① 二三四五相关工作人员曾简单测算其产品的成本构成：按月折合占贷款额的比例分别是，资金成本1%，获客成本2%—5%，信审、支付成本0.5%，人力、运营成本0.5%—1%，坏账成本4%—6%，综合每月成本占当月贷款额的8%—13.5%。汪青：《毛利率高达98.51% 二三四五称技术服务费≠手续费》，《中国经营报》2017年5月1日第15版。

② 参见薛洪言、陶金：《现金贷变局》，《清华金融评论》2017年第6期，第102页。

③ 参见曾洋：《民间融资利率管理的类型化路径选择》，《南京社会科学》2013年第9期，第98页；李有星、罗栩：《论〈放贷人条例〉制定的难点及其解决》，《政治与法律》2011年第6期，第69页。

④ 参见蔡闽：《流量覆盖风险——网络小额信贷风险控制新思路》，《金融研究》2016年第9期，第133页。

⑤《中国银行业监督管理委员会、中国人民银行关于小额贷款公司试点的指导意见》（银监发〔2008〕23号）。

良影响，难以引发金融风险。

值得我们注意的是，从长远角度来看，现金贷商事组织放贷形式有利于实现对借款人更充分的保护。由于现金贷的经营主体都以商事组织形式存在，相比于传统民间借贷私人交易之后容易引发民间借贷债权债务纠纷的模式，以商事组织形式成体系、成规模地实现规范化放贷经营更有利于形成行业规范。大量商事组织的出现给借款人提供更多的信贷产品选择，借款人不必陷于因资金来源单一而被迫达成交易的困境。换言之，借贷双方的不平等地位得以缓解。商事组织间的竞争驱使其加大信息披露，借贷双方间的信息不对称程度降低，借款人的借贷成本得以降低。另外，商事组织相较而言往往更加注重维护自身商誉，在催收债务时通常采取合法的催收方式，也便于监管机构实现统一监管，即使存在不当行为，监管部门也可以及时予以纠正。

结　语

“一律适用相同的利率上限约束，难免会影响民间借贷资源的配置效率以及民间融资权利的实现。”① 本文认为，现金贷产品的综合利率与现金贷平台的利润率应当合理区分。

与其他小额金融交易的交易费用较高相类似，现金贷平台收取的利率大部分用来覆盖交易成本。② 实践中包括资金撮合方、信用审查服务方、助贷模式下的平台方、担保机构等都属于收费主体，其所收费用都被计入综合资金成本。众多的参与方共同分享了现金贷的综合利息，而事实上每个参与方也只能获得与其贡献相对应的收益。资金提供方基于资本投入获取利息，导流平台基于中介行为获取中介费用，其余信用审查费用、支付费用与催收费用分别归属于不同主体。现金贷平台的贡献在于整合产品生产线与承担坏账风险，其无法获取综合利率显示的所有收益。或许，深入调研行业利率水平才能确定合理的高息标准。将平台资金成本、获客成本与坏账成本等产品成本与覆盖人力成本、运

① 岳彩申、车云霞：《民间借贷法律监管的新进路》，《河北法学》2016 年第 5 期，第 55 页。

② See Richard Hynes, “Payday Lending, Bankruptcy and Insolvency”, 69 *Washington and Lee Law Review*, 607 (2012).

营成本等刚性支出考虑在内，并通过行业讨论、专家听证会等路径重新界定“高利贷”的概念，对现金贷业务的利率范围进行细化、合理化的规定。

在明确现金贷弥补正规金融供给不足价值的前提下，讨论其存在的必要条件至关重要。监管决不能依据主观意愿与市场表象，而应遵循经济客观规律与业态发展趋势，最大限度地满足金融消费者的融资借贷需求。对资信较差的群体而言，小额信贷的可获得性与高利率向来是矛盾的共生体，利率限制也只是变相筛选可获得信贷的群体范围。在充分保护借款人权利的基础上，重新确定现金贷行业的合理利率标准或许是推动行业实现健康、长远发展的第一步。

（初审：吴君媛；校对：宗勇旭）

西典新思

XIDIANXINSI

柏克的法律思想探究

——保守主义者的节制与审慎

钟子龙*

摘　要：作为18世纪英国著名的政治理论家，柏克一直以保守主义者的身份著称于世，其思想本身极为复杂且不成体系。柏克的法律思想与他本人的宗教信仰紧密相连，他思想根源上的有神论信仰与在认识论上的经验主义进路是其法律思想得以形成的两个基础，同时也是保守性的根基所在。在此基础上，柏克法律思想的特征表现为外在的保守性与它内在的自由的融合。保守体现在柏克对自然权利和社会契约的阐释中，它展现出一个将上帝神意寓于普通法的传统之中的保守的柏克。自由则贯穿于对法律先例与习俗所确立的自由与财产权的理解上。柏克法律思想中的这种保守与自由都生长于柏克所尊崇的英国宪政体制之中，这个体制的核心就在于通过权力制衡实现法治之下的有限政府。对理性的怀疑与对德性的强调使得整个柏克的法律思想呈现出一种温和中的节制与审慎中的明达，这给后世以深刻的启示。

关键词：自然法；自然权利；社会契约；实践理性；权力制衡

有别于同时代许多思想家的是，在柏克的思想中一直贯穿着一种非常强烈的实践区分的特性，这把他与纯粹的形而上学家的玄想彻底区别开来。在这种实践性的导向之下，柏克的法律思想呈现出高度的复杂性。立基于柏克整个理论体系上的正是这种处在世俗世界的新神彻底战胜天国世界的旧神的转折之际形成的自然法理论。它既提倡自由又强调秩序，既将人民的意愿作为政治行为的标准又反对实行完全的民主制，既在政治实践中贯彻这种权宜性又在根源上反对任何的便宜考量。柏克曾说："法律的两个基础——一个是公正，另一个是

* 钟子龙，北京大学法律史博士研究生。

功利。”① 从柏克的法律思想的整体分析，公正对应着一种永恒不变的正义的标准，它以一种天意维度的事物（即自然法）呈现出来；而功利则对应着一种世俗实践的维度，它表现为把自然法应用到具体法律事务的一种准则。因此探究柏克的法律思想，便是围绕着解决自然法形成的思想谱系以及自然法如何与具体事务相勾连这两个问题展开的。

一、法律思想形成的两个基础——神性与功利

追本溯源，柏克的法律思想与他的宗教体系密不可分，在一个有神论信仰的指导之下，柏克的法律思想最终可以追溯到上帝那里，上帝的理性和意志是整个自然法思想的源泉。同时自然法对应着的是人类的实践理性而不是思辨理性，在这里柏克继承了阿奎纳的自然法思想，并且将其实际地运用到国家的政治事务之中。在这一点上它就根本有别于由霍布斯、格劳秀斯等人创立并经洛克、卢梭等启蒙思想家发展的古典自然法理论。柏克的自然法思想摒弃了所有先验的基础，体现在经由历史演进所形成的一个国家和民族的习俗与法律惯例之中。在自然法的一整套宏大的原则指导之下，政治国家的道德品性才得以保障。将自然法引入具体政治事务之中的则是这样一种道德品性——审慎，而它正是这种实践理性的产物。

（一）上帝和神性作为其终极源泉

作为上帝的绝对虔诚与忠实的一个信徒，柏克自始至终对那些无神论者抱有强烈的抵触。② 柏克法律思想的一个最本质的特征是体现在这种自然法中的神性，而不是一种完全意义上的人的理性。柏克自然法中体现的古典性正是源于其无时无刻不体现着的上帝的意志，它充当了柏克思想最后的不可摧毁的堡垒。

1. 自然法作为上帝永恒意志的表达

从思想谱系看，柏克的自然法思想与西塞罗和阿奎纳的自然法思想存在很

---

① See Edmund Burke, *Pre-Revolutionary Writings*, Cambridge: Cambridge University Press, 1993, p. 92.

② 参见［英］埃德蒙·柏克著：《法国革命论》，何兆武、许振洲、彭刚译，商务印书馆1998年版，第115－122页。

大的亲缘关系。他们都主张自然法是上帝永恒的意志的体现，是关于正义评判的终极标准。自然法呈现为凌驾于世俗法律之上的更高准则，但是自然法并不是柏克法律思想的目的。自然法是世俗生活的准则，但是尘世生活的动力或者终极目的是构筑于一个“托马斯主义”的框架之内的，在这方面柏克深深受到了阿奎纳自然法思想的影响。柏克指出神圣维度的宗教和世俗维度的国家的必要性就在于它们都是要在尘世生活中将人从他的不完善之境地带到完善之境地。[①] 人的天性是不完美的，但是上帝所赋予的人的本性却要求它完善，它在历史进程中得以通过教会和国家这两个工具达致这一目的。正如斯坦利斯所言：“事实上教会和国家对于柏克来说是同一个事物的两个方面，即是上帝给予的一种将人带到他的最高的精神和社会完善中去的工具，通过这些将人和神性统一了起来。”[②] 在这个框架之下构筑的法律思想将围绕这个最终的目的而运作，自然法作为这种最终的来自神意的裁断标准，它的使命就是要保证导源于上帝的这个最高目的实现。

在《英国史节略》一书中柏克指出：“历史的进程本就是一个从野蛮到文明的逐渐发展的过程，而这个进程自始至终地受到上帝神意的监管。”[③] 在柏克的法律理论中，国家始终是上帝之下的国家，世俗社会所依赖的最终检验标准必须导源于上帝的神圣性。从这个有神论的立场出发，对柏克法律理论的探讨超越了对于柏克本人宗教信仰派别的争论。因为对于柏克来说需要的只是一个终极的神，而不论这个神是属于英国国教还是天主教的，宗教是一种地方性的，而信仰上帝却是永恒的，这是普遍而永恒的旨意贯彻到具体的人的事务上。同样地，宗教的实质更多体现在对美德的践行和个人服务于上帝和人世的过程中，而不是那些命题内容式的教条与信条。宗教的本质与自然法，在推进人类自身在历史进程中获致完善达到与天主和谐同在的永恒目的上，具有根本上的同一性。斯坦利斯指出：“柏克对自然法的阐释同天主教的原则是一致的，这是被经

---

① 参见［英］埃德蒙·柏克著：《法国革命论》，何兆武、许振洲、彭刚译，商务印书馆 1998 年版，第 131 页。

② See Peter J. Stanlis, *Edmund Burke and The Natural Law*, News Jersey: Transaction Publisher, 2003, p. 74.

③ See F. R. Lock, “Burke and Religion”, in Ian Crowe (ed.), *An Imaginative Whig: reassessing the life and thought of Edmund Burke*, Columbia: University of Missouri Press, 2005, p. 22.

院哲学家所教导的，即主权只能存在于上帝的理性与正义之中。这有别于加尔文宗所主张的它来自于个体的意志与权力。”①

2. 神赋予人的本性——理解自然法的基础

在激烈抨击法国革命的时候，柏克“自诩他是一个人性观察者，他不是凭借着对法国事务的深厚了解，而是基于他终身致力于了解人性。”② 柏克同西塞罗一样，他强调人性是可变的，上帝赋予人的原初本性是一致的，但是由于人在具体的千差万别的环境中生存，造成了人性的复杂性与多样性。③ 人在本性中有着向善的一面，自然法的目的就是引导着人向善而避免邪恶。柏克秉持了和亚里士多德相同的观点，即将伦理学——一门探究人性的学问——作为了政治学的先导，而他们的法学思想无一不处于这种政治学的指导之下。因此道德作为一种使人向善的准则在柏克的法律思想中占据了极为重要的位置。“在亚里士多德这里，自然法本身就被视为一种基于人的本性的道德规范。”④ 柏克说：“国家本质上就是一种道德存在。”⑤ 国家在这个意义上不是一个简单的人和制度的集合，它所承载的是一种普遍的周全的道德的联合，并且这种道德是对公民社会有根本制约力的。在历史进程中这种世代相沿的道德准则作为一种永恒

---

① See Peter J. Stanlis, *Edmund Burke and The Natural Law*, News Jersey: Transaction Publisher, 2003, p. 202. 斯坦利斯在这里的主张，顾肃明确指出“加尔文认为，主权归于人民，而教阶制将教皇的权力凌驾于一切之上，整个世界由一个长官治理，这种思想和制度史是荒谬的。”参见顾肃著：《自由主义基本理念》，中央编译出版社 2003 年版，第 211 页。这实际上是因为加尔文宗内含着一种民主的观念，它对西方宪政产生了深远影响，这一点可参见赵林：《加尔文教的“两个国度”思想对西方宪政民主的深远影响》，《求是学刊》2012 年第 1 期，第 29 - 36 页。

② ［英］埃德蒙·柏克著：《法国革命论》，何兆武等译，商务印书馆 1998 年版，第 179 页。

③ 西塞罗在《论职责》中提出了四种本性，其中最重要的是第一本性和第二本性，第一本性是神赋予我们的能够觉知其理性命令的普遍本性，第二本性是在普遍性之上由于各人所处的境遇等不同而展现出的特殊性。参见［古罗马］西塞罗著：《论责任》，徐奕春译，商务印书馆 1998 年版，第 141 页。关于柏克对西塞罗人性观的具体继承的论述，See Reed Browning, "The Origin of Burke's Ideas Revisited", 18 *The Eighteenth - Century Studies*, 57 - 71 (1984).

④ 徐爱国著：《法学的圣殿：西方法律思想与法学流派》，中国法制出版社 2018 年版，第 25 页。

⑤ ［英］埃德蒙·柏克著：《自由与传统》，蒋庆、王昌瑞、王天成译，商务印书馆 2001 年版，第 74 页。

之物被用来规范我们的先辈和我们以及我们子孙的行为。在柏克所构筑的永恒社会的伟大契约之下，这种不变的道德准则被视作了连接世世代代人们之间的根本纽带，它在历史的进程中维系着上帝这一最终神圣目的的实现。在这个意义上，自然法被视作了一种道德真理，它是超脱于历史变迁和文化差异的道德真理。① 而这种指导政治国家的道德真理最终是构筑在上帝所赋予的人类的人性之上的，因此不了解人性就不会理解自然法，就不会洞悉这种道德真理与它在世俗社会中的权变。柏克对这种道德真理的传承表现出了一种基督徒仰望上帝般的谦卑之情，这熔铸在它的法律思想中便体现出了一种对传统的尊崇。

3. 柏克自然法的实质

在柏克的法律理论之中，对任何事物的评判标准以及构建任何理论的出发点必须从上帝这里开始。自然法被认为是进行伦理判断的最终标准，判断法律的合法性的标准，它是一套理想化的认可政治国家合法性的标准。它被认为是内在于事物的本性之中，并处在人的中心位置。正如科班所说："自然法提供了西方文明中的基本观念得以生长的土壤。"② 在《自然权利与历史》中，施特劳斯指出："传统的自然法主要是一种客观的尺度和标准，一种有约束力的领先于并且独立于人的意志的秩序；然而当代的自然法理论却主要展现为一系列的权利，一系列主观的主张，它起源于人的意志。"③ 因此把柏克的自然法理论与古典自然法学派区别开来的真正标志在于，导源于上帝的自然法体系是一个义务论的建构体系，是一个神性统治着人性的差序体系，而不是一个基于人的自由意志和思辨理性出发构造的一个普遍的平等的理论体系。霍布斯从他的自然状态假设出发推断出了他的第一自然法，即保全自己的自然法，紧接着他在这种第一自然法之上利用这种思辨理性构建了他的自然法理论体系。无论是这种自然状态假设抑或是社会契约论，对于自然法理论以及现代文明的进程来看都是革命性的。因此施特劳斯认为霍布斯用权利与意志取代了上帝的理性与意志，

---

① See Daniel J. Mahoney, "Conservatism & the politics of prudence", 37 *The New Criterion*, 8 – 14 (2019).

② See Alfred Cobban, *The Crisis of Civilization*, London: Jonathan Cape, 1941, p. 85.

③ See Leo Strauss, *Natural Right and History*, Chicago: University of Chicago Press, 1953, p. 183.

这是从神学自然法向现代理性世俗自然法转变迈出的第一步。[1] 因此启蒙思想家所创立的是一种自我导向的自然法体系，这是将上帝在人世间的作用淡化到它最悄无声息的角落里，创造一个知性真诚的年代，从而使得伦理成为现代性下一种不可能的东西。而这两者的差异进一步体现在柏克眼中的国家，人与文明社会之间存在的是一种道德必要，而在霍布斯、洛克以及卢梭的自然法语境之下，将会证成一种道德自愿，这便是这种现代性文明社会的危机所在。

在柏克的法律思想中，上帝通过两个方面起着对世俗社会的宰制作用，亦即国家与教会这两个工具。自然法作为上帝的神圣意志，它在尘世生活中通过表现为代代相沿的道德真理规范着世俗国家的一切活动；同时作为具有至上地位的神秘莫测的上帝通过宗教唤起人们内心对上帝的虔诚与敬畏，这种虔敬通过一种内心的慑服使得所有行使国家权力的人都将自己手中的权力作为上帝的委托，世俗权力因此被烙上了神意的印记。[2] 因此柏克所指的法律思想的一个根基即公平就必须从这个体现神意的自然法中来找寻，而另一个基础即功利或者说权衡它对应着的便是自然法的普遍性如何具体化的问题。

（二）作为法律基础的功利

由于一直以来没能厘清的一个问题，即以自然法面孔出现的柏克的功利主义面的问题，导致很多学者对于柏克是否承认自然法的存在产生了诸多怀疑。在面对具体的法律事务时，柏克的立场究竟是纯粹出于政治家便宜性的考量还是有着他最终的原则依循，这是学界产生分歧之所在。分析作为法律基础的功利，首要便是厘清这两个基础的优先性顺序。

1. 法律思想中的“义利之辨”

一直以来，柏克思想就以他的复杂性和多边性而呈示于众，这对于很多研

---

① See Leo Strauss, *The Political Philosophy of Hobbes*, Chicago: University of Chicago Press, 1952, p. xii.

② 参见［英］埃德蒙·柏克著：《法国革命论》，何兆武等译，商务印书馆1998年版，第123页。

究柏克思想的人来说，展现为柏克思想的前后不一致性。① 研究柏克思想的很多学者都将柏克视作一个纯粹以政治权宜作为行事准则的功利主义者，甚至有人认为他以信教徒的外衣包裹着他的功利主义思想的内核，研究柏克的权威学者约翰·莫雷就曾指出柏克是一个功利主义者。② 20世纪英国政治思想家哈罗德·拉斯基（Harold Laski）在《从洛克到边沁的英格兰政治思想》一书中认为柏克是一个功利主义者，并且认为传统价值的珍贵性只在于它要在现实中成为完备的，柏克的政治哲学在这一点上已经退化成了一种经验的概括。③ 对于这些将柏克视作功利主义者的人来说，他们最根本的问题就是将公平的基础已经放置在或者说内化到功利的体系中来考量，从而忽视了柏克法律思想中这种体现着神意的普遍性主张。

对于这两个基础在政治国家中行使的优先性顺序，柏克指出这种功利的本质来源于西塞罗。④ 功利包含两个层面：其一，在政治国家中功利是指一种普遍性的追求，它是根本上指向公共利益的；其二，功利是不能与来自自然法中的正义相抵触的，功利的权衡必须处在永恒的正义原则之下。⑤ 必须指出的是，

① 在柏克思想一致性的问题上后世许多思想家都已经达成了共识。约翰·莫雷在《埃德蒙·伯克评传》一书中指出柏克思想前后一致性在于和谐是柏克评价衡量一切的目的和标准。同样在《自然权利与历史》中，施特劳斯也指出："其实终其一生，他都执着于同样的原则。某种单一的信念激励着他支持美洲殖民者和爱尔兰天主教徒，反对沃伦·黑斯廷斯和法国革命。"不过这二人眼中的一致性是有根本差别的，这个差别就在于是否将柏克视为了一个功利主义者。

② 莫雷使用了 expediency 和 convenience 两个词来表述柏克的政治法律观，并将柏克视为 utilitarian liberalism 即功利自由主义者。See John Morley, *Edmund Burke: A Historical Study*, London: Macmillan and Co., 1867, pp. 20 – 23.

③ See Harold J. Laski, *Political Thought in England From Locke To Bentham*, New York: Holt and company, 1927, pp. 236 – 237.

④ See Edmund Burke, *Pre-Revolutionary Writings*, Cambridge: Cambridge University Press, 1993, p. 92.

⑤ 在《论责任》中，西塞罗说道："因为凡是不符合道义的事情，它同时不可能是有利的；一件事情不可能仅仅是因为其有利而符合道义，但它之所以有利却是因为它是符合道义的。"［古罗马］西塞罗著：《论责任》，徐奕春译，商务印书馆1998年版，第268页。柏克在《论教会法》中反复引用西塞罗来加强自己的论证。他的目的是要基于西塞罗关于功利的表述，论述违反大多数人民意志的宗教法规的非功利性也就是它的非正义性。如果不结合基于正义的功利，这里很难区分柏克眼中的纯粹的功利观念与边沁所主张的功利主义的区别，柏克遵循的是西塞罗的主张，即正义是功利的前提。

柏克所主张的这种功利不是边沁式的功利，他更多指代一种权宜，一种作为政治家的在面对法律问题时的策略性应对。继而功利在柏克的法律思想中产生张力的原因实质上在于以普遍性来统摄特殊性时所出现的矛盾，而不是要抛弃这种道德真理的普遍性。正如斯坦利斯所说："在柏克的所有论述中，正义相对于功利的优先性以及二者相对于自然法的从属性，是极为明显的。柏克的权宜之计不是功利的计算，而是一种道德的谨慎，它不违反自然法，却是实践的重要组成部分。"① 功利实质上对应着柏克面对法律事务时的经验主义的态度，而这种经验主义的进路在柏克的法律思想中始终处于道德真理这个永恒之物的指导之下。

在《法国革命论》中柏克说："使偶发的意志服从于永恒的理性并服从于信仰、正义和既定的基本政策，则是完全可以理解的，并且完全可以约束一个国家中以任何名义和任何资格而行使任何权威的那些人。"② 这个永恒的理性和信仰就是柏克语境中完整意义上的自然法思想。无论是在为美洲人民争取独立而斗争之上还是在法国人民为了自由而革命以及在印度人民的殖民事务上，柏克都一以贯之地将自然法作为他最后的诉诸标准。国民议会正是在很大程度上背离了罗马的自然法传统，蔑视自然法的这种终极性是法国革命的真正错误性所在。

2. 作为功利基础的实践理性

前文已述，在柏克的法律思想中谈论功利是指将普遍性的道德准则应用到具体事务上的权宜性问题，功利的基础源于柏克在认识论上的经验主义选择。更确切地说，功利源于柏克对人性的认识，正是实践中千差万别的人性，才使得柏克在观察进路上选择了经验主义，功利的内容即权宜性就是针对现实生活的复杂性的阐发。柏克认为："道德选择和权变的一般性的原则是永恒不变的，但是与具体情况相适应的正当行为只能根据这些情况才能确定。"③ 采取经验主

---

① See Peter J. Stanlis, *Edmund Burke and The Natural Law*, News Jersey: Transaction Publisher, 2003, p. 45.

② ［英］埃德蒙·柏克著：《法国革命论》，何兆武等译，商务印书馆 1998 年版，第 27 页。

③ ［英］埃德蒙·柏克著：《自由与传统》，蒋庆等译，商务印书馆 2001 年版，第 264 页。

义进路的目的就是由于人性在实践中的千差万别而要具体地实现善，功利因此就是一种道德上的审慎。只有通过考察具体的环境才能实现真正的正义，通过具体的实践活动，自然法实现了它在尘世生活中的功用，而这个过程将上述的道德真理、功利、经验主义串联了起来。

在柏克的法律思想中，自然法是作为人的实践理性（practical reason）的一部分而存在的。实践理性是人的内在本性，通过实践理性人能够进行经验观察从而察知自然法的含义。柏克与阿奎纳的一个相似性便是在于二者都强调道德规范在人的行为中得到揭示。没有人类行为，道德规范将没有意义。自然法在阿奎纳那里已经可以被视作实践理性的产物。①进一步而言，柏克把自然法作为了一种体现在普通法的惯例与习俗中而得以传播的事物。②实践理性的作用对象因此便是法律先例与习俗，只有通过实践理性的运用，人才能够普遍认知，从而去应对具体事物。这种实践理性的表现就是柏克思想中的经验主义，它要求从业已实现的行为中找到当下行为的依据，因此它必然与过去存在着极大的亲缘关系。③ 实践理性在这里起着桥梁的作用，通过它可以获知永恒的道德真理，同时对道德真理的权变也必须运用它。柏克的整个法律思想因此充满了实践品性，这是他反对抽象的形而上学权利，反对对法律进行纯粹的逻辑演绎的原因所在。

实践理性要求从以往人类的实践中汲取智慧，它是实践导向的，是蕴涵着历史连续性的，所以它会更少地主张变革，对革命尤为警惕，这也促成了柏克

---

① 对于托马斯·阿奎纳在《神学大全》中关于自然法性质的描述，帕梅拉·霍尔给出了较为有说服力的理解："他认为在恰当的、本质的意义上，自然法不是习性，而恰当地理解自然法是实践理性的产物，即一组指向行为的实践理性的全程命题。"参见［美］约翰·戈耶特著：《圣托马斯·阿奎纳与自然法传统——当代视角》，杨天江译，商务印书馆 2015 年版，第 213 页。

② 参见［英］埃德蒙·柏克著：《法国革命论》，何兆武等译，商务印书馆 1998 年版，第 198 页。对此斯坦利斯也指出："自然法表现在统治普通法的一系列正义原则之中，并且通过法律先例和习俗得以在其中传播。" See Peter J. Stanlis, *Edmund Burke and The Natural Law*, News Jersey: Transaction Publisher, 2003, p. 38.

③ 阿奎纳主张："实践理性应对偶然的事务，但是它是人类行为的主宰。"因此柏克的自然法理论打上了阿奎纳自然法思想的深深烙印。See Joseph L. Pappin, "Edmund Burke and the Thomistic Foundations of Natural Law", in Ian Crowe (ed.), *An Imaginative Whig: reassessing the life and thought of Edmund Burke*, Columbia: University of Missouri Press, 2005, p. 218.

法律思想的保守性。相反，思辨理性由于缺少了这种深沉的敬畏，它转而到人的理性的无上境地中去寻求我们存在的基础，这在古典自然法理论上表现为一种彻底的形而上学。柏克在《法国革命论》中对它进行了深刻的批判："这些理论家们所号称的权利，全都走上了极端；并且与他们在形而上学上的真确成比例，他们在政治上和道德上也都是虚假的。"①

柏克法律思想的两个基础因此构筑在了一个"亚里士多德——托马斯主义"的框架之内。② 这个框架以上帝永恒不变的意志作为它的源泉，以上帝赋予人的本性作为它在实践中展开的基础，以把人从他不完美的天性带到他的天性完满之地作为它的终极目的。经验主义的柏克导向实证主义的柏克，但是柏克本身是一个复杂的思想家。他用神圣性洗刷掉了经验主义中根源上的怀疑论，也即柏克展现出根源上的先验性与过程中的实证品性的精绝融合。如果不能发现这一点，就如同克兰斯顿（Maurice Cranston）所说的："柏克抛弃了自然法和自由、正义以及人权而彻底站立在一个实证主义的基础上。"③ 这就彻底误读了他的政治哲学上的智识根源，便宜性始终是居于正义之下的，在法律的这两个基础之中，正义始终优先于所谓的权宜，原则始终居于统摄地位。

行文至此，对柏克法律思想的两个基础进行一个恰当的概括，帕潘在《柏克及其自然法的托马斯主义基础》一文中为了解决柏克这种实证性与先验性的统一提出"realist metaphysics"一词（即形而上学的实证主义者）。灌注于其中的实质上是一种精神权力与世俗权力的平衡与分离，而正是它们的这种紧张关系得以保证公民社会里最大程度的自由、秩序与正义。在柏克那里自然法是一种道德的意象，也可以说这是上帝所要求的人的一种良好的德性，在尘世中它

① ［英］埃德蒙·柏克著：《法国革命论》，何兆武等译，商务印书馆 1998 年版，第 81 页。

② 帕潘在《柏克及其自然法的托马斯主义基础》一文中使用了"Aristotelian－Thomistic"一词，它被用来表示柏克的自然法思想构筑在一个调和了亚里士多德的审慎观念以及托马斯的神学观念的框架内。它既有着亚里士多德关于在具体情况中实现正义的实践区分性，又有着阿奎纳关于自然法的永恒不变的神圣属性。See Joseph L. Pappin, "Edmund Burke and the Thomistic Foundations of Natural Law", in Ian Crowe (ed.), *An Imaginative Whig: reassessing the life and thought of Edmund Burke*, Columbia: University of Missouri Press, 2005, p. 227.

③ See Maurice Cranston, "Burke and the French Revolution", LVII *The Listener*, 100－101 (1957).

将通过教会与国家这两个机构得到实现，宗教权力在这里并行于世俗权力，最终都统一于永恒不变的理性与法的统治之下。它们紧密编织在一起通过内在的心灵修持或者外在的俗世锤炼而去实现上帝最高的旨意。在这种联合中，浸淫于柏克政治哲学各个部分的神秘性与实践性被完美统一起来，国家原本就是一个道德的实体，而自然法就是国家之上的上帝的道德法，教会与国家的内部精神最终都决定于这种永恒不变的自然法。① 自然法的道德性实际上指向政治国家必须处于永恒的权威之下，而义务本位的自然法则决定了柏克法律思想的保守性。从某种程度上来说经验主义进路所强调的遵奉世代累积的智慧也导向了他面对变革时的审慎，但是经验主义所蕴藏的这种对理性至上的怀疑在普通法传统之中却孕育出了属于英国宪政的节制的自由，而这必须从柏克对于权利的观念中得到解证。

二、柏克法律思想的特质——保守与自由

对于柏克来说，他的法律思想最为显著的特征就是它外在的保守性与它内在的自由的融合。这种保守性在根源上来自于柏克法律思想的神意基础和经验主义进路，这可以通过辨析他的法律思想中自然权利与社会契约这两个概念的含义得到解释。而体现在他的法律思想中的自由在本质上呈现为古典自由主义的思想，这可以通过他对于普通法中的先例与习俗的尊崇尤其是其中关于自由权与财产权的论述而得到阐明。

（一）保守的柏克

作为一个因反对激进革命而著称于世的人，柏克在他所处的 18 世纪的启蒙时代之所以如此特殊，是因为他反对法国革命中革命性的自然权利论。他对革命性的自然权利的拒斥与他主张的永恒的社会契约是内在统一的。把革命性的因素引入自然法理论中，用自然权利的观念取代传统的自然法理论是从霍布斯这里开始的。通过对自然法理论的一个重大的改造，传统的义务本位或者说社

---

① See Peter J. Stanlis, *Edmund Burke and The Natural Law*, News Jersey: Transaction Publisher, 2003, p. 220.

群本位的法律理论被巧妙置换成了建立在个体权利之上的个人主义与革命性的新的法律理论。柏克的保守性正是体现在对这种理论的批判之中。

1. 永恒社会的伟大契约

柏克在《法国革命论》中论述社会的确是一个契约，不过这个契约是永恒社会的伟大契约，它连接着过去现在与未来，它是神意在世俗社会的不断传递。[①] 这个神意的基础正如柏克所言是“约束一切物理界和一切道德界各安其位的那项不可违背的誓言所裁定的固定了的约定”。[②] 在契约之中每一个时代的人们都没有对自己世代的绝对彻底的权利，他们处于与之前世代人的联系之中，他们处于这种世代相沿的惯例习俗与法律之中。与同时代的激进民主主义者潘恩不同的是，柏克的社会契约是一个从属性社会契约。而潘恩在他的《人的权利》中激烈批判了柏克的这种观念，认为：“人不能以他人为私产，任何世代也不能以后代为私产。”[③] 在柏克的社会契约中，遵守一些流传至今的最强大的道德准则从来不是我们的主观结果，因此不能主张对我们自身彻底的权利。这种世代之间的永恒的社会契约，其性质不是由人来决定的，而是上帝教导给人类的，体现着神意的联结一切人的一种纽带。为了实现这个最高目的，上帝通过社会契约将我们自身和我们的先辈以及我们的后代关联在一起。在这个神圣性的社会契约下，尘世中的一切人都需要谦卑、审慎地生活，在尘世中实现他德性的完善。而作为上帝意志表达的道德真理则得以通过传统的形式在世代之间传承，这种彰显神的伟大与荣光的传统因此取得了它对于现世生活的权威性。

由于社会契约强调这种世代人之间的关联，柏克的法律思想从根源上就具有这种义务本位的特质。柏克认为人的自由不是因为他有着一种不受阻力的状态，而是因为他的自由意志服从于正确的原则和特定的人类社会对他的限制。即一个人生来并不能完全独立于他所处的国家，因为任何人都必受永恒的道德律的约束，国家本就是一个承载道德意蕴的道德实体，生在一个国家之中的人

---

① 参见［英］埃德蒙·柏克著：《法国革命论》，何兆武等译，商务印书馆 1998 年版，第 129 页。

② 同上注，第 129 页。

③ ［美］托马斯·潘恩著：《潘恩选集》，马清槐译，商务印书馆 1981 年版，第 117 页。

必不得违背之。柏克说："政府的本质在于得到服从，而不在于它的名称。"①一个人从生来就处在这种社会契约的制约下，他时时处处都受着那些前定道德义务的制约，这不是他可以选择的结果，这是上帝意志的教导。传统中蕴藏着的这种上帝的意志使得传统成为上帝与人类意志的中介物，因此传统在逻辑上是优先于人的自由意志的。在与启蒙的社会契约的对抗中，柏克的立场是把义务摆在了比人的理性更高的位置，而这种义务在柏克看来是对我们的家庭、对我们的先辈以及我们的子孙的义务。因此，个人始终是居于社会之下的。柏克虽然内在呈现为古典自由主义的精神，但是在自由主义生发的根源上，柏克却与霍布斯以及洛克等人分道扬镳了。他实现了如施特劳斯所说的向古人的回溯，即主张一种古典意义上的社会性。权利本位与义务本位的社会契约论的差别就在这里，保守性从更广泛的意义上来说就是反对一种相对性，尤其是源于个人的至高无上之中的权利相对于社会整体道德的优先性。20 世纪以来的个人自由主义正是启蒙精神演进到极端的产物，从柏克义务本位中体现出的这种"社会性自我"则是规制这些弊病的良药。

2. 反对革命性的"自然权利"

由于柏克在他的整个认识论上是经验的，他始终主张在具体的事务中落实公民社会的权利。在其法律思想中，柏克反对的是主导法国革命的狂热的自然权利论。启蒙的自然权利强调自然权利是公民权利的基础，公民社会的最高目的在于保障人生而就有的人权。政治国家的合法性前提就是个人的这种自然权利，对这些权利的否定将否定基于自然状态建立的社会契约的合法性。在柏克这里，政治国家的合法性前提不在于个人的自然权利，对自然权利的保护至多也只能作为对实然权利的保障的一种体现。在这个导源于上帝意志的永恒社会的伟大契约的约束下，自然权利不是社会契约建立的基础，反而它必须处在这种社会契约的制约下。权利本位的法哲学因此被替换成了义务本位的法哲学。

在《法国革命论》中柏克严厉批判了国民议会由于在理性上的盲目而导致的政治上的短视，他们为了落实形而上学的平等的天赋人权，而将国家领土用几何学的办法划分为 83 个规则的正方形，以此来赋予公民选举权和行使对他们

① ［英］埃德蒙·柏克著：《埃德蒙·伯克读本》，陈志瑞、石斌译，中央编译出版社 2006 年版，第 91 页。

的征税权。因为没有顾及法国各个地区的人口多少与经济发展程度，这样的政策在很大程度上不仅起不到维持国家运转的目的，同时也给这种形而上学的平等权利蒙上了一层深厚的阴影。明显地，狂热是政治最大的瘟疫，并且它在短时间内造成的损害还要延及其后的世代来填补，自以为构造了一个全新的彻底平等的共和国的法国人民，不过是走进了权利形而上学的泥沼，并且深陷之中不得其出。① 柏克机警地意识到，它在政治中强调的审慎性便是对原则的补救。自然权利由于进入公民社会之后便产生了形变，它的具体实践必须在特定的社会情境下去考察。天赋的人权会导致政治上的盲目，而只有具体的在公民社会中经过“折射”的权利，才是适于政治考量的对象。② 自然权利不是政府建立的基础，在柏克的自然法语境下，二者是可以并行存在的，并且由于它本身的抽象性与完美性，自然权利没能成为柏克所欲讨论的权利体系中的一部分。也即由于自然权利背后缺乏实践理性的支撑，它被进行了隐秘的处理，成为整个柏克自然法体系中的一个显而不彰的空壳。③

曼昆在分析柏克的权利观时指出：“在谈及‘权利’一词时，柏克指称的是公民权利而不是自然权利；柏克语境中的自然权利正如同边沁一般，所有的权利都是实质性的而不是终极性的，是派生的、继承的而不是先验的。”④ 因此柏克的自然权利是被改造后以公民权利的方式存在的，而公民权利的保障有赖于充分在政治实践中考虑人的差异性，国民议会冠上了人人平等的美称，却丢掉了他们一切政治品质中最重要的深思熟虑。贯穿对法国革命的批判的正是这种对抽象自然权利的批判。自然权利它在两方面失去了功效，在关于社会起源的问题上，柏克坚持政府是继承的；在有了政府以后的权利践行中，柏克坚持

① 参见［法］托克维尔著：《旧制度与大革命》，冯棠译，商务印书馆1992年版，第29页。

② 柏克对这一部分的论述请参见［英］埃德蒙·柏克著：《法国革命论》，何兆武等译，商务印书馆1998年版，第80－81页。

③ 对于这个隐秘的处理，罗素·科克在《*Burke and Natural Rights*》一文中给出了他的分析：“自然权利是对神圣目的的遵循，柏克不喜欢给自然权利一个清晰定义，自然权利只有经由神圣智识才得以完全理解，至于它何时开始与何时终止都不适合由我们判断。”也就是说柏克眼中的自然权利，是留给上帝的神圣性的。See Russell Kirk, “Burke and Natural Rights”, 13 *The Review of Politics*, 441－456 (1951).

④ See John MacCunn, *The Political Philosophy of Burke*, London: Edward Arnold, 1913, pp. 195－209.

权利扎根于英国普通法的习俗惯例与传统中，以形而上学的自然权利指导国家的政治实践，不仅是不明智的也是有害的，因为它最终不是走向无政府主义就是滑向无法忍受的相对主义。

自然权利的哲学基础是义务本位的，因此它不能作为一种对现存政府进行革命性的工具。这种形而上学的自然权利要成为真正的“功利”的实然权利，必须依赖于一种审慎的智慧。柏克始终强调权利行使时的德性，这其中最重要的便是审慎性。只有通过运用审慎的智慧，普遍的道德真理才能具体内化到具体的个人权利之上。从这种意义来说，审慎就是一种道德正义。审慎是自然法用于具体人的事务的表现，它是一种节制的道德。它使得道德上的限制和行动都出于实践的必要性。① 从根源上来看，审慎性最终源自于人的本性之中，它作为实践理性发挥作用的一种德行要求具体地指导着人运用这种理性。这也是柏克认为“政治要被引向适合于人的本性的地方而不是适合于人的理性的地方，因为理性在人的本性中只是一部分，而且在任何意义上都不可能是最重要的那部分”的原因。② 从这样一种情感倾向出发，柏克尤为注重在其法律思想中的道德纽带关系，这是一种世代相沿的建立于家庭与国家之上的巨大的情感网络，因此处在社会关系及情感取向中的个人便构成了一个道德实体、一个社会性自我。这便是人性得以生长繁衍的环境，在这样的一个环境中传统起着无与伦比的作用，因此审慎性就体现在人性之上对文化中传统的保有与运用。审慎性正是在这个层面充当了人性在世俗社会中完善自己的工具，意识到人和社会的不完美性才引出永恒神意的伟大旨意，并在世俗社会中将人带到他的至善之境。

---

① See Peter J. Stanlis, *Edmund Burke and The Natural Law*, News Jersey: Transaction Publisher, 2003, p. 120.

② Id., p. 168. 在这里展现了柏克思想中一贯的对理性的不信任，在本质上柏克认为人是一个感情的动物，在这一方面他与休谟可谓互相呼应，在休谟那里：“理性是而且应当只是情感的奴隶，除了服务于情感并服从情感以外，决不能冒充有其他任何的功用。”另一个极富有远见的分析便是：“在柏克以嘲讽的口吻抨击革命党人对理性进行神化的过程中，他甚至愿意说社会所依赖的是‘偏见’，亦即根深蒂固的爱与忠诚的感情，而这种感情始于家庭和邻里，进而扩展到整个国家和民族。从根本上讲，这些感情是本能的。它们构成了人格的巨大下层基础，而理性和自利与之相比乃是表层的东西。”参见［美］乔治·萨拜因著：《政治学说史（下卷）》，邓正来译，上海人民出版社 2010 年版，第 291－305 页。

而这个终极目的的实现有赖于审慎的道德品性。①

通过对自然权利和社会契约两个概念的阐释，形而上学的教条真理的权威被转移到经由历史所形成的普通法的习俗与先例之中。在这种层面上历史的权威被树立起来，法律的精神不是扎根在形而上学的推演之中，而是蕴藏在由英国人民所创造的英国宪政精神之中。这个被柏克称赞得无以复加的体制就是普通法传统的产物。柏克保守性的根源就在于他认为在人类历史中形成的传统比当代人的理性更有可能成为善的来源，传统具有比当代人的创设更大的权威性。但是尊重我们的传统并从我们的传统中来汲取智慧，并不表明柏克在一切事情上都是恪守古制的，一个国家没有改进的办法就没有保全自我的能力。柏克在任何时候都不曾反对过对一个国家的弊政进行改革，只是柏克所强调的必须是渐进的，而不是激烈的狂风骤雨式的革命。主张审慎性意味着传统的权威不是绝对的，但是它是先入的，是一种合法性前设，只有被实践理性确认为错误的东西，才可以说它的权威丧失了。这便是保守的实质，即用历史的“天性”来反对形而上学的“天性”。②

（二）自由的柏克

大多数人一定是先看到一个保守的柏克，而后才能看到一个自由的柏克。将柏克视为彻底的保守主义分子的人大多是基于柏克法律思想中的反民主性。从启蒙时代以后，人民主权便成为主权国家构建自己合法性的终极前提。民主从18世纪开始已经成为一种历史大势，但是柏克并不是一个民主制的热诚拥护者，相反他一贯倡导的就是在英国历史中形成的这种混合政制。贯穿他的权力思想的是根植于普通法历史中的制衡精神，而自始至终指导他关于权利实践的是一种可以追溯亚里士多德的德性观即节制的精神。哈耶克在后来区分了民主和自由这两个概念，并且把民主视作了一种实现自由目的的工具。民主的价值

---

① 关于柏克对这种“完美形式”的批判请参见［英］埃德蒙·柏克著：《法国革命论》，何兆武等译，商务印书馆1998年版，第81页。同时柏克关于政府是妥协的产物，以及人的权利和快乐都是妥协的产物的观点，也同样表明柏克对这种形而上学完美的批判，这是他政治家清醒的本性，也是他内心秉持的审慎性的逻辑结果。参见［英］埃德蒙·柏克著：《埃德蒙·伯克读本》，陈志瑞等译，中央编译出版社2006年版，第99页。

② See Basil Willey, *The Eighteenth Century Background: studies on the idea of nature in the thought of the period*, London: Ark Paperbacks, 1986, p. 243.

属性或者说民主与自由的这种必然联系从而被切断，这样柏克作为一个自由主义者出现便有了理论上的支撑。但是真正自由的柏克必须从他对自由以及财产权的论述中得到说明。

1. 秩序之下的自由

在柏克的法律思想中，自由在所有权利中居于首要位置。自由对于公民个人，乃至对于一个国家的长远发展都是至关重要的。柏克不仅强调私人生活领域的自由，也强调一种政治生活领域的自由。柏克说："自由不仅是头等重要的私人福祉，而且也是国家自身存在的根本源泉和生机。在国家中有多少自由，国家本身就有多少生命力和活力。"[①] 然而柏克的自由观念本身灌注了一种深厚的德性——节制，以至于我们不去考察对自由的限制就不能展现柏克自由观的全貌。柏克强调真正的自由只可能在稳定的秩序下产生并且得到良好保存，混乱与躁动不可能为一个社会带来真正的自由。自由与秩序就是一对孪生兄妹，没有秩序便没有自由；同样没有自由这样一个"个人情感中最具活力的成分和个人利益中最重要的部分"，我们不会有一个真正繁荣的秩序。[②] 柏克说："我热爱的是刚健的、合乎道德和规矩的自由，唯一的自由是那种与秩序紧密相连的自由——不仅依秩序和道德的存在而存在，而且随秩序和道德的消失而消失。自由按其本性只存在于善和稳定的政府中，一如它存在于政府赖以存在的基础与根本原则中一样。"[③] 自由必须是与德性相伴的，这种对自由的限制来自于自由本身的规定性之中。这是上帝的道德律在实践中约束个人实现自身善的表现。

秩序之下的自由集中体现在两个层面，在个人层面它要求任何人对于自由的行使必须保持节制的德性；在政治国家层面，它要求排除政府任何专断的权力，主张对政府权力的严格限定，即政府的任何行为只有在这个不侵犯个人自由的边界之中行使。柏克主张对自由的限制，但是这种限制不是出于国家强力的运用，而是扎根于自由的内在本性之中。政府的根本目的仍旧在于保障人民的自由与财产。必须在任何情况下警惕一切政府可能的对权力的滥用，这是避免剥夺人民自由的根源。一个自由的政府，如柏克所言，"要把自由与限制这两

---

① ［英］埃德蒙·柏克著：《自由与传统》，蒋庆等译，商务印书馆2001年版，第228页。

② 同上注，第190页。

③ 同上注，第95页。

种对立的成分熔铸在一个系统性的建构当中，需要充分的思考、深刻的反思和具有洞察能力与综合能力的心灵”。[①] 这种限制必须是合于保障自由的目的的，因为对限制的过分运用毫无疑问会变成对自由的侵犯与压制，因此政府在任何时候都必须审慎地行使这种权力，如此方能更好保障公民自由。

2. 财产庇护下的自由

把柏克视为古典自由主义者的很大一部分原因在于其一贯强调财产权在整个人类生活中的重要性。一个不尊重个人财产的国家必定不是一个自由的国家。他特别强调产权在国家生活中的神圣地位，没有财产一切权利都失去了保障。但是柏克的财产权不是从自然权利中推演出来的，而是“由那些广受认可的习俗与惯例予以保证的，并且它不是任何立法者的意志，它在最根本上与事物的永恒秩序是一致的。任何关于占有私有财产的法律原理最终都必须追溯到上帝给予人世这种永恒的判断这里”。[②] 对于柏克而言，任何具体权利的基础都建立在这种最高的公平的裁断之中，这是它法律思想中不可摆脱的神圣性源头。财产权作为一项公民社会中的奠基性权利，它不是一种纯粹世俗的权利。它不是从人本主义的自然权利基础上生发出来的，而是从上帝创造万物的原初本性中得来的。因此对于财产权的保障就被赋予了一种神圣的意义。

保障公民财产权的信念贯穿了柏克三十年的议员生涯，在反对英国下院对美洲殖民地征税以及在批判国民议会没收教士财产的辩论中，柏克都一贯将财产权作为由神意所引出的自然法的要求。尊重并保护公民的私有财产是我们政府的首要职责之一，“正是对财产权的蔑视，以某些妄想的国家利益来反对财产权原则，导致了其他毁灭法国的罪恶，并将整个欧洲带入最紧迫的危机之中”[③]。没有任何的法律或者先例教给国家的统治者，可以轻率地、不经同意地、不经过任何立法或司法判决以及正当的行政程序而没收属于公民的财产，更不会有法律或者公共利益教导这些掌有国家权力的人们去剥夺整个教士阶层的财产，并且用来当作偿还国家债务的手段。只有产权得到充分保障的社会，

① ［英］埃德蒙·柏克著：《法国革命论》，何兆武等译，商务印书馆 1998 年版，第 315 页。

② See Peter J. Stanlis, *Edmund Burke and The Natural Law*, News Jersey: Transaction Publisher, 2003, pp. 44 – 45.

③ ［英］埃德蒙·柏克著：《自由与传统》，蒋庆等译，商务印书馆 2001 年版，第 51 页。

才能孕育充分的稳定秩序以及自由氛围。柏克斥责国民议会没收财产的行为比任何野蛮人的做法都要野蛮，如果说宗教是人类存在的内部精神庇佑，那么财产则是人类存在的外部支撑，缺少了任何一种，人就将是可怜的动物。

对于柏克而言，法律的主要功能就是塑造一个良好的有限政府。这个有限政府的典型就是被普通法精神所浸润的英国宪政。英国宪政作为一种良性的混合政体，由于国王、贵族和平民三方在其中相互制衡而得以保证了英国人民最大限度的自由。柏克对古罗马的混合政治有着特殊的情愫，促使他反对任何极端的政体。柏克后来对孟德斯鸠在《论法的精神》中对英国政体的阐释进行了新的解释，英国宪政很重要的一个特点在于“全体人民对每一项特定职务清楚审查的权力得到了保障，这是我国宪法过去最高尚、最精致的部分。人民，通过他们的代表和显要人物，在立法中被赋予了审议的权力；国王则被赋予了否决的权力。国王被赋予了慎重考虑人选，遴选人员担任职务的权力；人民则通过议会拒绝支持政府而享有否决的权力。这样的控制权在过去使部长们敬畏议会，使议会尊敬人民”。① 权力制衡作为孟德斯鸠阐述的保障政治自由的核心原则在柏克对于英国宪政实践的阐述中得到了进一步体现。作为自由主义者的柏克终身反对任何专断的权力，这尤为明显地体现在了他批判乔治三世扩张私人王室机构的下院发言之中。② 一个处于法律之下的政府，人民的自由和财产才真正有保障。

通过前面两部分的论述可以看出一个兼有保守与自由的复杂的柏克，构造柏克法律思想的两个基础都是围绕着他的自然法理论而展开的。要对柏克法律思想进行一个整体定位，我们可以从梅因这里找到依据。梅因在他的名作《古代法》中，通过指出古罗马万民法与自然法的亲缘关系即以衡平法作为二者的联结点，得出了如下结论：“在罗马人的观念中，自然法蕴藏于实在法之中，亦应在实在法中觅得。总而言之，自然法是救济性的，而非颠覆性的、无法无天的。”③ 自然法绝不是一整套悬于空中的理念，也不是任何未经实践检验的原则，在古罗马覆亡之后，英国人继受了罗马法中的相关理念，因此英格兰的自

① ［英］埃德蒙·柏克著：《自由与传统》，蒋庆等译，商务印书馆2001年版，第12页。

② 参见［英］埃德蒙·柏克著：《埃德蒙·伯克读本》，陈志瑞等译，中央编译出版社2006年版，第49－52页。

③ ［英］亨利·梅因著：《古代法》，郭亮译，法律出版社2016年版，第41页。

然法呈现出与古罗马自然法的相似性，这与对经验浅尝辄止，对演绎疯狂迷恋的17、18世纪的自然法有着根本上的区别。从普通法的历史发展来看，柏克眼中的法律正高度吻合了梅因的论述。

保守的柏克与自由的柏克是不冲突的，柏克所坚守的正是他在长期的政治实践中所领悟到的伟大的英国宪政精神，他认为英国人民的自由根本上得益于英国宪政体制，这是一个节制的、审慎的权力运行体制。在这个体制之中，自由并不因为它绝对而自由，自由之成为可能根本上在于排除了任何一种专断的权力，而英国宪政的核心精神便在这里。

三、柏克法律思想的后世启示——德性之治与有限理性

柏克法律思想对于后世来说，不是一个具有颠覆意义的革命性工具。如果说法国革命最大的启示是人只服从于真理，即所有人的自由与平等，人应当为真理而战；柏克强调的便是亚里士多德与托马斯主义的道路，人应当追求善，这种善最终体现为一种德性的完善，政治国家的目的也是为了实现这种善。在柏克的法律思想中，自由与德性紧密相连，而平等却从来未曾占据自然法的高地，这意味着丧失平等内核的自然法体系最终与古代的自然法思想保持了高度契合性。柏克从来都不是自由和秩序的敌人，他唯一可能成为的就是将人的权利拔高到一切并且在理论设计上的唯一出发点就是“人人生而平等”的口号的法国革命派的敌人。

从柏克的法律思想中可以提炼出两点作为他得以持续不断地对当代政治文明产生重要影响的根源：德性之治与有限理性。德性之治是施特劳斯对古典性衰落之后的现代文明进行的反思，权利作为了道德的起点使得古典政治社会中的伦理与德性在今天成了权利哲学的附庸。在施特劳斯那里，个人意志显扬所生发出来的真理取代了意见，使得政治生活成了有关真与假的命题式判断，这是他所深切忧虑的。柏克认为政治不是简单的真假判断，它是一种复杂的妥协的结果。没有了善与恶的标准，一切都将成为合理性的潜在对象，这是施特劳斯从柏克那里体悟到的。因此对于解决现代性危机来说，德性的意义就是要确立一种善的标准。而有限理性，是哈耶克对普通法经验的一种传扬。德国法治带给人们的深刻启示就是，对人类理性的过于乐观会使得民主的成果被人利用以至于最后用来埋葬公民的自由，理性在英格兰普通法历史上从来就是一个被

谨慎对待的东西，唯有有限理性才能真正建立一个保障公民自由的民主体制。在这一点上柏克是所有现代人的导师。

（一）施特劳斯现代性危机的出路

在《自然权利与历史》中，施特劳斯从自然权利出发论述了现代社会下现代性危机的根源，即自然权利的观念被从根本上篡改了，或者说是由于拒斥了这种原本意义上的自然权利所导致的现代社会下的伦理性危机——虚无主义。古典性在马基雅维利那里开始衰落，他用“爱国主义或者纯粹的政治品行取代人类的优异性，或者更具体地说，取代道德品行和玄思的生活”①。马基雅维利彻底放弃了一种更高的标准，而完全退化到人的自我情感以及利益取向中去寻找政治的动机。同样，霍布斯所建立的自然法体系，清除了一切古典意义上的人的道德与善的问题，将自我保全作为一切道德和正义的源泉，“基本的道德事实就不是一桩义务，而是一项权利”②。古典性衰落的根源就在于政治德性或者人的德性，具体而言，是制约着政治国家运行的普遍的道德法则从它的逻辑前提变成了它的逻辑产物，也即导致现代性危机的根源是没有一种更高的标准来规制世俗国家政治权力的运作。我们的理性被拔得太高以至于走向了它的对立面，正如自由一样，它在一种极端化的情形下异变成了非理性。

现代性危机的一个基本预设就在于将人类理性上确认为真的东西误以为是政治上好的东西，民主制或者说产出民主制的社会契约论就是这样的一个典型。在柏克这里，显然他遵循了亚里士多德在其《政治学》中所要求的“我们不仅应该研究理想的最优良的政体，也须研究可能实现的政体，而且由此去设想最适合于一般城邦而又易于实行的政体”③。判断政治行为的标准不是真与假而是善与恶，而它所依赖的便是道德准则。

解决现代性危机，避免哲学的真理统治政治学的真理的唯一办法，其实就蕴藏在柏克所构建的自然法体系中。政治是一门复杂的实践学科，它考量人性的不变与嬗变，这实际上是在遵循着我们社会的某种道德倾向。柏克不可能使

① ［美］列奥·施特劳斯著：《自然权利与历史》，彭刚译，三联书店 2016 年版，第 182 页。

② 同上注，第 185 页。

③ ［古希腊］亚里士多德著：《政治学》，吴寿彭译，商务印书馆 1965 年版，第 180 页。

得伦理虚无的境况出现，在他的法律体系内，自然法已经提供了这样一个伦理本源的基础。需要我们深刻思考的是，在这样一个最高的预设隐退以后，政治国家运行中的种种弊端而导致的政治中的倾轧、贪婪该如何规避。现代民主国家转向法治中去寻求避免政治肌体濒于死亡的最后保障，然而柏克却给现代文明做了一个无法跳出的梦魇般的预言：历史中很大一部分灾难都出自于人类的情绪失控所带来的悲惨，是自大、虚伪、贪婪、欲望和不受控制的热情所带来的邪恶。宗教、人权、道德、法律都是托词，即使没有政府没有法官，邪恶不过是以另一种形式继续存在于人间。① 所以制度并不是人类邪恶的根源，启蒙思想家误以为只要设计出平等的制度就能实现真正的平等，这并没有帮助法国人民在随后的半个多世纪里比英国人民更加平等和幸福。

在柏克的法律理论中，所有行使权力的人们都是接受上帝委托来管理人世的，他们必须时时刻刻把这种深沉的敬畏贯彻到他们的政治行为中，借此政治国家才能维持良性运转。在另一方面将上帝的旨意融进世俗国家世代相沿的习俗与惯例中去，形成对于国家这样一种神圣的敬畏。在这样一种心灵世界的至高无上性与外部世界的普遍制约之中，政治肌体才能永葆鲜活。从一种广泛的历史维度解释，柏克处在了古典与现代的转折处，他比同时代的其他人远远地先领悟到了这种现代文明的危机，这是作为一个政治家的柏克在政治事务的嬗变中所养成的清醒头脑，所以他的思想始终贯彻这种超越性的标准。在另一方面，揭示真理的道路在人类面前愈加深刻且不可抗拒地显示出来，自然科学与哲学所带来的是一场远比法国革命更加伟大的革命，在即将堕入深渊的古典性面前，柏克尝试着调和着这两种伟大的力量，来自于上帝的神秘的启示还没有在历史的当下暂时性事件中得到揭示，所以精神或者天意（providence）将要在历史中取得其对政治国家的制约性。贯穿于柏克思想或者说与他的实践理性密切相关的就是这种因袭性，他告诉我们政治国家连续的根基在于这种继承性，因此他从未真正堕入现代性的深渊，在神意隐退的必然化道路上，阻止一切现代性危机的根源就在于我们的传统——存在于文化继承性中的伟大智慧，在柏克这里它表现为自然法统御之下的长久世俗化的英国宪政体系。

---

① See Peter J. Stanlis, *Edmund Burke and The Natural Law*, News Jersey: Transaction Publisher, 2003, p. 175.

（二）有限理性及其启示

200年后，英国著名的自由主义者哈耶克对柏克的思想进行了新的时代环境下的阐释。在这二者理论的亲缘关系表现上，它集中体现为经验主义下的有限理性。哈耶克指出："像其他所有价值一样，我们的道德不是理性的产物，而是理性的前提……我们生来就处在一种价值系统之内，我们从来就不能去人为地构建一个道德准则的新体系。"① 理性僭越了它从属于社会道德的地位，从而导致了现代政治的极权主义弊政。哈耶克和柏克对于社会制度的看法是高度一致的，即管理国家的一系列制度远远超过一个人理性所能掌控的范围，社会进步在很大程度上是自发的产物，哈耶克将之归结为一种"扩展秩序"，企图进行严密控制尤其是在经济上奉行彻底的计划主义是完全错误的，社会秩序就本质上来说是生长的而不是建构的。过分依赖理性的后果，将会使得在当代政治下生活的人们走向一条"通往奴役之路"。

1. 作为工具的民主

前文已述，在柏克的自然法体系下不可能找到民主制赖以存在的理由，柏克的自然法体系是一套充满人性关切的理论，它所关心的是如何用有效的政治手段去引导人们的品性走向至善之境，因此国家的政制必须是一套适合人性的制度。② 是否适合人性的判断基础存在于先辈们处理政治事务的智慧中。因此，在现代社会语境下成为一种价值判断的标准（甚至是最基本的价值判断标准）

---

① 参见［英］弗里德里希·冯·哈耶克著：《自由宪章》，杨玉生、冯兴元、陈茅译，中国社会科学出版社2012年版，第97－98页。

② 柏克在出发点上是与亚里士多德一致的，即实现人的善。但是在路径上二者存在着根本性的冲突，这也就是施特劳斯在《自然权利与历史》中阐述的"健全的社会秩序起源的问题上的不一致性"，亚里士多德在《政治学》中分析最好政体的一个基本出发点就是德性原则，根据这一原则来区分一个国家适合什么样的政体，即在社会秩序起源问题上古典派相信人类自己有能力设计出这样一个最佳的政体。参见董波：《德性与平等——论亚里士多德最佳政体的性质》，《世界哲学》2017年第4期，第102－108页。而在柏克和哈耶克这里，这不是一个能够设计的问题，"一个成功的自由社会，在很大程度上也是一个受传统约束的社会，这听起来矛盾但也许是真理"。参见［英］弗里德里希·冯·哈耶克著：《自由宪章》，杨玉生等译，中国社会科学出版社2012年版，第95页。政治环境已经与古典派的时代显著不同，因此社会的运行不能要求这种规则上的精确性与完善性，这在柏克和哈耶克这里都是如此。

的民主，无论在亚里士多德那里或者在柏克与哈耶克这里，都不称其为一种价值。民主不是一件天生就光彩夺目的事物，因为民主不是天生就适合于人性的，尤其是实践理性的。民主制最终是一种工具，而这种工具的价值在于保障人的自由权与财产权，民主制的好坏，最终取决于对它的运用。柏克并非反对一般的民主制，其反对的是一种不合时代的无限理性下的彻底的民主制。不能否认，民主制比目前能够知道的一切政治制度更有利于创造自由，在理论上具有一定的优越性，但政治始终是实践的事务，民主在这种程度上深刻有赖于审慎性的保障，对于任何一个有着两面性的制度工具来说，都应当小心翼翼使用。民主制的一个天生倾向就是它容易受到诱导，少部分具有强权的人容易代替广大人民发声，在这样的一种情况下，民主制归根到底不是一种能够保障政治平等的体制，相反它的极端将会走向极权主义国家。

2. 社会性自我对自由个人主义的修正

当代的自由个人主义思潮甚嚣尘上，它最直接的效果便是多样性的不断叠生，导致了伦理道德领域前所未有的困境，这种道德相对主义与伦理虚无主义无一不是它所产生的负面结果。自由个人主义把个人的道德提升到优先于社会道德的境地，强调一切社会都是服务于个人的。在现代社会，自由个人主义普遍泛滥，它开始与标新立异、另类、反传统与彻底的个性解放联系在一起，深刻影响了近半个世纪以来西方主要国家的青年群体，暴力、吸毒、色情与自杀成为现代社会普遍关注的问题。自由个人主义的一个直接近亲便是享乐主义，这种无节制的享乐主义成为当代社会最大的道德困境。人作为目的本身是无可争议的，但是这一目的不是由每个个体的自由抉择来确定的，也即社会在整体上所依赖的必然不是某个个体的个人道德，它所依赖的是普遍的经过历史检验过的道德。

按照柏克的理论，没有限制就没有自由，只有把个人自由置于他所依存的社会的文化道德体系中去规制与保障，个人自由才最终能够显现出其在实现永恒社会的契约上的作用。自由更多地表现为一种遗产而不是任何意义上当代人对自己独断专行的权利。这种继承关系本身就由于它融汇了之前世代人的实践智慧而更可取，同时在实践之中能够规避理性的软弱与失误。① 一种社会性自

① 参见［英］埃德蒙·柏克著：《法国革命论》，何兆武等译，商务印书馆1998年版，第45页。

我的实质是强调秩序之下的自由，也即个人自由的社会性与相对性，个体在人的道德上是从属性的，它不是任何普遍规则的逻辑前提。没有稳定的社会秩序，自由根本是无稽之谈。在这一点上，法国人民用热情斩断了它们与过去时代的血缘关系，最终陷自己于不自由的境地。政治上的善是一种比自由更广博的概念，没有这种善的表征，自由也必将是不义的，纳粹德国正是这样的典型。

对于规制无政府主义以及这种不断推进的自由个人主义，柏克给出了他最值得后代人深思的答案，我们需要从我们先人的坟墓与祭坛中来找寻解决当下困境的智慧。没有服从便从来没有自由，这种历史传承的血缘关系留给我们的是一套能够超越于政治国家之上的道德标准，它不能从内心的隐修沉思中获取，而只能在一个当下的社会中去发现这种不同世代间的历史性关联。因此，一个人生来就处在这种道德义务的体系之中，在任何情况下我们都不能证立个人道德的绝对独立性与优先性。将个人置于道德之下的政治国家，才是真正能够引领公民走向德性完善之地的国家。原子化的个人是无法构成一个国家的，只有宗教、道德以及情感上的纽带才能真正体现一个国家的本质。权利必须坐落于审慎性之上，也必须由德性加以展开。

（三）结语

从思想演变的脉络来看，无论是德性之治还是有限理性都可以追溯到柏克对法国革命的批判之中。这种批判最终也是源自于他对信仰的坚守与对普通法的尊崇。如果不去追溯柏克思想背后的有神论信仰与经验主义进路就不可能发现柏克保守的根源。同样，不去考察内含于柏克权利观中的自由与财产的重要性就不能从一个守旧的柏克的印象中脱离出来。通过对柏克法律思想的探究，我们可以看到一个把审慎的保守与节制的自由充分融合在一起的智慧的柏克。但是柏克的智慧远不止于这些，正如爱尔兰史学家威廉·莱基（William Lecky）所说："也许到某个时候，柏克的著作可能就没人读了，但凡读过他的书的人没有不聪明。"①柏克曾经所捍卫与强调的那些精神和理念，正是处于当今时代所缺失的，而对这些精神与理念的挖掘在今天看来显然是不足的，还有待后来者充分探索。

（初审：何琴琴；校对：王东）

---

① 刘军宁：《保守的柏克，自由的柏克》，《读书》1995 第 3 期，第 77－85 页。

柏拉图政治思想中的知识与权力*

Thom Brooks** 著　高山林*** 译

摘　要：在政治治理方面有才能的人，应该拥有并行使集中的权力，柏拉图认为这个观点是正当的。本文认为，柏拉图运用了两套完全不同的思路来论证这一思想。第一套被我称为“理想政治哲学”。在《理想国》中，它最先被描述为哲人王运用绝对权威，对臣民进行统治。这种权威仅仅来源于哲人王对正义的理解，也正因这种知识，才令他们为城邦着想，做出政治判断。第二套思路，我称之为柏拉图的“实践政治哲学”。这主要是他后期的思想：哲人王的绝对统治会被一切政治知识的不纯粹性所削弱。尽管一个人可以因对正义的全面把握而获得绝对的政治权力，但关于正义的片面知识却不允许我们赋予一个人这么多的政治权力。柏拉图的实践政治哲学推崇一种混合政治，它融合了君主制和民主制，因此构建出了可以实现的最佳城邦。所以，柏拉图意识到了其理想政治思想所面临的不可逾越的困难，故转而追求一种更具有可行性的政治哲学。

关键词：柏拉图；苏格拉底；理想国；理想主义；政制；民主

导言

在政治治理方面有才能的人，应该拥有并集中行使权力，柏拉图认为这一观点是正当的。本文认为，柏拉图运用了两套完全不同的思路来论证之。其一

---

* 原文 Thom Brooks，“Knowledge and Power in Plato's Political Thought”，14 *International Journal of Philosophical Studies*，51－77（2006）．本文已取得翻译授权。若无特殊说明，本文所用柏拉图对话中文文本均引自《柏拉图全集》，王晓朝译，人民出版社 2002 年版。部分字句按英文文本有改动。——译者注

** 汤姆·布鲁克斯，英国杜伦大学法学院（Durham Law School）院长、法律与政府学讲席教授（Professor of Law and Government）．

*** 高山林，重庆大学人文社会科学高等研究院法学专业 2016 级硕士研究生。

是“理想政治哲学”。在《理想国》中，它最先被描述为哲人王运用绝对权威，对臣民进行统治。这种权威仅仅来源于哲人王对正义的理解，也正因这种知识，才令他们为城邦着想，做出政治判断。第二套思路，我称之为柏拉图的“实践政治哲学”。这主要是他后期的思想，但也暗含在早期对话中。这一观点是，哲人王的绝对统治会被一切政治知识的不纯粹性所削弱。

尽管一个人可以因对正义的全面把握而获得绝对的政治权力，但关于正义的片面知识却不允许我们赋予一个人这么多的政治权力。柏拉图的实践政治哲学推崇一种混合政治，它融合了君主制和民主制，因此构建出了具有可行性的最佳城邦。所以，柏拉图意识到了其理想政治思想所面临的不可逾越的困难，故转而追求一种更具有可行性的政治哲学。与施特劳斯派（Straussian）解读不同，对于哲人王问题，我并不同意在文本之外去猜测哲学家究竟想不想统治，它应该与政治才能的本质有关。①

一、柏拉图的才能理论

（一）技艺作为才能

柏拉图坚信，有些人的意见要优于另一部分人。② 这样一来，我们就认为某些人可以做出更好的判断。这一看法显然是大家都认同的。如果柏拉图是想说，某些人在一切事情上都可以做出更好的判断，那我们就不会同意这一看法。做出正确判断的能力来自两个方面：要么有正确的意见，要么有真正的知识。根据正确的意见来做事是说，一个人虽然对相关的事物没有全面把握，但是却做出了正确的选择，这显然和碰运气差不多。如果人们根据真正的知识来做出决定，他们的选择就是慎重思考的结果，而非偶然的产物。

在柏拉图看来，当我们根据真正的知识做出判断的时候，我们的选择就承

① 我对思想史家列奥·施特劳斯（Leo Strauss）所持的批判观点，与 S. B. Drury 的看法类似。See S. B. Drury, “The Esoteric Philosophy of Leo Strauss”, 13 *Political Theory*, 315 - 337 (1985)。

② 文中柏拉图作品所有的“斯蒂芬斯码”（Stephanus numbers）皆出自 Plato, *Complete Works*, ed. John M. Cooper (Indianapolis: Hackett, 1997)。

载了一定的权威。这种权威是那些根据意见（无论对错）所作出的判断完全不具备的。因此，知识赋予其拥有者一定的特殊地位。① 这种权威并不是政治性的，我们可以把它理解为一种类似于保证或确证的东西。比方说，在治病这件事上，一个拥有真正知识的医生说出的话就更可信，因为她非常有可能是正确的。如果一个医生没有那么完美的知识，他的成功只能说是源自于一种主观的判断。他做出的选择，很难博得我们的信任。

我们每个人都对于某种技艺②拥有一定的才能。一个人想要修鞋，他最好去找一位鞋匠。不过，若这个人生了病，就应该去征求医生的意见。柏拉图从中意识到，我们或许只能实施好某一种技艺。他相信，我们所选择的技艺其实与我们的天性是对应的，它与市场的需求没有关系。③ 此外，我们选择的技艺对于共同体中的其他人也有意义。我们的技艺能够与他们的技艺知识很好地互补，从而形成一种自然的劳动力分配，这能够让大家都受益。

当一位公民从事“他或她天生所擅长的”事情，城邦就获得了统一。当每位公民去从事他或她天生所擅长的技艺，一个城邦就会变得有德性。④ 如果应该从事某种技艺的人从事了其他技艺，或者根本不从事任何技艺，城邦的这种统一就会瓦解。⑤ 在这样的城邦中，一个原本在整体上统一的共同体，就变成了一群个体的集合——这是一种糟糕的社会组织。

---

① “我们拥有的理性是天地之王。”（《斐勒布》，28c）

② 正义就是“只做自己的职业而不兼做其他职业”。（《理想国》，433a - b，441e）关于 *techné*，参见 C. D. C. Reeve，*Philosopher - Kings：The Argument of Plato's Republic*，Princeton：Princeton University Press，1988。

③ 根据人的天性，有三种技艺可以选择：具有哲学的天赋的，选择哲学技艺；热爱荣誉的，选择热爱荣誉的技艺；喜欢金钱的，就选择赚钱的技艺。（《理想国》，581c）

④ See Rachana Kamtekar，“Social Justice and Happiness in the Republic：Plato's Two Principles”，22 *History of Political Thought*，189 - 220（2001）.

⑤ 在秩序良好的城邦中，每个人都有自己的事情做，根本没有闲暇去生病，或者终生接受治疗。（《理想国》496c）在另一处，柏拉图指出工人由于并非为了城邦而工作，也就没有权利生活在其中。这就好比因为生病，他无法继续工作。他“要么身体康复，又能正常工作；要么身体恶化，最后死去，省却所有麻烦”。（《理想国》，406d - e；以及 407c - e；George Klosko，*The Development of Plato's Political Thought*，New York：Methuen，1986，p. 153）另外，柏拉图认为一个城邦允许公民卖掉其所有产业，变成一个身无分文的穷人，是“万恶之源”。（《理想国》，552a）

（二）治理中的才能

对于柏拉图来说，治理是一种技艺。他将这种才能称为“国王的统治技艺”以及“国王的技艺”。① 因为这是一项技艺，所以，只有那些具有特定禀赋的人才适合追求这种治理上的才能。统治权并非来自于大众的认可或者物质财富，而是来自于对政治家应具有的才能的掌握。② 如果我们只能运用好一种技艺（统治恰恰就是一种技艺），那么所有的公民都参与统治就是不可能的，只有一小部分人适合统治。柏拉图也确实认为，在城邦中，只有少部分人——甚至只有一个人——才具有这种关于统治的知识。那些从天赋上已经注定，适合从事其他技艺的人——如奴隶，商人或工人——将永远不适合做统治者。

柏拉图发现，人们只从某一领域内的专家那里寻求建议。他认为，这不仅仅是人类社会的一个普遍现实，也是非常恰当的做法。③ 这样一来，只要我们发现某人具有治理方面的才能，就应该让他们来进行统治。因为这是他们在天性上最适合追求的技艺——就和那些善于做生意的人应该去做手工业者一样。只有政治家才能够把那种源自确定性（即人人都会有自己所适合从事的一项技艺）的天赋权威，转变成政治权威。④

另外，把拥有才能的统治者作为唯一权威的城邦会在最大程度上享受一种自然的统一。柏拉图说：

……才会有真正的政治体制。我们还要进一步说，其他所有被称作政制的

---

① See George Klosko, “Implementing the Ideal State”, 43 *Journal of Politics*, 378 (1981).

② 我同意Klosko的观点：“《理想国》（以及其他书）的核心思想，是让哲学智识管理国家。” See Klosko, *The Development of Plato's Political Thought*, p. 172。

③ 如苏格拉底说，在紧急状态下，下面的状况就会非常明显：“遭遇巨大的危险和困顿的时候：无论是在战场上，还是在患病时，或是在海上，如果有谁能控制局势，那么人们就会把他当作神，请求他的拯救，实际上他比其他人优秀的地方只在于他的知识。确实这个世界上充满了这样两批人：一批人寻找那些能够教导和统治人和动物，并能指导它们的行为的人；另一批人认为他们自己有能力从事教导和统治。如果人并不拥有智慧，他们是无知的，上述实力又从何谈起呢？”（《泰阿泰德》，170a - b）

④ See Gregory Vlastos, “The Historical Socrates and Athenian Democracy”, 11 *Political Theory*, 503 (1983) . See Robin Waterfield, *Introduction*, *in Plato*, *Republic*, trans. R. Waterfield, Oxford: Oxford University Press, 1993, p. xxv. 这一观点和Reeve的看法契合：柏拉图认为恰当的政治统治就是恰当的心理统治。（Reeve, *Philosopher - Kings*, p. 262）

国家组织都不是真正的，而是一种仿制品，是对真正的政制的模仿。那些所谓有法可依的政制要模仿得好些，而其他政制或多或少模仿得很笨拙。①

只要城邦想要依据正义的法律生活，那么，无论其政制是什么样，都会模仿专家统治，但这种想法未必会成功。因为，只有天性适合从事治理工作的人才能够确定并施行正义的法律，不具备这种天性的人，就只能依靠运气以及不稳定的猜测来制定正义的法律。不同政治体制对专家统治的模仿能力，也是评价政府间优劣高下的标准。

二、哲人王的统治权

某些人对于人间事务有着专业知识，柏拉图的这一理论如何与政治制度对接起来呢？这一问题在相关著作中有着激烈的探讨；而柏拉图对民主的大量批评，更是让它变得更加充满争议。不过首先必须强调的一点是，柏拉图所言的“民主”与当代人所理解的民主并不一样。② 柏拉图所说的民主，主要是指一种放任自由的社会。在这种社会里面，每个人可以“过自己想过的生活”。③ 每个公民都可以做自己想做的任何事情：“无秩序”就是“自由”。在这一图景中，每个公民所享有的权利，无论是在份额还是在范围上，都要比现代民主社会中的公民要多。

尽管如此，在柏拉图看来，古代和现代的民主概念都有一个类似的问题。民主社会中，统治者不需要具备什么先决条件，那么，某人的统治能力就成了一个无关的考量。这样一来，所有的公民都得到了平等对待。尽管在事实上，

---

① 《政治家篇》，293e。

② 民主的概念极难确定，见拙作“A Defence of Sceptical Authoritarianism”，22 *Politics*，152－162（2002），Robert A. Dahl，*On Democracy*，New Haven：Yale University Press，1998；Robert A. Dahl，*Democracy and its Critics*，New Haven：Yale University Press，1989；Gerardo Munck and Jay Verkuilen，“Conceptualizing and Measuring Democracy：Evaluating Alternative Indices”，35 *Comparative Political Studies*，5－34（2002）. See Michael Saward，“Reconstructing Democracy：Current Thinking and New Directions”，36 *Government and Opposition*，559－81（2001）。

③ Julia Annas，*An Introduction to Plato's Republic*，Oxford：Clarendon，1981，p. 300. 参见拙作“Plato，Hegel and Democracy”，*Bulletin of the Hegel Society of Great Britain*，forthcoming。

某些公民有着更卓越的治理能力。民主制下，所有的公民来共同承担治理的任务。所以，鞋匠也好，医生也罢。每位在某一领域有着才能的人，都能够平等地就治理问题发表意见。其结果就是，政治决策在很大程度上变成了一种猜测，因为由富有才能的立法者来进行专门统治的想法被抛弃了。民主最终会成为糟糕的政治。①

柏拉图进一步指出，民主制下的公民实际上是激情的奴隶，因为他们拒绝了专家对城邦事务的专属统治。② 民主制的领导者仅仅比那些满足城邦欲望的"服务员"强不了多少。下面的文字出自《理想国》,③ 这一令人难忘的段落告诉我们，普通大众：

他们的眼睛只会向下看，盯着餐桌上的美食，就像牲口只顾着俯首吃草，只顾雌雄交配一样，永远那么贪婪。……他们徒劳地想要用不真实的东西来努力满足他们灵魂中那个不真实、不连贯的部分。

人们只应该追求自己的天赋技艺，这样会带来劳动的统一分工。不是所有的公民都有专家一样的治理天赋，这就意味着，有些公民不应该参与到政治治理中去。事实上，如果所有的人都有这种治理天赋，那么社会中就不会有分工。民主制下，公民实际上在从事两种技艺：首先是获得经济利益，其次是获得政治权力。事实上，如是取得政治权力并不具有合法性，因为非专业人士并没有参与统治的权利。④ 由于否定了这种源自政治才能的统治权威，民主制下的大

---

① 《政治家篇》有一个短小而又著名的片段，柏拉图认为民主是最佳政治，但仅限于不法政体。(303a－b) 之后我们会见到，柏拉图在后期仍然持这种思想。所以，施特劳斯说"柏拉图笔下的苏格拉底，每句话是反讽 (ironical)"，其实是错误的。See Leo Strauss, "The Liberalism of Classical Political Philosophy", 12 *Review of Metaphysics*, 428 (1959)。

② Cf. Terence H. Irwin, *Plato's Moral Theory: The Early and Middle Dialogues*, Oxford: Clarendon, 1977, p. 229.

③ 《理想国》, 586a－b。

④ 尽管苏格拉底并不认同他自己应当说的一些话，但他似乎同意卡里克勒 (Callicles) 的观点："我认为那些立法的人是一群弱者，多数人都是弱者。他们为自己立法，为自己的利益而立法。他们的规定和审查也一样，是为了防止强者超过他们，夺取他们的利益。他们吓唬强者说，超过其他人是可耻的，是一种邪恶……但在我看来，本性已经彰明了这一点，强者谋取弱者的利益是正确的，人越是能干，就应得到更多的利益。"(《高尔吉亚》, 483b－d；另参见 486d－487a)

多数公民就像是“在黑暗中摸索”。[①]

对柏拉图而言，君主制才是最佳的治理模式，因为君主制有着“良好的成文规则，也就是被我们称之为法律的东西”。我们知道，柏拉图的理想君主制城邦是由哲人王进行统治的。这些男人和女人[②]参与统治，既不是为了荣誉也不是为了财富，而是为了城邦公民的利益。[③] 本质上说，哲人王就是那些在国家治理上具有天赋的人。因此，只有这些人才应该统治城邦，因为国家治理是他们的专属技艺，城邦中只有他们才有必要的才能。哲人王的存在，无疑令那些，由缺乏政治天资之徒进行的统治丧失了合法性。而一个隐秘的结果则是，哲人王有权进行政治判断，却不能进行经济事务上的判断——求财并不是哲人王的技艺，除了满足最基本的需要，他们被禁止[④]参加任何经济活动。[⑤] 显然，理想城邦把财富与权力断然分开。[⑥] 进一步说，柏拉图对政治经济学作为一种技艺的截然否定，显然来自于一种信念：统治者的德性足以让城邦经济繁荣：“财富不会带来美德（善），凡是美德（善）会带来财富和其他各种幸福。”[⑦] 此外，

---

① 接下来的两个问题是：（1）许多人误以为自己掌握了知识（《斐勒布》，48c－49a）；（2）当参与到哲学讨论中，大多数人只想赢得辩论，而不是追求真理（《高尔吉亚》，457c－d）。

② 虽然柏拉图不是通常意义上的女性主义者，但他确实支持女性与男性一起担任城邦的护卫者和哲人王。［《理想国》，455d－e，456d－e；also see Ernest Barker，*The Political Thought of Plato and Aristotle*，London：Dover，1959，pp. 144 －149；and Bruce Rosenstock，“Athena's Cloak：Plato's Critique of the Democratic City in the Republic”，22 *Political Theory*，363－390（1994）］。

③ 哲学家与非哲学家的区别，See R. C. Crossand A. D. Woozley，*Plato's Republic：A Philosophical Commentar*，London：Macmillan，1964，pp. 134－165。

④ 护卫者与哲人王仅靠税赋供养。（《理想国》，416e－417b）财富与权力的分离旨在消除统治精英间的腐败，由此这套体系不会被滥用，满足基本需求以外的物质需要。

⑤ 柏拉图并非想要证明，工作中是否追求财富是工匠贫穷或富有的正当原因。事实上，一个人拥有的财富越多，他就越不能把注意力集中在技艺上——即便是一个普通的工人也是如此。（《理想国》，421d－422a）类似的，如果某人十分贫困，他就会把原本用于技艺的精力放在生存上。（同上）

⑥ A. E. Taylor，*Plato：The Man and his Work*，London：Methuen，1937，p. 277.

⑦ 这或许是一个困难。因为一些研究已经证明，政治体制的持续性在很大程度上是由国家经济能力决定的。See Michael Bernhard，Timothy Nordstrom，and Christopher Reenock，“Economic Performance，Institutional Intermediation and Democratic Survival”，63 *Journal of Politics*，797（2001）. 所以，应该是经济能力支撑着政治体系的稳定，而不是像柏拉图所认为的那样，政治支撑经济。

城邦繁荣的另一个原因在于它的同一性，即每个人都追求他或她天赋的技艺。

哲人王的德性无疑来自于他们所拥有的知识。① 这并不是说非哲人王因为缺乏适当的政治才能，就没有德性。恰恰相反，所有的工匠都是有德性的，因为他们具有知识而非真实或错误的意见——这最终就会让整个城邦变得有德性。如果这种看法正确，哲人王使用“善意的谎言”，就受到一定的限制——哲人王必须保证他所说的和真理尽可能地一致。② 我们依然可以否定如下看法：当权者只要是为了做好事，就可以随意使用谎言。但需要记住的是，问题的关键或许只和哲人王具有的某种特殊才能有关。

这里可能有一个隐含的预设，大多数希腊社会（或许也包括其他地区）的成员都已经在工作中追求了适合自己的技艺。这也或许解释了为何柏拉图的作品中没有对社会组织的探讨。另一方面，有德性的城邦和缺乏合法性的城邦，二者的关键区别就在于他们的统治者是否具备政治才能，并以此为自己从事的技艺。如果是这样，那么即便如柏拉图所言，整个城邦会因当权的一小部分精英变得正义，一个城邦也不会仅因统治者变得有德性。相反，一个城邦的德性乃是源于所有的公民都追求自己所适合的技艺，在这种情形之下，德性与邪恶的区别就仅仅在于确立恰当的统治者。

三、理想城邦可能实现吗?

柏拉图对哲人王这一理想君主真实存在的论证是颇为怪异的。他首先指出，《理想国》整本书的讨论都不过是理论上的勾画，进而借苏格拉底之口说到，

---

① 参见拙作“Better Luck Next Time：A Comparative Analysis of Socrates and Mahyna Buddhism on Reincarnation”，10 *Journal of Indian Philosophy and Religion*，1 – 25（2005），and Klosko，*The Development of Plato's Political Thought*，p. 165。

② 可以说，哲人王只会把善意的谎言当做是最后一招来用。因为“（他们）热爱真理，永远不愿承认虚假的东西，他们痛恨谬误，热爱真理”。[《理想国》，485c；See Kateri Carmola，“Noble Lying：Justice and Intergenerational Tension in Plato's Republic”，31 *the Political Theory*，39 – 62（2003）and Daniel Dombrowski，“Plato's Noble Li”，18 *the History of Political Thought*，565 – 578（1997）]。

“实践的本质”决定了，其中包含的真理比理论要少：①

那么你就不要再坚持要我说明我们用语言阐述的事情都必须丝毫不差地在现实中实现。……接下去，我们必须试着去发现并指出……有什么样小小的改变就可以使一个国家具有这样的统治性质，如果只需作一项改变，那是最好不过，如果不行那就变动两项，总之，变动越少越好。②

苏格拉底说，如果想要实现这个计划，只需要做一件事：让哲学家变成统治者，或者让统治者变成哲学家。哲人王作为专家统治的正当性论证，似乎是让理论变成社会现实的一种尝试。

柏拉图很快便承认，“这不是不可能的”，却“非常困难”。③ 因此，柏拉图一开始就探索了这样一个问题：有德性的纯粹城邦究竟能否在现实中存在？这样的城邦，由经过专业统治训练的哲学家组成，而哲学家又是被自愿向他们俯首称臣的民众邀请，做他们的正当统治者：

格劳孔：（哲人王）愿意参与（政治）……是一个理想的城邦，但我认为世界上任何地方都找不到这样的国家。

苏格拉底：那好吧，也许在天上有这样一个国家的模型，愿意的人可以对它进行沉思，并看着它思考自己如何能够成为这个理想城邦的公民。至于它现在是否存在，或是将来会不会出现，这没有什么关系。反正他只有在这个城邦里才能参与政治，而不能在别的任何国家里参与。④

因此，理想城邦作为一种此世的政治实践，其存在的可能性会被它自身的神圣性给消解。哲人王只可能在“天上的”理想城邦中进行统治，而不可能在其他“任何”城邦中出现。⑤ 不过，柏拉图的看法并非源于施特劳斯式的反讽

---

① 之后，在《理想国》第八卷中，苏格拉底说道：“我们可以用少量话语勾勒一种政制的概貌而不必详细解释……”（《理想国》，548c）

② 《理想国》，473a－b。

③ 《理想国》，499d；另参见502b、c，540d；着重号为原文所加。苏格拉底要求，超过10岁的儿童都要被送出城邦接受再教育，彻底与家庭隔离，这更难做到。（《理想国》，540－541a）另参见Annas，*An Introduction to Plato's Republic*，pp. 185－186。

④ 《理想国》，592a－b。

⑤ 柏拉图给出了多种不同的证据以证明，只有像神一样的人（someone divine）才能根据他或她对正义的理解进行统治，并拥有统治的权威。有三点值得一提：（1）神是我们的护卫者（《斐多》，62b）；（2）哲学家在是“最神圣且有秩序的人”（《理想国》，500c－d）；以及（3）哲人王“拥有自己的神圣统治者”（《理想国》，590c）。

修辞；其根源实际上是政治才能的不精确性。

我们可以这样理解前文所引段落的意义。柏拉图似乎出人意料地承认了，《理想国》等作品中描绘的政治哲学，本质上是一种乌托邦。他也承认，实践所能包含的真理要少于理论。他提醒我们，一个哲学家组成的王国是不可能实现的。更进一步，《理想国》中的政治哲学更像是“天上的模型”，而非是现实中存在的样板。

这里有两点颇为有趣。首先，柏拉图意识到了其政治哲学的乌托邦属性。确实，在本节中我还将列举一些文本证据，来证明这一点。第二，即便它是一种乌托邦，但柏拉图仍然不厌其烦地详细阐明了其政治哲学思想。柏拉图关注的是，在更大意义上，事情应该怎样。问题是，有许多困难阻碍这一观点的实现。我将在下一节中讨论这些困难。

（一）才能的不纯粹性

柏拉图提出了灵魂与身体的区分，这一区分非常的复杂。灵魂，在宽泛意义上可以等同于“彼世”，而身体则等同于“此世”。灵魂是我们的智识之所在。追求“纯粹知识”，就必须要“离开”我们的身体，用灵魂去观察事物本身，否则永远不可能求得。然而，灵魂与身体的分离——即灵魂的“自由”，只能在人去世时出现：①

正义、智慧以及灵魂所珍视的一切在它们的尘世仿影中都黯然无光，只有极少数人借昏暗的工具，费极大的麻烦，才能从仿影中见出原来真相。②

如果纯粹的知识只能在身体死亡后，由灵魂获得，那么最直接的结果就是，有朽之物就不可能对某一事物拥有纯粹知识。因此，人类一切才能都有一些不纯粹性，统治的才能亦是如此。

最初，柏拉图并没有看到经验对我们理解世界的积极影响。在《泰阿泰德》中，他如是说道：

知识并不在于印象，而在于我们对印象的反思。似乎在反思而非在印象中，

---

① 智慧“是一种清洁或净化”，这里的净化，至少可以理解为把灵魂与身体分离。这种分离在柏拉图哲学中十分重要。(《斐多》，69b－c)

② 《斐德若》，250b. 本段译文摘自［古希腊］柏拉图著：《柏拉图文艺对话集》，朱光潜译，人民文学出版社 1959 年版，第 126 页。

才有可能把握真理……我们根本不能在感觉中寻找知识，而应当到心灵被事物充满时发生的事情中去寻找，而无论你把这种事情叫作什么。①

恰当的教育是教给学生分析技巧，不是事实。后来，柏拉图改变了他的看法，他承认某些关键技艺需要从经验中获得，比如农业，医学，军事战略，航海。

之前，这种从事实出发的推理被认为是不纯粹的，因此也无法发现真理。某些事物的纯粹性和真理因而成为一种知识，一种我们只能通过其他手段获取的知识。现在我们认识到，某些技艺无疑源自事实的积累，他们在一定程度上是通过经验来获得的，如医学或航海。② 因此，不是所有的技艺都有几何学和物理学那样的精确性，但他们仍然是技艺。③ 有一些技艺则具有更高的精确性，他们关注永恒的实体，比如正义的形式。另一方面，也有一些技艺具有较低的精确性，他们通过经验性的观测，关注有限的实体，比如医学，及我即将讨论的政治治理。④

柏拉图形象地说道："在当前的讨论中我们已经创造出一个有序的体系，可以称作无形体的有序的体系，用来正确地控制灵魂居于其中的那个有形体的东西。"在其他地方我们知道，当灵魂与身体统一时，灵魂像主人一样统治着身体。但是身体却并不完全是灵魂的奴隶。恰恰相反，当灵魂"被迫使用感官"之时，灵魂也要依赖于身体的感官。借用《斐德若》中的一个著名比喻，这就

---

① 186d，187a；另参见《理想国》，409a。

② See Richard J. Ketchum, "Plato on the Unknownability of the Sensible World", 4 *History of Philosophy Quarterly*, 291 – 305 (1987).

③ 在苏格拉底与普鲁塔克（Plutarchus）的对话中，柏拉图给出了一个绝佳范例（《斐勒布》，62a – b）："苏格拉底：现在让我们设想有一个人懂得什么是正义本身，能够给出一个与他的知识相一致的解释，那么他更像是一个懂得其他一切存在的人。普鲁塔克：很好。苏格拉底：如果他能解释神圣的圆和球体，但却对人间的圆和球体一无所知，因此他在造房子时使用的尺子不是圆，而是另一类的，那么我们可以说这样的人恰当地拥有了知识吗？普鲁塔克：苏格拉底，你这番描述我就要发笑了，我们正在把自己局限在神圣知识的范围内。苏格拉底：你在说什么？我们所做的不就是把其他成分添加进去，虚假的尺度和虚假的圆的技艺，以及所有与之相关的缺乏确定性和纯洁性的东西？普鲁塔克：如果我们想要回家，我们就要找到回家的路，所以我们必须这样做。"

④ 柏拉图借助苏格拉底来进行表述。这一点非常重要，也是施特劳斯修正主义解读（revisionist interpretation）的来源。

如同我们都是战车的驾驶者，同时操纵着两匹马：一匹代表着善好，另一匹代表着相反的事物。① 柏拉图用这个例子讨论纯粹灵魂管理其理性和非理性部分之活动。然而，他也告诉我们，这个例子对身体与灵魂自然而然地“作为活的东西”结合，也同样适用。

这些篇章的重要性在于，它们显然揭示了纯粹与不纯粹部分的统一性：活着的人便是纯粹而又理性的灵魂与非理性的欲望（源自身体的肉欲）的统一体。这种统一性就是“一种无形的秩序”，它和谐地统治着身体与灵魂。② 这种对我们身体欲望的控制叫作“节制”。因此，一个像苏格拉底一样对真正的知识有着恰当理解的人并不是禁欲主义者。恰恰相反，好的灵魂会引导人过上节制的生活，而不是沉浸在他或她的激情所带来的转瞬即逝的快乐。③ 好的生活等同于包含节制的“混合生活”。和个人一样，好的城邦也要在混合生活的理念下践行节制，将其理性与非理性部分和谐地在此世中统一起来。

（二）如何选拔哲人王？

即便我们暂且承认哲人王确实存在，柏拉图仍然面临不少困难。其中最重要的就是，谁有能力去发现哲人王，把他和其他人区分开来呢？如果如前文所言，统治是一种技艺，那么大多数人并不具有这种天赋，实际上只有极少数人才具备成为哲人王的必要潜质。如果苏格拉底是一个例证，他在《申辩篇》④中对陪审团成员所给出的建议颇具启发性：

先生们，我实际上不是在为自己辩护，而是在为你们辩护，是你们避免由于谴责我而误用神的礼物。如果处死了我，你们再要找一个人来继承我是不容易的……先生们，你们不容易找到另一个像我这样的人……

最好的解决方案其实是，城邦中的前一任哲人王预先知道了城邦儿童中谁有潜质去做未来的统治者。在生活中，前一任哲人王要观察这些孩子是否急切

---

① 《斐德若》，246a－b。

② Norman O. Dahl，“Plato's Defence of Justice”，in Gail Fine（ed.），*Plato 2：Ethics，Politics，Religion，and the Soul*，Oxford：Oxford University Press，1999，p. 211.

③ 最严重的无知是没有做任何值得快乐的事，却“被快乐击垮”。（参见《普罗塔戈拉》，357e－358c；以及《第三封信》，317c－d）快乐就如同“完全没有一丝理智”的小孩。（《斐勒布》，65c）

④ 《申辩篇》，30e－31a。

地追求“对城邦最好的事情”，而不愿去做其他事。无法达到这一标准的孩子就不能成为统治者。即便我们承认哲人王能够想出足够的教育方法，去发现他们的正当接班人，但我们仍需先知道，谁是现在的哲人王。因此，我们要在一个封闭的体系中，选拔并哺育未来的哲人王，但柏拉图却没有告诉我们应该如何建立这个体系。

倘若一个城邦想要一直正常运转，教育精英统治者就应该是城邦事务的核心。这并不令人惊讶，因为哲人王特定的才能就是他们统治权的正当理由。这种教育并非面向所有人，应当严控其受众的纯粹性。原因在于，这种教育并不适合那些更善于从事其他技艺的人；如果硬要让所有人都接受这种教育，这就会导致严重的政治腐败。

不过，这种情况出现在其他人身上都还问题不大。比如一个皮匠败坏了，不愿干皮匠活儿，但并不会给国家带来什么巨大的危险。但若作为法律和国家保卫者的卫士如果不成其为卫士，而仅仅只是看上去像卫士……整个国家会因此而完全毁灭……（因为他们）决定了国家的良好统治，决定了国家的幸福。①

因此，对注定做工的人的培养，并非要和培养未来的统治者相同。进行严格的监督。对后者的教育不仅要防止他们追求财富，还要防止他们走向堕落。

除严格且具有选拔性的教育之外，柏拉图另一个防止堕落的措施便是精英统治者必须过公共生活。② 其基本思想似乎是，如果精英统治者过上一种“我为人人，人人为我”的生活，那么他们就会觉得为城邦利益而奋斗是一件更大的好事。柏拉图认为妇女和儿童也应该共有，这本身就是“为城邦带来最大利益的事”——这一点颇具争议性。公共生活被称作是能够防止精英之间出现分裂性的隔阂，这进而使得被统治的公民也保持统一。这就会尽可能地让他们发挥出自己的技艺：为城邦的善好去进行统治。尽管如此，柏拉图仍然承认这个计划“很难做到”。

共妻制带来的一个好处是能够哺育出更多具有治理天赋的后代。柏拉图似乎认为，来自贵族家庭的人才最具天赋，因为柏拉图、苏格拉底、阿尔喀比亚

① 《理想国》，421a。

② 城邦护卫者禁止拥有私有财产和私人空间，“像营中士兵”一样生活在一起。（参见《理想国》，416d - e）哲人王是从护卫者中选拔出来的。（《理想国》，525b）

德、查尔米德以及克里提亚（Critias）都来自于贵族家庭。[①] 因此，家庭公有制并如某些人[②]所认为的那样，是柏拉图没有当真的一个荒诞之处。如苏格拉底所言，问题在于阿尔喀比亚德、苏格拉底这样的人仅仅是“和他们父辈一样”的平民：这一点在波斯或斯巴达是绝对不会发生的，因为当地人非常注重保护贵族血统的纯正。血统之纯正是理想城邦的一大特征，它是城邦培育具有统治才能之后代的最佳方式。[③] 因为很少有人拥有这样的天赋（绝大部分人擅长的都是其他技艺），故而只有精英统治者才是这项政策的受众。

具有类似天赋的父母在一起哺育后代，这一般是个常见而又自然的事情。[④] 但由于确保统治者具有适当才能并成为哲人王极为重要，这就必然导致当权者对此事的干预，以此来保证血统的纯正。事实上，在理想城邦中，是当权者去选择谁与谁结合生子，并不是双方进行自愿选择。为了保证哺育安排的公共性，防止家庭在精英统治者中出现，“运用善意的谎言，就变得必要”。很不幸，柏拉图的计划无法实现。由于我们没法绝对地确知一个人的本性，不同天赋的人之间进行不当结合的事情必然会发生，每个城邦也必定会逐渐走向瓦解。[⑤] 所以，这种对性关系的集中控制从一开始就注定要失败，任何尝试都不过是延缓这个无可逃避的败局。

以上从另一个角度证明了，《理想国》很显然是一个乌托邦，一个永远无法完全实现并持续下去的乌托邦。直截了当地说，这一点并没有隐含在文本之

---

① 苏格拉底说：“确实如此，查尔米德。我认为你一定会在所有良好的品质方面胜过其他人。如果我没弄错，在场的无人能够轻易地指出，像你们出身的那样的家族之间的联姻，能比这两个雅典家族的联姻产生出更加优秀和高贵的后裔。”（《查尔米德》，157e－158a）对克里提亚放弃名誉追求真理的能力，我们还有所保留。（《查尔米德》，169c－d；以及172d－e）以查尔米德名字命名的对话中，结尾一处，我们对其节制也有所怀疑。（《查尔米德》，176c－d）

② See Leo Strauss, *The City and Man*, Chicago: University of Chicago Press, 1964，另可参考他的学生 Allan Bloom 的著作 *The Republic of Plato*, New York: Basic Books, 1968。

③ Taylor, *Plato*, p. 275.

④ 柏拉图说：“有节制的人寻找一个与自己品性相似的伴侣。在可能的情况下，他们选择娴静的女人为妻。当他们有女儿要出嫁时，他们又会选择与他们相同品性的人做他们的女婿。”（《政治家篇》，310c－d）

⑤ 与之伴随的是一个事实：完美匹配的人结合，也可能得到一些天赋较差的后代。[《理想国》，546a－e; See Rod Jenks, “The Machinery of the Collapse: On Republic VIII”, 23 *History of Political Thought*, 21－29 (2002)]。

中，而是多次明确地表达了出来。我们似乎有许多理由相信，柏拉图确实认为以上这些想法是政治社会的应有形态，但我们同样也有许多理由相信，柏拉图知道这样的社会永远都不可能出现，当然也不可能实现。

（三）哲学追求：理念与现实

一个更大的问题可能是，真正的哲学家距离其他人的生活经验太遥远。①在《泰阿泰德》中，柏拉图告诉我们：

（优秀的哲学家）……从来没有听到过宣读政令，或者读过法律条文。在政治集团的斗争中谋利、集会、宴饮、与吹笛女结婚，这些事对他们来说，甚至连梦中都没有出现过。……因为实际上只有他们的身体居住在城市里，而他们的思想已将世上的这些事物全都视为毫无价值的。他们的思想好像插上了翅膀，如品达所说，“上抵苍穹，下达黄泉”。②

因此，真正的哲学家完全是一个与政治无关的人。哲学家的生活重心并不是去制定某些公共政策，而是要去过一种“纯粹思辨的生活”。如是而观，哲人王的才能仅仅来自于他对纯粹正义的全面理解。因为这种理解只能由脱离了肉体的灵魂实现，因此是无法完成的。政治治理所需要的才能，并非来自于某次立法实践，而是来自于将纯粹正义变成人间的法律。

我认为，哲学家对理念（而非实践）的追求，是苏格拉底与柏拉图的一个重要分歧。如我之前所强调，柏拉图哲学事实上也对理念逐渐产生了否定。③比如，苏格拉底说：

我认为我是从事真正的政治技艺的少数雅典人之一，但我不说自己是唯一

---

① 卡里克勒的观察很正确：“如果你在年轻时有节制地学习哲学，那么它是一样好东西，但若你超过必要的限度继续研究它，那么它能把任何人给毁了。”（《高尔吉亚》，484c；486a－b）

② 《泰阿泰德》，173c－d；另参见《斐德若》，249b－e。苏格拉底进一步说道：“相传泰勒斯在仰望星辰时不慎落入井中，受到一位机智伶俐的色雷斯女仆的嘲笑，说他渴望知道天上的事，但却看不到脚下的东西。任何人献身于哲学就得准备接受这样的嘲笑。他确实不知道他的邻居在干什么，甚至也不知道那位邻居是不是人；而对什么是人、什么力量和能力使人与其他生灵相区别这样一类问题，他会竭尽全力去弄懂。你明白我的意思吗，西奥多罗斯？”（《泰阿泰德》，174a－b）

③ See Klosko，“Implementing the Ideal State”，374，and Mary P. Nichols，“The Republic's Two Alternatives：Philosopher－Kings and Socrates”，12 *Political Theory*，271（1984）.

的一个，现在这些人中间只有我一个人在实践政治家的才能。我在任何场合讲话不是为了博得欢心，我的宗旨是最优秀，而不是最快乐。……当我在法庭上时我没什么要为自己说的……我的受审就像一名医生受到一名厨师的指控，而那个法官是一名儿童。①

苏格拉底提出“真正政治”，是想要与当时标准的政治实践做出区分。② 柏拉图在这个阶段的哲学作品中，仍然坚持政治是灵魂的专属技艺。但是，柏拉图后来指出，哲学家应该参与到政治领域中去。③ 如我们所见，一个潜在的问题正是政治知识在一定程度上，只能从经验世界中获得。这就使得理性对经验的吸收成为一种必然。因此，政治是一项介于经验世界和理性世界之间的技艺。

我们有不少理由可以去怀疑哲人王自身的存在。我接下来要关注的一个问题，便是柏拉图对技艺的反思。每个人都追求自己天赋上所适合的技艺。哲人王在国家治理上的才能，则是来自于他对正义自身的把握。但没有人可以完全正确地理解正义，这一点早已被大家知晓。而最值得注意的是，柏拉图对这一点毫不否认。他说，我们只能从纯粹的哲学出发，去思考正义的本质是什么。但是，想要把正义运用在经验世界的现实制度中，却只能通过实践哲学实现。政治权力是一种特定的知识，它同时由纯理性部分和经验部分组成。

但是，完美正义不可能出现在此世中。一方面，纯粹正义不可能像一个可感的东西一样被我们所了解；另外，人类世界并不是永恒的，而是具有偶然性且不断变化的。④ 国家治理的知识毕竟不是一门精确科学，因而，城邦事务之管理就变成了一件苦差事。⑤ 另外常常被人所忽视的一点是，柏拉图把灵魂的政制从好到坏进行了排序，最佳的政制是哲学家进行治理，而次好政制则是君

---

① 《高尔吉亚》，521d－e。

② 苏格拉底说：“波洛斯（Polus），我不是政治家。去年我成了议事会的议员，代表我的族人担任议事会主席，我当时的职责是对各种动议组织投票，我由于不知道该怎么办而引来嘲笑。”（《高尔吉亚》，473e－474a）

③ 柏拉图这样说他自己：“我担心自己最终除了空谈以外将一事无成……”（《第七封信》，328c）

④ See Paul Stern, “Tyranny and Self-Knowledge: Critias and Socrates in Plato’s Charmides”, 93 *American Political Science Review*, 399－412 (1999).

⑤ 一个城邦会因缺乏资源、战争或瘟疫陷入危机。这意味着在统治者的正义知识之外，还有其他至为重要的东西，它们也将决定城邦之存亡。（《法律篇》，709a）

主制。[①] 哲学家经常被称作“神圣牧人”，一个“比君主还伟大”的人。[②]

在转向《法律篇》之前，我们的结论已经非常明显：柏拉图的理想政治哲学（主要是在《理想国》中表达出来）是无法实现的。同时，柏拉图非常清楚它在实现过程中会面临的阻碍。不过有趣的是，他在《法律篇》中提出了另一种政治哲学来解决这些问题：一种更加务实的政治哲学。柏拉图没有去设想一个完美的最佳政治共同体，而是专注于构建一个务实且可行的最佳政治共同体。这并不意味着柏拉图因为不可实现而否定了自己的理想政治哲学——实际上，他是把理想变成了具有可操作性的政治蓝图。

四、能够实现的最佳城邦

（一）柏拉图的理性独裁

与对“民主”的运用一样，柏拉图对“君主制”的使用同样与当代人的理解迥异。君主制不仅意味着一个或几个君主一起进行统治，它更多地强调，要根据正义的指令而非主观臆断来独立进行统治。事实上，“整个城邦最大的敌人”就是想要颠覆这种统治的人。君主制之所以会异于民主制、寡头制以及勋阀制，正是因为君主在他的政治判断中体现了正义。

柏拉图明显排斥民主制、强烈认可君主制，并不意味着他是早期极权主义者。恰恰相反，僭主制在它看来是最差的一种政治体制，因为僭主总是违背法律和理性。在柏拉图看来，僭主制充斥着难以确定的恐怖行为。[③] 举例来说，僭主在他眼中是这样一类人：“无论是谁，只要他想要砍杀虐待对方，他就能够

---

① 合法君主与“好斗的指挥者”相等。（《斐德若》，248d－e）

② 这与施特劳斯派解读完全不同。如 Klosko 所言，“根据布鲁姆和施特劳斯的说法，《理想国》所描述的是不可能实现的理想。即便有成为哲人王天赋的人能够出现，他也不愿意离开哲学沉思，去进行政治统治。强迫哲学家去统治恰恰是对他行不义，因此，理想城邦是不可能实现的。因为它建立在对哲学家的不义之上。”［George Klosko，“The ‘Straussian’ Interpretation of Plato’s Republic”，7 *History of Political Thought*，290（1988）. See Bloom，*The Republic of Plato*，pp. 407－410，Strauss，*The City and Man*，p. 124］

③ See Hannah Arendt，*The Portable Hannah Arendt*，*Peter Baehr*，Harmondsworth：Penguin，2000，p. 119.

这样做”。僭主也总是喜欢挑起国内和国际冲突。

柏拉图对君主制和贵族制的欣赏，或许与他的家庭背景相关。雅典早期民主运动见证了当地君主统治的终结：雅典的最后一任君主正是柏拉图父亲的亲戚。[①] 这就不难理解，希腊贵族对当时的民主制充满不满：因为民主制否定了他们的社会地位。这些没落贵族以及那些较为富有的公民，或许在一开始更加支持三十僭主推翻民主制。[②] 柏拉图通过他的个人经历告诉我们，三十僭主刚刚掌权之时，曾经邀请他“立刻加入这个看上去理所应当的事业”。毕竟，三十僭主的成员都是他的“亲戚和熟人”，比如他是克里提亚的侄子，查尔米德的亲戚。

柏拉图的家人和朋友对其政治思想有多大的影响？有人曾引用柏拉图寄给马其顿国王佩尔迪卡（Perdiccas）的一封重要信件：[③]

如果有人听到这件事以后说，“柏拉图显然自以为知道什么对民主制有利。然而，尽管他有权在公民大会上讲演和提供最好的建议，但他从来就没有在那里说过一句话”，那么我要做出的回答是：柏拉图出生的时候，他的国家已经有了很长的历史，这个国家的民众也已经生活了许多年，已经从前辈那里获得了自由行事的习惯。你必须解释说：“他一直很乐意为民众提供建议，就好像一个人如果不愿虚度年华，一事无成，就需要向父亲咨询一样。这正是我认为他可以向我提供建议的地方。如果他认为我已经不可救药，那么他可以与我分手，

---

① 柏拉图的母亲伯里提俄涅（Perictione）“与梭伦（Solon）联系紧密”。（W. K. C. Guthrie, *A History of Greek Philosophy*, Vol. IV, *Plato*: *The Man and his Dialogues*, *Earlier Period*, Cambridge: Cambridge University Press, 1975, p. 10）

② 举例而言，富有的公民应该为城邦的职能、庆典全盘买单。而这些活动的举行，完全取决于政治领导人的个人意志。

③ 佩尔迪卡曾是马其顿国王。（公元前364—前359年）

不再对我和我的事情提供任何建议。”①

柏拉图坚定地认为，法律应当施行正义。这也最终促使他对雅典民主彻底幻灭。至少笔者认为，在柏拉图看来民主制的首要问题就是（领导者）缺乏治国的才能，这一点也在他的政治思想中反复出现。这个问题是“无解的”，因此他要到别处寻找一种革命性的新治理模式。

于是柏拉图去了叙拉古，试图把他在《理想国》中设想的政治模式付诸现实。他迫切地想要证明，他的政治设想是可行的：②

狄奥尼索斯拥有极大的权力，如果在他的帝国中哲学和政治权力能在一个人身上统一，那么帝国的光辉将照耀所有人，无论是希腊人还是野蛮人，在这样的光辉照耀下，他们自己就能够把真正的信仰带回家，也就是说，一个人无论是否在其正义感的指引下生活，是否在圣人的控制下成长或接受正义的习俗，他除非能在正义法则的指引下过一种明智的生活，否则城邦或个人都不能获得幸福。③

第一，柏拉图追求的是共同体被理性正义之法所统摄，即“哲学与权力的真正统一”，这一点非常重要，但往往被修正主义解读所忽视。④ 其次，哲学与

---

① 学者们经常会困惑，为什么苏格拉底选择只在雅典生活，并和劣迹斑斑的三十僭主混在一起？依照民主雅典的法律度过一生，是深思熟虑的结果。在《克力同》中，柏拉图借苏格拉底之口说出了自己的想法：无论他在哪里生活，他都会遵守当地法律。［51e；参见《申辩篇》，19a；Terence H. Irwin，“Socrates and Athenian Democracy”，18 *Philosophy and Public Affairs*，184 – 205（1989），及 Vlastos，*The Historical Socrates and Athenian Democracy*，p. 498］法律对改变雅典年轻人非常重要。（《申辩篇》，24e）这并非意味着苏格拉底完全支持雅典民主制：他经常批评雅典最伟大的英雄伯利克里。（《阿尔喀比亚德》，118c – 119c；122b；《高尔吉亚》，516b – 517c）根据柏拉图的说法，苏格拉底甚至说过自己曾参加雅典议会，但他完全不知道该如何参与其中。（《高尔吉亚》，473e – 474a）在《理想国》中，阿德曼托斯问苏格拉底，现有哪一种政体最适合哲学家？苏格拉底的回答是，现有的政体都不适合，这也是我不满的地方。（497a – b）那么，为什么苏格拉底选择在雅典生存？《高尔吉亚》（461e）或许给了我们答案：雅典比希腊其他地方有更多的言论自由。简言之，这个问题没有太明确的答案。但就苏格拉底这样的社会批评家而言，在雅典生活会拥有更多的言论自由，这是比较合适的。

② Klosko，*Implementing the Ideal State*，pp. 365 – 371.

③ 《第七封信》，335d；另参见《理想国》，473d – e。

④ See Strauss，*The City and Man*，p. 124；Bloom，*The Republic of Plato*，pp. 407 – 410；and Allan Bloom，“Response to Hall”，5 *the Political Theory*，317 – 319（1977）. 笔者同意 Klosko 的观点，“施特劳斯似乎没有意识到，柏拉图书信实际上削弱了《理想国》的说服力。”See Klosko，*The “Straussian” Interpretation of Plato's Republic*，p. 279。

权力融合的主要优势之一，便是有助于让大家认识到，他在《理想国》中的政治构想是可行的。此外，找到一个由哲学启蒙的统治者治理的城邦，对全人类都是有益的。

下面，我将讨论公众意见对正义城邦之实现的重要意义。但在此之前，我们需要理解柏拉图如何统一哲学和现实世界中的权力。在《法律篇》的第四卷中，他告诉我们，实现政治转型最好的办法就是独裁，其次便分别是宪政君主制、民主制和寡头制。他接着说道："这种体制并非没有机会建成优秀的国家，但必须要有一位天生的真正的立法者，而且他要能与社会中大部分有影响力的人分享权力。如果后一种人很少，但却是最强大的，那么在这样的地方，就像在君主制中一样，你们通常可以看到那里很容易发生革命。"如果我们认为给狄奥尼索斯二世这位叙拉古僭主的信是柏拉图亲笔，那么这种方法就并非无稽之谈，事实上它恰是柏拉图想要实现的东西。① 此外，柏拉图与迪翁（Dion）结盟，与赫米亚斯（Hermias）这位僭主亦十分亲密。

假如我们相信《第七封信》是真实的，那么柏拉图似乎是认为，叙拉古的迪翁就是实现最佳城邦的理想人选。② 他告诉我们，迪翁"学什么都很快……他拥有年轻人中罕见的热情和专注"。柏拉图说："现在，我们或许可以充满信心地追求哲学家与城邦统治者的统一"。他补充道：

如果想要实现我在法律和政治方面的理想，现在确实是一个很好的试验机会。如果我能成功地说服一个人，就能保证获得完全成功。激励我踏上旅程的就是这样一种考虑。③

这就和柏拉图在《理想国》④ 中所坚信的相吻合：一个城邦想要实现正义的政治秩序，最简单的办法就是教育独裁者，让他们具有治国的才能。⑤ 柏拉图并没有放弃他的理想国，他希望把一位僭主转变为和他一样的哲学家，但这

---

① 因此，我们或许会惊讶地发现，柏拉图认为观念论本身并不能带来正义秩序。(Barker, *The Political Thought of Plato and Aristotle*, p. 160; See also Nickolas Pappas, *Plato and the Republic*, London: Routledge, 1995, p. 200)

② 不幸的是，迪翁并没有真正获得权力。(《第七封信》, 324b, 327a - 328d, 351c - e)

③ 《第七封信》, 328b - c; 另参见《理想国》, 473c - d。

④ 473c - d.

⑤ Klosko, *Implementing the Ideal State*, pp. 379 - 381.

并非通过他在政治哲学中所详尽阐述的教育体系实现。

通过教育把独裁者变成一位合格的政治家，这是苏格拉底在《阿尔喀比亚德》中所考虑的问题。苏格拉底迫切地想要影响年轻的阿尔喀比亚德，希望在他进入政界之前能够接受哲学训练：①

我最担心的就是你因为成了大家贪恋的人而被宠坏了。……先自己操练，学习从事政事之前应有的知识。这还不行，你要直到有了解毒药才可以去，那样才不会受到严重伤害。②

对未来的统治者来说，他们应该在掌握政治权力之前接受哲学训练，以此为参政做准备。对于变幻莫测的政治实践来说，适当的教育就是一味防止败坏的解毒剂。

把独裁变成哲学与政治权力在实践中的统一体，这种转变不能通过暴力实现："让他不要为了政制更替，而在他的故土上使用暴力。"③ 确实，"治国的技艺"就在于让富有勇气的公民和节制的公民形成平和的社会联系。对暴力的排斥，早有先例。在苏格拉底的《克力同》中，他的名言便是："人无论受到什么样的伤害，都不可对任何人作恶或伤害他人。"④

否定暴力之后，柏拉图选择用劝说来改变大众，让他们接受专家的统治。而他本人在后期也逐渐认识到公众认可与参与在政治治理中的重要性。⑤《克力同》⑥ 中的这一片段或许是印证这一点的最早段落：

---

① 苏格拉底经常公开表示他对阿尔喀比亚德的爱。这里的爱并不是满足苏格拉底的肉欲，而是想要把20岁的阿尔喀比亚德培养成具有道德感的人。（《阿尔喀比亚德》，103a－104a，106e，122b，123d，131c－132b；《会饮》，213d－223d）除了阿尔喀比亚德，苏格拉底也被查尔米德所吸引。（参见《查尔米德》，154b－d；《阿尔喀比亚德》，131c－d）阿尔喀比亚德和查尔米德都是三十僭主的成员。

② 《阿尔喀比亚德》，132a－b；另参见《理想国》，430a－b. 对话以预示性的语句结尾："阿尔喀比亚德：……我首先就来关心正义。苏格拉底：我愿意你继续下去。尽管也担心，倒不是不信任你的本性，而是担心城邦的实力，比你我的更强大。"（《阿尔喀比亚德》，135e）

③ See Klosko, *Implementing the Ideal State*, p. 384.

④ W. K. C. Guthrie, *A History of Greek Philosophy*, Vol. V, *The Later Plato and the Academy*, Cambridge: Cambridge University Press, 1978, p. 185.

⑤ 不同的观点，可见 Irwin 的文章"Platonic Love and Platonic Justice"，载于 Terence H. Irwin, *Plato's Ethics*, Oxford: Oxford University Press, 1995, pp. 311－313。

⑥ 《克力同》，44c－d。

苏格拉底：我亲爱的朋友克里托，我们为什么要顾及“大多数人”的想法呢？真正具有理性的人的想法更值得考虑，他们相信事实真相。

克力同：你可以这样想，苏格拉底。但是众人的意见也不得不顾。你当前的处境足以表明普通民众也会惹起巨大的麻烦，决不能小看他们的能力，一旦把他们给惹火了，麻烦可就大了。

苏格拉底：……他们既不能使人聪明，也不能使人愚蠢，他们的行为完全是随意的。

苏格拉底对公众意见的彻底否定,[①] 与柏拉图后期肯定它在政治事务上的正面作用形成了鲜明对比。尽管柏拉图也认为公众意见飘忽不定，但他也会赞同克力同的做法，因为他认识到关注民意的重要性。在给狄奥尼索斯二世的《第二封信》（普遍认为是柏拉图所著）中，柏拉图告诉我们他到叙拉古的部分原因，是想让“哲学得到大众的认可”。这一想法并非仅存于这些作者存疑的信件中，《理想国》也表达了同样的想法：在城邦中实现哲人王统治的原因之一，就是要证明给其他外邦人看，这一切都可以实现。[②]

最后要注意的是，柏拉图对于法治的立场颇值得研究。他对法治的看法似乎与民众对专家统治的支持相矛盾。一方面，柏拉图说城邦中的所有人都应该遵守法律，但统治者（们）除外。原因是，“护卫者自己也需要护卫者，这是非常荒谬的”。而更危险的是，柏拉图有时是在呼应一种与某种现代论调相类似，却更加危险的观点：“某些情况下，统治者自己会遵守法律；其他情况下，我们让他们自己决定——他们会根据法律的精神找到方向。因此，统治者自己的判断事实上就成了法律：法律就是他们自己的专属意志。这样一种立场，显

① 苏格拉底对公众意见特别排斥。最典型的例子莫过于洞穴比喻。（见《理想国》，513e—519d）将这一比喻用以表明哲学家才是民众的正当统治者，有回到洞穴传播真理的义务，这或许更接近柏拉图的想法。

② 与这一观点截然相反的看法，参见 S. Sara Monoson, *Plato's Democratic Entanglements: Athenian Politics and the Practice of Philosophy*, Princeton: Princeton University Press, 2000. 作者认为：“《第七封信》和《第八封信》都不能证明，柏拉图参与叙拉古政治是为了实现他《理想国》的政治设想。这两封信恰恰说明，柏拉图对叙拉古的事务并没有兴趣。”（p. 150）

然与我们今天对法治的理解格格不入。”①

虽然在柏拉图那里，富有才能的统治者可以不遵守法律，但区分君主与僭主的关键却是君主对法律的拥护。假如《第八封信》是真的，那么柏拉图就认为，“负责任的君主制”要求“君主犯法，与民同罚”。的确，最完整意义上的法律统摄着所有人的行为，而不守法的状态是“人和僭主”对法律内容的操控。总之，如果我们认为，正当的柏拉图式政治秩序是一个法治体系，我们就同样要接受，柏拉图在处理法律修订问题时的做法：他把统治者置于他们自己所立之法之外——这显然无法令人满意。②

（二）自由与理性的调和

如果以上对柏拉图实践政治哲学的阐述是正确的，那么他必然支持一种专家统治与民众认同统一的政治模式。我们在《法律篇》第三卷中找到了这样相关证据：

雅典人：请你们注意，我们可以说各种政治体制有两个起源，其他各种政治体制都是从中派生出来的。其中一个是君主制，另一个是民主制。前者最完全的形式可以在波斯人中看到，后者则可以在我们自己的同胞中看到。如我所说，这两种制度是其他所有政治制度的主线，一般说来，其他各种体制都是在此基础上编织出来的。好吧，在自由、和平与智慧结合的地方必定要同时具有两类成分。我们的论证就是要指出，不拥有这些成分的共同体不可能得到正确

---

① 柏拉图也指出法治是不可能实现的：“法律……不能精确地规定社会每一成员在任何时刻都知道什么是好的，怎样做是正确的。人与人之间有差异……造成的不稳定使得任何技艺和统治，都无法用同一个办法解决所有问题。”（《政治家篇》，294b）问题的根本或许在于，他把法律理解为某种永恒的真理。实际上法律需要不断修订，但这并不意味着我们可以不要法律；它反而揭示出我们需要建立一套有效的法律修订机制，一旦法律出现不足，就能进行有效地修订。柏拉图并没有否定这一观点，但他似乎认为，既然统治者有义务修订法律，那么他们就可以不遵守法律。

② Barry Weingast 的看法很正确：“人们可以不遵守或无视法律和政治规则，所以我们需要超法律的事物以防止受到侵犯。为了生存，法治意味着对官员进行限制，但它实际上是一种自我履约。” See Barry R. Weingast, “The Political Foundations of Democracy and the Rule of Law”, 91 *American Political Science Review*, 262 (1997). 因此，我们必须给予政治权威一定程度的自我执法。柏拉图似乎假定了，这些官员的自我监督不会产生副作用。

的治理。①

可以看到，柏拉图似乎放弃了他早期的看法：只要每个人都从事他或她所适合的技艺，城邦就可以获得和谐统一。② 实际上，城邦只有构建出融合君主制与民主制的整体，才能够实现统一与自由。如果只有一种政治制度，那么必然会造成国家的不和谐。③

柏拉图提出了这样一个问题：民主制与君主制是两种不同的政治制度，他们如何统一起来呢？这种新的治理模式包括立法者和法律的护卫者。立法者受到良好的教育，未经选举就被指定担当立法以及教育大众城邦法律之正义的重任。法律护卫者由民主选举产生的民众担任，职责是保障法律实施。④ 想要成为法律护卫者，必须经历漫长的审查，以确保他们一旦当选，能够恪守职责。⑤

柏拉图认为，这样做是把“节制的集权主义”与“节制自由”融合到一起，创造一种介于“君主制与民主制之间”的政体。这种节制专制主义还具有以下几个特点。首先，柏拉图认为这一政体将拥有“正确运用的自由和友谊”。在《理想国》中，自由是民主制的典型特征。但民主制下的自由并不是真正的自由，它更像是一种混乱的无序状态。民主政治最大的问题，就是公民们对谁

---

① 《法律篇》，693d－e；参见《第八封信》，353d－e。如果这一解读正确，那么它就和 Darrell Dobbs 的观点完全不同。参见 Darrell Dobbs，“Socratic Communism”，62 *Journal of Politics*，491－510（2000）；Richard Holway，“Achilles，Socrates，Democracy”，22 *Political Theory*，561－590（1994）；KarlPopper，*The Open Society and its Enemies*，Vol. I，*The Spell of Plato*，London：Routledge & Kegan Paul，1945，pp. 86－119；Arlene W. Saxonhouse，“Democracy，Equality，and Eidê：A Radical View from Book 8 of Plato's Republic”，92 *American Political Science Review*，273－283（1998）；and C. C. W. Taylor，“Plato's Totalitarianism”，in Fine，*Plato* 2，esp.，281－282。

② See Catherine Pickstock，“Justice and Prudence：Principles of Order in the Platonic City”，119 *Telos*，3－16（2001）.

③ 根据 John Burnet 的说法，柏拉图对合法君主制（legal kingship）及合法民主制（legal democracy）的融合，实际上表达了一种政治理想：把波斯式君主制与雅典式民主制结合起来。（John Burnet，*Greek Philosophy*：*Thales to Plato*，London：Macmillan，1964，p. 239 and n. 1；参见《法律篇》，699e 及 Guthrie，*A History of Greek Philosophy*，vol. IV，p. 301）

④ 还有其他选举产生的官员，如“将军”“部队指挥官”。（参见《法律篇》，755c－d，756a－b）

⑤ 依柏拉图的观点，“让无能的官员来掌管法典，是浪费优秀的法律……是在大范围内对城邦作恶并行不义”。（《法律篇》，751b）

来做政治决策这一问题完全缺乏审慎。尽管有的人表现得比他人要出色，但他们还是会允许所有公民平等地参与政治。

想要把民主变成正义的政治体制，需要负责的领导人：

一个渴望自由的民主城邦有可能让一些坏人当上领导，而其他人就好像喝了许多醇酒一样烂醉如泥。如果有哪个领导人不想完全放任自流，想施加某些约束，那么人们一定会指控他是寡头，要惩办他。①

民主制单纯追求自由，却忽略了与自由相对应的责任。我们不要忘记古希腊人饮酒时的一个普遍习惯，在饮用前将酒和水混合。柏拉图正是反对“未经混合的自由之酒”——一种表示自己可以为所欲为的自由——究其原因，或许是因为自由和酒一样让人容易迷醉、不负责任。如果认为酒象征了自由，那么柏拉图并没有放弃饮酒，他只是反对饮酒过量。城邦中的自由只有被“正确判断”所约束，才能是有益的。当一个城邦拥有了能够做出正确判断的领导者，就如同拥有了一名优秀的斟酒人。在他的治理下，城邦政治体现出有原则的节制，但同时也会享受广泛的大众自由。

柏拉图似乎支持一定程度的政治公开，因为可能实现的最佳城邦应该经常公开咨询其公民的意见：

城邦……无论只有一个统治者还是有许多统治者，只要开始按正确的方式运作，为了城邦的利益而听取某些方面的意见，那么有理智的人值得向这样的共同体提出建议。②

给公民们建议，告诉他们什么是最好的做法，但不能强迫或者秘密地让他们臣服，这种观点似乎是合理的。一个潜在的问题是，我们并不知道柏拉图要求统治者对那些非专家民众承担多大责任。他举了下面一个例子：“医生也有这种情况。我们不会按照我们接受开刀和烧灼术的自愿程度来评价医生的医疗水平。”③ 专家统治意味着他们的判断对公民的重要性不言而喻，无论公民是否同

---

① 《理想国》，562c－d。

② 《第七封信》，330d－e。柏拉图的专制主义或许可以称作“负责的集权主义”或“怀疑论集权主义”。［见拙作“A Defence of Sceptical Authoritarianism”，22 *Politics*，152－162，以及“Can We Justify Political Inequality?”，89 *Archiv fürRechts－und Sozialphilosophie*，426－438（2003）］.

③ 《政治家篇》，293b；另参见 296b－c。

意，都应当遵循这些判断。①

不过，只要法律被遵守，柏拉图就完全认同：社会中每个人都有权对法治进行质疑。最终，柏拉图选择了劝说而非强制来让城邦达成一致看法。② 实际上，具有治理才能的人应该逐个劝说公民大会中的其他人认同己见，而不能强迫他们同意。这样做的理由或许是，城邦治理应当以公民的善好为目标，当权者的利益与之无关。③

五、结论

为何柏拉图认同哲人王，但又认为专制主义需要有所节制？对这种差异的最好的解读方式或许就是从他的两种哲学入手。柏拉图的理想政治哲学认为，把专家判断强加于大众是正当的，但它的实践政治哲学却并不认同此观点。④ 前者认为，哲人王凭借对正义相对完美的掌握、理解，就可以统治城邦。并且，其统治权很快可以被民众所接受。

柏拉图的实践哲学体现出了问题的另一面：他意识到这种正确判断很难做出，治国也并非如他开始所认为的那样，属于纯粹的科学。现实中可能存在的最佳统治者（不是理想中的最佳统治者）必须接受哲学教育。但这样的教育并不能在理想正义的完美领域内做出政治判断，它所作用的领域应当是此世的偶

---

① 柏拉图之后简略地说："为了净化城邦，使其健康发展，统治者可以处死某些公民或流放他们。他们也可以向海外派遣殖民团体以削减公民人数，就像给蜜蜂分出新的蜂群，或者从其他城邦把居民弄来，使他们归化本国，以增加本国公民的数量。只要他们按照基本正义的原则合理地工作，以尽可能改善国家生活为目的，那么……我们就应当称他们为真正的政治家。"（《政治家篇》，293d－e；另参见《高尔吉亚》，466b－c）

② 更重要的是，劝说指向的是"灵魂"，而非身体。（《斐德若》，270e－271a）

③ "那么难道我们不应该抱着使公民自身尽可能地变好这个目的去关心城邦及其公民吗？"（《高尔吉亚》，513e）柏拉图经常使用舵手这一比喻，因为舵手总是为了船和水手的利益而行事。（《阿尔喀比亚德》，117c－e，135a－b；《理想国》，341c，488a－489b；《第七封信》，351d；《政治家篇》，296e－297b、e，299a－e；另参见《法律篇》，639b；《斐德若》，246a－247c）在这一比喻中，"船类似于城邦，哲学家在城邦中的处境就类似于舵手在船上的处境"。（《理想国》，489a）这里，我们仍然受到教导，人们应该听从真正哲学家的话，哪怕他的话违背民众的意愿。

④ 因此我不认同 Rosenstock 的看法即柏拉图的二分法是哲学家与僭主间的区分。（Rosenstock，*Athena's Cloak*，p. 383）

然领域。这样一来，可能存在的最佳统治者仍然拥有才能，这使得他能够领导人民，并有权做出政治判断。但是，这样一位领导人无法像哲人王一样，具有源自绝对知识的绝对政治权威。由于知识上的差别，统治者的权威实际上就被部分削弱了，大众也就获得了参与政治过程的权利。更重要的是，柏拉图认识到了由接受过哲学训练的独裁者来快速实现政治目标的重要性。他相信，如果能让公民们看到这些目标可以实现而非仅仅是纸面上的理论，他们对这些政治目标的接受度就会更高。

柏拉图最终选择了实践政治哲学，因为它最能够塑造出具有可行性的最佳城邦，而不是田园牧歌式的理想城邦。此外，他非常清楚理想城邦仅是一个理想。如果没有读过他后期的对话（主要指《法律篇》），我们会认为这一理想不可能实现，也不可能维持。事实上，理想城邦在实现、维持上的困难，已经被柏拉图的具有可行性的城邦所克服。在他自己看来，后者才是更能够实现的。柏拉图从未否定过他自己的政治理想，那是政治共同体应该具有的样子。他只是认为把理想城邦作为政治改革的可行方案，是行不通的。①

（初审：王艺玶；校对：赵楠）

---

① 下列学者的评论让我受益匪浅：Joy Chaudhuri，Jack Crittenden，Peter Jones，Graham Long，John Rose，Michael Shaw。尤其要感谢 Fabian Freyenhagen，他阅读了本文的之前几稿。本文最初为美国哲学协会（太平洋分会）年会下设的柏拉图现代解读小组［Society for the Contemporary Assessment of Platonism at the American Philosophical Association（Pacific Division）annual meeting］以及 Newcastle 政治哲学工作坊（Newcastle Political Philosophy Workshop）所作。

信息化与法治

XINXIHUAYUFAZHI

论信息化时代下行政信息的财产属性与所有权归属

周 密*

摘　要：2019年《政府信息公开条例》的修订为行政机关管理政府信息资源提出了规范化、标准化和信息化的要求，反映了信息化时代下政府对行政信息管理的重视。信息化时代下行政信息呈现出主体特定性、公益目的性、公共服务性和信息资源性的基本特征，而这四项特征符合公产的界定标准，因而应当认定行政信息具有公产属性。关于公产的所有权归属存在“公所有权”说、“私所有权”说、“混合所有权”说和“形式所有权”说，不同的所有权学说为行政信息管理提供了不同的管理权责依据，而其中“形式所有权”说之下基于“公共信托理论”而产生的行政信息管理权，反映了行政机关规范有效管理行政信息的宪法意义，有利于发挥行政信息在信息市场竞争中的优势、巩固政府权威性和公信力，同时也为进一步规范政府信息公开和数据开放提供了理论支撑。

关键词：政府信息；公产；公产所有权；行政信息管理

一、问题意识

2019年4月3日，国务院令第711号对《中华人民共和国政府信息公开条例》（以下简称《政府信息公开条例》）进行了修订，并于2019年5月15日起施行。修订后的《政府信息公开条例》明确要求各级人民政府应当加强政府信

* 周密，交通运输部公路科学研究院实习研究员，中央财经大学法学硕士。

息资源的规范化、标准化、信息化管理。①《政府信息公开条例》的修订体现了行政机关对政府信息的关注重点已由单纯地重视政府信息公开，转向重视政府信息资源管理链条的全过程，同时也反映了政府信息资源的规范化、标准化和信息化管理对于政府信息公开、政府信息资源共享开放的重要价值与意义。

行政信息②的管理与公开始终密切相关，日本学者南博方教授就将信息公开和文件管理视为车之两轮。③ 行政信息的规范有效管理是提高行政信息质量、保障政府信息公开效果的前提和基础。规范而有效的管理，能够保证所公开的行政信息具有完整性和使用价值，否则即便政府将信息公开，也可能由于管理缺陷而导致信息不完整或难以利用，从而对公民的信息获取权和知情权造成实质损害。因而，如何规范而有效地管理行政信息，理应受到重视。然而实践中各级行政机关往往只重视公开却忽视管理，进而导致公民对行政信息的实质需求难以得到满足，究其原因在于，现有法律规范和理论研究都未能为行政信息管理的权力和职责来源提供有力依据和支撑。因而，应当重新审视行政信息管理的理论基础。

二、行政信息的公产属性

探求行政信息管理的理论基础，首先要明确行政信息的基本属性，解决

---

① 2019年修订的《政府信息公开条例》增加第8条规定："各级人民政府应当加强政府信息资源的规范化、标准化、信息化管理，加强互联网政府信息公开平台建设，推进政府信息公开平台与政务服务平台融合，提高政府信息公开在线办理水平。"由此为行政机关履行信息管理职责提出了规范化、标准化和信息化的基本要求。

② 在政府信息公开研究领域学者们存在着其政府信息是否包括过程性信息、内部信息、执法中信息以及档案信息等的理论争议。参见高秦伟：《何谓政府信息——基于〈政府信息公开条例〉第2条的解释》，《江苏行政学院学报》2012年第5期，第124－130页。虽然2019年《政府信息公开条例》的修订已将对部分争议内容加以明确，但为防止将政府管理信息的范围限定于公开的政府信息，本文选择参照日本行政法上的观点，使用行政信息的基本概念。

③ 南博方教授认为要求行政文件得到切实管理，是国民的权利。为了确保政府承担说明责任，顺利地进行信息公开，保存有关政策、信息的记录，切实地进行文件管理成为其前提。参见［日］南博方著：《行政法》（第六版），杨建顺译，中国人民大学出版社2009年版，第111－116页。

“行政信息究竟是什么”的基本问题。在私法领域研究个人信息保护时，学者们往往是从分析个人信息的权利属性出发，探寻保障公民个人信息不受侵犯的有效途径，由此也产生了关于个人信息法律性质的不同学说。① 而在公法领域，无论是研究政府信息公开，还是研究行政信息管理，都鲜有学者讨论行政信息本身是什么，其公法属性何在等问题。正是由于对行政信息基本属性的忽视，导致了进一步探知行政信息法律归属与管理依据的困难，因而深入分析行政信息的基本属性至关重要。

（一）行政信息的范畴与特征

行政信息，与政府信息、政务信息资源等概念在范畴上并无实质差异，笔者之所以选择行政信息的概念，一方面是立足于信息管理的基本视角，区别于公开视角下的政府信息概念和共享视角下的政务信息资源概念，同时意图规避政府信息概念在公开与豁免的范围上存在的理论争议；另一方面是笔者希冀借用日本行政法上的行政信息概念，进一步明确政府履行管理职责的行政信息的具体范围。② 日本行政法上的行政信息，是指“行政机关保存、持有的信息”，③ 其主要包括两部分：一是行政机关自己形成的行政文书所承载的信息，二是行政机关通过一定途径获取和掌握的个人信息。④ 这一概念与美国法上的“行政记录”概念都属于广义上的政府信息，但“行政记录”范围更广，还可

---

① 关于个人信息的权利属性存在着“一般人格权”说、“隐私权”说、“财产权”说以及“新型人格权”说等不同观点，而在讨论个人数据的基本性质时还有学者提出了“知识产权”说和“商业秘密”说等观点。参见王利明：《论个人信息权的法律保护——以个人信息权与隐私权的界分为中心》，《现代法学》2013 年第 4 期，第 62 – 72 页；齐爱民：《个人信息保护法研究》，《河北法学》2008 年第 4 期，第 15 – 33 页；梅夏英：《数据的法律属性及其民法定位》，《中国社会科学》2016 年第 9 期，第 164 – 183 页。

② 参见［日］盐野宏著：《行政法总论》，杨建顺译，北京大学出版社 2008 年版，第 216 – 240 页。

③ ［日］南博方著：《行政法》（第六版），杨建顺译，中国人民大学出版社 2009 年版，第 111 页。

④ 参见［日］市桥克哉等著：《日本现行行政法》，田林等译，法律出版社 2017 年版，第 221 – 242 页。

能包括法院的文件。① 而行政信息的概念限于行政机关，但既包括行政机关在行政文书的创制和归档过程中形成和保存的信息，也包括行政机关依法获取和掌握的个人信息。

行政信息首先强调行政机关对信息的持有和保存，对控制主体具有特定要求，这一特点在实定法上，无论是2019年修订的《政府信息公开条例》，还是2016年的《政务信息资源共享管理暂行办法》都有所体现，故而可以认为行政信息具有控制主体上的特定性；其次，“行政信息是使用国民的税金而收集的国民的共有财产”，因而行政信息的管理与利用都应当基于公共利益的考量，所以在管理目的上具有公益性，② 其公开、利用与开放都应当满足公共利益的基本要求；再次，行政信息具有公共服务性，在信息化时代下公民对行政信息的需求日渐增加，同时随着公民权利意识的提升，行政机关已不能再独占使用行政信息，行政信息的提供逐渐成为行政机关履行公共服务职责的重要体现；③ 最后，在信息化时代下行政信息本身的经济价值日益凸显，一方面行政信息成为行政机关在信息市场中掌握的关键资源，只有充分利用该资源才能保证政府在信息市场竞争中获得优势地位，另一方面从行政机关获取的行政信息，成了私主体的重要资源，其往往能通过这些资源创造出巨大的经济和社会价值，因而行政信息具有基本的资源属性。④ 综上，信息化时代下的行政信息逐渐呈现出主体特定性、公益目的性、公共服务性和信息资源性的基本特征。

---

① 美国法上的“行政记录”是指行政机关必须将所需材料作为行政机关记录制作或者保存，考虑到行政机关从其他来源得到的大量材料，然后加以保存，这部分的司法定义是非常广泛的。参见［美］理查德·J. 皮尔斯著：《行政法》（第五版），苏苗罕译，中国人民大学出版社2016年版，第273页。

② ［日］南博方著：《行政法》（第六版），杨建顺译，中国人民大学出版社2009年版，第111页。

③ 参见周毅、孙帅等著：《政府信息资源管理研究：视域及主题深化》，复旦大学出版社2015年版，第208－216页。

④ See Department of Justice v. Tax Analyst，492 U. S. 136，156（1989）. 在该案中Tax Analyst公司通过向美国司法部税务司获取涉税判决所记载的行政信息，编辑出版并卖给商业数据库，这使得该公司在促进公众获取该信息，更好地了解政府行为的过程中，其自身也获得了丰厚利润。这不仅仅反映了实际存在的信息市场，而且说明在市场经济制度中，每位公众成员都通过促进自身利益来服务大众。参见［美］理查德·J. 皮尔斯著：《行政法》（第五版），苏苗罕译，中国人民大学出版社2016年版，第266－267页。

（二）公产的界定标准

基于行政信息具有的非排他性和非竞争性特征，经济学或者信息管理学上多将其认定为公共物品或者准公共物品，① 而在行政法学领域也有与之极为类似的概念，即行政公产或公物。行政法上的公产概念和理论主要是由法国行政法学者提出并适用，用于区别行政主体财产中不同于私产的部分，其中包括公众直接使用的财产和公务作用的财产。②德国行政法上也有学者提出公产的概念，认为是指直接、长期用于公共行政目的的物，由专门的公法调整。③但德国、日本以及我国台湾地区的行政法研究上主要采用公物的概念。通说认为，“公物，是指国家或者公共团体直接为了公共目的而提供使用的有体物。”④

关于公产与公物的关系，在理论研究领域两者具有一定的通用性，但从概念范畴上看，公物的范围建立在物的概念基础上，因而往往限于有体物，而公产的范围则是基于财产的概念，财产作为财产权利的客体，除了有体物还包括其他具有财产价值的权利，⑤ 因而公产概念本身具有适用上的宽泛性。英美法系虽不存在公产或者公物的概念及相关理论，但往往通过“公共信托理论”对

---

① 信息管理学学者认为政府信息具有公共物品的非排他性和非竞争性特点，但政府信息的使用又容易被控制。因此，政府信息并不是一种纯粹的公共物品，而更像是一件准公共物品，或者是一种特殊的公共物品。参见马费成、龙鹜：《信息商品和服务的公共物品理论》，《情报理论与实践》2002 年第 5 期，第 398 – 400 页；周毅、孙帅等著：《政府信息资源管理研究：视域及主题深化》，复旦大学出版社 2015 年版，第 123 – 133 页。

② 法国学者 V. 普鲁东受民法学理论启发，在 1833 年的《公产论》一书中首次系统说明了公产理论，其认为在政治共同体的财产中有一些是公共的财产，供一般公众使用，受到特殊的保护，而另一部分财产则属于共同体所有，正如私人的财产属于私人所有一样。参见王名扬著：《法国行政法》，北京大学出版社 2016 年版，第 236 – 237 页。

③ ［德］汉斯·J. 沃尔夫、奥托·巴霍夫、罗尔夫·施托贝尔著：《行政法》（第一卷），高家伟译，商务印书馆 2002 年版，第 471 页。

④ ［日］盐野宏著：《行政组织法》，杨建顺译，北京大学出版社 2008 年版，第 237 页。

⑤ “物是有体的对象，而无体的权利客体是权利，权利也是法律上支配权的对象。”参见［德］哈里·韦斯特曼著，哈尔姆·彼得·韦斯特曼修订：《德国民法基本概念》（第 16 版增订版），张定军、葛平亮、唐晓琳译，中国人民大学出版社 2014 年版，第 29 页。

类似的公共资源进行界定和管理。①

同时，公产概念及其理论的适用范围也并非一成不变，随着社会的发展和时代的变化，特别是行政国家的出现，行政机关履行行政职能的范围急剧扩大，因而导致作为履行行政职能的物的组织客体的公产范围呈扩大化的趋势，法国行政法上已将公产的范围扩大到包括行政主体为了公共利益指定作为公用的财产在内。“20 世纪以后的法国行政法在判定某项财产是否应享受公产的保护时，认为应当根据它所履行的功能决定，而不是根据它的性质决定。”② 德国学者也指出公物概念虽源于私法上的物的概念，但行政法上的物不应局限于此。③ 我国台湾地区甚至将最广义的公物概念扩展至包括财政财产、行政财产以及公共用财产三部分在内。④ 关于公物的范围是否应局限于有体物，理论上存在争议，日本盐野宏教授虽坚持有体物的标准，但其坚持的理由仅仅是基于历史性的原因。⑤ 我国学者在论述无体物或财产权利属于公产时主要基于以下三点原因：一是实定法上已经承认了无体物的公产属性，比如电力法已将电能视为公产；⑥ 二是公物的权利属性与民法上有体物的权利属性存在差异，所以两者并不能等

---

① 参见王克稳：《论自然资源国家所有权的法律创设》，《苏州大学学报（法学版）》2014 年第 3 期，第 91 页；马颜昕：《美国法律体系中的“公物法”规范》，《福建行政学院学报》2016 年第 4 期，第 62－67 页。

② 王名扬著：《法国行政法》，北京大学出版社 2016 年版，第 237 页。

③ 参见［德］汉斯·J. 沃尔夫、奥托·巴霍夫、罗尔夫·施托贝尔著：《行政法》（第一卷），高家伟译，商务印书馆 2002 年版，第 470 页。

④ 财政财产，又称收入财产，是指行政主体所有的金钱物资及其收益，用以作为行政费用或财源者，如公库之现金、有价证券、“国有”山林土地以及其他经济上可供公众利用之天然力及可利用之财产；行政财产是行政主体为达到行政目的，直接供各机关公用的物件，如办公厅舍、办公用品等；公共用财产则是指行政主体为行政目的，直接供诸一般市民使用之有体物，又细分为三类：一般使用之公物、特别使用之公物以及营造物利用之公物。该区别的实益在于各该公物的用途不同：财政财产系作为行政主体的财产，行政财产系对内供公务员使用，而公共用财产系对外供人民使用。参见翁岳生编：《行政法》（上册），中国法制出版社 2010 年版，第 423－424 页。

⑤ ［日］盐野宏著：《行政组织法》，杨建顺译，北京大学出版社 2008 年版，第 245 页。

⑥ 参见梁凤云：《行政公产研究》，中国政法大学 2001 年硕士学位论文，第 17－18 页。

同视之;[①] 三是随着财产概念的扩展，拘泥于有体物难以满足公共需要。[②] 因而“一切具有公物本质特征的无体物、具有财产价值的权利等都可以是公物”。[③]

随着公产概念适用范围的日渐扩大，如何确定公产的界定标准成为判定某一事物是否属于公产的关键。关于公产的界定标准具有代表性的主要是“二要件说”和“四要件说”。“二要件说”相对抽象，认为一项财产构成公产必须具备实体和程序两个要件，其中实体要件要求公产具备共同利益功能，同时适用公法规则；程序要件则要求行政主体从形式上作出供公用的意思表示以及财产实际也被投入使用。[④] 而“四要件说”实际上是对“二要件说”的具体化，因而也更具操作性和判断价值。“四要件说”要求判定某一财产属于公产应当满足四项基本条件：第一是行政公产须为行政主体所有或管理；第二是行政公产须由行政主体提供公用；第三是行政公产必须供公用的目的；第四是行政公产须是独立的财产形态。[⑤] 日本也有相类似的判定标准，但唯一的区别是要求公物必须是有体物，[⑥] 如前所述在公物的有体物局限已然被突破的当下，仅要求公产具有独立的财产形态即可满足要求。

综上所述，公产的界定标准应当适用具体的“四要件”说，首先要求公产必须由行政机关管理或支配，其次要求公产必须满足供公共利益目的而提供，再次要求公产必须是由行政主体提供公众利用，最后要求公产必须具有独立的财产形态。

---

① 参见刘艺：《公物法中的物、财产、产权——从德法公物法之客体差异谈起》，《浙江学刊》2010 年第 2 期，第 139 - 146 页。

② “是否将无体物作为公物，取决于归类的意义，因为归类的目的在于寻求某类事物共同的规律，如果无体物（例如电视信号）具有公物的典型特征，那么就应将其归入公物的范畴。”参见肖泽晟著：《公物法研究》，法律出版社 2009 年版，第 26 页。

③ 肖泽晟：《公物的范围——兼论不宜由国务院国资委管理的财产》，《行政法学研究》2003 年第 3 期，第 29 - 35 页。

④ 参见肖泽晟著：《公物法研究》，法律出版社 2009 年版，第 24 - 25 页。

⑤ 参见梁凤云：《行政公产研究》，中国政法大学 2001 年硕士学位论文，第 15 - 18 页。

⑥ 按照日本公物法理论，公物的要素主要包括四个方面：第一是该物是提供公共之用；第二是行政主体对该物拥有支配权；第三是提供公共之用的主体限定于行政主体，即由行政主体提供公物于公共之用；第四是须为有体物。参见［日］盐野宏著：《行政组织法》，杨建顺译，北京大学出版社 2008 年版，第 244 - 246 页。

（三）行政信息属于公产

行政信息能够满足“四要件”学说下公产的界定标准。首先，行政信息具有主体特定性，要求由行政主体持有并保存，这满足了公产须由行政机关所有或管理，拥有支配权的界定标准，行政信息在控制主体上符合公产的基本要求；其次，行政信息具有公益目的性，强调行政机关基于公共利益目的的考量而进行公开，同时允许不特定多数的公众在合法取得的前提下，充分利用其获取的行政信息，满足其社会经济生活中的各项需求，这也满足了公产须提供公共之用的界定标准；再次，行政信息具有公共服务性，强调行政机关履行服务职责而向公众提供公共信息，一方面，行政机关应积极履行主动公开的基本要求和原则，另一方面，行政机关对公民因需要而申请获得行政信息的情况，也不得超越法律的要求而加以拒绝，这体现了行政机关作为控制主体提供行政信息的基本义务，也满足了公产须由行政机关提供公共之用的界定标准；最后，行政信息具有信息资源性，作为重要的社会资源其具有重要的财产属性与经济价值，行政信息虽不能视为有体物，但其独立的财产形态实则明确：一方面行政信息能够加以独立区分，是否取得行政信息表征明显；另一方面行政信息能够满足占有、使用、收益和处分的基本特征，因而也符合公产须具有独立财产形态的界定标准。由此可见，行政信息的基本特征符合公产界定上的具体标准，应当判定行政信息属于公产，具有公法上的财产属性，应当将其认定为是公产在信息化时代下的一种新的法律形态。

三、行政信息的所有权归属与管理依据

明确行政信息的公产属性是探究行政信息管理理论基础的重要前提，而接下来必须解决对于行政机关的管理行为，其权力和责任来源于何处的基本问题，即行政机关为什么能够管理作为公产的行政信息，同时又为什么有责任和义务保证行政信息的规范有效管理。

行政信息管理，也称政府信息管理或者政务信息资源管理，① 主要指行政机关在行政信息的形成、整合、共享和储存过程中以及在保护行政信息安全和完整性利益方面所进行的组织、协调与规制行为。管理权与所有权往往具有密切的联系，传统理论上将管理权视为所有权的重要组成部分，而现代社会则普遍承认管理权与所有权相分离，因而将公法关系区分为管理关系和权力关系。② 在分析行政信息管理的权力和责任来源时，必须首先确定作为公产的一种新形态的行政信息，其所有权归属究竟何在。

（一）行政信息作为公产的所有权归属

行政信息的所有权归属主要解决两方面的问题，首先是行政机关对于作为公产的行政信息是否享有所有权；其次是如果行政机关对于行政信息享有所有权，那么该所有权与私法意义上的所有权是否存在差异，即是一般意义上的私所有权还是特殊意义上的公所有权。基于各国公产所有权理论的差异，可以将行政信息的所有权归属概括为以下四种观点：以法国为代表的“公所有权”说、以德国为代表的“私所有权”说、以日本为代表的“混合所有权”说和以美国为代表的“形式所有权”说。

“公所有权”说承认行政机关对于作为公产的行政信息享有所有权，并认

---

① 学者们有关政府信息资源管理的概念界定，存在着“政府信息管理”说、“政府信息资源管理”说、“政府信息治理”说及“政府信息服务”说等不同观点。参见杨寅、黄萍：《我国政府信息资源管理的现状及完善——以美国联邦政府制度经验为参照》，《行政法学研究》2006 年第 4 期，第 36－42 页；王霞：《互联网时代我国政府信息管理的困境与对策》，《中国管理信息化》2017 年第 2 期，第 200－201 页；谭芝灵、郭敏：《我国行政信息管理理论研究现状与前景》，《中国行政管理》2010 年第 7 期，第 92－94 页；于施洋、王建冬、童楠楠：《大数据环境下的政府信息服务创新：研究现状与发展对策》，《电子政务》2016 年第 1 期，第 26 页。政府信息资源管理与本文所使用的行政信息管理并无实质差异，本文按照日本行政法学界的通说，沿用行政信息管理的基本概念。参见［日］市桥克哉等著：《日本现行行政法》，田林等译，法律出版社 2017 年版，第 221－242 页。

② 行政法学研究中对于某些较为复杂的法律关系的分析，比如特别权力关系，往往将其区分为权力关系（基础关系）和管理关系（内部关系）分别加以讨论。因而从作用法的关系出发，公法关系分为权力关系和管理关系，而权力关系与管理关系是行政公产理论研究的重要基点，前者对行政公产的使用关系具有提示性引导作用，后者则对行政公产的管理产生理论前提。参见陈新民著：《中国行政法原理》，中国政法大学出版社 2002 年版，第 66 页；［日］盐野宏著：《行政法总论》，杨建顺译，北京大学出版社 2008 年版，第 18 页。

为这种所有权是不同于私法上所有权的，具有特殊意义的行政法上的所有权，因而称为“公所有权”。从19世纪到20世纪法国公产理论经历了从否认公产所有权到承认公产所有权的过程，并在此基础上提出“提供公共使用的所有权”，即行政主体对于公产所有权的行使，只在供公众使用或公务使用的范围内才存在，[①] 并认为该行政法上的所有权是区别于私法上的所有权，公所有权在公共使用所必要的范围内限制私法所有权的恣意性，因而排除私法的适用。“私所有权”说同样承认行政机关的所有权，但认为该所有权与私法上的所有权并无差异，即行政机关对行政信息的所有权也是得依民法所有权理论规则的私所有权。[②] 唯因其是公产缘故，为实现其公务目的而对公产有所限制而已，[③] 或者是将该所有权视为私主体原本的所有权对于公产的基本属性的一种让渡，而私主体只享有剩余财产权。[④]“混合所有权”说建立于借鉴前两者的基础上，并认为公法与私法的区分本身缺乏现实意义，因而直接从公物主体所拥有的所有权的内容拘束性来理解即可。[⑤] 也就是说承认行政机关对行政信息具有一定意义上的所有权，但这种所有权既有公法上的特点，又有私法上的特点，应当结合具体情况加以分析。[⑥] 最后“形式所有权”说认为，即便行政机关对于行政信息形式上享有所有权，该所有权也不具有实质意义，行政信息真正的所有权人应

---

① 参见王名扬著：《法国行政法》，北京大学出版社2016年版，第243－248页。

② “修正的私有财产权”是德国公产法的特征所在。根据该理论公产应当适用民法典中有关所有权的规定，但公产同时处于特殊的公法支配权之下，公法支配权与私法支配权相对应并且交叉重叠。公法支配权建立在公法的公物目的基础上，具有双重意义：产生于支配权主体和第三人的使用权和公法管理义务，并且在此范围之内排斥私法支配权。从《德国民法典》第903条规定的私有财产权限制，即“在不与法律或者第三人的权利相冲突的范围之内”来看，公共利益和公务目的是限制私有财产权的充分理由。参见［德］汉斯·J. 沃尔夫、奥托·巴霍夫、罗尔夫·施托贝尔著：《行政法》（第二卷），高家伟译，商务印书馆2002年版，第474－480页。

③ 参见梁凤云：《行政公产研究》，中国政法大学2001年硕士学位论文，第45页。

④ 参见肖泽晟：《公物的二元产权结构——公共地役权及其设立的视角》，《浙江学刊》2008年第4期，第136－144页。

⑤ ［日］盐野宏著：《行政组织法》，杨建顺译，北京大学出版社2008年版，第256页。

⑥ 参见侯宇著：《行政法视野里的公物利用研究》，清华大学出版社2012年版，第80－82页。

当是全体国民，行政机关只是受托行使所有权的相关权能。①

不同国家关于行政信息所有权归属的不同理论，实际上反映了该国的司法制度基础和公私法之间的关系。比如在公产理论的母国法国，其在法国法上的目的就是区分公法与私法的不同法律适用，因而主张有别于私所有权的“公所有权”理论，而德国在承继罗马法的私法理论方面明显更加忠实，从而认为其与私法上的所有权并无差异。而随着社会的进步和时代的发展，社会信息化水平日渐提高，公民的权利意识也得以提升，传统的国家本位的公物理念已经难以适应社会和公民的需求，市民本位的公物理念成了时代的主流。② 在此背景下“形式所有权”说显然更优，其坚持全体国民是行政信息实质上的真正所有权者，而行政机关只是基于公共信托理论行使其管理权能。③

（二）不同所有权理论下的管理权责依据差异

基于不同的所有权理论，行政机关对行政信息的管理权责依据也存在差异，“公所有权”和“私所有权”理论下行政信息管理权的依据是所有权，即“公物管理权是依据所有权自身的作用”，④ 而“混合所有权”理论下行政信息管理权的依据，则是公法上的物权支配权，其强调公物的管理与所有权主体无关，是从公物主体的地位出发，为达成公物的目的而行使的作用。⑤ 而“否定所有权”或“形式所有权”理论下行政信息管理权依据是公共信托理论，行政机关受托管理全体国民享有实质所有权的行政信息。

“公所有权”理论下行政信息的管理权责依据，由于行政信息的来源不同，

---

① 参见肖泽晟著：《公物法研究》，法律出版社2009年版，第6页。

② 从时代的发展来看，由于战后人权保障思想激荡有以致之，使公物之一般利用，由传统的国家视公物为家产的公物观，渐转化为视市民为公物主人而以市民为本位的公物观，从而公物之利用不再是一种恩给，公物的设置、管理及其废止均任诸行政机关的裁量。翁岳生编：《行政法》（上册），中国法制出版社2010年版，第451页。

③ 在所有美国法律已有的概念中，似乎只有公共信托理论有其宽度和实质内容，它作为一般性的应用工具，对于公民寻求有关资源管理问题的一种综合性的法律方法是有用的。肖泽晟著：《公物法研究》，法律出版社2009年版，第75－83页。

④ ［韩］金东熙著：《行政法Ⅱ》（第9版），赵峰译，中国人民大学出版社2008年版，第203页。

⑤ ［韩］金东熙著：《行政法Ⅱ》（第9版），赵峰译，中国人民大学出版社2008年版，第203页。

在管理权责和管理强度上缺乏一致性。在法国行政法上行政主体对公产享有公所有权，对公产进行管理的行为有时根据法律的规定采取，在法律没有规定时，最高行政法院认为公产的所有权是公产管理行为的根据。公产管理与私产管理以及私人财产的管理不同，其享有私人所没有的特权，有时也负担私人所没有的义务。这样特殊地位的范围只在达成公共使用目的所必要时为限。由于公产所达成的公共目的不一样，所以公产管理行为适用特殊规则的范围也不一样，这反映了公产制度不是整齐划一的结构。[①] 对于不同来源的行政信息若不能适用相同管理权责依据，将导致行政机关管理行为上的混乱，不利于行政信息的有效管理与保护。

“私所有权”理论下行政信息的管理责任履行缺失依据，导致管理行为存在任意性，行政机关可能怠于管理却免受法律约束。将行政信息管理权仅仅视为“私所有权”的一项子权利，而私法上的所有权强调私主体的自我处分和意思自治，行政机关对行政信息享有管理权，便可以自主决定是否管理以及如何管理行政信息，缺乏理论上的管理责任来源。即便是修正的私有财产权理论，为公物的不同主体设置了不同的管理义务，[②] 但该理论在法律制度、权利人、义务人、使用规则和法院管辖权方面争议都对公产的发展不利。当前我国行政信息管理中的最大问题就在于行政机关的恣意性，“私所有权”理论下允许行政机关行使裁量权，不利于严格规范行政机关的信息管理行为。

“混合所有权”理论下行政信息的管理权力行使缺乏依据，无法从既有理论或上位权利得到约束信息管理行为的直接依据，因而只能依赖制定法的明确规定，当立法机关尚未明确法律基础时，将侵害公民在信息使用上的基本权利。公所有权观念和私法上的所有权不同，其具有对公物管理权者的恣意管理加以限定的意思。将所有权和管理权相分离的观点，也可以看作是对所有权的恣意

① 参见王名扬著：《法国行政法》，北京大学出版社2016年版，第248－249页。

② “修正的私有财产权”理论将公产主体区分为私法财产所有人、公法支配权人和管理义务人。其中私法财产所有人通常是公共行政主体，但也可能是私人，公法支配权人是对财产享有高权性处分权的行政机关，管理义务人是对财产负有维护和保护义务的人。公共利益产生的对私法权利的限制，尤其是对财产所有人处分权的限制可能使私有财产权变成无实质内容的权利。但是所有人也因此享有好处，即其本人的管理义务和赔偿责任由公共行政主体承担。参见［德］汉斯·J. 沃尔夫、奥托·巴霍夫、罗尔夫·施托贝尔著：《行政法》（第二卷），高家伟译，商务印书馆2002年版，第474－477页。

性的排除，但作为法概念的公物本来就被赋予了提供于公共之用的目的，管理作用也要受到该公物目的的拘束。[①]“混合所有权”理论下的行政信息管理依据虽然避免了公私法的纷争，但也为行政机关逃避法律的约束提供了借口，因而不利于行政机关在行政信息领域积极地履行管理职能。

（三）基于公共信托理论的行政信息管理权

相较于以上三种理论下行政信息管理依据上存在的局限性，建立在“形式所有权”基础上，依托“公共信托理论”产生的行政信息管理权更能说明行政机关管理作为公产的行政信息的权责来源，也更符合公民权利意识提升、行政法治转型的时代要求。根据“公共信托理论”，公产的实质所有权属于全体国民，行政机关所享有的仅是形式上的所有权，行政机关受国民的委托代为管理公产，从而产生公产所有权与管理权的分离。进而，一方面行政机关作为全民资源的受托人享有以禁止和许可、行政处罚和刑罚等公法手段为特征的管理权，[②] 另一方面行政机关受公众的委托而管理，因而对于其任何违反信托义务、怠于履行职责的行为，公众都可以寻求司法救济，[③] 从而严格约束了行政机关的信息管理行为，也为行政相对人寻求法律救济提供了有效途径。

“公共信托理论”建立在传统信托理论基础上，强调受托人和受益人的双重所有权属性以及信托财产本身的独立性。为了保护信托人的利益，受托人享有的主要是一种纯粹的管理性权利，受益人则拥有纯粹的收益权利。普通法承认受托人法律上的所有权，而受益人的权利则通过衡平法加以确认。公共信托一旦有效设立，信托财产即从委托人、受托人以及受益人的自有财产中分离出来，而成为一种独立运作的财产，仅服从于信托目的。基于此行政信息的独立财产形态属性也得以呈现。[④]“公共信托理论”下产生的行政信息管理权明确了行政机关谨慎履行受托人义务，避免其管理行为的恣意性对公民在信息获取和

---

① 参见［日］盐野宏著：《行政组织法》，杨建顺译，北京大学出版社 2008 年版，第 256 页。

② 参见王克稳：《论自然资源国家所有权的法律创设》，《苏州大学学报（法学版）》2014 年第 3 期，第 91 页。

③ 参见梁凤云：《行政公产研究》，中国政法大学 2001 年硕士学位论文，第 45 页。

④ 参见侯宇著：《行政法视野里的公物利用研究》，清华大学出版社 2012 年版，第 86－90 页。

利用上的权利造成损害，同时也有利于保障行政信息管理与公开之间的充分协调，① 切实保障公民实质上的知情权得以实现，将行政行为真正置于法律的监督之下。

四、基于公产属性和所有权归属的行政信息管理

行政机关对行政信息实施规范有效管理，不仅反映了公产属性下所有权与管理权的基本关系，同时也体现了国民主权理论的基本要求，有效约束行政机关管理信息行为的恣意性，保障公民在利用行政信息上的平等权和自由权。在信息化时代的背景下行政信息是否得到规范有效管理，直接关系到行政机关在信息市场竞争中的优势地位和政府公信力，同时也将决定私主体能否充分利用行政信息资源，真正实现信息本身的经济和社会价值。

（一）行政信息管理的宪法意义

行政信息作为“使用国民的税金而收集来的国民的共有财产”，② 因而赋课行政机关规范有效管理行政信息的基本职责，对于从制度上保障公民宪法上的基本权利具有重要意义。行政信息管理为公民利用行政信息的平等性和公正性提供了有力保证，公民所获取的行政信息不存在由于管理上缺陷所导致的不完整性和难以利用的情况，避免了信息本身在提供公民使用上的人为差异，从而体现了宪法上公民平等权在信息领域对行政机关的基本要求。公民宪法上的自由在信息化时代下集中体现为信息自由权，行政机关规范有效管理行政信息成为保证公民基本信息自由权的关键。信息自由是搜寻和接受“公共信息”所应有的自由。③ 信息自由针对的主要是政府或公共机构拥有的信息，其背后的理

① 公物上的财产权由全体公物使用人所享有，公物管理主体的责任在于维护公物使用人按照公物本来公共用途使用公物的权利，以及对公物使用上的多元用途冲突进行协调和处理，并不享有随意利用公物去获得收益以及对公物用途随意进行处置的权力。肖泽晟著：《公物法研究》，法律出版社2009年版，第134页。

② ［日］南博方著：《行政法》（第六版），杨建顺译，中国人民大学出版社2009年版，第111页。

③ 参见田禾主编：《亚洲信息法研究》，中国人民公安大学出版社2007年版，第3－4页。

念是这类信息的所有权属于公众，而并非政府及其官员或公共服务机构及其工作人员的私产。信息化时代下，信息本身往往就是“权力”的体现，“得信息者得天下”成为信息社会的趋势，信息自由的程度越高，就越能够确保人民与政府或公共机构之间的权力或资源分配得到平衡，而这又与行政机关履行管理行政信息的能力和水平密切相关。

（二）信息化时代下的现实价值

随着互联网飞速发展和信息化时代的到来，政府在信息市场中的地位已悄然发生改变。互联网产生之前，信息市场处于供小于求的卖方市场阶段，信息来源有限，政府以其独具的信息优势与权威性，在信息市场中占据绝对的垄断地位，政府是公众获取信息的最主要来源，行政信息甚至成了权威的代名词。而互联网大数据的发展，使公众获取信息的途径也无限扩大，信息市场进入到了明显供大于求的买方市场阶段，政府信息由于其公文处理缓慢所带来的滞后性、档案分散管理所带来的不便捷性以及定密管理不完善带来的公开局限性，不仅越来越难以满足公众的信息需求，甚至引起了公众对政府信息权威性的质疑。面对信息化时代的现实困境，政府应当充分认识到信息资源管理在行政管理中的重要作用，只有提高对信息资源的重视程度，不断提升自身的信息管理水平，积极优化政府信息资源管理方式，完成向市场导向型、需求导向型、整体导向型、风险导向型以及责任导向型信息提供者角色转变，才能逐渐恢复政府在信息市场中的优势地位，巩固政府信息以及政府本身的权威性和公信力。

（三）信息公开和数据开放的理论支撑

将行政信息视为随着社会的发展而产生的新型公产，具有重要的理论和现实意义，为公民的知情权和信息获取权提供理论支撑，随着现代经济的发展与科学技术的进步而出现了需要纳入公物范畴的新型公物，如行政信息。① 在民

---

① “行政的目的就是为所有公民提供这种信息。随着民主政治的推进，行政机关的档案材料和其他信息，已经成为私人监督政府活动、进行学术研究以及实现商业和诉讼方面的目的所不可或缺的前提条件，除非法律基于国家秘密、商业秘密、个人隐私等合理原因而有排外规定，都已经被认定为公有物，个人和团体都有知悉或利用这种信息公物的权利，即人们常说的知情权或了解权。”肖泽晟著：《公物法研究》，法律出版社2009年版，第32－33页。

主政治和法治国家的要求下，行政目的的实现离不开向所有公民提供这种信息公产，而行政机关履行这种供公共使用的服务职能的基础，在于行政信息本身的国民财产属性，因而公民有权利获得这种属于国民财产的信息，故而具有了信息获取或知情的基本权利。通过行政调查等收集的信息得到规范有效的管理，不仅有利于积极推进行政活动高效运行，而且有利于保证信息公开制度和个人信息保护制度发挥应有效果。①

五、结语

随着信息化时代的到来，行政信息的价值意义明显提升，对行政信息的规范管理理应得到足够重视。根据行政信息的基本特征和公产理论的界定标准，将行政信息的法律属性界定为公产，符合信息化时代的基本要求，也为行政信息管理的权责依据提供了必要的理论基础。行政信息的公开仅仅是实现行政信息最大化利用，增加其经济和社会价值的最终环节，有效的行政信息公开离不开行政信息本身的规范化管理。而要实现行政信息的规范化管理，又必须首先认识到作为公产的行政信息是属于全体国民共同所有的财产，行政机关基于全体国民的委托，承担谨慎的管理权责。因此，行政机关对于作为公产的行政信息既有权力进行规范化管理，又有责任保证其管理行为合法与适当，从而保证管理的效果符合公共利益要求。

（初审：吴君媛；校对：王姝）

① 参见［日］市桥克哉等著：《日本现行行政法》，田林等译，法律出版社2017年版，第221页。

信息化背景下税务机关获取自然人涉税信息范围的边界

蓝　昕*

摘　要：个人所得税、房地产税等直接税的改革，以及税收征管领域信息化进程之推进，都进一步扩大了税务机关获取自然人涉税信息的权力。税务机关获取自然人涉税信息的方式一般有三种，即税务登记和纳税申报、税务检查、第三方涉税信息提供。这些方式在大数据的背景下，对纳税人的个人信息安全产生了更大的威胁。通过确定税收征管、个人信息保护的核心利益，以及对征管行为运用比例原则，能够在理论及实践两个层面初步划定税务机关获取涉税信息范围的边界。同时，在未来应当进一步修改和完善税收征管法及其他相关法律法规，以使得此边界更为清晰和明确。

关键词：税收征管；大数据；自然人涉税信息

大数据时代的到来，对各行各业都造成了深远的影响，它也为我国的税收征管领域带来了一场深刻的变革。2015 年《中华人民共和国税收征收管理法修订草案（征求意见稿）》（以下简称“税收征管法修订草案”）无疑是最响亮的号角。① 纳税人识别号制度的建立、对电子凭证合法性的认可、第三方涉税信息的披露要求、对电子会计资料的检查等新增加的内容，即使并未出现在最终通过的文本中，也无碍于我们对大数据时代税收征管新趋势的感知和理解。与

---

* 蓝昕，中国政法大学民商经济法学院 2017 级经济法硕士研究生。感谢中国政法大学翁武耀副教授对本文提出的建议和指导。

① 参见《国务院法制办公室关于〈中华人民共和国税收征收管理法修订草案（征求意见稿）〉公开征求意见的通知》，http：//www. mofcom. gov. cn/article/b/g/201503/20150300920505. shtml，最后访问时间 2019 年 3 月 19 日。

此同时，2015 年国家税务总局提出了《“互联网 + 税务”行动计划》（税总发〔2015〕113 号），要求“充分运用互联网思维，引入云计算技术，发挥大数据优势”。相较于法律的谨慎，行政部门发布的文件，则有着更强烈的创新和探索精神。

税收领域实体法的完善与革新，也同样呼吁着征管方式的改变。党的十八届三中全会《中共中央关于全面深化改革若干重大问题的决定》明确要求“逐步建立综合与分类相结合的个人所得税制”“加快房地产税立法并适时推进改革”。个人所得税综合税制改革的进行，以及现代房地产税制度的建立，都是完善直接税体系、实践量能课税原则的重大举措。而如果没有对个人收入和住房系统的较为全面的了解，个税综合与分类相结合的税制就无法真正得到落实，房地产税制度也难以成形，故“建立健全个人收入和财产信息系统”将成为改革的重点方向。

一、税务机关获取自然人涉税信息范围的扩大

如果说在过去以间接税为主的我国税收环境中，自然人税收征管并不起眼的话，那么在大数据时代，伴随着以个人所得税、房地产税等为代表的直接税改革，这一情形就会发生显著变化。作为税法基本原则之一的量能课税原则，在现代税收中扮演着重要角色，是我国直接税改革的基本指导原则。① 但“量能”二字对税收征管提出了非常高的要求，其实现以纳税人真实的负税能力为前提，离不开税务机关对纳税人所得、财产、消费等情况的准确掌握。但面对自然人纳税人，情况是极为复杂的，渠道的多样性、登记制度的不完善、信息的不对称长期以来使“量能课税”无法真正实现。

当前，借助互联网和大数据，解决该问题已真正成为可能。国家税务总局显然也敏锐地意识到了这一点，《“互联网 + 税务”行动计划》就是最典型的例证之一。该项计划提出，“加强与有关部门、社会组织、国际组织的合作，扩大可共享数据范围，丰富数据共享内容，让纳税人和税务人充分感受到互联网时

---

① 参见翁武耀：《量能课税原则与我国新一轮税收法制改革》，《中国政法大学学报》2017 年第 5 期，第 90－100 页。

代数据资源共享带来的便利。”要在自然人税收征管中实现量能课税，强化对自然人的税收征管，尤其要关注税务机关获取自然人涉税信息的详细程度。

税务机关对自然人涉税信息获取范围的需求扩大，给传统的涉税信息获取方式带来了深刻改变。而对于当前我国税务机关获取纳税人涉税信息的方式，学界基本达成了一致，即分为内部信息渠道和外部信息渠道两个大类。① 内部信息渠道指的是纳税人报送的信息，包括税务登记和纳税申报，以及税务机关通过税务调查、纳税评估、税务稽查等方式掌握的信息。② 而外部信息渠道主要指第三方提供的涉税信息。因此，本文将获取自然人纳税人涉税信息的方式归纳为三种，即：税务登记与纳税申报、税务检查和第三方涉税信息的提供。

大数据时代下信息化的普及，使得上述三种信息获取方式之间的关系发生了改变。在过去，它们更接近于平行关系，且通常来说税务登记、纳税申报与税务检查的比例更大。而如今，由于税务检查的方式及对其态度的变化，以及第三方涉税信息提供重要性的提升，三种涉税信息获取方式之间有了先后顺序：税务登记及纳税申报和第三方涉税信息提供在先，税务检查在后。前两者获取信息的数量将大大提高，且第三方涉税信息提供，将会成为未来信息获取的关键途径。同时，税务检查将有更细致明确的定位，无特定目标的检查行为将会越来越少。这样一来，税务登记、纳税申报与第三方涉税信息提供并列，将二者勾勒出的纳税人实际经济能力加以比对，触发精准的税务检查，这将是未来更为普遍的涉税信息运用方法。

在当前背景下，税务机关获取自然人涉税信息的范围之扩大具有双面性：一方面，演绎到极致的量能课税原则，仿若为个人量身定制“紧身衣”，获取的信息越是个性化，才越能精确衡量自然人纳税人的捐税能力；另一方面，这意味着税务机关对自然人纳税人生活的侵入程度更深了。发展于信息化基础上的“快狠准”的税务检查在扩大了税务机关对自然人涉税信息的获取权力、强化了税收征管的同时，也不得不引发我们对自然人信息保护力度是否足够的担忧。这同时也反映在民法总则、网络安全法等立法中。

---

① 王向东：《以第四方信息推进“信息管税”的思考》，《税务与经济》2013 年第 4 期，第 99 页。

② 参见彭骥鸣、陈爱明、韩晓琴：《大数据时代强化税收管理的思考》，《税收经济研究》2014 年第 5 期，第 28 – 35 页。

因此，在大数据时代下，伴随着个税改革和房地产税立法，如何将税务机关获取个人信息的范围限定在合理合法的范围内，以保护自然人纳税人的个人信息，便成了需要讨论的问题。为此，我们需要划定税务机关获取自然人涉税信息范围的边界。

二、税务机关获取自然人涉税信息范围边界的理论证成

（一）逻辑起点：道义价值与经济价值的权衡

如上文所述，税务机关在拥有了更大的权力获取自然人的涉税信息的同时，也对自然人的个人信息造成了威胁。如何去界定此种冲突下自然人涉税信息的获取边界呢？对此，不妨先对该冲突进行拆解。税务机关获取涉税信息的原因，由浅到深可拆解成三个层次：最表层是税务机关的征管需求；更进一步，树立在征管需求背后的，是一国的国库利益；在最深层次上，征管行为体现了对社会经济价值的实现。同样的，保护个人信息的原因，也可以做对等的拆解，即考虑保护行为背后的需求、利益和价值，由浅至深拆解为信息安全需求、个体利益、道义价值。需要说明的是，这里的道义价值，指的是道义法所体现的价值。而道义法“主要是指自然法，它在制定法、习惯法、判例法、理论法和法官法中都有所体现。道义法以伦理道德为基础，以人作为它的起点和归宿……最大优点在于它从人本身的精神需要出发。”①换言之，道义价值是一种尊崇人本身的价值。

做出如上拆解的原因在于，实践中在遇到需求与利益层面的对立时，只能二者取其一；而在价值层面，一旦出现价值对立，选择便不再是非此即彼的，而是需要进行价值间的权衡。“外在价值具有分量性的属性，使得外在价值之间的冲突一定表现为‘在个案中衡量相冲突之外在价值的分量’的方式加以解决。”② 换言之，从根本上说，判断税务机关征管行为边界的问题，也即寻找经济价值与道义价值的比较中，一者将有效地压过另一者情形的问题：当道义价

① 刘少军著：《法边际均衡论——经济法哲学》（修订版），中国政法大学出版社2017年版，第58页。

② 徐显明主编：《法理学原理》，中国政法大学出版社2009年版，第295页。

值之分量超过经济价值达到一定程度时，也就是税务机关能够获取自然人涉税信息的上限情形。同样，经济价值之分量超过道义价值至一定程度的情形，也就是税务机关能够获取自然人涉税信息的下限情形。

（二）勾勒边界：国库利益与个人核心利益之考量

继而，我们应当如何分别确定上文提及的上限和下限情形的范围呢？对此可以从两个角度考虑：一方面，税务机关的征管行为背后正当合法的国库利益，以及个人信息保护行为背后至关重要的个人核心利益，都对征管行为边界的划定产生了限制作用。其中，正当、合法的国库利益是征管行为范围限缩的底线，而个人核心利益是范围扩张的极限。另一方面，征管行为本身也存在一定的限度，即征管行为应当最终满足比例原则下平衡公益和私益的要求，这既需要其克制自身向个人信息保护领域的过分扩张，又需要防止因征管力度不到位而导致无法达到税收征管的目的。下面逐一对上述三个因素进行分析。

1. 征管行为之底线：国库利益

上文已有所提及，在作为表象的税务机关征管需求背后，存在的有力支撑是国库利益。当国库利益作为征管行为的底线，意味着其征管范围不可再予限缩时，此处的国库利益必须是有充分存在理由的，国库利益应当具备正当性与合法性。

正当性在几乎所有的情况下，都内含于国库利益中。这里的正当性是指，税务部门代表国家对公民的课税行为具有正当的理由。就正当性的来源，许多法学家都有过论述。如霍布斯认为，“国民为公共事业缴纳税款，无非是为了和平而换取的代价。分享这一和平的福利部门，必须以货币或劳动之一的形式，为公共福利做出自己的贡献。”① 洛克在其著作中指出，“诚然，政府没有巨大的资金支持就不能维持，凡享受保护的人都应该从他的产业中支出他的一份来维持政府”，② 等等。总之，在现代税收国家的理论中，基于公民的“同意”，为公民提供公共服务而进行课税，构成了国库利益正当性的来源。

合法性是指税收的征收在实体上和程序上都应当满足合法性的要求，即征

---

① ［英］霍布斯著：《利维坦》，黎思复、黎廷弼译，商务印书馆1985年版，第142页。

② ［英］洛克著：《政府论（下篇）》，叶启芳、瞿菊农译，商务印书馆1964年版，第88页。

收主体、征收行为、征收对象、征收程序等在法律中有所规定的事项，均应当符合法律规定的要求。合法性的要求在现代社会中被赋予了重要的意义。尤其是随着我国依法治国理念和财税体制改革的不断深入，依法课税更是得到了前所未有的重视。可以预见，未来税务机关获取自然人涉税信息权越是加大，税务机关的征管行为越应当受到合法性规定的约束。

满足了正当性与合法性的税收征管行为，就有了充分的存在依据，足以支撑税务机关的征管范围。

2. 征管行为之上限：个人核心利益

与国库利益相对的是，为个人信息安全需求提供支撑、以阻挡征管行为扩张的个体利益。同样，也不是所有与个人信息安全相关的个体利益都能够被无条件地满足。需要寻找出个体利益中真正核心的、不可动摇的部分。

从理论和实践情形出发，就个人信息安全保护范畴来说，个体利益涉及的权利性质在学界有着不同的认识，包括“隐私权说”“财产权说”“独立人格权说”以及“双重属性的新型权利说”。①尽管各执一词，但这只意味着权利性质归类的分歧，涉及的权利本身并受不影响，因此不妨碍我们认清个体利益的核心。上述几种学说所涉及的具体权利，主要有姓名权、名誉权、肖像权、隐私权还有财产权，其中前四项属于人格权的范畴。②这些权利也即个体的核心利益存在的范围。

进而，在判断核心利益范围时，我们也许会通过判断哪些权利受到侵害，以及多大程度的侵害对个体而言是难以忍受的，继而认定其构成核心利益的范围。但事实上，任何权利被侵犯到一定程度，对个体而言都会是“难以忍受的”，因此具体哪些权利构成核心权利，并没有讨论的价值。此时问题就变成，究竟达到何种侵害程度，可以构成个体的“难以忍受”？

对此问题讨论最充分的是隐私权领域，有学者就在隐私与信息二者之间的区分问题上提出，应当将其分为“纯粹的个人隐私”“隐私性信息”“纯粹的个人信息”三类，而其中纯粹的个人隐私指的就是“个人生活最私密、直接涉及

---

① 罗昆：《个人信息权的私权属性与民法保护模式》，《广西大学学报（哲学社会科学版）》2015 年第 3 期，第 86 页。

② 参见郝思洋：《个人信息权确立的双重价值——兼评〈民法总则〉第 111 条》，《河北法学》2017 年第 10 期，第 128 - 139 页。

到个人人格尊严与自由的部分，一旦侵入，直接会造成受害人的损害，特别是精神损害”。① 这样的定义不但与“难以忍受”的内涵相契合，而且也可以将这一标准移植到其他人格权中，即凡是“直接涉及”个人人格尊严与自由，侵害程度使得个体“直接受到损害”，尤其是精神损害，都可以认定为使个人“难以忍受”的侵害程度，即人格权中不可再退让的利益最小范围，也就是核心利益的范围。而在财产权中，由于权利的非人身属性，这一标准不能够仅以减少的财产数量多少来衡量，必须结合侵犯财产权行为的性质加以判定。换言之，倘若对个体财产权的限制有理有据，既正当又合法，则具体数量多少使个体产生的主观感受，不需要被考虑。

3. 以比例原则协调征管需求与信息安全需求的冲突

内涵上，比例原则是指，“行政机关行使自由裁量权时，应在全面衡量公益与私益的基础上选择对相对人侵害最小的适当方式进行，不能超过必要限度。”② 比例原则通常包含三个次要原则或子原则：妥当性原则、必要性原则和均衡原则。

对三个子原则一般性的定义，此处不再赘述。就确定征管行为的范围而言，比例原则起到了双向划界的作用：一方面，对征管行为的扩张，也即征管范围的上限而言，必要性原则和均衡原则要求征管范围具备达到目的的必要性，且必须与目的相匹配，不得超过必要的限度；另一方面，对征管范围的下限来说，妥当性原则要求采取的手段必须能够达到相应的行政目的。因此，过窄的征管范围同样是不合理的。

除了上述一般意义上的双向划界，考虑到大数据时代及信息化征管的背景，有两个问题值得强调。首先，必要性原则要求在达到行政目的的基础上，采取的手段是对相对人损害最小的手段。③ 这也就暗示着，必要性原则发挥作用的前提，是有多种能够满足妥当性原则的行政手段供选择。但在对自然人纳税人进行信息化征管的语境下，考察运用大数据这一手段，可以发现，无论是作用

① 李永军：《论〈民法总则〉中个人隐私与信息的“二元制”保护及请求权基础》，《浙江工商大学学报》2017 年第 3 期，第 15 页。

② 张树义、张力著：《行政法与行政诉讼法学》（第三版），高等教育出版社 2015 年版，第 31 页。

③ 同上注。

范围之广还是作用效果之强，这一方式都是无可替代的。也因此，必要性原则在大数据的运用问题上作用不大，权衡的压力只会落在均衡原则上。

于是第二个问题就涉及均衡原则，即狭义比例原则的运用。事实上，考虑到妥当性原则已被满足，必要性原则无法发挥实质作用，理论上对大数据手段适用比例原则，主要是适用均衡原则。均衡原则要求为达到目的所采取的手段，不能给相对人权益带来超过行政目的的价值侵害。① 这里值得考虑的问题是，相对人受到损害的风险（即受到损害的可能性）属不属于均衡原则中需要考虑的“损害”的一种。

传统上对相对人权利的限制，指的是倘若实施某项行政手段，会造成的消极后果。这里潜藏的含义是，消极后果的出现是顺理成章的、必然的。权衡者们比较的，主要是这些必然的后果发生的利弊。然而面对新的时代背景，由于与个人生活关联的紧密性，大数据意味着尽管不利后果的发生具有不确定性，但其更甚的严重程度必须被充分考量。除了更大范围的补救外，从根源上减少其可能性，同样必要。因此在理论上，风险性更高的行政手段本身也应当作为狭义比例原则的衡量标准之一。在可能发生严重不利后果的情形下，应当从严适用比例原则来规制相应的行政行为。

三、税务机关获取自然人涉税信息权边界的实证研究

税务机关获取自然人涉税信息的上限，可以通过考察个人核心利益之范围以及比例原则对征管行为的限制作用来共同确定；而税务机关获取自然人涉税信息的下限，则由正当合法的国库利益对征管行为之限制划出底线，同时比例原则也能够保证获取涉税信息的范围不过分狭小。至此，至少在理论上，税务机关获取自然人涉税信息的范围就有了一定的划界标准，继而避免个案的无据可依和过度自由裁量。在建立了理论划界标准后，关键在于如何将其应用到实践中。由于国内与自然人纳税人个人信息保护相关的法律体系尚未完善，与之相关的案件也鲜有出现，故本部分结合美国的制度和欧盟国家的若干经典案例，

① 张树义、张力著：《行政法与行政诉讼法学》（第三版），高等教育出版社2015年版，第31页。

在讨论三种不同的涉税信息获取方式的同时，分析税务机关获取自然人涉税信息的边界问题。

(一) 税务登记与纳税申报

在此首先需要明确的是，在三种涉税信息获取方式中，税务登记和纳税申报是最基础性的方式，通常情况下可以默认其信息获取的合法性和合理性。因此，相比于解决过度收集个人信息的问题，考虑此种方式是否存在潜在的风险也显得更为重要。美国是税收征管现代化的代表，本部分选择对美国的税务登记和纳税制度进行分析，进而探究其是否存在风险。

在美国，自然人进行纳税申报需要获取一个纳税人识别号码。联邦政府的个人纳税人识别号码有两种：社会保障号码（Social Security Number，SSN）和外国居民或非居民等没有资格取得美国社会保障号码的个人的识别号码（Individual Taxpayer Identification Number，ITIN）。① 后者的取得需要向国家税务局申请，并填写专门的表格 W-7，② 此种行为可以被认为是税务登记行为。而针对自然人的纳税申报，有多种供不同情形使用的表格，本部分选择最典型也最全面的表格 1040 进行研究。③

考察表格 W-7，可以发现需要纳税人提供的信息主要包括：姓名、申请人邮寄地址、国外地址（如果与邮寄地址不同的话）、出生日期、出生国家、性别、国籍、国外身份证号码、美国签证的种类、编号、有效期、证明身份的证件类型，以及大学或公司的名称、所在地、居留时间。考察表格 1040，其中需要填写的个人信息主要包括：纳税人姓名与社会保障号码、配偶姓名与社会保障号码（如果是联合申报）、家庭住址、市/镇或邮局、州、邮政编码、国外地址和邮政编码、申报纳税身份、是否有受赡养或抚养人（如果有，他们的社会保障号码、与纳税人的关系、是否居住在一起）等。

---

① 孙钢：《自然人税收管理体系建设的国际经验借鉴》，《财政研究》2017 年第 12 期，第 61 页。

② "Application for IRS Individual Taxpayer Identification Number", at https://www.irs.gov/pub/irs-pdf/fw7.pdf (Last visited on May 29, 2019).

③ "About Form 1040, U.S. Individual Income Tax Return", at https://www.irs.gov/forms-pubs/about-form-1040 (Last visited on May 29, 2019).

从上述信息可知，首先，从个人核心利益的角度，排除个人特殊原因，将这些信息向税务机关公开并不会给自然人纳税人带来难以接受的后果。其次，从妥当性原则的角度，上述信息的取得，能够使税务机关准确地在某个国家定位到某个自然人，确定其居民或非居民身份，向其发出通知，并准确地将其依照所得税法划入对应的申报身份中并适用相应的法律规定，从而初步达到税收征管的目的。再次，从必要性原则的角度，上述信息对税务机关达到征管目的而言不可或缺。最后，从均衡原则的角度，并未发现信息的获取与目的相比，是过度的、不合比例的。基于以上分析，在税务登记与纳税申报环节，可以判断，美国现行的个人信息获取是不曾越界的。

考察我国个人所得税自行纳税申报表（A 表）和个人所得税基础信息表（B 表），可以发现其获取的个人信息也都能够满足上述理论标准的要求，继而发现税务机关的信息获取行为是合理的。考虑到即将进行的个人所得税混合所得改革，美国目前适用的税务登记表和纳税申报表中符合信息获取范围的部分内容值得借鉴。比如，家庭联合申报中配偶基本信息的获取（配偶姓名、身份证件类型与号码、纳税人识别号等），再比如涉及家庭抚养及赡养情况的受抚养人或赡养人的基本信息的获取（受扶养人或赡养人的姓名、身份证件类别及号码、纳税人识别号、与纳税人的关系、是否居住在一起），等等。

（二）税务检查

相较于其余两种信息获取方式，税务检查由于其针对性和强制执行性，更可能引发税务机关与纳税人之间就信息获取问题的冲突。为此，本部分将通过欧洲人权法院的两个经典判例，结合理论框架，考察在税务检查中税务机关信息获取权的边界所在。

1. André and Another v. France 案①

本案中，律师安德烈和他所在的律所共同作为原告。2001 年 6 月，法国税务部门基于对安德烈服务的一家公司的税收欺诈怀疑，对原告的工作地点进行了税务检查，并取走了 66 份文件。原告认为这一次税务检查和对文件的获取行为是违法的，因为税务机关获取律师与客户之间的沟通文件，并不是为了证明

① See André and Another v. France，ECHR case No. 18603/03（2008）.

律师参与违法行为，侵犯了原告的专业秘密权和辩护权。

欧洲人权法院认为，依照判例，律师的工作场所也应被视为是《欧洲人权公约》第八条中的“住宅（home）”,[①] 因此对于律所的检查和文件的获取，等同于对该公约第 8 条第 1 款[②]“应当尊重公民的隐私、家庭生活、住宅及通信”的违背。继而，此种违背必须是“依法（in accordance with the law）”进行的。其次，公约第 8 条第 2 款[③]规定了例外情形，即“公权力机关不能侵犯第一款赋予的权利，除非比如行为是依法进行的，且就国家安全、公共安全或经济发展的目的、避免混乱或犯罪的目的、保护健康或道德的目的、保护权利和他人自由的目的而言对民主社会是必要的。”法院认为这一规定必须作狭义解释，且个案中例外情形的使用必须要有“充分的依据（convincingly established）”。[④]

对税务机关的行为，法院给出了否定的观点：首先，该行为侵犯了律师的专业秘密权。在其国内法中也存在对律师执业行为检查的允许规定，这种检查也必须有专门的保障措施。同样，尽管律师在某些情况下有配合打击犯罪的义务，但这些情形也必须有严格的制度保障。法院认为，虽然在检查时有律师协会主席在场，且他也对检查行为提出了抗议，但这依然无法避免律师的文件被检查和获取。其次，本案中的搜查证用语太过泛泛，赋予检查人员的权力过大。最后，也是最为重要的一点在于，税务机关从未对律师参与税收欺诈提出怀疑和控告，此次检查完全是因为税务机关在对税务欺诈案件的调查取证中遇到了困难，这样的税务检查对其目的而言是“不成比例的”。[⑤]

本案有这样几点需要予以关注。首先，不同于直接针对实施税收违法行为的嫌疑人进行的税务检查，本案检查的对象是律师，不直接涉及税收违法行为，而仅与嫌疑人有一定业务关联。这一身份能够对原有的理论框架作出两重扩展：一方面，律师的“专业秘密权”可构成对税务机关检查行为的特殊防御。也即在个案中，“个人利益”的衡量对象，除了隐私权等一般权利外，因身份所携

① See NiEmietz v. Germany, paragraph 30 of ECHR case No. 13710/88 (1992).

② See The European Convention of Human Rights (ECHR), art. 8 (1).

③ See The European Convention of Human Rights (ECHR), art. 8 (2).

④ See André and Another v. France, ECHR case No. 18603/03, paragraph 36, 38 and 4 (2008).

⑤ See ECHR case No. 18603/03, André and Another v. France, paragraph 41 - 48 (2008).

的特殊权利也应加以考虑。另一方面，本案中的律师并非是实施违法行为的嫌疑人，这一点直接影响到比例原则的适用。狭义比例原则要求目的与手段相匹配，对非嫌疑人员的调查，目的只是获取与嫌疑人有关的证据，目的的针对性影响手段应有的严厉程度，因此税务机关的检查行为需要更为谨慎和克制。

除了律师身份外，还必须对侵犯《欧洲人权公约》第 8 条第 1 款权利的例外情形作狭义解释，即应当狭义地解释在何种情况下对于权利的侵犯是“必要”的。① 对例外情形的“必要性”作狭义解释，意味着在某情形可能构成例外时倾向于不将其作为例外。换言之，当税务机关为税收目的侵犯公民上述权利时，通常情况下将优先保护公民利益，继而较为严格地限制了税务机关的征管行为。因此，在运用理论框架对税务机关的信息获取行为是否越界进行判断时，比例原则的适用应当从严。这一点在当下尤具意义，大数据时代的到来，在赋予税务机关更大信息获取权的同时，也加大了纳税人个人信息的安全隐患。为此，从严适用比例原则，是使国库利益与个人利益趋向实质性平衡的有效措施。

2. Bernh Larsen Holding AS and Others v. Norway 案②

同样是基于《欧洲人权公约》第 8 条，三家位于挪威卑尔根市的公司：Bernh Larsen Holding AS（以下简称“B. L. H.”）、Kver AS（以下简称“Kver”）和 Increased Oil Recovery AS（以下简称“I. O. R.”）作为原告，于 2013 年向欧洲人权法院提起诉讼。三家公司各自的信息系统共用一台服务器。服务器中存有这三家公司的电子档案和公司员工及其他服务人员的私人信息（包括私人邮件通信记录）。2003 年，卑尔根市税务局要求对 B. L. H. 2001 税务年度的公司财务状况进行审计。2004 年，税务局要求 B. L. H. 公司允许审计人员对服务器中的所有数据进行复制并带回税务局调查。公司方拒绝了其要求，理由是它们不拥有服务器而只是租了其中的一部分容量。于是税务局向使用服务器的第二家公司（Kver）发出了审计通知，要求其交出所有电子信息，又遭到了拒绝。随后经过沟通，两家公司妥协，但随即向挪威财政部下属的税务总局提出了申诉。在 Kver 公司告知税务局还有其他三家公司（包括第三家作为原告的公司）也使用这一服务器时，税务局又向这三家公司发出了审计通知。原告要求税务局立

① See ECHR case No. 18603/03, André and Another v. France, paragraph 40 (2008).

② See ECHR case No. 24117/08, Bernh Larsen Holding AS and Others v. Norway (2013).

即返还复制的数据，这一请求在诉讼中均遭到了驳回，因此原告在欧洲人权法院提起诉讼。

在认定税务局构成对《欧洲人权公约》第 8 条所赋予原告的权利的侵犯（即对住宅及权利的侵犯）后，① 法院讨论了这一侵犯是否具有正当理由：第一，国内法赋予税务机关获取它们认为与税收评估相关的所有资料的权力，但这并不意味着给予税务局无限的自由裁量权。并且，如果几家公司共享服务器，但能清楚地区分其档案信息，那么税务机关也不能获取不属于涉案纳税人的档案。但原告三家公司的档案并未做出清晰的区分，构成了“混合档案（mixed archives）”，税务机关在其中将只属于涉案纳税人的信息挑出来是相当困难的，因此法院认为税务局的行为满足合法性要求。第二，本案的信息获取行为是为了国家经济利益，具有正当目的。第三，法院从整体上考虑了行政行为是否符合狭义比例原则。本案中，税务局通过十多项措施②保障原告的信息安全，证明税务机关采取了有效的安全措施避免权力的滥用。因此，税务机关的行为并不违背第八条的规定。③

从本案可知，第一，法院在判断税务机关是否违背第八条的规定时，虽然运用的审判逻辑与之前构建的理论框架并不完全一致，但仍相契合。具体而言，判决中第一项与第二项理由，正是划界标准中税务机关征管行为的合法性与正当性；而判决的第三项理由，是划分边界标准中的征管行为是否满足比例原则。虽然并未对是否侵害个人核心利益做出直接判断，但满足比例原则已经证明了检查行为并未侵入个人核心利益的领域。倘若在其他案件中，检查行为违背了比例原则的要求，这时仍然需要检查对个人核心利益是否造成侵害及侵害程度，以确定最终的权利救济和责任承担方式。换言之，对于理论框架的应用，并不一定要按照先考察个人利益，再检验比例原则的顺序进行，而是可以灵活运用。

---

① See ECHR case No. 24117/08, Bernh Larsen Holding AS and Others v. Norway, paragraph 104 and 106 (2013).

② 这十多项措施包括：提前一年就审计行动通知了原告、在审计中原告有代表在场并能够发表意见、原告有申诉权、复制的数据存放在密封的信封中、开封时有原告的代表在场、审计人员有写报告的义务、原告有获得报告的权利、税务机关有需要立即归还无关文件的义务、在调查结束后所有在税务机关处的文件、数据以及阅读痕迹都被立即删除等。

③ See ECHR case No. 24117/08, Bernh Larsen Holding AS and Others v. Norway, paragraph 40-42, 45, 47, 126, 127, 132, 135 and 169-171 (2013).

第二，本案中出现的税务机关采取的安全保障措施，对今后我国的制度建设具有参考价值。一方面，遇到相似情形，上述措施可以被参考借鉴；另一方面，安全保障措施的出现，意味着对征管手段应同时考虑损害和救济两方面。在对行政行为是否符合比例原则做出判断时，除了考虑其对行政相对人造成的直接损害，还要考虑是否有对损害的预防和补救措施及其效果。

（三）第三方涉税信息提供

作为信息化征管下越发得到重视的信息获取方式，第三方涉税信息交换在实践中如何把握获取信息的度，则愈发值得关注。理论逻辑已无须赘述，本部分更希望通过相关案例，进一步完善和深化上文提出的理论框架。

1. Smaranda Bara and Others v. ANAF 案①

本案是 2015 年罗马尼亚克鲁日上诉法院（Court of Appeal）向欧洲法院（European Court of Justice）提起的预先裁定，希望欧洲法院就作为非数据接受者的政府部门，在既没有取得数据主体的同意，也没有对他们发出通知的情况下，处理数据主体的个人数据，尤其是与所得有关的数据的情况，是否违反欧盟 95/46 指令②的规定作出裁决。在本案中，原告巴拉等人是在罗马尼亚从事个体经营并取得所得的个人。罗马尼亚健康保险基金会要求这些人支付健康保险费。而这一要求是基于罗马尼亚税务局向基金会提供的与所得相关的个人数据作出的。原告认为税务局将与他们所得有关的个人数据传输给基金会的行为，侵犯了欧盟 95/46 号指令赋予他们的对个人数据进行保护的权利。因为仅仅凭借着两个部门的内部协议，这些数据被用于除收集它们的目的以外的其他目的，并且没有得到原告的明确同意，也没有在事前通知原告这一数据传输行为。

在预先裁定中，欧洲法院认为，首先，罗马尼亚税务局对将数据主体的个人数据传输给基金会的行为，并未尽到 95/46 指令中第 10 条规定的通知义务，也没

---

① See case C 201/14, Smaranda Bara and Others v. Preşedintele Casei Na ionale de Asigurări de Sănătate, Casa Na ională de Asigurări de Sănătate, Agen ia Na ională de Administrare Fiscală (ANAF), ECLI: EU: C: 2015: 461.

② Directive 95/46/EC of the European Parliament and of the Council of Oct. 24, 1995 on the protection of individuals with regard to the processing of personal data and on the free movement of such data.

有依照第 7 条的要求取得数据主体的同意。同时，基金会作为数据控制者也没有依照第 11 条的要求通知数据主体有关事项。其次，就是否符合例外情形的问题，尽管罗马尼亚政府提出，其国内法①要求税务局向基金会提供判断个体经营者是否为参与保险者的必要数据，包括与个人所得相关的数据，但法院认为，第一，国内法中规定的判断个体经营者是否是参保人的信息中，并未将个人所得信息包含在内；第二，罗马尼亚的国内法并没有明确排除税务局和基金会的通知义务，因此国内法无法构成指令第 13 条例外情形中要求的“法律措施”；第三，2007 年 10 月税务局和基金会签订的协议不能作为“法律措施”，因为它既没有充分公开（从未发布在政府公报上），也不对数据主体具有强制力。②

尽管本案并不是其他政府部门向税务部门提供涉税信息，但是案件重点仍然直指第三方信息提供的边界划分。换言之，当税务机关处于本案中基金会的地位，在相同的条件下从另一政府部门处获取公民的个人信息时，结果也会与本案相同。对于本案，有三个问题值得关注：第一，提供和交换信息所依据的规范性文件应当满足一定的要求。就本案而言，两个政府部门间签订的内部协议，效力层级太低，且未曾公开，也不具有强制力。而广义上的国内法中，又没有明确规定将个人所得信息作为交换信息。因此可反推，第三方信息的交换和共享所凭借的法律法规，既要有强制力，又应当对交换信息的内容、时间、频率等作出详细明确的规定。这也是对公民（或者说纳税人）个人信息保护的必然要求。第二，本案中 95/46 号指令第 13 条关于例外情形的适用，事实上隐含着比例原则的检验，这也与理论框架的逻辑相一致。正如有学者提出，在其他判例中法院已有这样的表述：“如果国内法不能通过欧洲人权公约第八条第二款的测试，就不能适用（95/46 指令）第 13 条。原因在于指令第 13 条中内涵的比例原则在此处并未得到满足”。③ 第三，政府部门间的信息交换，除了存在国库利益与个人利益的权衡外，可能还会存在其他部门利益与国库利益之间的冲突，最典型的就是税务机关征管行为与金融机构的保密义务之间的冲突。对此，同样可以参照上述理论框架进行衡量，只要将个人利益方换作其他部门利益即可。

---

① See The Fiscal Procedure Code, art. 11 and 62.

② See paragraph 67, 76, 77, 78, 83 - 86 of case C 201/14.

③ See paragraph 91. C - 465/00, C 138/01 and C 139/01 Osterreichischer Rundfunk and Others ECL: EU: C: 2003: 294.

2. V v. Parliament 案①

原告从 1997 年到 2006 年为欧盟委员会工作，并在 2006 年成为欧洲人事遴选办公室最终候选人之一，随后参加了医学检查，得出不满足健康标准的结论。后来，欧洲议会有意向与原告签约。但欧洲议会医学部门从欧盟委员会处取得了原告之前的体检报告，并作出原告不满足职位健康要求的结论。

原告向欧洲法院提起诉讼，理由之一是欧洲议会侵犯了其隐私权。首先，原告认为之前的体检报告应当在欧盟委员会处归档，并且报告已不再是医疗档案，因为其并未在委员会任职。其次，第 45/2001 号条例②禁止涉及原告的医疗数据从委员会传输到议会，因为当时这些医疗数据的收集只是为了委员会本身的招聘工作。最后，议会的医学部门的职责仅仅是进行体检而不包括对原告病史的调查。③

法院认为，将与个人健康状况相关的个人数据传输到包括某个机构在内的第三方，本身构成对个人隐私的介入，但是存在某些情形能够对个人基本权利进行限制。依照欧洲人权公约第 8 条第 2 款的规定，此类限制需要满足三点要求："依法"、是为列举目的之一、采取的方式是达到目的所必需的。就"依法"的要求，法院认为，虽然第 45/2001 号条例允许个人数据在机构间传输，但是其表述是宽泛的。同时，依照条例第 6 条的规定，只有在机构内部有明确规定的情形下，个人数据才能为被收集的目的以外的目的被处理。而议会内部没有就其他部门的候选人的医疗资料进行交换的规定。就"为列举目的之一"的要求，法院承认聘用前的体检构成对个人隐私的合理介入。就"采取的方式是达到目的所必需的"这一目的，法院提出，对个人健康信息的保密是个人基本权利保护的重要组成部分，考虑到医疗数据与个人紧密的相关性和敏感的性质，在不经过个人同意就进行数据传输的情形，应当有更为严格的要求。因此，法院认为尽管聘用前的医学检查本身是为欧洲议会的合法利益，但这不意味着其未经数据主体同意的数据传输行为合法。除了敏感信息这一理由外，法院还

---

① See case F－46/09, V v. European Parliament, ECLI: EU: F: 2011: 101.

② Regulation (EC) No 45/2001 of the European Parliament and of the Council of Dec. 18, 2000 on the protection of individuals with regard to the processing of personal data by the Community institutions and bodies and on the free movement of such data.

③ See paragraph 100 of case F－46/09.

认为，本案中的体检报告是在两年前作出的，是为了聘用原告这一明确的目的，而原告最终并未成为欧盟委员会的一员。另外，欧洲议会可以通过其他具有更小侵犯性的方式达到相同的目的，比如再进行一次体检或者取得原告的同意。基于以上理由，法院支持了原告关于欧洲议会侵犯其隐私权的意见。①

本案虽不是其他政府部门向税务机关提供信息，但当税务机关因某种原因获取纳税人任何较为敏感或特殊的个人信息时，其问题就与本案的争议焦点统一了。欧盟最新的通用数据保护条例就规定，通常情况下，获取涉及健康状况的个人数据是被禁止的，只有当评估雇员的胜任能力或进行医疗诊断的过程中必须用到相关个人数据时，才能够获取，并且应当对数据保密。② 在本案中，最重要的问题就是信息交换是否构成个人信息保护的例外。结合上案，可以说对于第三方信息交换与共享，绝大多数情况下都需要考虑这一问题。

本案中对于《欧洲人权公约》第 8 条第 2 款的应用非常值得借鉴。仔细研究法院选择的三个标准——“依法”“是为列举目的之一”“采取的方式是达到目的所必需的”，虽然这三点来自于对第二款条文字面表达的理解，但“依法”即合法性检验，同时也暗含着正当性检验；“是为列举目的之一”包含着正当性的检验和比例原则中妥当性原则的检验；而“采取的方式是达到目的所必需的”包含着必要性原则和狭义比例原则的检验。尽管呈现方式不同，最终需要检验的内容却仍离不开理论框架中对于税收征管行为的要求。除此以外，本案中法院的检验方式也值得关注。就合法性问题，与上案一致，本案也要求法律规定的明确性。就狭义比例原则的检验，法院考虑到了作为个人敏感信息的健康信息，与个人生活有着更大的紧密度，一旦侵害，对个人的伤害程度也更大，因此对于获取信息的要求也变得更加严格，继而需要从严适用比例原则。

（四）小结

虽然形式与逻辑顺序不一，但通过对上述四个案件的分析可以发现，各案的审理理由均能与上文的理论框架相契合，这至少初步说明了该理论框架的可行性。并且对税务登记和纳税申报的信息获取分析，都是从税收征管主动侵入

---

① See paragraph 113 – 127 of case F – 46/09.

② See General Data Protection Regulation, art. 9 (2) (h) and 9 (3).

个人信息保护这一角度出发的。此外，通过比例原则和个人核心利益保护理论确定征管范围的上限，也并非认为从个人信息保护角度出发的理论在实践中是无效的。事实上，分界的确定不仅存在于行政和司法过程中，在立法中也同样存在。从比例原则划定征管范围的下限和正当、合法的国库利益的保护，目的均在于不过分限制税务机关的征管行为。相较于实践应用，这一点在立法过程中扮演了更重要的角色，原因在于自然人纳税人不具有自由裁量权，对个人信息保护的范围往往由法律规定；但包括税务机关在履职的过程中除了有法定的获取信息的范围外，还有自由裁量的空间。正是这些自由裁量的空间造成了实践中绝大多数的边界争议。上述每一案件都能够为理论框架带来新的启发与思考，因此不断汲取案件审理的精华、完善理论框架，才能够更加准确地划分税务机关信息获取的边界。

四、税务机关获取自然人涉税信息权边界的制度完善

（一）涉税信息获取行为的合法性补足

从国库核心利益的角度，税务机关获取自然人涉税信息应当具备正当性与合法性。正当性，即为国库利益目的的实施征管行为，通常情况下均能够满足。合法性，即征管行为应当有法可依。在此问题上，现行立法亟待补充和完善。

具体而言，一方面，目前无论是税收征收管理法还是各税种法，均未明确规定自然人纳税人的税务登记，最高级别的相关规定是国家税务总局的一则公告。① 2015 年税收征管法修订草案虽有实质突破，但相应内容最终并未出现在通过的法律文本中。如上文提及的草案第 18 条第 4 款关于自然人纳税人或者其扣缴义务人申报纳税人识别号的规定；第 18 条第 1 款、第 22 条关于使用纳税人识别号的规定等。上述规定可以被进一步研究，为纳入法律规定做充足准备。随着个人所得税、房地产税等直接税的改革，自然人纳税人的税务登记将变得更为重要，仅有一则公告作为税务登记的依据显然过于单薄。因此，针对自然人纳税人的税务登记，需要尽快制定更为详细、正式的法律规定。倘若时机尚

① 参见国家税务总局公告 2013 年第 21 号《关于发布个人所得税申报表的公告》。

未成熟，可先制定行政法规或部门规章。

另一方面，在《中华人民共和国税收征收管理法》（以下简称《税收征管法》）中与第三方涉税信息共享有关的规定，仅有一条，且表述十分概括。① 但2015年税收征管法修订草案第四章信息披露（第30条至第35条）就第三方涉税信息的提供进行了较为详细的规定。当然其也存在一些问题：比如，第31条规定的从事生产、经营的单位和个人进行的信息提供有交易金额的要求，对于自然人个人信息的获取是否需要这样的金额门槛以及规定的金额是否合适，都值得商榷。另外，第32条和第33条专门就银行和其他金融机构以及网络交易平台的信息获取进行了规定，在某种程度上限制了信息获取的来源，与未来的大数据分析趋势恐怕难以契合。同时，第35条中提到“具体办法由国务院另行规定”。由于对第35条的解释直接关系到税务机关对自然人纳税人信息获取的实践，因此国务院应当就政府部门涉税信息的提供给出详细、明确的规定，使得这一信息获取方式真正做到有法可依。目前税务机关与其他部门进行信息交换的具体内容多由政府部门的通知加以规定，对于此类通知的法律效力，学界尚有争议，为此，未来至少应当在法律中增加授权性规定，使得第三方涉税信息的提供具有层级较高的依据。

（二）个人核心利益保护的立法推进

从个人核心利益的角度，立法应当将这些利益纳入规定。一方面，这是对个人利益进行保护的有利措施；另一方面，法律规定能够使得核心利益明确清晰，有利于实践中的应用与分析。对此，《税收征管法》中对保护纳税人个人信息作出了一些规定。如第8条第2款规定应当对纳税人、扣缴义务人的情况保密；第59条规定税务机关派出的人员进行税务检查时，有责任为被检查人保守秘密，以及“未出示税务检查证和税务检查通知书的，被检查人有权拒绝检查”等等。但是，这类间接的规定对自然人纳税人个人信息的保护，尤其是在大数据时代的背景下，显得较为单薄。

---

① 《税收征管法》（2015年修正）第六条：国家有计划地用现代信息技术装备各级税务机关，加强税收征收管理信息系统的现代化建设，建立、健全税务机关与政府其他管理机关的信息共享制度。纳税人、扣缴义务人和其他有关单位应当按照国家有关规定如实向税务机关提供与纳税和代扣代缴、代收代缴税款有关的信息。

为此，建议在税收征收管理法中纳入对纳税人个人信息的保护规定。另外，考虑到在第三方涉税信息交换时可能涉及的政府部门或其他单位的利益，对于这些利益与国库利益之间的平衡问题，实践中应当积极参考其他相关法律法规，综合分析考量，而不能仅将视野局限于个人利益范围内。

（三）从严适用比例原则

从比例原则对征管行为上限的衡量角度，税务机关的信息获取行为应当受到比例原则的限制。尤其是传统征管方式无法与大数据相抗衡时，这一原则应当从严适用。在此基础上，涉及更具侵略性的信息获取手段以及更具有敏感性的个人信息时，对征管行为的限制也应当更加严格。在最近一次（也即 2015 年）的税收征管法修订草案中，与这一要求相关的仅有第 32 条第 2 款，即要求“税务机关从银行和其他金融机构获取的纳税人信息只能用于税收目的，不得向第三方披露”。这一要求在未来应当扩展到税务机关从所有信息渠道获取的信息。倘若有例外情形，应当就例外做出严格规定。[①] 仅这一项要求不足以达到限制税务机关过大的信息获取权的目的，建议在税收征收管理法中加入对税务机关信息获取行为的更多具体要求，如获取信息的范围、方式必须与获取目的相符，信息的获取必须为合法、明确、具有特定的目的等。最后，从比例原则对征管行为下限的衡量角度，在制定相关法律法规对税收征管行为的范围及个人信息安全保护范围进行规定时，需要综合考虑上述二者之间的界限带来的征管效率高低和个人获益多少，以实现征管目标与手段的匹配。

总而言之，大数据时代给税收征管带来的变革是根本性的，无论是实体法上量能课税原则的进一步落实，还是信息化、高科技征管手段的运用，都证明了这一点。本文提出的运用个人利益、国库利益以及比例原则来对这一范围进行划界，确定征管范围的上限与下限，在理论上具有可行性，但任何理论都需要通过实践的不断检验和完善。如何在大数据时代下平衡税务机关的信息获取和个人信息保护，仍需持续深入的探讨。

（初审：肖可；校对：宗勇旭）

---

① 这一条款并未出现在最终的法律文本中。

各科专论

GEKEZHUANLUN

保证合同中保证人违约责任条款的效力研究

曹明哲*

摘　要： 对于交易实践中保证合同约定的保证人违约责任条款，司法实践对此存在着"有效说"与"无效说"的分歧。"无效说"认为该条款违反保证合同的从属性，致保证人于不利。但依据《担保法》第21条，保证范围可依当事人的约定而定。从学理上来看，保证合同的从属性可由当事人约定而突破，形成不同类型的独立保证；保证范围的从属性作为从属性的一个侧面，亦可依约定而突破。就裁判实践来看，其不属于格式条款规制体系，亦无无效事由。事实上，保证合同中保证人违约责任条款有其产生的恰当机理，且严格意义上保证担保的范围与单独的违约责任条款二者并不相同，显失公平以及公平原则均无法适用。但为平衡保证人与主债务人间的利益，该条款可适用违约金酌减规则，依具体案情决定是否酌减以及酌减数额。此为司法实践应对此类条款的最佳路径。

关键词： 保证合同；违约责任；独立保证；显失公平；违约金调整

一、问题的提出

保证作为"债的担保"之一种，为保障债权之实现而产生。传统民法理论一般认为，确保主债务得以履行是保证债务成立的目的和存在的意义，保证人

* 曹明哲，北京市第一中级人民法院民事审判第四庭法官助理，中国人民大学法学硕士。

仅可在保证责任范围内（小于或等于主债务）向主债务人追偿。① 因此，无论从保证产生之机理，还是法律保护保证人、平衡保证人与主债务人间的关系之意旨出发，保证债务都严格从属于主债务。② 从属性由此成为判断保证合同之成立及其效力的关键因素，甚至是主要因素。此种“从属性原则”覆盖了保证合同的方方面面，可进一步被分解为发生（成立）的从属性、范围及强度的从属性、处分（移转）之从属性及消灭之从属性等维度。其中，“范围上的从属性”指保证责任的范围从属于主债务的范围，即若保证人承担的债务范围超过了主债务的范围，应当将保证责任的范围缩减至主债务的范围。③

但是，在目前的信贷、交易和司法实践中，当债权人与保证人签订保证合同时，出现了并不符合前述理论的交易模式，双方在保证人符合约定条件时承担的保证责任之外，又约定了特定的违约责任条款，即当事人在保证合同中约定：当保证人不承担保证责任或违反合同约定的其他义务时，保证人应按主合同项下主债务本金（或按照逾期代偿额、未清偿数额）的一定比例向债权人支付违约金。④ 这类保证合同为保证人增设了违约责任，间接达到的效果是保证人承担的责任范围（仅指债务数额）超出了主债务的范围。那么由此导致的问题是，保证合同的从属性与此类条款是否存在矛盾？上述保证合同中的违约责任条款是否有效？

对此，司法实践中存在两种裁判观点。第一种观点认为，此条款有效。理由在于保证责任的范围属于债权人与保证人意思自治的范畴，只要不违反法律

---

① 参见《最高人民法院关于适用〈中华人民共和国担保法〉若干问题的解释》（法释〔2000〕44号）第43条；陈华彬著：《债法总论》，中国法制出版社2012年版，第246-247页；田土城、宁金成主编：《担保制度法律研究》，河南大学出版社2001年版，第84页。

② 参见邱聪智著：《新订债法各论》（下），中国人民大学出版社2006年版，第362页。

③ 参见王利明著：《合同法分则研究》（下卷），中国人民大学出版社2013年版，第258页；参见黄立主编：《民法债编各论》（下册），中国政法大学出版社2003年版，第867-868页。

④ 如在“罗由相与九江市正源资产管理有限公司、张小琼、蒋佳佳、代文亮民间借贷纠纷案”中，保证人出具的承诺载明“若未按此承诺执行，另加收10%违约金”。具体参见江西省九江县人民法院（2015）九民二初字第401号民事判决书等。结合检索情况及审判实践，多起案件中均存在类似约定。

的禁止性规定则合法有效。① 第二种观点认为，此条款违反保证责任的从属性，为无效条款，对于债权人的请求不予支持。② 其一，保证合同是主合同的从合同，若允许保证责任超过主债务的范围，将违反保证责任的从属性规则，可能产生滥用权利的后果；其二，保证责任超过主债务的部分，使债权人获得从主债务人处不能获得的利益，保证人对该部分承担责任后无法对主债务人追偿，将对保证人产生不公平的结果。③

上述关于保证合同中保证人违约责任条款的效力分歧主要集中于保证合同的从属性是否是判定该条款无效的理由。但是事实上，作为一项合同条款，依据理论与裁判共识，对其进行效力评价，在格式条款与非格式条款之下，存在各自的规范体系。④ 即在判断该条款为格式条款时，应进一步分析是否存在着格式条款的内容控制，即《中华人民共和国合同法》（以下简称《合同法》）第40条之适用；在非格式条款之下，判断其效力的规范受《中华人民共和国民法总则》（以下简称《民法总则》）第153条和《合同法》第52条之适用范围制约；此外，亦存在着可撤销、效力待定的判断与考察。因此，在考察保证合同中违约责任条款的效力时，除了考察保证从属性对该条款的效力影响外，亦应

① 依照合同自由原则，确定保证责任的具体范围，应按照保证合同的约定确定。参见杨立新著：《债与合同法》，法律出版社2012年版，第244页。持此类观点的典型裁判有：北京市朝阳区人民法院（2016）京0105民初65061号民事判决书；新疆维吾尔自治区高级人民法院（2016）新民终402号民事判决书；北京市第三中级人民法院（2017）京03民终11141号民事判决书；北京市高级人民法院（2018）京民申4322号民事裁定书等。

② 持此观点的典型裁判有：福建省厦门市海沧区人民法院（2013）海民初字第963号民事判决书；四川省成都市中级人民法院（2014）成民终字第5894号民事判决书；浙江省绍兴市中级人民法院（2015）浙绍商终字第1453号民事判决书；山西省太原市迎泽区人民法院（2016）晋0106民初字第2803号民事判决书；广东省中山市中级人民法院（2017）粤20民终1530号民事判决书等。

③ 参见胡建萍、王长军：《保证人承担保证责任的范围应以主债务为限》，《人民司法》2015年第24期，第55－57页。

④ 最高人民法院亦持此观点，认为违约责任的补偿性以及保证合同的从属性均无对应的法律条文，认定专门针对保证人约定的迟延履行责任条款无效缺乏明确的法律规定。且专门针对保证人约定迟延履行责任并未违反社会公共利益，属于当事人之间利益调整的范畴，而合同无效一般涉及违反社会公共利益问题。故应遵循一般裁判思路判断违约责任条款之效力。参见刘贵祥主编：《最高人民法院第一巡回法庭精选案例裁判思路解析（一）》，法律出版社2016年版，第46－47页。

按照上述司法裁判中的效力判断规则体系进行效力检视。以下，本文将沿着上述思路进行研究。

二、保证人违约责任条款的效力探究

（一）保证合同从属性无法阻却保证人违约责任条款的效力

依照民法价值判断的实体性论证规则，对于当事人意思自治的限制，必须提出足够充分且正当的理由。① 保证合同中的违约责任条款是当事人意思自治的产物，前述持无效说的司法裁判仅以保证合同的从属性为由，而忽视了独立性亦为保证的法律性质之一。保证合同作为一类合同，其本身即具有一定的独立价值。② 因此，从属性不能成为否定当事人间约定的绝对理由，应对保证合同及保证范围的独立性予以适当考量。

1. 保证合同的独立性

保证合同在主债务范围内具有独立性是学界普遍认可的观点，但事实上，保证合同在从属于主债务的范围之外，也具有一定的独立性，可单就保证债务约定违约金。③ 该问题可通过独立保证的原理及其发展进行解释。

理论上一般认为，当事人间基于意思自治而对保证合同进行例外安排，保证合同的从属性可因此破除，形成所谓的独立保证。④ 独立保证具有很强的独立性，可切断保证合同与基础交易间的关系，使保证合同成为一项独立的付款承诺；保证人仅受独立保证合同中所约定的内容之约束，从而完全脱离主债务

---

① 即“没有足够充分且正当的理由，不得主张对民事主体的自由进行限制”。详见王轶：《民法价值判断问题的实体性论证规则——以中国民法学的学术实践为背景》，《中国社会科学》2004 年第 6 期，第 113 页。

② 参见朱晓娟编著：《商事前沿案例评析教程》，清华大学出版社 2018 年版，第 336 页。

③ 参见崔建远主编：《合同法（第五版）》，法律出版社 2010 年版，第 172 页。

④ 参见高圣平：《论独立保证的典型化与类型化》，《武汉大学学报（哲学社会科学版）》2016 年第 1 期，第 93 页。

效力和范围的影响。[①] 虽然独立保证早已为国际社会所普遍认可，但此前，最高人民法院始终坚持“独立担保只能在国际商事交易中使用”，而对保证合同在主债务范围外的独立性持完全的否定态度。[②] 故我国理论界针对独立保证的讨论，主要基于《担保法》第5条的“约定除外”条款与《物权法》第172条“法律另有规定的除外”的例外性规定，围绕独立保证在我国的适用余地展开。[③]

随着商事交易实践的进一步发展，2016年，最高人民法院发布了《最高人民法院关于审理独立保函纠纷案件若干问题的规定》（以下简称《独立保函规定》），首次明确承认了国内独立保函的合法地位。保证合同的独立性得到了一定的认可和适用。目前理论界对于独立保证究竟仅指保证合同在效力上的独立还是指当事人任意突破从属性安排都属于独立保证，存在着争议。这也是为何很多观点认为担保法中的保证并不属于《独立保函规定》的“独立保函”。甚至也有观点认为，如果保证人与债权人约定抛弃有关保证从属性规定的权利或利益时，该合同并非保证合同而是损害担保合同。[④]

尽管我国的独立保证在学理和适用上均存在一定的障碍和限制，但不可否认的是，保证合同存在“突破从属性而独立”的理论基础。商事实践的发展和当事人交易模式、交易需求的多样化，使严格、僵化的从属性要求严重侵害了当事人间契约自由、责任自负的民事法律精神，阻碍了商事交易和相应保全制度的发展。因此，旨在减少权利实现障碍、获得快速偿付的独立保证合同逐渐

---

① 参见刘斌：《独立担保的独立性：法理内涵与制度效力——兼评最高人民法院独立保函司法解释》，《比较法研究》2017年第5期，第28页。

② 参见最高人民法院（1998）经终字第185号民事判决书、最高人民法院（2007）民二终字第117号民事判决书等。

③ 有学者认为，此两种例外性规定为独立保证的适用保留了合法的空间；也有学者认为，例外规定并非有关独立保函的约定，而只能是有关担保合同无效后当事人如何分担责任的约定。参见王琨：《我国独立担保法律构造与担保法体系的规范设置》，《河北法学》2017年第7期，第85页；李景辉：《独立担保在国内商事交易中仍具有从属性》，《人民司法》2015年第24期，第72页。

④ 参见吴启宾：《保证之特质与种类》，《法令月刊》第40卷第2期，转引自程啸著：《保证合同研究》，法律出版社2006年版，第224页。

发展起来。[①] 在“保证合同可独立于主债务之外”这一原理已得到认可的基础上，本文认为，当事人间根据意思自治而为的约定，可突破保证合同的从属性而成为违约责任条款有效的理由。

2. 保证范围的从属性可得突破

通过以上分析可以看出，独立保证因交易需求的多样性而产生，其独立性实质上来源于当事人间的意思自治。即保证合同的从属性可以由当事人另有约定而突破。从属性不可成为阻却意思自治（也即保证合同中保证人违约责任条款）产生效力的事由。如前所述，保证的从属性可被解读为多个从属性侧面，突破其中某一个或者某几个从属性侧面的保证合同，均有其理论与实践基础。“独立担保合同的当事人对从属性通过特别意思表示进行排除，其结果就形成了不同情形的独立担保。比如排除担保合同效力上从属于主合同的独立担保、约定担保人抗辩权不从属于主合同的独立担保等”。[②] 在交易实践中，“本（保证）合同独立于主合同，不因主合同无效而无效”“保证人在本保证合同项下的债务为见索即付，不得基于本保证合同和借款合同提出任何抗辩”等突破效力从属性、范围从属性和移转从属性的合同条款也较为常见，并逐渐为司法实践所接受。[③]

再者，以这样的逻辑出发，若《担保法》第 5 条关于担保合同效力的例外规定“另有约定的，按照约定”是效力从属性例外的依据，那么根据法条文义与体系解释在同一法律文本之上的一致性，《担保法》第 21 条中的“保证合同另有约定的，按照约定”便可作为保证范围从属性例外的依据。事实上，《担保法》第 21 条属于补充性任意性规定，当事人完全可以自由约定保证责任的范围。约定与法定的保证范围不一致，应优先适用约定的保证范围。[④] 即“确定

---

① 李昊、邓辉：《论保证合同入典及其立法完善》，《法治研究》2017 年第 6 期，第 68 页。

② 曹士兵著：《中国担保制度与担保方法》，中国法制出版社 2008 年版，第 37 页。

③ 认为此类条款有效的案件可参见：浙江省台州市中级人民法院（2010）浙台商终字第 284 号民事判决书；河南省信阳市中级人民法院（2011）信中法民再终字第 1 号民事判决书；安徽省高级人民法院（2013）皖民四终字第 00143 号民事判决书等。

④ 参见高圣平著：《保证合同重点疑点难点问题判解研究》，人民法院出版社 2005 年版，第 399 – 400 页。

保证责任的范围，原则上应依据当事人意思自治予以确定”。① 因此，保证范围的从属性亦可根据约定而突破。

综上，保证合同之从属性无法阻却保证人违约责任条款的效力，“保证人得惟就保证债务约定违约金或预定损害赔偿额或惟就保证债务提供担保。”② 在排除法律文本上的效力冲突性条款后，该条款自然进入了一般合同条款的效力检视流程。

（二）格式条款规制的检验

在前述裁判实践中，债权人多涉及担保公司、融资租赁公司、银行等金融机构，因此基于风险控制和节约成本的考量，确实有可能存在着格式合同的情形，进而保证人一方面可主张，在债权人未尽提示与说明义务之前，依据《合同法》第39条，该条款未订入合同；另一方面亦可主张该条款即便订入合同亦属于《合同法》第40条的规范范畴，属无效条款。但本文认为，该条款并不受到格式条款规范体系的约束。

首先，依据《合同法》第39条第1款的规定，格式条款提供方应采取合理的方式提请对方注意免除或者限制其责任的条款，按照对方的要求，对该条款予以说明。在保证合同为无偿订立时，债权人仅享有权利，基本没有义务和责任，故无所谓免除或者限制债权人责任，也就没有该条适用的可能。

其次，依据《合同法》第40条的规定，格式条款提供方免除其责任、加重对方责任、排除对方主要权利的条款无效。一方面，前述提及保证合同中保证人违约责任条款并不涉及免除债权人责任；另一方面，在订立保证合同后，在符合应承担保证责任的条件时，立即承担保证责任本来乃保证人的义务，若保证人履行该项义务，则不会有违约责任的出现，违约责任条款保障保证人履行保证责任亦难谓“增加保证人责任”，况且依照前述《担保法》第21条的规定，保证担保的范围可由当事人自由约定，此为法律所准许。

再者，尽管在涉及保证合同中保证人违约责任条款的裁判实践中，并无当事人主张适用格式条款进行抗辩的案例，亦无裁判观点采此路径。且在涉及保

① 王利明著：《合同法分则研究》（下卷），中国人民大学出版社2013年版，第276页。

② 史尚宽著：《债法总论》，中国政法大学出版社2000年版，第880页。

证合同的纠纷中，法官极少以格式条款否定保证合同中相关条款的效力。兹举一例，在债务人自身提供的物保与保证（人保）并存时，保证人在保证合同中放弃依照《物权法》第176条享有的先诉抗辩权，在司法实践中，尽管亦有保证人主张该条款属于格式条款的无效情形，但在裁判中无一例得到支持。①

此外，通过对司法实践的考察，该条款与一般保证合同中的条款不同，即该条款在保证合同中并不常见，该条款作为特约条款的可能性更大，因而从根本上就排除格式条款规则体系的适用。

（三）保证合同中保证人违约责任条款并无无效事由

基于保证合同从属性构建的相关规则，主要是保护保证人利益的相关规则，其本身并不涉及国家、集体、不特定第三人利益，更无涉社会公共利益。保证人基于自身情势考量，放弃从属性对其的保护规则，并无不当。保证合同中保证人违约责任条款在私主体之间订立，不违反公共利益，亦不损害特定第三人利益；保证从属性仅仅是一种学理或者法理上的逻辑归纳，同时可得由约定突破，故也无从谈及其违反法律、行政法规的强制性规定。因此该条款无法适用《民法总则》第153条和《合同法》第52条关于合同无效的规定。保证人违约责任条款当为有效。

三、保证人违约条款之正当性

（一）保证人违约责任条款的产生机理

保证人违约责任条款之效力除了在理论上可得证成，其产生亦有合理性。

保证人自愿承担违约责任很大程度上可能为保证人自身、债权人、债务人基于订立合同之时情势的考虑而做出的理性选择。对于债权人而言，该条款使得保证债权的担保得以加强，其债权清偿的可能性提高，“违约金和定金对于督

① 参见高圣平：《混合共同担保的法律规则：裁判分歧与制度完善》，《清华法学》2017年第5期，第145－146页。

促履行、确保债权实现具有独特作用，不能轻易予以否定”；① 对于保证人而言，该违约责任对保证人形成压迫，使其在符合清偿条件时立即清偿主合同债务，以免违约责任条款的生效致其不利，因为该项违约责任的支付并没有保证人追偿权的保障；对于债务人而言，由于保证人违约责任的承诺与增信，提高了债务人融资的能力，融资交易达成概率更高。此市场需求与订约情势是保证合同中保证人违约责任条款产生的内在机理。司法裁判显然应尊重个案中当事人之间的利益判断，以容易造成权利滥用和保证人无法行使追偿权为由否定保证合同中超出主合同债务范围的条款，有法律“家父主义”之嫌，与司法应尊重当事人意思自治的理念不符。否定该条款的效力一方面有违意思自治，另一方面破坏了民商事主体交易中的诚实信用。

（二）保证范围条款与保证人违约责任条款的区分

前述关于保证从属性的相关分析，系因主张保证范围具有从属性，保证人承担违约责任将使其保证责任超出保证范围。但是上述观点忽略了保证担保的范围条款与保证人违约责任条款其实是不同的概念，各自独立。

从法律条文之意涵来看，《担保法》第 21 条规定：“保证担保的范围包括主债权及利息、违约金、损害赔偿金和实现债权的费用。”该“保证范围”内的“违约金”为债务人与债权人间就主债务之履行约定的违约金，自然处于保证范围之内。但是，保证人在符合约定条件时未承担保证责任而应向债权人支付的违约金，则是保证人自己基于与债权人订立的保证合同单独承担的违约责任，该笔违约责任实际上在主合同债务中并没有与之相对应的债务项目。② 换言之，该笔债务不担保主合同之中的任何一项债务，不在保证担保的范围之内。

从学理上来看亦是如此。保证人的违约责任是为担保保证人履行义务而产生，对主债务而言，属于另一债务，与主债务间相互独立。其与受制于保证合同的从属性的保证责任是两个不同维度的责任，不可置于一处进行比较。且虽然保证人承担违约责任后，负担了比主债务人更重的责任，但这实为保证人与

---

① 韩强：《违约金担保功能的异化与回归——以对违约金类型的考察为中心》，《法学研究》2015 年第 3 期，第 58 页。

② 在保证人未承担保证责任的情况下，可使保证人承担独立的违约责任。参见陈访雄：《民间借贷，保证人如何约定违约责任》，《中国妇女报》2018 年 5 月 16 日第 006 版。

债权人间的意思自治，并不具有否定从属性的意义和效果。①

所以，从严格意义上讲，保证人承担的保证责任没有超出主合同债务的范围，该条款亦并没有违反保证合同的从属性。

（三）显失公平与公平原则的排除适用

前述提及，保证人违约责任条款无《民法总则》第153条和《合同法》第52条中的无效事由，另需检验的是该条款是否有可撤销、效力待定之情形。就保证合同中保证人违约责任条款而言，不存在效力待定之情形当无疑义，而在可撤销方面唯一有疑义的是是否有显失公平规则的适用余地。本文认为，保证合同中保证人违约责任条款并不构成显失公平。

在《民法总则》颁布之前，对于显失公平是采单一要件说还是双重要件说，无论在理论还是实务中均存在争议。②《民法总则》第151条规定，“一方利用对方处于危困、缺乏判断能力等情形，致使民事行为成立时显失公平的，受损害方有权请求人民法院或者仲裁机构予以撤销”，它将《最高人民法院关于贯彻执行〈中华人民共和国民法通则〉若干问题的意见》第70条的乘人之危和第72条的显失公平合并，也即显失公平的成立应当具备主观要件和客观要件，不能仅“唯（交易）结果论”。③ 而“民法设显失公平法律行为撤销制度，并非旨在管制交易内容的公平性，而是以维护表意人的意思自由为目的，即针对意思表示瑕疵行为向当事人提供救济”。④ 因此，在这样的前提下，仅以保证人在结果上承担较重的责任而忽略意思自治在其中的作用，在并无一方利用对方处于危困、缺乏判断能力等情形时而适用显失公平，显然并不恰当。

此外，前述否定违约责任条款效力的观点认为，该条款对保证产生不公平的后果，《民法总则》第6条亦规定，“民事主体从事民事活动，应当遵循公平

---

① 参见［日］我妻荣著：《新订债权总论》，王燚译，中国法制出版社2008年版，第415页。

② 对此可参见贺剑：《〈合同法〉第54条第1款第2项（显失公平制度）评注》，《法学家》2017年第1期，第155－174页。

③ 参见石佳友：《我国〈民法总则〉的颁行与民法典合同编的编订——从民事法律行为制度看我国〈合同法〉相关规则的完善》，《政治与法律》2017年第7期，第5页。

④ 李宇著：《民法总则要义：规范释论与判解集注》，法律出版社2017年版，第613页。

原则，合理确定各方的权利和义务”。但本文认为，公平原则无法作为否定该条款效力的依据。首先，前述显失公平已经是公平原则在具体制度上的表现，在否定显失公平的适用后，应无基本原则的适用余地；其次，与显失公平相同，法律行为的公平，“原则上是指‘主观公平’，即当事人依其自由意思表示所定内容就是公平的（法谚‘自愿即公平’），应将‘等价’理解为‘主观等价’”,[①] 因此即便保证人另外承担了违约责任，基于意思自治，该条款也应当是符合公平原则的。

（四）保证人违约责任条款中的利益衡量

利益衡量是贯彻在法律解释和适用过程中的思维方式，是整个法律解释过程中被广泛运用的论证和验证方法。如前所述，保证人违约责任条款具有正当性，无其他效力瑕疵。实质上，对该条款效力进行判断的背后，是法律与司法实践在保护保证人与尊重意思自治之间做出的权衡与选择。这一利益衡量体现了法律旨在赋予价值的利益和牺牲的利益。[②] 在认定该条款有效的基础上，司法对契约自由之价值的尊重程度暂时超越了保护保证人之意图，即保证合同从属性系对保证人的保护规则，在意思自治之下，保证人自愿放弃该规则，裁判应尊重当事人间的意思自治，认定该条款有效。但是，在尊重意思自治的立场下，裁判者的审查与判断重点与否定条款效力的裁判路径重点有所不同，当事人间意思表示是否真实有效、如何防止债权人与保证人利益间的失衡、如何防止债权人滥用权利，成了该路径之下裁判者审查和衡量的重点。

---

① 参见易军：《民法公平原则新诠》，《法学家》2012 年第 4 期，第 61 页。司法裁判中对该原则适用的典型阐述如河北省高级人民法院（2014）冀民一终字第 72 号民事判决书：“合同内容的双务或单务，合同价款的高低和双务合同的公平性等内容均是《合同法》规定的当事人自愿订约的权利保护范围，‘任何单位和个人不得非法干预’。单就合同内容的公平性不是人民法院司法干预的职权范围。《合同法》第 54 条规定的人民法院对‘显失公平’的撤销权更注重保护的是当事人的平等缔约权，即维护‘当事人法律地位的平等，一方不得将自己的意志强加给另一方’。只有合同当事人基于不平等法律地位，导致订立显失公平内容的合同的，合同内容的公平性才能成为人民法院审理合同撤销权案件的审查范围。”

② 参见王利明著：《法律解释学》，中国人民大学出版社 2014 年版，第 61 页。

四、违约金酌减规则的适用及其优势

《最高人民法院关于适用〈中华人民共和国担保法〉若干问题的解释》第43条规定，“保证人自行履行保证责任时，其实际清偿额大于主债权范围的，保证人只能在主债权范围内对债务人行使追偿权”，故保证人无法向债务人追偿此类违约金。出于对保证人利益的适当兼顾，防止债权人与保证人间利益的过度失衡，在承认保证人违约责任条款有效的前提下，裁判者审查的重点便转移至违约赔偿的数额之上。对意思自治的范围和方式进行一定的司法调整，此种做法有效地缓和了债权人与保证人间的利益冲突，使该条款的适用能够最大限度地发挥其促进商事交易之作用。

由于该条款为违约责任条款，自然有《合同法》关于违约责任的相关规定对其进行调整，尤其是《合同法》以及相关司法解释中的违约金酌减规则，保证人可根据《合同法》第114条第2款在诉讼中要求人民法院酌减违约金。[①] 最高人民法院在“中国建设银行股份有限公司广州荔湾支行与广东蓝粤能源发展有限公司、惠来粤东电力燃料有限公司等信用证开证纠纷申请再审案”（以下简称“蓝粤案”）中即指出，合议庭之所以最终没有采纳违约金条款无效的观点，即考虑到了我国《合同法》规定的违约金调整制度可对保证人的权利进行救济。[②]

此处有一前提问题需要说明，即《合同法》第114条第2款规定：“约定的违约金低于造成的损失的，当事人可以请求人民法院或者仲裁机构予以增加；约定的违约金过分高于造成的损失的，当事人可以请求人民法院或者仲裁机构予以适当减少。”本条文仅明确违约金可调整，但是本条文第1款规定，“当事人可以约定一方违约时应当根据违约情况向对方支付一定数额的违约金，也可

---

① 有关“违约金酌减”的裁判规则还包括：《最高人民法院关于适用〈中华人民共和国合同法〉若干问题的解释（二）》第29条；《最高人民法院关于当前形势下审理民商事合同纠纷案件若干问题的指导意见》第5条、第6条、第7条、第8条。参见罗昆：《我国违约金司法酌减的限制与排除》，《法律科学（西北政法大学学报）》2016年第2期，第115页。

② 参见刘贵祥主编：《最高人民法院第一巡回法庭精选案例裁判思路解析（一）》，法律出版社2016年版，第46－47页。

以约定因违约产生的损失赔偿额的计算方法”，对于损害赔偿额的计算方法是否可适用违约金调整规则存在疑义。但目前基本达成的共识是违约损害赔偿的计算方法与违约金应一体适用违约金调整规则，① 并且《最高人民法院关于审理买卖合同纠纷案件适用法律问题的解释》第24条第4款规定“买卖合同没有约定逾期付款违约金或者该违约金的计算方法……”该措辞亦将二者一体对待。故在这样的结论下，前述关于保证合同中保证人违约责任条款也能够适用违约金酌减规则，因为交易实践中对于该条款的表述，除了以具体的违约金形式存在外，也以计算方法的形式存在。

以违约金酌减规则来规制保证合同中保证人违约责任条款，在尊重意思自治的前提下，能够兼顾保护保证人利益。以违约金酌减规则来调整，不破坏当事人在交易实践中达成的约定，不对意思自治的底线造成冲击。同时，结合事实情况，将平衡当事人利益的价值判断以及前述无法直接作为裁判依据的公平原则，通过违约金酌减规则的酌减因素注入裁判之中，此种裁判路径是较直接否定该条款效力更优的选择。至于此时的违约责任是补偿性违约金还是惩罚性违约金，本文认为，由于保证人需要承担主债务人的责任，主债务中的违约责任已经包含了对于债权人的债权补偿，因而，此时的保证人违约责任不是一种补偿性违约责任，而是一种惩罚性违约责任。

而至于具体的酌减标准与酌减数额，应依具体案情而定，例如在“王某、李某等与邹某、重庆天仙湖置业有限公司融资租赁合同纠纷案”中，法院认为“李某与其配偶系为同一债务出具的同一份担保书，应共同承担《不可撤销担保书》约定的违约金，一审法院认定李某与王某分别承担违约金无法律依据，应予更正”，即将违约金数额缩减一半；② 另外，还可根据交易主体是否为商事主体、保证人履行保证责任的具体表现和时间长短、当事人过错程度、主债务数额与违约金数额对比情况以及订立保证合同违约责任的情形是否急迫和特殊等多种因素综合考量。如在“普定县鑫臻酒店有限公司与普定县鑫臻房地产开发有限责任公司与黑龙江省建工集团有限责任公司建设工程合同纠纷案”中，

---

① 参见耿林：《惩罚性违约金之辨与解》，《民法九人行》（第2卷），金桥文化出版（香港）有限公司2004年版，第173页；姚明斌：《违约金司法酌减的规范构成》，《法学》2014年第1期，第132页。

② 北京市第三中级人民法院（2017）京03民终11141号民事判决书。

法院指出，“该协议中违约金数额的约定，是在双方当事人就案涉工程施工已经发生较大矛盾并造成停工的情况下，在当地政府主持下达成，高额违约金的约定，其主要目的在于预防双方再次出现违约行为，激化双方矛盾……该违约金调减请求，与双方当事人签订上述协议时约定高额违约金的目的明显不符”，①此即基于订约当时的情势判定违约金不可酌减。

此外，除违约金酌减规则的适用外，防止债权人滥用权利亦为裁判的审查重点。为防止债权人滥用权利并恶意阻止保证人履行保证责任从而主张保证合同中的违约责任条款，裁判中应查明是否存在此种情形。尤其在当前民间借贷问题多发的时段，有的出借人以“失联”等故意行为造成债务人违约，对于此种情形，债权人请求保证人甚至是借款人承担违约责任的请求，显然不能支持。此外，对于债权人滥用权利的行为，也可参照适用《民法总则》第159条有关条件成就、不成就的拟制规定，视为条件已成就，保证人不承担违约责任，仅承担保证责任，以保护保证人的利益。

保证合同中保证人违约责任条款适用违约金酌减的思路也在最高人民法院的裁判中得到认可。如在“蓝粤案”中，最高人民法院认为，“最高额保证合同又约定保证人在担保范围之外另行承担每日万分之五的迟延付款违约金，显然属于《中华人民共和国合同法》第114条所规定的约定违约金过分高于损失的情形，根据该条及《最高人民法院关于适用〈中华人民共和国合同法〉若干问题的解释（二）》第29条之规定，人民法院可以基于债务人的主张对违约金进行酌减”。②

五、结论

综上，保证合同的从属性仅为其法律性质之一种，是保证合同具体适用规则上的一个理论总结，在特定情况下，保证合同的独立性可作为其本身与保证范围等侧面突破从属性的依据。因此，从属性原则不能作为否定保证合同独立性的理由。就违约责任条款来说，一方面，其属于当事人间基于意思自治进行

① 最高人民法院（2016）最高法民终106号民事判决书。
② 最高人民法院（2015）民提字第126号民事判决书。

的约定，根据法律与司法实践对契约自由的尊重，应对其效力予以肯定；另一方面，保证人违约责任实质上独立于保证责任，属于保证人与债权人间的约定，不受保证责任范围之限制；最后，违约方承担违约责任是合同法规则的常态，不存在价值失衡的现象，但若保证人承担的违约责任赔偿数额畸高，严重损害其利益，违约金酌减条款可对其进行救济。故认定保证人违约责任条款的效力不存在理论和实践上的障碍。

事实上，保证合同违约责任条款体现的是交易实践中交易当事人的意思自治，此类条款看似存在着不公正，但基于对商事交易中意思自治的尊重，在司法裁判中，裁判者应对此谨慎调整。例如，与本文保证合同违约责任条款效力的裁判思路相类似的是所谓“对赌协议”的效力认定与司法调整。在对赌协议的效力认定中，有观点认为对赌协议效力显失公平，有违股权之本质与股东风险自负的原理。但是实际上，对赌协议是商事交易中基于意思自治的风险安排，是典型的商事行为，一般发生在私募基金和未来公开上市的公司之间，“股权出价和定价应属于意思自治和可自我控制的范围，按照商事合同的风险自担原则，如无其他导致意思表示瑕疵的因素，不能由此作出显失公平的判断”。① 而同时，若关于风险负担计算方法导致回购价款畸高，则裁判者可基于《合同法》第 54 条或违约金酌减规则进行调整。因此在对待此类条款时，裁判者应秉持“尽量不干预、调整应谨慎”的原则。

（初审：陈宝妮；校对：陈扬）

① 季境：《私募股权投资中股权价格调整条款法律问题探究》，《法学杂志》2014 年第 4 期，第 53 页。

论有限责任公司股权的善意取得

——以法律解释为中心

王英州*

摘　要： 关于股权善意取得的合理性，学界存在一定的争议。多数观点认为，股权善意取得不符合利益平衡的要求、与相关制度存在冲突、具有可替代性且构成要件存在法技术之上的障碍。但事实上，上述观点存在忽略股权变动条件、没有界定股权善意取得的构成要件、错误地理解股东名册的作用等问题。股权善意取得是法政策的选择，应根据各种法律规定，尤其是物权法和相关司法解释，对其进行解释，以明确其适用情形和构成要件。《公司法解释三》第7条第1款、第25条第1款、第27条第1款均包含股权善意取得的内容。其中第27条第1款规定的股权善意取得构成要件为：股权变动后，原股东无权处分股权；以前转让合同约定的价格确定合理的价格；已经完成工商登记；第三人为善意；受让人具备可归责性。其他关于股权善意取得情形的构成要件应根据第27条第1款规定的构成要件进行调整。

关键词： 股权转让；善意取得；股权变动；构成要件

一、问题的提出

《最高人民法院关于适用〈中华人民共和国公司法〉若干问题的规定（三）》（以下简称《公司法解释三》）中规定，出资人以无权处分的财产出资（第7条第1款）、名义股东处分股权（第25条第1款）、股权转让后未办理变更登记又再次处分股权（第27条第1款）这三种情形，都应参照《中华人民

* 王英州，北京大学民商法学博士研究生。

共和国物权法》（以下简称《物权法》）第106条关于善意取得的规定进行处理。但我国学者对股权能否善意取得及股权善意取得的条件存在较大争议。① 那么，股权能否善意取得？股权善意取得能否适用于上述规定的全部情形？股权善意取得的构成要件应如何确定？本文将从我国学者的不同观点出发，运用具体的法律解释方法，并结合对司法实践的分析，进一步明确股权善意取得的适用情形和构成要件。

需要注意的是，《公司法解释三》并未对能够适用股权善意取得的公司的组织形式进行限制，有限责任公司与股份有限公司的股权转让均能够适用股权善意取得。又因有限责任公司的股权转让受到“其他股东同意”与“优先购买权”的限制，该限制可能影响对“善意”的判断，故有限责任公司股权转让时的善意取得之情形更为复杂。有限责任公司股权善意取得的适用情形与构成要件得以确定后，股份有限公司股权的善意取得以及以股权转让外的其他方式处分股权的相关问题便可据此进行相应调整并确定。因此，本文主要讨论有限责任公司股权转让时的股权善意取得。

二、股权善意取得的合理性探析

（一）股权善意取得质疑论之评述

1. 股权善意取得不符合平衡各方利益的要求

有学者通过对利益衡量的分析，质疑股权善意取得的合理性。第一种质疑观点认为，股东之间基于彼此之间的信赖关系而创设和加入公司，向股东以外

① 赞同股权善意取得的文献参见郭富青：《论股权善意取得的依据与法律适用》，《甘肃政法学院学报》2013年第4期；王丽美：《股权善意取得制度的合理性及适用性分析》，《中国政法大学学报》2014年第3期；傅穹、尹航：《利益平衡视野下的股权善意取得》，《净月学刊》2016年第1期。质疑股权善意取得的文献参见陈彦晶：《有限责任公司股权善意取得质疑》，《青海社会科学》2011年第3期；王涌：《股权如何善意取得？——关于〈公司法〉司法解释三第28条的疑问》，《暨南学报（哲学社会科学版）》2012年第12期；杨祥：《有限责任公司“一股二卖”善意取得之质疑——对〈公司法解释三〉第27条适用的限缩》，《西南政法大学学报》2015年第3期；张双根：《股权善意取得之质疑——基于解释论的分析》，《法学家》2016年第1期。

的人转让股权所引起的股东人数、持股比例、控制权的变化，均会对公司及其他股东的利益产生重大影响。[①] 第二种质疑观点认为，股权转让涉及股东的股权、有限责任公司的人合性、其他股东的同意和优先购买权等利益问题，需要平衡。[②]

由于有限公司存在以相互信赖为基础的人合性特点，股权善意取得会受到以下质疑：首先，股权除表征股东拥有的财产之外，还是公司这一组织赖以生存的基础，因此股权的转让必须服从于公司整体利益和其他股东利益保护的需要。如果公司股东以外的人善意取得股权，则《中华人民共和国公司法》（以下简称《公司法》）对股权转让限制的规定无从发挥作用。所以，股权善意取得与股东同意权、优先购买权相冲突。其次，善意第三人之交易安全的对立价值不仅仅是原股东的股权，还包括了原股东的社员权、对有限责任公司人合性的保护、其他股东的同意权与优先购买权等多种价值考量。善意取得注重保护交易安全，必然损害其他应受保护的利益。[③]

就上述观点而言：其一，股权善意取得不会与股东同意权与优先购买权发生冲突。构成善意取得的股权也需满足股权变动的条件，若不满足，股权不会发生变动。故其他股东的同意权与优先购买权构成了对股权转让的限制，可以起到限制善意取得的作用，且在构成股权善意取得之前即发挥作用，而不会与股权善意取得发生冲突。[④] 其二，股权善意取得同样不会与有限责任公司的人合性相矛盾。在名义股东转让登记在其名下股权的交易中，股东同意权与优先购买权可以通过限制股权转让，进而维护有限责任公司的人合性。即使股权转让人的相对人是善意第三人，上述限制也足以阻止他人进入公司。在“一股二

---

① 参见杨祥：《有限责任公司“一股二卖”善意取得之质疑——对〈公司法解释三〉第27条适用的限缩》，《西南政法大学学报》2015年第3期，第76页。

② 参见陈彦晶：《有限责任公司股权善意取得质疑》，《青海社会科学》2011年第3期，第113页。

③ 参见陈彦晶：《有限责任公司股权善意取得质疑》，《青海社会科学》2011年第3期，第113页。

④ 该理由仅能用于说明名义股东处分登记在其名下的股权的善意取得问题，因为股权转让后再次处分，是无权处分股权，不存在行使同意权和优先购买权的问题，即使作出不同意或行使优先购买权的意思表示，也不能取得股权，但公司其他股东是否作出相应的意思表示可能影响善意的构成。

卖”的交易中，不存在行使股东同意权和优先购买权，原因在于这些权利行使的效果是公司股东优先于股东以外的受让人取得股权。原股东再次转让股权的行为是处分已经移转给他人的股权，其他股东行使同意权和优先购买权的前提并不存在，即使其他股东作出行使同意权和优先购买权的意思表示，也不会产生相应的法律效果。但在此种情形之下，其他股东可以将无权处分的事实告知第三人，使第三人不构成善意，以防止其进入公司，从而维持公司的人合性。①

善意取得是解决利益冲突的一种法政策选择，其以牺牲真正的权利人的权利为代价，来保护善意第三人的利益，目的在于维护交易安全所代表的公共利益。② 立法通过取舍选择保护善意第三人的交易安全，《物权法》第106条规定所有权善意取得即是对所有权人的利益与善意第三人的利益（交易安全）的平衡。股权善意取得与所有权善意取得相同，其所要平衡的是股东的股权与交易安全，而不涉及其他利益。只有法律与司法解释才能做出此种选择。《公司法解释三》既已规定了股权善意取得，便说明了立法者与裁判者对此种交易安全的保护态度，故仅通过主观的利益衡量进行判断而忽略现实中的法政策因素，进而否定股权善意取得，较为不妥。

2. 股权善意取得与相关制度存在冲突

有观点认为，股东会对无权处分股权的转让行为作出决议，且办理了股东名册变更登记与工商登记，善意的第三人便能够取得股权，前受让人不是因为善意取得，而是因公司决议丧失了股权，明显违反公司法的基本法理。因股权转让人已不是公司股东，不再拥有公司股权，股东会无权就原股权转让人与善意第三人的股权转让行为作出决议，也无合法的理由变更股东名册。因此该行为无效，第三人不能取得股权。若允许股权由第三人善意取得，必然导致公司作出的认定善意第三人取得股权的决议有效。③

还有观点认为，股权受让人提起诉讼主张确认股东会决议无效，或主张公

---

① 如：在前一次交易中，其他股东放弃优先购买权，受让人是其他股东希望其进入公司的人，而无权处分交易中的第三人是其他股东拒绝进入公司的人。

② 张双根：《股权善意取得之质疑——基于解释论的分析》，《法学家》2016年第1期，第133页。

③ 参见王涌：《股权如何善意取得？——关于〈公司法〉司法解释三第28条的疑问》，《暨南学报（哲学社会科学版）》2012年第12期，第33页。

司变更股东名册的行为无效的，法院应予支持。但若在诉讼中第三人的工商登记办理完成，法院则应判决前述股东会决议和股东名册的变更有效。即股东会同意股权转让人将股权转让给第三人的决议的效力和股东名册变更的效力取决于公司是否及时办理了工商变更登记，股权善意取得由此使无效的决议有效。《公司法解释三》第 27 条第 1 款并非为保护善意第三人而设，因为即使第三人是善意的，能否取得股权仍应根据公司是否及时办理变更登记而定，公司因此可以选择前受让人或善意第三人作为公司股东。股权善意取得赋予公司一项否认前受让人，而接受善意第三人的反悔权。①

就上述观点而言，本文认为：

第一，有限责任公司的股权转让交易中不存在股东会决议。《公司法》第 71 条第 2 款规定有限责任公司的股东转让股权应得到公司其他股东过半数同意，第 73 条规定股权转让后，修改公司章程和变更股东名册的记载，不需要股东会表决。在整个股权转让的过程中，都不会形成股东会决议。既然不会出现股东会决议，则不能根据所谓的股东会决议的效力质疑股权善意取得的合理性。即使公司章程规定股权转让必须由股东会作出决议，也应区分不同情形进行分析。

第二，股权善意取得是否会使得公司损害受让人的利益，应根据公司主观层面的不同而分别进行分析。当公司主观层面为善意时，即股权转让人按照《最高人民法院关于适用〈中华人民共和国公司法〉若干问题的规定（四）》（以下简称《公司法解释四》）第 18 条规定的股权价格、数量、支付方式和期限等同等条件②通知其他股东行使优先购买权，但其他股东表示放弃；或公司章程规定股东转让股权必须经股东会同意，但股东会审查的内容不包括受让人，且若前受让人未按照《公司法解释三》第 23 条请求公司变更股东名册的记载，此时公司无从知晓该受让人已经取得股权的事实。善意第三人请求公司办理变更股东名册记载和工商登记，公司应根据善意第三人的请求进行办理，其行为完全符合《公司法》第 73 条及《公司法解释三》第 23 条的规定，不存在公司故意损害前受让人的利益的情况。当公司主观层面为恶意时，即受让人取得股

① 参见王涌：《股权如何善意取得？——关于〈公司法〉司法解释三第 28 条的疑问》，《暨南学报（哲学社会科学版）》2012 年第 12 期，第 33 页。

② 受让人不属于“同等条件”的内容，因此其他股东将不会知晓受让人的身份。

权后已经向公司请求变更股东名册，或公司章程规定转让股权必须通过股东会审查受让人等因素并以作出决议的方式同意，则公司已经知晓善意受让人的存在，也知晓原股权转让人的行为是无权处分。此时作出决议，明显且故意地损害了受让人的利益。因此，有必要对公司在办理变更股东名册时是否为善意、是否会对股权善意取得产生影响以及如何产生影响进行分析。没有区分以上两种不同情形，即认为公司会损害受让人的利益明显不合理。

第三，应根据《中华人民共和国合同法》（以下简称《合同法》）及相关司法解释关于判断合同效力的规定认定股权转让合同的效力，从而确定股权转让对相关法律行为的效力的影响。原股东在股权转让后再次处分股权属于无权处分，当事人不能以出卖人没有处分权为由，请求认定合同无效，但买受人可以要求出卖人承担违约责任。① 亦即，无权处分不影响合同效力。所以，原股东以其无权处分的股权为标的订立的股权转让合同有效。未对转让合同的效力进行认定而一概认为股东名册变更无效的做法，有失妥当。

第四，探讨股权善意取得应对其构成要件进行分析。上述观点没有在分析股权善意取得构成要件的基础上进行判断，缺乏整体性考量。采用不同方式界定第三人善意会得出不同的结论，如果认为第三人的善意存在于订立转让合同时，则会产生上述问题。如果认为第三人的善意应存在于变更工商登记时，则若开始了确定变更股东名册记载效力的诉讼，第三人便会知晓原股东无权处分的情形，故即使在诉讼中变更工商登记，也不构成善意，所以不存在变更股东名册的记载可能有效的情形。因此，应准确界定股权善意取得的构成要件，使股权善意取得与相关规定相协调。能否构成善意取得取决于是否符合构成要件，而不取决于公司是否及时办理登记以及公司决议的效力是否有效。

第五，股权善意取得并未赋予公司股东反悔权。公司有可能知道前受让人的存在，也有可能不知道。如果公司无从知晓前受让人的存在，自然不可能进行选择。即使公司为恶意，其为善意第三人办理股东名册记载和工商变更登记后，若符合善意取得的构成要件，股权仍由善意第三人取得。该安排的目的在

① 参见《最高人民法院关于审理买卖合同纠纷案件适用法律问题的解释》第 3 条："当事人一方以出卖人在缔约时对标的物没有所有权或者处分权为由主张合同无效的，人民法院不予支持。出卖人因未取得所有权或者处分权致使标的物所有权不能转移，买受人要求出卖人承担违约责任或者要求解除合同并主张损害赔偿的，人民法院应予支持。"

于保护第三人的交易安全，而非赋予股东反悔权。

3. 股权善意取得具有可替代性

有学者指出，《公司法》第32条第3款规定的“非经登记不得对抗第三人”，能够为善意第三人提供保护，因此没有必要采用股权善意取得便能够达到保护善意第三人的效果。①

《公司法解释三》规定了股权善意取得应参照《物权法》第106条规定的所有权善意取得，所以有必要分析所有权善意取得中的“善意”是如何产生的，并通过比较所有权善意取得中的“善意”，判断“未变更登记不得对抗第三人”能否取代股权善意取得。所有权善意取得中的善意是因信赖权利外观而产生的，信赖权利表征而为交易之人，法律承认其具有与取得真实物权相同的法律效果。②《物权法》第106条规定所有权善意取得以无权处分为前提，信赖无处分权人有处分权与信赖公示公信不存在重大差异。虽然该条规定善意信赖的内容为不知无权处分，但这种信赖实质上是对处分行为所指向的处分对象的公示与真实权利状况是否一致的信赖。③就不动产善意取得的“善意”产生而言，善意第三人获得不动产登记公信力的保护，与获得善意取得的保护不存在差别。

事实上，虽然股权未进行工商登记不得对抗第三人，能够起到保护善意第三人的作用，但不能据此否定股权善意取得，理由如下：

其一，因《物权法》第9条第1款规定未经登记不发生设立、变更、转让和消灭不动产的效力，所以除发生该法第28条至第30条规定继承等非基于法律行为的物权变动外，不动产登记簿登记的权利人与真实权利人是完全对应的。但股权工商登记的内容与真实权利人有极大的不相符的可能性。《物权法》第16条④规定的不动产登记簿的公信力比股权工商登记产生的公信力更强，因此与所有权善意取得相比，股权更有适用善意取得之必要。

---

① 参见张双根：《股权善意取得之质疑——基于解释论的分析》，《法学家》2016年第1期，第132页。

② 参见崔建远：《物权法》（第四版），中国人民大学出版社2017年版，第51页。

③ 参见耿林：《我国不动产善意取得的制度构建》，《华东政法大学学报》2017年第5期，第18页。

④ 参见《物权法》第16条规定：“不动产登记簿是物权归属和内容的根据。不动产登记簿由登记机构管理。”

其二，善意取得制度是在平衡当事人双方利益的基础上确立的。在发生利益冲突时，原则上应首先保护善意取得人的利益，其次保护真实权利人的利益。[①] 在这种利益平衡的视角下，不动产登记簿公信力的保护比善意取得的保护更强：首先，后者对善意的要求比前者更高，前者要求只有在明知的情况下才不受保护，后者要求不知且无重大过失就可构成善意。[②] 其次，善意取得的基础关系构成对善意取得的限制，基础关系应为有偿性的交易行为。[③] 合理的价格是平衡原权利人与取得人利益的重要因素，如果不以合理的价格转让，第三人的利益没有受到损失或受到损失较小，不符合善意取得的构成要件，不能取得物权，而不动产登记簿的保护则无合理的价格转让的要求。

对公示的信赖程度越低，取得权利的要求就应该越严格。如果股权工商登记无法产生如不动产登记簿的公信力，适用要求较高的善意取得制度是一项更为合理的选择。

4. 股权善意取得的构成要件存在法技术上的障碍

（1）“善意”构成的障碍

学界对股权善意取得还存在这样的担忧，即“善意”事实上难以达成。后受让人请求变更股东名册的记载和变更工商登记时，需要通知其他股东并获得同意，其他股东如果告知受让人前一次股权转让的事实，则受让人极易获知无权处分。[④]

上述观点虽然能够说明，在第三人申请变更股东名册记载或变更工商登记

① 参见耿林：《不动产善意取得制度的法政策研究》，《清华法学》2017 年第 6 期，第 111 页。

② 参见《最高人民法院关于适用〈中华人民共和国物权法〉若干问题的解释（一）》（以下简称《物权法解释一》）第 15 条第 1 款规定：“受让人受让不动产或者动产时，不知道转让人无处分权，且无重大过失的，应当认定受让人为善意。”《德国民法典》第 892 条第 1 款规定：“为以法律行为取得土地上某项权利或此项权利上的某项权利的人的利益，土地登记簿视为正确，但对正确性的异议已被登记或不正确性为取得人所知的除外。”

③ 参见耿林：《我国不动产善意取得的制度构建》，《华东政法大学学报》2017 年第 5 期，第 20－21 页。

④ 参见王涌：《股权如何善意取得？——关于〈公司法〉司法解释三第 28 条的疑问》，《暨南学报（哲学社会科学版）》2012 年第 12 期，第 32 页；杨祥：《有限责任公司“一股二卖”善意取得之质疑——对〈公司法解释三〉第 27 条适用的限缩》，《西南政法法学学报》2015 年第 3 期，第 77 页。

时，公司或其他股东可能告知原股权转让人是无权处分，“善意”不易满足，但是否构成“善意”按照相关规定进行判断即可，符合善意取得的构成要件仍然可以取得股权，而不能因为善意取得不易构成，就对善意取得进行否定。

（2）权利外观形成的障碍

还有观点认为，公司登记的作用是保护商事交易的范围，并且应限于与公司有关的交易。股权转让的主体是转让人与受让人，与公司无关。股权转让不属于以公司为主体进行交易的法律关系，即使公司登记中包含了股东信息，也不能作为第三人“善意”的依据。权利外观基础所公示的权利与真实权利应具有高度的一致性。工商登记虽然具有一定的公示性，但其所公示的内容并非必然指向股权归属，因此工商登记不能为权利外观基础提供正当性。①

有限责任公司股权变动存在股东名册记载和工商登记的双重公示形式。②股东名册并非公司登记必须提交的文件，公司登记机关无法进行审查，难以保证股权登记状态的真实性。股东登记的有关材料不能证明股权取得的基础关系。对股权受让人来说，登记程序是否启动以及能否及时且顺利地进行，均不在自己所能掌控的范围内；现行法未规定公司负责人不履行变更登记的义务，应受何种处罚，以及真实权利人应如何获得救济。③

就上述观点而言，本文认为：

工商登记后产生公信力的范围不应受到限制。股权工商登记后即可为社会公众所知，并产生一定的公信力。工商登记所产生的公信力可以作为善意取得的权利外观基础。股权登记的公信力虽然较弱，但此种公信力能否作为产生权利外观的基础，是法政策的评价问题。④ 动产善意取得可以以占有这种较弱的公示方法作为权利外观，工商登记也可以作为股权的权利外观。

---

① 参见张双根：《股权善意取得之质疑——基于解释论的分析》，《法学家》2016 年第 1 期，第 143 - 144 页。

② 参见王涌：《股权如何善意取得？——关于〈公司法〉司法解释三第 28 条的疑问》，《暨南学报（哲学社会科学版）》2012 年第 12 期，第 33 页。

③ 参见张双根：《股权善意取得之质疑——基于解释论的分析》，《法学家》2016 年第 1 期，第 144 页。

④ 在我国，司法解释可以直接作为裁判案件的依据，在民事案件中，司法解释的效力与法律、行政法规并无不同。《公司法解释三》第 27 条第 1 款已规定了工商登记能够作为股权善意取得的权利外观。

工商登记机关虽然难以通过基础关系确认股权登记的真实性，但工商登记仍然能够作为权利外观的依据。首先，办理工商变更登记的主体为公司，公司独立于转让人与第三人，能够拒绝没有正当权利的人的变更登记请求；其次，真实的权利人是自己权利最好的维护者，为维护自身利益应及时请求公司变更工商登记，以确保工商登记的内容与真实权利相符。善意第三人完全有理由相信股权工商登记所表现出来的权利外观，并将其作为善意取得的基础。

反观股东名册，其不能作为权利外观。股东名册仅为股东向公司行使权利的依据，公司股东以外的人不能查阅股东名册。权利公示应采用为社会公众所知的方式，所以股东名册不具有公示的作用。《公司法》中并不存在双重公示，唯一能起到公示作用的仅为股权工商登记。

最后，未及时办理工商登记应承担责任。《公司法解释三》第23条规定，合法继受人有权请求公司办理工商变更登记，如果公司不办理则应承担“债的不履行”责任。上述观点认为受让人完全不能掌握是否变更股权登记以及公司现行法未规定不办理登记的责任等看法，有失妥当。

（二）股权善意取得合理性之证成：基于解释论的立场

虽然学界对股权善意取得多持否定态度，但不可否认的是，它具有一定的合理性。通过上文的分析可知，质疑股权善意取得的各观点存在认为股权善意取得与相关利益存在冲突、未区分不同情形进行说明、观点逻辑自相矛盾、未对现行立法及司法解释进行整体考察、未探讨股权善意取得的构成要件、没有正确界定股权变动的条件等问题，且均无法作为否定股权善意取得制度的充分依据。究其原因在于没有对规范进行合理解释。股权善意取得是法政策在平衡各种利益的基础上所做出的选择，该制度侧重保护善意第三人的交易安全。所以，基于保护交易安全、稳定交易秩序、提高交易效率之考虑应当承认股权善意取得的合理性。① 质疑股权善意取得的观点明显忽视了法政策的价值选择对于设定法律制度发挥的重要作用。

从严格的法律解释的角度出发，法律应在司法裁判中发挥约束作用，但需

① 参见王丽美：《股权善意取得制度的合理性及适用性分析》，《中国政法大学学报》2014年第3期，第65页。

要对如何适用法律进行解释，法教义学的基本立场便是将法律规范作为处理法律问题的核心。① 进行法律解释，不应对作为解释前提的法律规范进行质疑。具体到本文分析的问题，基于解释论的基本立场，即不能质疑股权善意取得的合理性。股权善意取得的合理性不应是首先被探讨的问题。只有当运用各种方法进行充分解释后，仍然不能解决规范存在的问题，才能对其进行质疑并提出完善建议。

最后，如何解释股权善意取得的相关规定才是分析该制度的首要问题。与股权善意取得相关的两个重要问题是股权善意取得的适用情形与股权善意取得的构成要件，下文将分别进行分析。

三、股权善意取得适用情形之确定

我国学者对股权善意取得的适用情形也存在争议。有学者认为，股权善意取得仅适用于《公司法解释三》第 27 条第 1 款规定的“一股二卖”情形。在隐名出资的情形下，名义股东处分登记在其名下的股权，虽然违反与实际出资人约定，但名义股东为法律上的股东，其处分行为为有权处分，不存在善意取得问题。② 但也有学者认为，《公司法解释三》第 25 条关于名义股东处分登记在其名下股权的情形，也应适用股权善意取得的规定。③ 因此要确定股权善意取得的情形，应分别对《公司法解释三》第 7 条第 1 款、第 25 条第 1 款、第 27 条第 1 款的规定进行分析，以进行系统梳理。

（一）“一股二卖”之情形

无权处分为“没有处分权而处分他人财产”。④《公司法解释三》第 27 条第

① 参见雷磊：《法教义学的基本立场》，《中外法学》2015 年第 1 期，第 200－204 页。

② 参见张双根：《股权善意取得之质疑——基于解释论的分析》，《法学家》2016 年第 1 期，第 144 页；郭富青：《论股权善意取得的依据与法律适用》，《甘肃政法学院学报》2013 年第 4 期，第 132 页；傅穹、尹航：《利益平衡视野下的股权善意取得》，《净月学刊》2016 年第 1 期，第 34 页。

③ 参见王丽美：《股权善意取得制度的合理性及适用性分析》，《中国政法大学学报》2014 年第 3 期，第 63 页。

④ 韩世远：《合同法总论》（第三版），法律出版社 2011 年版，第 218 页。

1 款规定，股权转让后未办理工商变更登记，原股东仍然处分股权，与“无权处分”的含义相同。上述规定的适用情形符合物权善意取得的条件，可以参照所有权善意取得规则判断第三人能否取得股权。因此，上述规定属于典型的无权处分，与《物权法》第 106 条规定的适用前提相符合，类推适用无权处分的规则不存在问题。在司法实践中，亦有相关判决对《公司法解释三》第 27 条第 1 款规定的“一股二卖”情形适用善意取得规则予以认可。①

（二）名义股东处分股权之情形

对名义股东处分股权的情形能否适用善意取得，学界有不同的观点和看法。有学者认为，名义股东是真实合法的股东，其处分股权为有权处分，善意取得规则无从适用。② 也有学者认为，善意取得能够保护第三人的信赖利益，以维护交易的安全和便捷，所以名义股东处分股权应适用善意取得规则。③ 在司法实践中，存在两种不同做法：有的法院认为，在名义股东处分股权的情形下，可以参照适用善意取得规则，但未对处分股权是否属于无权处分进行说明。④ 也有法院认为，名义股东处分股权属于无权处分，应参照适用善意取得规则。⑤

名义股东处分股权情形下能否参照适用善意取得规则存在争议的主要原因在于对名义股东处分股权是否属于“有权处分”存在分歧。所以，分析名义股东处分股权是否构成有权处分，以及这一要素对于参照适用善意取得规则是否必要，是解决问题的关键。

1. 名义股东处分股权为有权处分

名义股东处分股权应为有权处分。《公司法解释三》第 24 条第 3 款规定，

---

① 参见广东省惠州市中级人民法院（2016）粤 13 民终 3877 号民事判决书；河南省安阳市中级人民法院（2018）豫 05 民终 3850 号民事判决书。

② 参见张双根：《论隐名出资——对〈公司法解释（三）〉相关规定的批判与发展》，《法学家》2014 年第 2 期，第 76 页。

③ 参见唐英：《论隐名股东的股东资格认定——兼谈我国公司法司法解释三相关规定的完善》，《贵州民族大学学报（哲学社会科学版）》2014 年第 6 期，第 66 页。

④ 参见山东省滨州市中级人民法院（2017）鲁 16 民终 1907 号民事判决书；吉林省辽源市中级人民法院（2017）吉 04 民终 798 号民事判决书。

⑤ 参见湖北省武汉市中级人民法院（2017）鄂 01 民终 2258 号民事判决书；湖北省荆门市中级人民法院（2017）鄂 08 民终 533 号民事判决书；湖北省荆门市中级人民法院（2017）鄂 08 民终 534 号民事判决书。

实际出资人未经其他股东过半数同意，不能请求变更股东名册记载。而请求公司签发出资证明书为股东的权利，故实际出资人不是股东而名义股东是公司股东。《公司法》第 71 条规定公司股东可以转让股权。所以名义股东有处分登记在其名下的股权的权利。

2. “参照适用”的功能分析

上文已经明确名义股东处分股权为有权处分，应在此基础上进一步分析“无权处分”是否为参照适用物权善意取得规则的必备要素。名义股东处分股权情形下适用善意取得是否合理应根据“参照”的功能进行分析。

“参照”是一种类推适用，即“将法律针对某构成要件（A）或多数彼此相类似的构成要件而赋予之规则，转用于法律所未规定而与前述构成要件相类似的构成要件（B）。转用的基础在于：二者构成要件——在与法律评价有关的重要观点上——彼此相类似，因此，二者应作彼此相同的评价”。① 进行参照适用应对参照者与被参照者的构成要件是否相当进行判断，及“依其规范功能及体系关联上的地位，互相比较观察，以认定在何种程度应对被准用者赋予相当的法律效果”。② 某项法律规定的重要构成要件如果与另一项法律规则的构成要件相符，则可以进行类推适用。《物权法》第 106 条第 1 款规定的构成要件为：处分人为无权处分、受让人受让物权时为善意、以合理的价格转让、完成公示。《公司法解释三》第 25 条第 1 款如果能够适用善意取得规则，应符合的构成要件为：转让人有权处分股权，受让人为善意，以合理的价格转让，已完成公示。上述构成要件中除股权与物权存在区别外，另一个区别是前者的构成要件为有权处分，后者的构成要件为无权处分。所以应判断“无权处分”这一构成要件是否为进行类推适用必须具备的重要因素。

首先，评价“无权处分”这一构成要件是否重要亦属于法政策选择范畴内的问题。《公司法解释三》第 25 条第 1 款对“名义股东处分登记在其名下的股权应参照适用善意取得”作出规定，表明立法与司法已认可了两者间的“参照”和类推关系。此种法政策选择较为合理，因为采用此种方式界定实际出资

① ［德］卡尔·拉伦茨：《法学方法论》，陈爱娥译，商务印书馆 2003 年版，第 258 页。

② 易军：《买卖合同之规定准用于其他有偿合同》，《法学研究》2016 年第 1 期，第 89 页。

人与名义股东的关系，能够使法院保护实际出资人的利益具有正当依据。在此情况下，无权处分即应不属于必须存在的重要因素，所以不应对《公司法解释三》第25条第1款规定的名义股东处分股权适用善意取得制度进行质疑，这符合法解释论的基本立场。

再者，参照适用物权善意取得规则的规定也符合利益衡量的结果：首先，参照适用物权善意取得，能够起到保护交易安全的作用，善意第三人的利益得到了保护。在名义股东处分股权的情况下，构成善意取得比较容易。因为其他股东和公司如果不知道实际出资人，即不存在“办理变更工商登记前被公司或者其他股东告知其为无权处分，从而无法构成善意取得”的情形。既然较易构成善意取得，善意取得人的利益能够较好地得到保护。其次，参照适用善意取得规则能够起到保护实际出资人的作用。如果名义股东处分股权，第三人只有在“符合善意”“支付合理的价格”等善意取得的构成要件的情况下才能取得股权，实际出资人能够以善意取得规则主张第三人不能取得股权，限制第三人取得股权，实际出资人的利益获得了保护。再次，此规定不会损害第三人的利益，因为根据法政策的考虑，恶意，即知道名义股东与实际出资人间的基础关系，或“未以合理的价格受让”的第三人不值得保护。最后，在司法实践中，对适用上述规定不存在较大争议，法院适用该司法解释规定也未造成明显不公平的结果。因此，《公司法解释三》第25条第1款是关于股权善意取得的规则。

（三）以无权处分股权进行出资之情形

《公司法解释三》第7条第1款规定，参照《物权法》第106条第1款的规定确定出资行为的效力，不属于对出资人的股权善意取得的规则。构成善意取得要求权利取得人为善意。出资人用无权处分的财产进行出资，不符合善意的要求，出资人因有效的出资行为而取得股权，而不是善意取得股权。在司法实践中，也有法院对出资人所设立公司是否构成善意进行判断，进而认定是否能够取得出资人无权处分的财产。①

但上述规定可能包括公司善意取得股权，在出资人以无权处分的股权进行

① 参见广东省江门市中级人民法院（2017）粤07民终1370号民事判决书；河南省新乡市中级人民法院（2013）新中民四终字第425号民事判决书。

出资的情况下，公司可以适用善意取得规则主张取得出资人无权处分的股权。但此种情形与《公司法解释三》第 27 条第 1 款规定“一股二卖”不同。因为公司所支付的对价为本公司的股权，而通常情况下后者所支付的对价为合理的价格。《公司法解释三》第 27 条第 1 款不属于统一的无权处分情形下的股权善意取得规则。如果出资人使用无权处分的股权进行出资，应适用《公司法解释三》第 7 条第 1 款的规定，参照善意取得规则使公司善意取得股权。因此，《公司法解释三》第 7 条第 1 款规定的善意取得的主体是公司，只有当无权处分人出资的财产是股权，才适用股权善意取得的规则。

因此，《公司法解释三》第 7 条第 1 款，第 25 条第 1 款，第 27 条第 1 款均为股权善意取得的规则，第 7 条第 1 款关于股权善意取得规则的部分应限缩为出资人以无权处分的股权进行出资。

四、股权善意取得构成要件之明晰

股权善意取得的构成要件应参照物权善意取得的构成要件确定。《物权法》第 106 条第 1 款规定的所有权善意取得应符合“处分人为无权处分”“受让人受让物权时为善意”“以合理的价格转让”“完成公示”四项构成要件，参照上述规定的股权善意取得也应具备这些构成要件。适用于不同情形的股权善意取得，其构成要件有所区别：《公司法解释三》第 27 条第 1 款关于原股东转让股权后，再次处分股权的规定与物权善意取得的构成要件相同；《公司法解释三》第 25 条第 1 款关于名义股东处分登记在其名下的股权的构成要件，与物权善意取得构成要件的区别在于其处分股权为有权处分；《公司法解释三》第 7 条第 1 款关于出资人以无权处分的财产进行出资，由公司善意取得的构成要件与物权善意取得构成要件的区别为支付的对价是股权，而非合理的价格。

所以下文仅分析《公司法解释三》第 27 条第 1 款应符合的构成要件，其他两项规定的构成要件根据与第 27 条第 1 款规定的区别进行调整即可确定。在司法实践中，法院均能够根据《物权法》第 106 条第 1 款的规定对构成股权善意取得应具备哪些构成要件进行准确判断，关键问题在于能否根据具体案情准确地判断股权转让行为是否符合股权善意取得的构成要件。①

（一）前提条件——无权处分

无权处分是指欠缺处分权限而作出处分他人财产的处分行为。② 具体到《公司法解释三》第27条第1款规定的情形，无权处分为：股权已经归属他人，原股权转让人又与第三人订立合同转让股权。构成无权处分股权的前提是股权已经在原股东与前受让人之间发生变动。在股权转让中，明确何为无权处分有必要对股权何时发生变动进行分析。股东同意权与优先购买权会对股权变动进行限制，在分析股权变动时，应结合这些限制条件并区分不同情形加以说明。

1. 股权变动条件之确定——其他股东放弃行使优先购买权

首先，《公司法》第71条第2款规定，股权转让人向其他股东以外的人转让股权，应获得其他股东过半数同意，在其他股东不同意转让股权且购买股权时，股权不能发生变动。其次，根据《公司法》第71条第2款和第3款的规定，部分股东同意转让股权或虽不同意转让股权但不购买而被认定为同意转让股权的情况下，其他股东可以行使优先购买权取得拟转让股权，股权不能发生变动。而如果其他股东不行使优先购买权，股权转让人可以将股权转让给公司股东以外的人，股权发生变动。再次，《公司法解释四》第21条第1款规定，股权转让人未就股权转让事项向其他股东征求意见，其他股东可以自知道或者应当知道行使优先购买权同等条件之日起三十日内或者自股权变更登记之日起一年内，行使优先购买权取得股权。即在此种情形下，应根据其他股东行使优先购买权的效果确定股权如何发生变动，该款规定的优先购买权与《公司法》第71条第3款规定的优先购买权的区别仅为行使的期限不同。如果其他股东不行使优先购买权，则股权发生变动。

《公司法解释三》第23条规定当事人继受取得股权后，可以要求公司签发

---

① 笔者在“北大法宝”网站上检索案例，并在检索到的案例中筛选有限责任公司股权转让的相关案例。法院对是否构成善意取得以及善意取得的构成要件进行认定的案件共有24件，法院认定构成善意取得的案件有8件，认定不构成善意取得的案件有16件，最后访问时间：2019年3月18日。

② 参见丁文联：《无权处分与合同效力——合同法第51条的理解与适用》，《南京大学法律评论》1999年第2期，第73页。

出资证明书、记载于股东名册并办理工商登记。《公司法》第 73 条规定请求签发出资证明书、变更公司章程和股东名册的记载均属于股东的权利。所以，在未记载于股东名册之前，股权即已发生变动。因此，股权转让时股权变动的条件为其他股东放弃行使优先购买权。在具体认定中，如果可以确定在前一次股权转让中，其他股东放弃优先购买权，则构成“无权处分”。

2. 司法实践中“无权处分股权”之认定

在司法实践中，有的法院对“无权处分”进行专门的认定。例如，在“成都泰和置地有限公司、李某股权转让纠纷案”中，泰和公司将其持有的泰和农业公司 100% 的股权转让给陈某，后又转让给李某、赵某，法院认定构成无权处分。① 在上述案件中，由于股权转让人是唯一的股东，不存在其他股东同意和行使优先购买权等问题，双方当事人的股权转让合同生效，即发生股权变动，再次转让构成无权处分。

在“吴某等诉符某等股权转让纠纷案”中，符某和刘某为达县胜利矿业公司的股东，股权分别为 49%、51%。符某、刘某、吴某三方约定符某将其享有的 49% 股权转让给吴某。后符某、刘某、宋某三方又约定将符某的 49% 股权转让给宋某，法院认定第二次转让属于无权处分。② 在本案中，两次转让公司其他股东均参加订立合同，说明其同意转让并放弃优先购买权，三方合同生效后股权发生变动，再次订立合同转让股权的行为构成无权处分。

（二）合理价格之确定——参照前转让合同价格

以合理的价格转让是否需要完成支付？在司法实践中，有的法院认为仅约定以合理的价款转让但未支付的情形构成善意取得，③ 而有的法院仅将“已经支付”作为“以合理的价格转让”。④ 物权善意取得即使尚未支付合理价款，但只要约定的价格合理，同样是价格合理，主要理由为：首先，《物权法》第 106 条第 1 款所使用的是价格，而未用价款，应当支付的标的物的对价为价格，可能是买受人已经支付的，也可能是未实际付款的；其次，“业已付清价款”背

① 参见四川省成都市中级人民法院（2018）川 01 民终 1842 号民事判决书。
② 参见四川省高级人民法院（2016）川民终 504 号民事判决书。
③ 参见最高人民法院（2013）民二终字第 29 号民事判决书。
④ 参见广东省韶关市曲江区人民法院（2016）粤 0205 民初 1104 号民事判决书。

离了物权公示制度与公信制度的要义；再次，善意取得制度得以确立，在于使交易相对人只要信赖具有公信力的物权公示，即可放心地与公示表征物权之人实施交易，取得交易的物权；最后，等价有偿的衡量标准和时点重在法律行为成立之时，履行结果是否体现了等价有偿是履行制度和救济制度所关注和解决的问题。① 上述学者认为合理的价格包括"约定但未支付的情形"的理由，较为充分。在股权善意取得的构成要件中，也应认为以合理的价格转让不需要已经付清价款。

《物权法解释一》第19条规定，应当根据转让标的物的性质、数量以及付款方式等具体情况，并参考转让时交易地的价格以及交易习惯等因素确定合理的价格。关于如何确定股权善意取得的合理价格，学界有不同观点，主要有：第一，可参考一些基本的会计运算以确定合理的范围，即"用公司账面的净资产与股东持有公司的股权总数相除，确定每股所代表的净资本额，然后乘以所处分的股份数，得出被处分的股份数所代表的净资产额"。② 并且可参考《最高人民法院关于适用〈中华人民共和国合同法〉若干问题的解释（二）》第19条第2款规定的"达不到指导价格或市场交易价的百分之七十"认定不合理低价，确定波动率为30%。③ 第二，可参考对所转让股权的评估价格，不明显低于评估价格就应该认为合理。④ 第三，确定合理价格的方法可以工商登记的出资进行确定。⑤

本文认为，确定合理价格最合理的方法为参考前转让合同所约定的价格。股权善意取得适用的前提为前受让人已经取得股权，而股权变动的条件是其他股东放弃优先购买权。如果转让价格较低，其他股东会行使优先购买权购买拟转让股权，受让人不可能取得股权，所以股东优先购买权能够发挥确定合理的

---

① 参见崔建远：《物权法》（第四版），中国人民大学出版社2017年版，第87－88页。

② 王丽美：《股权善意取得制度的合理性及适用性分析》，《中国政法大学学报》2014年第3期，第67页。

③ 参见王丽美：《股权善意取得制度的合理性及适用性分析》，《中国政法大学学报》2014年第3期，第67页。

④ 参见傅穹、尹航：《利益平衡视野下的股权善意取得》，《净月学刊》2016年第1期，第37页。

⑤ 参见陈彦晶：《有限责任公司股权善意取得质疑》，《青海社会科学》2011年第3期，第114页。

转让价格的作用。在司法实践中，有的法院根据“原股东与受让人订立的股权转让合同约定的股权转让价格明显低于前转让合同的转让价格”，认定不构成合理的价格。[①] 因此，如果转让价格不是明显低于前转让合同的价格，应认定为以合理的价格转让。

（三）公示要件——办理工商登记

《物权法》第106条第1款第3项规定物权善意取得应满足登记或交付，善意取得的关键在于已经完成公示，而不是已经发生权利变动，所以，采用《物权法》第27条[②]规定的占有改定方式，不能构成善意取得。不动产所有权登记为物权变动的公示，但股权工商登记“仅为宣示性登记，是否办理登记不影响已取得股权的认定”，[③] 工商登记不是股权变动的条件。[④]

在司法实践中，有的法院根据工商登记判断受让人是否具有股东资格。在“铜仁红果房地产开发有限公司与陈某股东资格确认纠纷上诉案”中，佳裕公司将其持有的红果公司的股权转让给陈某和曾某，但变更登记为曾某受让了佳裕公司持有的红果公司的全部股权，后曾某将登记在其名下的股权转让给其他四人，法院认为应当按照工商登记来认定股东资格。[⑤] 股权在公司其他股东放弃优先购买权时发生变动，在上述案例中陈某与佳裕公司订立了《股权转让合同》，且红果公司的其他股东未行使优先购买权，虽然未办理变更工商登记，但陈某已经成为红果公司的股东。曾某将登记在其名下的陈某的股权进行处分属于无权处分，上述法院仅将工商登记产生的对抗第三人效力作为第三人能否取得股权的条件，而没有对是否能构成善意取得进行分析，即没有考虑“以合理的价格转让”等构成要件，明显不当。

---

① 参见最高人民法院（2014）民二终字第205号民事判决书；贵州省威宁彝族回族苗族自治县人民法院（2015）黔威民初字第8号民事判决书。

② 参见《物权法》第27条规定：“动产物权转让时，双方又约定由出让人继续占有该动产的，物权自该约定生效时发生效力。”

③ 参见深圳市中级人民法院（2012）深中法商终字第563号民事判决书。

④ 股权善意取得与动产所有权善意取得规则更为相似，因为基于法律行为的不动产所有权变动，登记与变动完全重合，但在占有改定、所有权保留买卖、特殊动产交付等情形中，动产所有权变动与公示并不重合。

⑤ 参见贵州省铜仁市中级人民法院（2014）铜中民商终字第6号民事判决书。

在股权善意取得的案件中，有的法院将办理工商变更登记作为善意取得的条件。在“朱某诉严某等确认合同无效纠纷案”中，耿某持有玖圣公司65%的股权，其将所持有的35%的股权转让给朱某，但未办理工商登记。后耿某与严某约定耿某将其所持有的55%的股权转让给严某。法院认为：严某支付了合理价款，耿某已将转让标的55%的股权交付给严某，并进行了工商变更登记，严某善意取得了耿某名义上持有的玖圣公司的55%的股权。①

股权能否善意取得不应以股权是否发生变动进行判断，而应认定是否完成公示。《公司法解释三》第27条第1款规定股权善意取得适用的前提为股权转让后尚未办理变更登记，未办理工商登记的股权无法受到公示的保护，其股权存在被第三人善意取得的可能。在股权转让中，唯一能够起到公示作用的为工商登记。

（四）主观要件——第三人为善意

《物权法解释一》第15条规定，“善意”为第三人不知道转让人无处分权，且无重大过失。股权善意取得构成要件中的“善意”应该和上述规定作相同解释。股权在其他股东放弃优先购买权时发生变动，所以，有必要结合其他股东同意和股东优先购买权，对“善意”的认定进行分析。

第一，适用《公司法解释三》第27条第1款的规定参照物权善意取得规则，应符合“无权处分”这一条件，即股权已经发生变动。股权在其他股东放弃行使优先购买权时发生变动。变动后，受让人可以请求公司履行签发出资证明书、变更股东名册的记载、变更工商登记等义务。如果受让人已经向公司提出请求，无论公司是否已经完成变更股东名册的记载，原股东进行第二次处分股权，公司均知道无权处分的情形。公司将无权处分的事实告知第三人，第三人即会因知晓无权处分而不构成善意。如果公司不知道原股东无权处分或虽然知道原股东无权处分，但未将无权处分的事实告知第三人，应认为第三人为善意。

第二，原股东无权处分股权，不涉及公司其他股东行使优先购买权的问题。

① 参见贵州省威宁彝族回族苗族自治县人民法院（2015）黔威民初字第8号民事判决书。

原股东所处分的是不属于自己的股权，优先购买权的效果为优先取得股权。因此，即使其他股东作出行使优先购买权的意思表示，也无法产生取得股权的效果。但可能涉及其他股东对股权转让进行审查并影响善意的构成。首先，如果公司章程或股东会决议未要求对受让人进行审查，股权转让人仅需按照《公司法解释四》第18条规定的数量、价格、支付方式等通知其他股东。[①] 在其他股东作出放弃优先购买权的意思表示后，股权转让人以相同的条件再次转让，无须再次通知。其他股东不能审查受让人，也无从知晓受让人为何人，不存在其他股东将无权处分告知第三人。原股东出具其他股东的同意转让股权和放弃行使优先购买权的书面意见，应当认定第三人构成善意。其次，如果公司章程或股东会决议要求对受让人进行审查，股权转让人在第一次通知其他股东后再次进行转让，应将次受让人告知其他股东，此时其他股东知晓无权处分的存在。当其他股东同时为公司的董事、监事、高级管理人员时，第三人请求公司履行签发出资证明书、变更股东名册的记载等义务，即使前受让人未请求公司履行上述义务，知道无权处分的其他股东将此事实告知第三人，第三人知道原股东的行为是无权处分，不构成善意。

第三，明确有义务告知无权处分的主体，与“善意”的认定有关，因此有必要进行分析。《公司法解释三》第27条第2款规定受让股东可以请求原股东与未及时办理登记有过错的董事、监事、高级管理人员或实际控制人承担相应的责任。即公司的董事、监事、高级管理人员或实际控制人对受让人的股权负有保护义务，如果未及时办理登记应承担责任，比未及时办理登记更为严重的未告知第三人无权处分的事实也应承担赔偿责任。所以知道无权处分的公司有告知义务，违反此项义务属于债的不履行，应承担赔偿责任。虽然公司的董事、监事、高级管理人员有义务将无权处分的事实告知第三人，但第三人不必就无权处分进行审查。第三人因信赖工商登记所产生的权利外观而受让股权，在满足善意取得构成要件时即能取得股权，而不必就是否存在无权处分的事实询问公司。只要在第三人请求公司变更登记时，董事、监事、高级管理人员没有主动将无权处分告知第三人，即可认为第三人是善意。

第四，《物权法解释一》第18条第1款将“受让人受让不动产或动产时”

---

① 此时，其他股东对受让人为何人并不关心。

解释为："依法完成不动产物权移转登记或动产交付之时"，即"应在完成公示时为善意"。参照上述规定，股权善意取得中"善意"的判断时点应为办理工商登记之时。有观点认为，受让人在申请登记时为善意，就可构成善意取得。也有观点认为，在完成登记时为善意才能取得。① 在司法实践中，有些法院也认为第三人的善意应存在于完成登记时。②

将第三人善意认定为完成变更工商登记之时较为妥当，因为存在以下情形：第三人请求公司变更工商登记，在未变更登记之前，受让人起诉请求公司进行变更工商登记，如果法院支持受让人的诉请，受让人可以基于生效的法院判决请求公司履行判决确定的义务，登记机关应为受让人办理变更登记。如果这样，就不符合《公司法解释三》第27条第1款规定的"股权仍登记在原股东名下"这一前提，第三人也不可能获得工商变更登记。股权善意取得应参照物权善意取得的规则，完成变更登记为完成公示，这也更符合《物权法解释一》第18条第1款规定的"善意"。因此，将完成变更登记作为"善意"的判断时点更为合理，在此之前，如果第三人知道无权处分就无法构成"善意"。

第五，在司法实践中，法院综合各种因素判断是否构成"善意"，影响其构成的因素包括以下情形：其一，根据作为公司管理人员的第三人向受让人收取"管理费"，认定对受让人取得股东身份的"知情"；③ 其二，原股东与第三人存在亲属关系；④ 其三，第三人为公司职员，应对原股东与受让人转让股权知情；⑤ 其四，根据原股东、受让人、第三人曾经订立的"股权转让、变更合同"，认定第三人对无权处分知情。⑥

---

① 参见杨祥：《有限责任公司"一股二卖"善意取得之质疑——对〈公司法解释三〉第27条适用的限缩》，《西南政法大学学报》2015年第3期，第84页。

② 参见广东省惠州市中级人民法院（2016）粤13民终3877号民事判决书；最高人民法院（2013）民二终字第29号民事判决书；河南省安阳市中级人民法院（2018）豫05民终3850号民事判决书；四川省高级人民法院（2011）川民初字第3号民事判决书等。

③ 参见广东省深圳市中级人民法院（2017）粤03民终22798号民事判决书。

④ 参见贵州省铜仁市中级人民法院（2014）铜中民二终字第177号民事判决书；上海市第二中级人民法院（2017）沪02民终2817号民事判决书；最高人民法院（2014）民二终字第205号民事判决书。

⑤ 参见四川省成都市中级人民法院（2018）川01民终1842号民事判决书。

⑥ 参见贵州省铜仁市中级人民法院（2014）铜中民二终字第177号民事判决书。

（五）受让人具备可归责性

《公司法解释三》第 27 条第 1 款规定股权善意取得应参照适用《物权法》第 106 条规定的善意取得规则。但《物权法》第 106 条规定的善意取得的适用范围受到限制，即《物权法》第 107 条——权利人可以在两年内追回被无权处分的遗失物，即使受让人是通过拍卖或在具有经营资格的经营者处购得该物，所获救济的范围也仅限于所付的费用。根据上述规定，动产占有脱离物不能适用善意取得规则，原因在于对动产占有脱离物的权利外观的形成，真实权利人不具有可归责性。① 股权善意取得是否应受到限制，应分析前受让人是否具备可归责性，以及其可归责性是否能够影响股权善意取得。

分析前受让人的可归责性对第三人善意取得的影响前，应对物权善意取得中的可归责性因素进行介绍。要求真实权利人具备可归责性是对静态安全和动态安全权衡的结果，符合实质正义。② 可归责性是否影响善意取得应根据不同类型的权利外观进行判断，不动产登记簿的公信力较强，可以排除可归责性的适用，而动产以占有进行公示，公信力较弱，真实权利人的可归责性应影响善意取得的认定。③ 按照《物权法》第 106 条第 1 款和第 107 条的规定，对于动产，只有占有委托物可以善意取得，而占有脱离物则不能适用，即如果真实权利人不具备可归责性，则不能善意取得。

以真实权利人是否具有可归责性为标准，将动产分为占有委托物和占有脱离物两种类型，其中不具备可归责性的占有脱离物不能适用善意取得。真实权利人对于动产的可归责性，均为对于权利外观形成的可归责性，即基于自己意思形成的权利外观的物为占有委托物，非基于自己的意思而形成的权利外观的物为占有脱离物。进而言之，应分析前受让人是否能够根据自己的意思形成权利外观，进而判断是否存在可归责性。股权在其他股东放弃优先购买权时发生

---

① 参见程啸：《论不动产登记簿公信力与善意取得的区分》，《中外法学》2010 年第 4 期，第 526 页。

② 参见侯巍：《善意取得与占有脱离物：价值定位·制度选择》，《学术论坛》2007 年第 9 期，第 155 页。

③ 参见程啸：《论不动产登记簿公信力与善意取得的区分》，《中外法学》2010 年第 4 期，第 529 页。

变动，所以，在受让人取得股权后，办理变更登记之前，权利外观与真实权利状态出现了不一致。形成权利外观的原因是原股东与受让人订立股权转让合同导致股权发生移转。所以，在上述情形中，权利外观是基于受让人的意思形成的，受让人具有可归责性。

既然已经明确了权利外观能够因受让人的可归责性而形成，即应进一步分析受让人的可归责性对构成善意取得产生的影响。笔者认为，股权工商登记的公信力较弱，应有可归责性适用的空间。上文已论证，只有在办理变更登记时，第三人为善意，才能构成善意取得。所以，在公司为第三人办理登记之前，受让人可以请求变更登记，以使真实的权利与权利外观一致。即使公司不为受让人办理变更登记，受让人也可以通过提起诉讼的方式，阻止第三人善意的形成。受让人怠于行使权利导致其意思形成的权利外观延续至第三人完成登记时，应认定受让人具有可归责性，由第三人善意取得。但受让人不具备可归责性，则不能适用股权善意取得规则。例如，如果工商登记错误，受让人不知道登记错误的情形，且该股权被冒名股东转让，应当认定受让人不具备可归责性，不能由第三人善意取得。[①] 原因在于冒名转让有违真实权利人的意思，且冒名转让不为真实权利人所知。[②] 因此，只有受让人具备可归责性，才能适用股权善意取得。

综上所述，《公司法解释三》第27条第1款规定的善意取得应符合以下构成要件：原股东无权处分，无权处分应以已经发生股权变动为前提；以合理的价格转让，判断合理的价格应参照前转让合同约定的价格；办理工商变更登记；第三人在完成工商登记时是善意的，不知该转让为无权处分且无重大过失；受让人具备可归责性。

五、结语

通过上文的分析，本文得出以下结论：《公司法解释三》第7条第1款、第

---

① 参见余巍：《被冒名登记为公司股东的人所享权利之认定》，《人民司法》2012年第18期，第86页。

② 参见谭津龙：《中国有限公司股权善意取得的质疑——基于〈公司法解释三〉及其扩大适用》，《重庆大学学报（社会科学版）》2018年10月22日知网网络首发。

25 条第 1 款、第 27 条第 1 款均为关于股权善意取得的规定，股权善意取得能够适用上述三种情形。《公司法解释三》第 27 条第 1 款规定的股权善意取得应满足原股东无权处分、以合理的价款转让、办理工商登记、第三人为善意、受让人具有可归责性五项构成要件。第 7 条第 1 款、第 25 条第 1 款规定的善意取得的构成要件应对适用第 27 条第 1 款规定的构成要件进行具体调整。

质疑股权善意取得制度观点的各项理由，无法作为充分依据来否定股权善意取得制度，股权善意取得制度有其适用的合理性和空间。结合《公司法解释三》第 7 条第 1 款、第 25 条第 1 款、第 27 条第 1 款和《物权法》第 106 条第 1 款等规定，可将股权善意取得的问题归结为适用情形和构成要件两大问题。只要对上述两个问题进行明确，适用股权善意取得规则即具有可操作性。在此基础上所提出的股权善意取得构成要件的观点，可以作为司法实践中进行判断的具体标准。股权善意取得与股权变动、股东优先购买权均有密切联系，是重要的理论问题，除有限责任公司股权转让时股权善意取得的相关问题值得讨论外，股权质权的善意取得等问题也应予以关注。

（初审：郑磊茜；校对：陈扬）

规则思维下的犯罪论体系议论

李瑞杰*

摘　要：犯罪论体系的建构必须具备坚实的刑法典依据，刑事立法的滞后性与刑法解释的有限性使得简单移植他国犯罪论体系的做法不可行。在犯罪论体系议论中坚持规则思维，是坚持罪刑法定的必然要求。相较于哪种体系更为合理，更重要的是哪种体系更为符合刑法典确立的规则。学者若欲推动自己所主张的犯罪论体系成为指导司法实践的理论，就不应超越刑法典规则，更不能脱离本土规则去引进犯罪论体系。强调刑法典对犯罪论的制约作用，有助于我们反思犯罪论体系的“合法性”与“合理性”的内在张力，以深化犯罪论体系议论。

关键词：刑法典；罪刑法定；规则思维；犯罪论体系议论

“就学术批评而言，如果不以法律和法理为依据，其批评的质量必定难以得到保证，不但不利于司法进步，反而容易引发学术的混乱和实务的困惑。”① 十余年来，我国刑法学界部分学者一直极力推崇阶层体系。但是，综观阶层论者的学术言说，似乎出现了一个普遍性和根本性的问题，即规则思维的“缺席”。② 众所周知，犯罪论体系是对刑法典规定的犯罪成立要素进行梳理、总结与提炼的结果。学者们建构犯罪论体系时，当然也应立足于本国刑法解说罪刑规范，不能忽视各国刑法规范的内在差别。有鉴于此，犯罪论的建构必须立足

* 李瑞杰，南京师范大学法学院2018级刑法专业硕士研究生。本文受江苏省研究生科研创新计划“犯罪参加理论的讨论范式及其解构（KYCX19_ 0716）”资助。

① 赵秉志：《判例是实践中的法律和法理（代序）》，《〈月旦法学〉刑事法判例研究汇编》，北京大学出版社2016年版，第5页。

② 此处不逐一列明。例如，持阶层论的学者在论著中，都会认为正当防卫符合分则构成要件，精神病人与未成年人也会具备犯罪故意等。

于刑法典的规定，且目前阶层理论（主要讨论三阶层）与我国刑法在宏观与微观两个层面存在诸多不相容之处，阶层理论与现行刑法只能“择一”。

一、规则思维及其在议论中的必要性

（一）规则思维的内涵

思维是一切个体行动和集体行动的根源。规则思维是指人们在处理法律问题时，优先运用法律规则中的术语进行观察、思考和判断，而不是采取后果导向、政策导向的思维方式。① 在司法实践中则表现为对规则稳定力与约束力的维持，使法律适用过程呈现出连续性与承继性，坚决反对为达致某种优良的价值目标而突破规则的做法。在规则思维的主导下，任何具体的法律决定，都必须找寻到明确的规范依据，这可以称为一种“技术理性”。究其根本，就是对“合法性”的追求，以合法性作为思考和处理问题的基本判断标准。因此，在这种思维框架下，“依法”并不能做如贝卡利亚、孟德斯鸠那样的机械性理解。法律规则相对于社会事实毕竟是抽象、概括的，故“依法”要求人们必须致力于探求法律规则的边界与范围。也即，规则思维不妨碍人们对法律进行解释，也不妨碍人们在多种法律解释中基于个人价值偏好选择其中的某一种解释结论。

（二）规则思维在犯罪论体系议论中的必要性

1. 犯罪论与刑法典的不对称关系

实行法治，要求在一般的法学研究（除了法理学、法哲学与政策学科）中也应贯彻规则思维，对于坚持罪刑法定原则的刑法解释学、刑法教义学而言更是如此。只有这样，学术研究才能为刑事裁判活动提供有益的智识资源。然而解释的空间往往难与处罚的必要性形成某种正相关关系，换言之，并非某种行为越值得处罚，我们就越能给解释者以更大的解释空间。“当然解释”如果被误用（如“甲行为构成犯罪”且“乙行为比甲行为危害更大”，进而认为“乙

---

① “规则思维”就是通常所谓的“依法办事”“依法裁判”，即法官的司法判决必须建立在事先已经向公众公布的一般法律规范的基础上。参见舒国滢、王夏昊、雷磊著：《法学方法论》，中国政法大学出版社2018年版，第169－170页。

行为也构成犯罪”)，将会给刑事法治带来灭顶之灾。

犯罪论体系，是关于法律规范的诸多要素的结构性分析叙事，一种关于刑法及其蕴含的精神过程的主观认识，其本身即为一种实践理性与逻辑理性的统一体。犯罪论体系的建构过程，是人们通过理性赋予混沌以秩序的过程。犯罪论固有的理论属性使得它总是试图超越法律去发展自己，因此它并不随时与刑法保持一致。在这个意义上，日本学者松宫孝明指出：“犯罪论的体系化，并非出于某一法官整体思考的目的，而是为了以新型的解释论或体系论的发展为基础对总则进行整备，以为制定更为单纯且更具操作性的便于使用的刑法提供资助，即是为立法者提供参考。”①

综上，由于不是所有的犯罪论体系都具备合法性基础，所以“犯罪论不等于刑法典”。

2. 不对称关系的化解：刑法典优先

在立法保持相对稳定的今天，只要刑法典总则关于犯罪成立的条件暂时没有修改，结合刑法典确立了罪刑法定原则这一现实，犯罪论的建构就不能逾越刑法典的“藩篱”。作为干涉公民基本人权的刑法，必须具备充分的合法性基础，恪守罪刑法定原则。美国学者富勒就把法律界定为“人们的行为借此而服从规则治理的事业”。② 我们比较、构建犯罪论体系，虽然未必要同时进行具体而微与普遍宏大的研究，但是不能没有平和的观念，尤其是不能不关心中国法。③

也有学者认为，犯罪论的建构可以“超越”刑法典，犯罪论可以“形塑”刑法典。④ 这难以令人认同，如果用超越刑法的犯罪论去认定犯罪，可能违背了罪刑法定原则，毕竟“法律是什么”与“法律应当怎样”（理论建构如何更好）不是一回事。进一步言之，如果犯罪论体系的建构可以无视刑法，就无法

---

① ［日］松宫孝明：《犯罪体系论再考》，张小宁译，载《中外法学》2008 年第 4 期，第 566 页。

② ［英］韦恩·莫里森著：《法理学：从古希腊到后现代》，李桂林、李清伟、侯健、郑云瑞译，武汉大学出版社 2003 年版，第 413 页。

③ 否则，我们将为流行的偏见所支配，而满足于一些肤浅的和似是而非的结论。参见梁治平著：《法律史的视界：梁治平自选集》，广西师范大学出版社 2013 年版，第 204 页。

④ 参见江溯：《犯罪论对刑法典的形塑作用——以德国犯罪论与刑法典的关系史为线索的考察》，《南京师大学报（社会科学版）》2013 年第 1 期，第 78－83 页。

解释为什么德国刑法修正时会增设“正当化紧急避险”，会将共犯对正犯的极端从属改为“限制从属”（将“他人的犯罪行为”改为“他人故意实施的违法行为”）。

欲使犯罪论体系成为指导司法活动的理论，就必须以刑法典为依据来进行建构活动。新理论概念的建构需要与形式化理论的对话，概念的系统化也需要借助于形式逻辑。“法教义学必须受法律的约束，不能失去与法律的联系，更不能违背法律。一种没有法律根据的意见，不是法教义学上的结论。”① 笔者不否认法律能够并且需要被解释，但规范用语毕竟有其义不能及的地方。教义学永远都是不可能自给自足的规范学科，尤其是刑法教义学，受制于罪刑法定原则，反而经常出现供给不足的现象。

任何一个关于行为是否构成犯罪以及构成何罪的结论，都必须存在明确的法律根据，② 这是我国《刑法》第3条的要求。根据某一个犯罪论体系得出的结论，如果无法在现行刑法中找寻到自己的“规则肉身”，就不能成为适格的裁判结论。例如，德国学界广泛认为，“何时有责任且其是否被阻却是应由刑法来规定的性质，期待不可能性并不是为责任概念提供明确的内容和标准，故认定超法规的责任阻却事由是减弱刑法的功能和法律适用的平等的侵害责任主义”，必须“把期待可能性的刑法性概念限制在保证实证刑法规定内”。③ 同理，社会相当性理论的普遍运用也具有不确定性，即使将其用于出罪，也不能随意做出“出罪”的决断。借助于这样模糊的理论来说明不符合构成要件，在很大程度上会使得适用刑罚的标准陷入迷茫的境地。④

意大利的刑法学界也认为，法律没有明文规定的正当化原因，则不能予以

---

① 冯军：《刑法教义学的先行思考》，《法学研究》2013年第6期，第7页。

② 对于我国不少阶层论者来说，很难想象这样一段论述：“瑞士刑事司法制度坚持罪刑法定原则（Verfolgungszwang）。此原则基于所有公民在法律面前的绝对平等。因此，当有足够证据表明发生了刑事犯罪，检察机关就必须按照法律规定［《瑞士刑事诉讼法典》（CCRP）第7条第1段——引者注］起诉。”参见［瑞士］格拉迪斯·吉耶隆著：《瑞士的错误定罪：简易程度的问题》，冯军伟译，载《走向科学的刑事法学：刑科院建院10周年国际合作伙伴祝贺文集》，法律出版社2015年版，第665页。

③ ［韩］李在祥：《韩国刑法总论》，［韩］韩相敦译，中国人民大学出版社2005年版，第302－303页。

④ Vgl. Hirsch, Die Entwicklung der Strafrechtdogmatik nach Welzel, in: Festschrift der Rechtswissenschaftlichen Fakultät zur 600 – Jahr – Feier der Universität Köln, 1998, S. 421.

承认，因为这类原因事实上都具有习惯法的性质。承认他们的存在，就会违背法律效力等级原则——法律只能被后来制定的法律所废除，不能被其他比它效力低一级的法源所废除。如果法律明确规定习惯作为法源或者构成要件之一，虽然它也能发挥补充性法律的作用，但在这种情况下，“习惯”的意义恰恰也是由法律来决定的。① 笔者反对有利于被告人的类推解释，因为支持对有利于被告的规定适用类推的理由，同样可以用于不利于被告人的类推。适用有利于被告人的类推，实际上也是在破坏法律规定的一种秩序，通过类推扩大犯罪性，意味着缩小相关犯罪的范围——尤其在正当化事由的认定问题上。实行罪刑法定原则，任何不符合法律规定的结论都是不允许的。② 也就是说，所谓的开放性犯罪论体系不能够得到承认，司法实践也不宜采取“超法规阻却事由”对行为予以除罪化，③ 否则，将难以满足刑法体系概念清楚、明晰的要求。

在明确如上观点后，本文将按照《刑法》总则第二章的条文顺序，详细分析阶层体系与刑法规定的若干抵牾之处。当然，“宏观”与“微观”的划分只是相对而言的。宏观层面涉及阶层体系的核心命题，如果能在宏观层面否定阶层体系的合法性，就能奠定进一步讨论的基石。而微观层面只涉及阶层体系的细枝末节，不构成对阶层体系的“有力反驳”。换言之，如果在宏观层面，阶层体系能与我国刑法相容，那么如果能在微观层面予以变通，就仍能移植阶层

---

① 参见［意］杜里奥·帕多瓦尼著：《意大利刑法学原理（注评版）》，陈忠林译评，中国人民大学出版社2004年版，第23页、第138页。

② 同上注，第33－34页。更多论述，参见［意］塞乔·温奇奎拉：《法律解释相互矛盾对司法执行的负面影响及若干补救措施建议》，沈琪译，载《走向科学的刑事法学：刑科院建院10周年国际合作伙伴祝贺文集》，法律出版社2015年版，第179页。

③ 这并不是说笔者不承认“权利义务冲突”“正当业务行为”等的正当性，而是说它们的正当性的证成必须找寻到《刑法》总则的规定（第13条—第16条）。事实上，三阶层中，“违法性阻却事由”是一个很值得检讨的概念。“阻却违法”意味着“先有违法后有阻却”，但很显然，刑法上认为“不对的”行为不可能被其他法律认为是“对的”——刑法秩序是最为基本的秩序——否则法治国就会崩溃，而“违法性阻却事由”的概念无非是在说：这一个行为虽然违反了刑法（或者刑法分则），但是基于民商法、行政法等这是合法的——民商法秩序、行政法秩序等比刑法秩序更高。

体系。[①] 在笔者看来，阶层体系与要件理论的核心差异在于是否坚持“不法”可以独立于“责任”存在。这一差异又可以被进一步细化，比如：能否将“犯罪”解释为不法意义上的犯罪与不法且有责意义上的犯罪；离开了不法认识、责任能力、责任年龄等还能否成立故意与过失（因为构成要件故意、构成要件过失已经成为阶层体系的“通说”，即承认主观不法，如果能阐释故意、过失与责任之间不可割裂的联系，就能说明从“主观状态”中无法承认独立于责任的“主观不法”）；我国刑法是否区分了不法与责任。由于在刑法条文逻辑上，第二章第一节又统率第二节与第三节，下面将分开论说。

二、运用规则思维宏观审视三阶层体系

（一）犯罪概念的一般分析

刑法学中的犯罪概念，从理论的角度，是讲犯罪论的基本原理；从价值的角度，是什么样的行为才是侵犯全体公民基本人权的行为；[②] 从内容的角度，是讲犯罪的特征、本质、成立的条件及其认定标准；从实行罪刑法定原则的角度来说，应当主要关注我国《刑法》第二章规定的内容。由于《刑法》第 13 条对犯罪做出了一般性规定，第 14、15 条分别规定了两种犯罪形式（罪责形式），学理上应当重点剖析后两个条文的内容以及三个条文之间的关系。如果要使犯罪论体系具备合法性，就必须充分论证该体系符合了刑法典的规则。同样，犯罪论体系的议论，也必须围绕这些规则展开。

---

① 例如意大利、奥地利也采取了阶层体系，但是它们没有采取“共犯从属性说”（意大利还没有采取客观归责理论）。换言之，因传统通说的“极端从属性说”无法合理处理案件，从而得出应当在我国刑法中区分不法与责任进而采取“限制从属性说”的结论（参见张明楷著：《犯罪论的基本问题》，法律出版社 2017 年版，第 17 页），从根本上讲存在着“逻辑颠倒”的弊病（参见刘明祥：《从单一正犯视角看共谋共同正犯论》，《法学评论》2018 年第 1 期，第 85 页），是我国法学方法论极不成熟的经典个案。

② 只有从行为是否危及公民基本人权和根本法律秩序，并且使用刑罚是否达到了“不得已而为之”的地步，才能科学地说明刑罚的正当性与犯罪的本质。由此，刑法的调整对象与其他部门法也不同。参见陈忠林、王昌奎：《刑法概念的重新界定及展开》，《现代法学》2014 年第 4 期，第 109 页。

与我国刑法不同，德国刑法不存在“犯罪概念”的规定，只有重罪与轻罪的区分（第12条）。由于犯罪概念不存在，所以可以发展出“违法意义上的犯罪”“违法并且有责的犯罪”等概念。德国学者从贝林开始，就将犯罪定义为“符合构成要件的、违法的、有责的、出于合适的刑罚威胁之下并且满足了刑罚威胁条件的行为”。[①] 虽然后来又有发展变化，但是无论是“犯罪是符合构成要件、具备违法性与有责性（满足客观处罚条件）的行为”，还是“犯罪是不法且有责的行为”，都不是一个法定的概念。

我国《刑法》第13条确立了犯罪的一般概念，同时明确了犯罪的两个基本特征——“危害社会性”与“依法应受刑罚处罚性”。不能为了引入阶层体系，就提出“违法意义上的犯罪”的概念。由于四要件体系中，犯罪概念与犯罪构成是两个不同的范畴，所以我们不能从犯罪概念中推导出犯罪构成。在三阶层体系中，犯罪概念虽然与犯罪论体系合一，但是也无法从《刑法》第13条的内容中推导出来，“应受刑罚处罚性”与“有责性”显然是两个差异极大的概念，对社会没有任何危害的行为自然不具备应受刑罚处罚性，“情节显著轻微危害不大”的行为也不具备应受刑罚处罚性。此外，第13条的“但书”，是对前段规定的补充说明——不是例外规定，确立了具有中国特色的犯罪定量要素。必须充分重视“但书”在入罪上的限制功能。我们不能因为德日刑法未规定定量要素，阶层理论无法给定量要素安排一个合理的体系性地位，就抛弃“但书”。[②]

（二）罪过形式的认定规则

1. “故意”概念之设定

我国《刑法》通过第14条、第15条明确规定了“故意”与“过失”的概念内涵。而德国刑法与日本刑法只是在条文中使用了这两个术语，并未对其内涵进行界定。例如，《德国刑法典》只在其第16条规定了“行为人行为时对法定构成要件缺乏认识，不认为是故意犯罪，但要对其过失犯罪予以处罚”。[③] 且

---

① Vgl. Beling, Die Lehre vom Verbrechen, 1906, S. 7.

② 参见李瑞杰：《情节的结构与功能——准确理解中国特色的罪量》，《京师法律评论》（第10卷），中国法制出版社2016年版，第433页。

③ 《德国刑法典》（2002年修订），徐久生、庄敬华译，中国方正出版社2004年版，第10页。

在刑法典第一章第二节“本法之用语”中也没有对其进行解释，《日本刑法典》与此类似。在德国与日本，正是因为刑法缺乏规定，关于犯罪故意的概念内涵至今仍然有着很大的争论。或许有人会说，台湾地区“刑法”不是在采取三阶层犯罪论体系的同时，也规定了犯罪故意与犯罪过失的概念吗?① 但其概念基本还是停留在心理学层面，即对故意采取形式化理解，承认犯罪故意的“双重地位”，其概念内涵与大陆刑法存在明显不同。

与这一问题相关，我国《刑法》通过第 14 条至第 16 条明确规定了罪责原则，而《德国刑法典》与《德国基本法》都没有明确规定。不少学者由于我国《刑法》中出现了“责任”两个字，就将《刑法》第 5 条的规定概括为“责任主义”或“责任原则”。② 但在刑法学中，“责任主义”有其特定含义，是指行为责任（而不是结果责任）、主观责任（而不是客观责任）与个人责任（而不是团体责任），其属于犯罪成立要件的内容。而我国《刑法》第 5 条是量刑原则，并不涉及犯罪成立的问题。此外，我国刑法采取的罪过责任论，实际上是规范责任论，而不是心理责任论。因为《刑法》第 14 条、第 15 条明确了主观罪过的成立，在要求行为人与行为之间具备心理联系的基础上，还要求行为人具备社会危害性认识，而后者恰恰就是规范责任论中的“不法意识”。

2. 实质故意概念与形式故意概念之差异

德国、日本通说认为，“故意”是指对犯罪事实即符合客观的构成要件事实有认识，并且实现该认识内容的意思；“过失”则是指由于不注意而对违反注意义务的事实没有认识或没有形成反对动机，因而实施一定的作为或不作为。③ 相比之下，我国刑法在相应定义之中增加了一个要素——对行为社会性质的认识（社会危害性认识）。德日刑法学中，普遍将违法性认识理解为违反法律的认识，并且认为违法性认识不是故意与过失的内容，而是在具备“构成

---

① 台湾地区“刑法”第 13 条第 1 款规定：“行为人对于构成犯罪之事实，明知并有意使其发生者，为故意。”同条第 2 款规定：“行为人对于构成犯罪之事实，预见其发生而其发生并不违反其本意者，以故意论。”第 16 条规定：“除有正当理由而无法避免者外，不得因不知法律而免除刑事责任。但按其情节，得减轻其刑。”

② 参见冯军、肖中华主编：《刑法总论》（第 2 版），中国人民出版社 2011 年版，第 55 页以下。

③ 参见［日］大谷实著：《刑法讲义总论》（第 2 版），黎宏译，中国人民大学出版社 2008 年版，第 117 页。

要件故意”或“构成要件过失”后在责任阶层需要考虑的问题。

我国刑法未将事实意义上、作为心理要素的故意，与责难意义上、作为评价要素的不法意识①相区分。犯罪故意不仅仅是行为能力的认识因素与意志因素，而且还是“思想非价”的表现形式与实际载体。虽然“社会危害性认识”等同于“违法性认识”的概念内涵，但由于二者的功能地位不同——与本国刑法中犯罪故意的关系不同，所以我国刑法中的“故意”与“过失”不能等同于德日刑法中的“故意”与“过失”。

我国刑法规定了一种不同于德国、日本刑法的实质的“故意”概念，在德国“现行法律条文中是区分故意（第16条）和不法意识（第17条）的，‘故意说’（指犯罪故意包含不法意识的观点——引者注）并不符合法律上的这种规定”;② 我国刑法规定的犯罪故意要素包含了“非难可能性”。换言之，我国《刑法》第14条中规定的对社会危害性的认识，乃是不法意识，它有别于事实性故意。③ 缺乏不法意识的行为，依据《刑法》第16条，在我国就被视为意外事件。

已经有学者意识到，我国刑法理论中的“罪过”相当于日本刑法理论中的“责任”，因而相当于德国刑法中的Schuld,④但德日刑法中的“责任”不等于

---

① 不法意识（违法性意识），顾名思义，即是对自己行为违法性的意识，是对自己行为社会危害性的认识。持相同观点的人有Armin Kaufmann，Geerds，Herzberg，Lange，Otto，Ulrich Schrot，Schmidhäuser以及山中敬一、林东茂等。例如，德国学者耶赛克认为：“不法意识的对象并非指对违反法律规范的认识成立或者对行为可罚性的认识。当然，只要行为人知道，自己的行为与社会共同体的要求是相矛盾的，因而是被法律所禁止的便足矣。换言之，只要认识到实质性的违法就足矣，而且是‘普通人的认识’。”参见［德］汉斯·海因里希·耶赛克、托马斯·魏根特著：《德国刑法教科书（总论）》，徐久生译，中国法制出版社2001年版，第540页。这也在德国联邦法院关于“保护（柏林）墙的案件”（Mauerschützenentscheidung）中所体现，而且即使行为人认识到自己的行为在形式上被容许，但只要认识到自己的行为危害了社会，就具备了“不法意识”（Vgl. BGHSt，Bd. 40，S. 241 f）。如果认为违法性认识，是对自己行为不被法律乃至刑法所允许的认识，那应当称为“构成要件符合性认识”了。

② ［德］乌尔斯·金德霍伊泽尔著：《刑法总论教科书》（第六版），蔡桂生译，北京大学出版社2015年版，第278页；Vgl. Baumann/Weber/Mitsch，Strafrecht Allgemeiner Teil，11. Aufl.，Verlag Ernst und Werner Gieseking，2003，§21，Rn. 40。

③ 蔡桂生著：《构成要件论》，中国人民大学出版社2015年版，第245页。

④ 张明楷著：《刑法学（上）》（第五版），法律出版社2016年版，第240页。

“犯罪故意”“犯罪过失”，所以其无法与德日刑法的“犯罪故意”“犯罪过失”等同。事实上，“没有罪过就没有刑罚”这一格言中的“罪过”被日本学者翻译为“责任”进而传入我国，是造成当下我国刑法学界在“刑事责任”这一概念上极端混乱的重要原因。在要件理论中，行为是否是在与刑法所保护的价值相对立的意志状态下支配实施的、是否包含与刑法所保护的价值相对立的意志因素、包含何种与刑法所保护的价值相对立的意志因素，以及这种意志因素在现实中的实现程度，是决定一个行为是否成立犯罪、成立何种犯罪、成立何种形态的犯罪等说明犯罪严重程度的本质因素。① 单一的实质故意概念包容了社会危害性认识，拒斥了双重的形式故意概念，故我国刑法采取了“规范责任论”而否定了“心理责任论”。②

《德国刑法典》第 17 条关于禁止错误的规定，是建立在区分不法意识与犯罪故意的“罪责说”的基础上的，没有采取将不法意识作为犯罪故意的组成要素的“故意说”。③ 而按照三阶层体系论，成立故意只要求行为人对形式上符合犯罪构成的事实有认识就足够了，而不要求认识到行为属于排除社会危害性事由的程度。④ 但是我国《刑法》第 14 条、第 15 条明确采取了“故意说”，将社会危害性认识作为成立犯罪故意的条件。而且在我国刑法中，不能承认所谓的事实故意⑤——纯粹对实现构成要件事实的故意，也不能承认所谓的故意的

---

① 参见陈忠林著：《刑法的界限：刑法第 1～12 条的理解、适用与立法完善》，法律出版社 2015 年版，第 168 页。与陈教授一样，冯军教授也认为：“日本刑法学中的‘责任’，是从德国刑法学中的‘Schuld’一词翻译而来的。……不过，日本刑法学者和中国台湾地区刑法学者也往往使用‘刑事责任’一词，并赋予‘刑事责任’三种含义。”参见冯军：《论刑法中的“责任”概念》，《比较刑法研究》，中国人民大学出版社 2007 年版，第 18－19 页。

② 参见黎宏著：《刑法学总论》（第二版），法律出版社 2016 年版，第 168 页。刘艳红教授也认为：“我国刑法中罪过的判断实际暗含了类似于期待可能性的思想。”参见刘艳红著：《实质犯罪论》，中国人民大学出版社 2014 年版，第 223 页。

③ 参见［德］乌尔斯·金德霍伊泽尔著：《刑法总论教科书》（第六版），蔡桂生译，北京大学出版社 2015 年版，第 269 页。

④ 黎宏著：《刑法学总论》（第二版），法律出版社 2016 年版，第 186 页。

⑤ 既然罪过形式是行为人辨认和控制危害社会行为的心理态度，那么作为这种心理的载体的人必须达到刑事责任年龄，具备刑事责任能力。参见姜伟著：《罪过形式论》，北京大学出版社 2008 年版，第 43 页。

“双重地位”。①

意大利学者也指出，消极的构成要件要素理论，其本意在于弥合德国法律制度所特有的缺漏——对于错误地认为存在正当性事由的情形，缺乏一项排除故意的规范。但是，《意大利刑法典》第43条第1款规定了“故意”的定义，成立故意不要求“对于缺失各项消极要素具有认识”，并且第59条第4款明确规定了正当化事由认识错误，排除故意。②

3. 犯罪故意与责任能力、责任年龄的关系

我国刑法采取了接近古典故意论的单一的实质故意概念，即“故意”包括：对于构成要件的认识（知）、实现构成要件的愿（欲）望、认识实现构成要件将与社会敌对（不法认识），③ 因此不能辨认自己行为性质的人当然就不会具备对行为性质危害性的认识。只有将罪过视为纯粹的心理联系，才可能认为即使没有刑事责任能力的人，主观上也可能有罪过。④ 所以，我国刑法排除了未达刑事责任年龄、没有刑事责任能力的人，具备故意与过失的可能性。

《德国刑法典》第19条规定了“行为人行为时不满14岁的，无责任能力”，第20条规定了精神障碍者“不负责任”。⑤ 其措辞虽然与我国刑法类似，但结合刑法规范的内在体系思考，我国《刑法》第14条与第15条，各在第2

① 参见陈忠林、李瑞杰：《犯罪故意：立法比较与学理阐释》，《湖北警官学院学报》2017年第4期，第102－109页；贾健、李瑞杰：《实质故意形式化检讨》，《湖南警察学院学报》2017年第5期，第52－62页。笔者这一观点在江溯教授以及陈璇教授的文章中也得到支持，参见江溯：《规范性构成要件要素的故意及错误——以赵春华非法持有枪支案为例》，《华东政法大学学报》2017年第6期，第49－56页；陈璇：《责任原则、预防政策与违法性认识》，《清华法学》2018年第5期，第89－111页。

② 参见［意］艾米利奥·多尔契尼：《意大利法律制度中犯罪的概念及其体系论》，吴沈括译，载《走向科学的刑事法学：刑科院建院10周年国际合作伙伴祝贺文集》，法律出版社2015年版，第208页。

③ 林东茂著：《刑法综览》（修订五版），中国人民大学出版社2009年版，第104页。

④ ［意］杜里奥·帕多瓦尼著：《意大利刑法原理（注评版）》，陈忠林译评，中国人民大学出版社2004年版，第172页。

⑤ 参见《德国刑法典》（2002年修订），徐久生、庄敬华译，中国方正出版社2004年版，第10页。

款中确立了“犯罪的就应当负刑事责任”的原则。① 而何为“故意犯罪”（犯罪故意）、何为“过失犯罪”（犯罪过失）又各自在第1款中规定了。这也就是说，未达刑事责任年龄、不具备刑事责任能力的人，无论他对自己的不法行为持何种心态，立法已经明确将其排除在犯罪故意与犯罪过失之外了。但是，在德国与日本，若甲杀死了乙，关于这一事实，如果确定有甲出于故意杀死乙的事实，在“有无构成要件符合性”的判断上，重要的只是该事实是否符合杀人罪的行为，至于甲是出于正当防卫而杀死了乙，还是由于精神病发作而杀死了乙，则并不重要。②

刑事责任年龄与刑事责任能力是承担刑事责任的前提，是产生“故意”与“过失”的前提。既然罪过形式是行为人辨认和控制危害社会行为的心理态度，那么，作为这种心理的载体的人必须达到刑事责任年龄、具备刑事责任能力。罪过心理是主体要件的具体体现，是运用主体的认识能力和控制能力的实际结果。③ 所以，未满14周岁的人偷拿商店商品的行为，从道义或者一般生活经验来看，是值得谴责的行为，但该行为在刑法上则没有被谴责，是因为未满14周岁的人在刑法上被视为不具有辨认、控制能力的人。④

（三）不法与罪责的关系论

有学者认为，“中国现行《刑法》第1条关于刑法目的、第2条关于刑法任务、第3条关于罪刑法定、第5条关于罪责刑相适应的规定，已经蕴含了定罪必须满足构成要件该当性、违法性与责任的阶层体系要求”。⑤ 但事实上，这四条规则推不出我国刑法区分了“不法”与“有责”。首先，四要件与三阶层的差异不在于犯罪要素的多少，而在于体系内部是否分层、不法是否先于责任。单从法条文义出发，难以解读出“分层”与“不法先于责任”。其次，除了构

---

① “过失犯罪，法律有规定的才负刑事责任”，并不意味着过失犯罪了，但可能存在不负刑事责任的情况，而是说除非分则条文明示，不论危害多大的过失行为，都将不构成犯罪。

② ［日］大谷实著：《刑法讲义总论》（第2版），黎宏译，中国人民大学出版社2008年版，第106页。

③ 参见姜伟著：《罪过形式论》，北京大学出版社2008年版，第43－44页。

④ 黎宏著：《刑法学总论》（第二版），法律出版社2016年版，第169页。

⑤ 梁根林：《犯罪论体系与刑法学科建构》，《法学研究》2013年第1期，第13页。

成要件符合性的判断，违法性与有责性的判断也应当坚持罪刑法定。唯有如此，才是对犯罪特征的描述，刑法才具备保障人权的功能,① 而且第5条与罪责原则也没有必然联系。最后，排除违法性的行为，不一定都是保护法益的行为。在这一问题上，必须采取“多元论”来解释刑法典的规则,② 单纯运用“法益衡量”、“刑法的任务”、“惩罚犯罪，保护人民”等原理，无法解释所有的正当化事由。

德国学者许迺曼就指出，有些国家严格区分刑事罪行的正当化事由与排除罪责事由，也有国家的法律将所有针对刑事指控的“抗辩”都同等对待。③ 我国刑法对意外事件、不可抗力、未达到刑事责任年龄、不具备刑事责任能力、正当防卫、紧急避险等的法律效果都采取了同一种表述，即“不负刑事责任”。即使在阶层体系获得广泛认同的时候，只要刑法典没有修改规则，就不能认为世界各国应当无一例外地予以践行。④ 我国《刑法》第13条确立了判断犯罪的标准，再通过第14条、第15条，分别规定了两种犯罪形式并详细阐明了“什么是故意犯罪”和“什么是过失犯罪”，第16条作为“注意规定”反面排除了不属于犯罪的行为。因此，对于任何一种行为，要么故意犯罪，要么是过失犯罪，要么不是犯罪。不能为了引进阶层犯罪论体系，就将刑法典“胡乱解释”，以所谓的犯罪概念的“多义性”无视这一现实。

并且，我国刑法典在正当防卫规则中出现的“不法侵害”，也不局限于阶层犯罪论体系中构成要件符合性与违法性行为的“不法”。因为不法可以区分为“刑事不法”“行政不法”“民事不法”，而违法性则是基于法秩序的统一性而做出的判断。⑤ 例如，对于过失毁坏财物的行为，属于不法侵害（但不是

---

① 参见［德］冈特·施特拉腾韦特、洛塔尔·库伦著：《刑法总论Ⅰ——犯罪论》，杨萌译，法律出版社2006年版，第78页。

② 参见［德］乌尔斯·金德霍伊泽尔著：《刑法总论教科书》（第六版），蔡桂生译，北京大学出版社2015年版，第152－153页。

③ Vgl. Schünemann, Strafrechtsdogmatik als Wissenschaft, in: Schünemann u. a. (Hrsg.), in: Festschrift für Claus Roxin, Walter de Gruyter&Co., 2001, S. 9 f.

④ 参见［德］托马斯·魏根特：《刑法与刑事诉讼程序》，郑飞译，载《走向科学的刑事法学：刑科院建院10周年国际合作伙伴祝贺文集》，法律出版社2015年版，第638－639页。

⑤ Vgl. Welzel, Das deutsche Strafrecht, 11. Aufl., Walter de Gruyter & Co., 1969, S. 52.

“刑事不法”），可以进行正当防卫，但它不符合构成要件，进而也不具备违法性。对不法与罪责进行绝对的区分，也不尽合理。

此外，实行“不法”与“有责”区分的国家的刑法典，都会明示这一准则。例如，1975 年《德国刑法典》为了表示放弃此前 1871 年《德意志帝国刑法典》“附属于罪责的不法”的立场，在第 11 条第 1 款第 5 项、第 17 条、第 20 条、第 26 条、第 27 条、第 44 条、第 66 条等规则中明确出现了“违法行为”（Rechtswidrigen Tat）与“犯罪行为”（Straftat）两种不同的概念术语。1975 年《德国刑法典》是依据三阶层体系架构，尤其是依据新古典暨“目的论综合体系”而设计。① 而我国刑法典则不同，是根据苏俄的四要件理论起草的。不区分“不法”与“有责”的立场，也很容易理解，因为在法律适用中没有明显的纰漏。日本学者松宫孝明指出，德国、日本实行分层是为了解决两个难题，即“超法规的违法或责任阻却事由的认可与限制”与“认定针对没有责任的人也可以构成共犯，不能将责任能力作为构成要件要素”。但是，在中国刑法典中，无须解决这两个难题，所以不一定要采用德日刑法学中的犯罪构成三阶层体系。我国刑法典中并未规定“构成性身份犯”与“加减性身份犯”，那么，继续坚持“统一性正犯概念”与“夸张从属形式”也是没有问题的。②

三、运用规则思维微观审视三阶层体系

（一）是否需要“客观归责”

德国刑法、日本刑法没有明确规定故意与过失的概念内涵，但是司法实践中又需要予以明确界定以确保执法的统一性，因此学理上发展出了众多关于何为“故意”、何为“过失”的学说。所谓的客观归责理论，正是罗克辛基于德国刑法“没有明确规定‘过失’，但是为了系统解决过失认定的问题”提出来的学说。与此同时，日本学者独立提出了“新过失论”，都实现了过失判断的前置化。同样的，认定“故意”究竟应当采取“认识说”“意欲说”“容认说”中哪

① 许玉秀著：《当代刑法思潮》，中国民主法制出版社 2005 年版，第 107 页。

② 参见［日］松宫孝明：《犯罪论体系的意义》，张小宁译，载《法学评论》2014 年第 3 期，第 77 页。

一种，各执一词，但我国刑法本来就肯定了“容认说”，便不存在这一问题。

我国《刑法》第3条确立了罪刑法定原则，而既然第14条、第15条界定了“故意”与“过失”的内涵，在提倡采取客观归责理论时，就必须在《刑法》第14条、第15条中找到解释路径。故意犯罪中时常出现的“特殊认知”，本就表明客观归责理论不可能在故意犯罪中一以贯之。我国刑法典确立了新过失论，“结果回避可能性”是犯罪过失的核心要素，没有必要采取客观归责理论。因为在我国正确运用因果关系完全可以实现规范保护目的；只有履行注意义务能够避免结果发生时，谴责行为人不履行义务才有意义；所有的归责判断只能归结为对罪过的认定；谨慎标准从来就不能是客观标准。① 同样运用规则思维，韩国学者认为，《韩国刑法典》第17条可以容纳客观归责理论；② 而意大利学者认为，“这种理论产生于刑法制度中对因果关系没有一般性规定的国家（《德国刑法典》中没有任何关于因果关系的条文），如果照搬到意大利，本身就是一个问题”。③

（二）中止犯的成立与处断

在德国、日本刑法的规定下，只能认为在已经发生了结果时，不能成立中止犯。④ 但我国刑法不同于此，其措辞是“犯罪过程中”。不过，有学者据此认为，我国对“犯罪过程”时空范围的界定，从犯罪预备行为发生开始，到形成犯罪既遂形态为止，⑤ 这显然有比附之嫌。德国刑法明确规定了犯罪中止只能发生在“实行阶段”，而我国刑法规定的是“犯罪过程”。比较妥当的解释是，我们不仅多出一个预备阶段（中止），而且也不排除犯罪既遂后又成立中止的可能性。

---

① 参见李瑞杰：《犯罪过失的认定》，《刑法评论》（2017年第1卷），法律出版社2017年版，第101－123页。

② 参见［韩］李在祥著：《韩国刑法总论》，［韩］韩相敦译，中国人民大学出版社2005年版，第138页。

③ ［意］杜里奥·帕多瓦尼著：《意大利刑法学原理（注评版）》，陈忠林译评，中国人民大学出版社2004年版，第123页。

④ 参见［日］大塚仁著：《刑法概说（总论）》，冯军译，中国人民大学出版社2003年版，第223页。

⑤ 参见程红著：《中止犯研究》，中国人民公安大学出版社2015年版，第105页。

《德国刑法典》第 24 条的第 1 款与第 2 款分别规定了单独犯罪与共同犯罪中犯罪中止的处断规则，只要行为人成立犯罪中止，就不能被评价为犯罪未遂（Versuch）而受到处罚。德国在学说上已经普遍放弃了“能达目的而不欲”的弗兰克公式，因为这一公式还停留在心理学的标准上判断犯罪中止的自愿性，过分扩大了犯罪中止的成立范围。① 德国学者多纳即认为，“弗兰克公式”没有理由地扩大了不处罚的中止的范围，在行为人继续实施的行为被物理地阻止（或者认为被物理地阻止）时，或者被强迫避免结果时，就开始超出了其界限。② 但是，由于我国不是一概地对中止犯不予处罚，所以在认定标准上不能套用基于一般预防理论提出的规范的判断标准。

对中止犯裁量刑罚时，除了以相应的既遂犯作为参照基准外，也应以相对应的未遂犯作为参照基准。③ 中止犯的减轻处罚，应当比与其先行行为客观方面最类似的其他犯罪的处断刑更轻。而且如果对与其类似（即除了中止这一情状以外都相同）的预备犯、未遂犯也减轻处罚的，应当也要比他们更轻。“行为人中止了甲罪，但是，至此产生的事实即使符合乙罪的构成要件，也不成立乙罪，只作为甲罪的中止犯来对待就够了。”④ 从逻辑上以及处断刑上考察，甲罪中止犯的处刑一定要比乙罪既遂犯的处刑要轻，不能将二者理解为犯罪竞合，尤其是不能理解为想象竞合犯，乃至采取从一重的处罚规则。因为这样可能导致——原本没有造成损害的犯罪中止，没有被免除处罚；而造成损害的犯罪中止，没有被减轻处罚。虽然重罪的中止犯与轻罪的未遂犯在客观方面可能“相同”，但是在主观方面存在不少的差异，这是应当得到重视的。

（三）犯罪参与的相关问题

1. 实行从属说与我国刑法冲突

根据实行从属性说，只有在他人实行犯罪以后，教唆与帮助他的人才可能

---

① 参见［德］乌尔斯·金德霍伊泽尔著：《刑法总论教科书》（第六版），蔡桂生译，北京大学出版社 2015 年版，第 313 页。

② 参见程红著：《中止犯研究》，中国人民公安大学出版社 2015 年版，第 171 页。

③ 参见张平著：《中止犯论》，中国方正出版社 2005 年版，第 263 页。

④ ［日］大塚仁著：《刑法概说（总论）》，冯军译，中国人民大学出版社 2003 年版，第 224 页。

受到处罚。然而，共同犯罪预备乃至一些单纯的教唆或帮助，无疑也可能存在处罚的必要性。需要注意，德国、日本在采取实行从属性说的同时，确立了预备犯的个别处罚制度，只承认实质的预备犯，所以学理上一般都承认犯罪预备中也存在“实行行为”（符合构成要件的行为）。这样一来，采取实行从属性说几乎不存在处罚漏洞。

但我国刑法采取的是预备犯的普遍处罚制度，只承认形式的预备犯，所以如果采取实行从属说来解释我国刑法典的规则，将会出现不应有的处罚漏洞。①根据我国《刑法》第29条第2款的通说解读与刑事审判实践，即使被教唆的人没有开始实行犯罪，无论预备还是没有预备，教唆犯都可能要被处罚。② 我国刑法否定了“实行从属性”，也否定了教唆犯的绝对边缘地位。在我们这样一个采取单一正犯体系的国家，从属性原理完全没有存在的余地。③

2. 行为共同说与我国刑法冲突

对于共同犯罪的共同性，历来存在两种学说，即犯罪共同说与行为共同说，前者还可以区分为完全犯罪共同说与部分犯罪共同说。我国的通说原是“部分犯罪共同说”，但是近年由于受日本法的影响渐深，不少学者开始明确主张“行为共同说”。④

行为共同说能够成为日本现行的有力学说，与日本刑法的特殊规定密不可分。虽然该说一再强调共同犯罪与“同时犯”的差别，但是运用该学说得出的结论，可能消解共同正犯的场合中“实行过限”的问题，进而将不应该算到部分行为人头上的账算在了他们头上。这是因为《日本刑法典》第207条的立法拟制规定（即“同时伤害特例”），依据“举轻以明重”的当然解释，对于“共同杀人特例”也是被拟制为了共犯关系。

并且，既然是探求共同犯罪的共同性，就不应当遗漏狭义共犯，而只考虑

① 参见李瑞杰：《犯罪参与体系的博弈与共生——一个结合中国法的考察》，《中山大学法律评论》（第14卷第1辑），广西师范大学出版社2016年版，第1－15页。

② 刘明祥：《“被教唆的人没有犯被教唆的罪”之解释》，《法学研究》2011年第1期，第142－143页。

③ 江溯：《单一正犯体系研究》，《刑事法评论》（第24卷），北京大学出版社2009年版，第417页。

④ 参见张明楷著：《刑法学》（第四版），法律出版社2011年版，第359页；黎宏著：《刑法总论问题思考》，中国人民大学出版社2007年版，第478页。

共同正犯，但是遗憾的是，现行的学说一直着眼于共同正犯。如果不遗漏狭义共犯，不难发现“犯罪共同说”才是合适的学说，也符合我国刑法典的规定。①此外，我国刑法在共同犯罪人中区分主从，这必然要求彼此所犯的罪名一致。在行为共同说中，成立共同犯罪的甲、乙之间可能出现甲构成抢劫罪的共同正犯、乙构成盗窃罪的共同正犯的情况，此时显然难以区分主从。

3. 我国教唆犯罪的认定无法套用德日共犯从属性说

（1）“貌合神离”的两种教唆犯概念

在二元制框架下，由于重视行为的定型作用，所以教唆行为的对象只能是实行行为人，② 这在日本刑法、我国台湾地区刑法中有着清楚的说明。如果要处罚教唆犯，就必须赋予教唆行为“可罚性”。同理，如果要将教唆犯的主体扩展到“教唆教唆犯”“帮助教唆犯”的时候，就必须存在刑法规范的明文规定，否则会因没有“刑罚扩张事由”而违反罪刑法定原则。诚然，《德国刑法典》第26条并未如此定义教唆犯，这就意味着其不包括“教唆教唆犯”“帮助教唆犯”“共同教唆犯”等情形。因为在法律没有明文规定“教唆教唆犯”“帮助教唆犯”等的可罚性的时候，如果将其一律以教唆犯论处，无疑扩张解释了教唆行为，甚至也使得“故意实施违法行为”中的“违法行为”包括了教唆行为和帮助行为，最终与单一制对构成要件行为的解释如出一辙，这显然有违其初衷。

因此，在德日刑法中，教唆犯的对象仅限于实行犯，而根据我国刑法的规定，教唆他人犯罪的为教唆犯，这里的“教唆他人”就不限于教唆实行犯。③既然《刑法》第29条第1款包括了教唆他人去实施帮助行为或连环教唆的情况，那么就可以认为，我国刑法不存在“二元制”的空间。④ 同理，《刑法》第29条第2款“被教唆的人没有犯被教唆的罪”的情形，也不限于德国刑法学

① 参见李瑞杰：《晚近我国参与论研究的四大误区》，《西部法学评论》2016年第5期，第104－105页。

② 参见［德］乌尔斯·金德霍伊泽尔著：《刑法总论教科书》（第六版），蔡桂生译，北京大学出版社2015年版，第438页。

③ 何荣功：《共犯的分类研讨述评——以中日刑法的比较为中心》，《中日共同犯罪比较研究》，武汉大学出版社2003年版，第242页。

④ 参见蔡桂生著：《构成要件论》，中国人民大学出版社2015年版，第364页。

界所罗列的。[①] 除了力图教唆他人实行犯罪以外，如力图教唆他人帮助某一犯罪，在我国也并非一律不可罚。

根据《刑法》第29条第1款与第2款的对比，显然教唆他人犯罪的犯罪人就是教唆犯，因此第1款前段可以置换为“教唆犯，应当按照他在共同犯罪中所起的作用处罚”。如果“曲意解释”的话，主犯等于正犯，从犯等于共犯，那么这里会出现教唆犯既可能等于正犯，又可能等于共犯的尴尬局面。在我国，“教唆他人犯罪的”包括了教唆他人去实施帮助行为或连环教唆等情况。所以，德国、日本刑法中的“教唆犯”在我国可能不会被认定为“主犯”；日本刑法中的“教唆教唆犯的”“教唆从犯的”，在我国可能也不会分别认定为“主犯”“从犯”。

（2）于法无据的“规范意识”

对于“教唆不满十八周岁的人犯罪”中的“犯罪”，我们也不能为了采取限制从属性说以及“区分不法与责任”，而将其解释为“不法”。暂不说这是否超出了国民预测可能性，将其理解为“实现教唆犯从重处罚的规范目的”也不甚妥当。在采取共犯从属性说的《德国刑法典》与《日本刑法典》中，教唆犯与正犯同等处罚，并没有减免处罚的“待遇”。对于教唆他人实行犯罪的人来说，如果被利用人没有规范意识（在教唆人有认识的情况下），则利用人被论以“间接正犯”，享受正犯的待遇；被利用人存在规范意识，则利用人被论以“教唆犯从重处罚”，享受超过正犯的待遇，这在德国、日本是难以想象的。而且，按照德日刑法学界通说，如果对被利用人是否具有“规范意识”存疑，进而对利用人是否实际支配了被利用人存疑时，考虑到教唆犯是比间接正犯更低的不法形态，间接正犯故意只能降格评价为教唆犯故意——而不是相反，利用人只能被论以教唆犯。

但是，在我国“降格”评价为教唆犯后反而会“从重处罚”。导致一方面“存疑时有利于被告”，对成立间接正犯存疑而成立教唆犯可以确定的时候，将行为人评价为教唆犯，另一方面将行为人评价为教唆犯又会被“从重处罚”。或许有人可能会转而认为，对被利用人是否具有“规范意识”存疑时，利用人

---

① 参见［德］乌尔斯·金德霍伊泽尔著：《刑法总论教科书》（第六版），蔡桂生译，北京大学出版社2015年版，第460页。

论以间接正犯，但是这违背了自己一贯遵从的共犯从属性说的基本参加理念。总之，不论这些持从属性说的阶层论者怎么解释，都存在一定的问题。

事实上，这里的“从重处罚”与“共同犯罪”没有任何关系。“从重处罚”的原因是，考虑到对未成年人的教唆除了会造成客观损害，还会导致其人格态度的偏离。① 未成年人的辨识能力有限，需认为因未达刑事责任年龄而不构成犯罪的人没有规范意识，这也是不满十八周岁的人犯罪应当从轻或者减轻的原因。

（3）别具一格的“未遂教唆”规定

由于我国刑法与德日刑法在“教唆”的含义上存在巨大差异，因此，“被教唆的人没有犯被教唆的罪”，也不限于采取二元制的国家的刑法学界罗列的“未遂教唆”（versuchte anstiftung）情形。具体来说，德国刑法将具备刑事可罚性的未遂教唆行为局限于“教唆他人（正犯）实施重罪而未遂”的情形，并且将未遂教唆行为明确定性为未遂犯（当然德国刑法学理上有预备犯之说）。② 然而在我国的连环教唆、教唆帮助犯中，被教唆对象拒绝等都可能成立未遂教唆。且我国刑法也没有指称未遂教唆就是犯罪未遂，对于第 29 条第 1 款的性质，学界也存在预备说、未遂说、成立说、既遂说、特殊教唆犯说、独立性例外说等说法。③

张明楷教授认为“被教唆的人没有犯被教唆的罪”只能被解释为“被教唆的人已着手实行被教唆的罪但没有既遂”。因为如果按照传统通说的解释，把被教唆的人尚未开始实施预备行为、甚至拒不接受教唆也包含其中，明显不符合共犯从属性说。④ 这显然是误解，一方面，处罚未遂教唆与共犯从属性说没有关系。比如台湾地区“旧刑法”第 29 条第 2 款、《德国刑法典》第 30 条第 1

---

① 高艳东：《刑事可罚根据论纲》，西南政法大学 2005 年博士学位论文，第 149 页。

② 参见陈朴生著：《实用刑法》（第 11 版），三民书局出版社 1986 年版，第 161 页。

③ 参见赵秉志著：《犯罪未遂形态研究》（第二版），中国人民大学出版社 2008 年版，第 239 – 242 页；陈兴良著：《共同犯罪论》（第二版），中国人民大学出版社 2006 年版，第 364 – 369 页；蔡桂生著：《构成要件论》，中国人民大学出版社 2015 年版，第 358 – 379 页。

④ 参见张明楷著：《刑法学》（第四版），法律出版社 2011 年版，第 378 页。相同观点参见周光权著：《刑法总论》，中国人民大学出版社 2007 年版，第 323 页；黎宏著：《刑法总论问题思考》，中国人民大学出版社 2008 年版，第 514 页；杨金彪著：《共犯的处罚根据》，中国人民公安大学出版社 2008 年版，第 138 页。

款，在采取共犯从属性说的同时，都明确肯定了未遂教唆的可罚性，并且将未遂教唆行为定性为未遂犯，在理论上也没有将其解释为“被教唆的人已着手实行被教唆的罪但没有既遂”的说法。另一方面，这种理解将使得教唆犯决意传达给参与人，使得犯罪参与活动中止的时候，教唆犯得不到公正的处罚，不能被认定为中止犯以至于享受“免除刑罚”的待遇。

四、结　语

犯罪论以法律为基础依据，它提出的概念需与法律的语言相匹配、与立法者的价值选择相吻合，而犯罪论体系的任务，是对所有犯罪行为共同的结构元素进行系统的研究和梳理。① 在德国，刑法体系被视为依照演绎逻辑之原则，从帝国刑法典所推导并整理出所有的可罚性条件与其彼此间的关系。② 犯罪构造则是对犯罪之举止的可罚性的条件进行科学的体系化（加工）。③ 在这层意义上，作为本质上属于逻辑运用的体系方法，在很大程度上也承担在法学方法论中的命运。④ 所以，我们应当学习德国人是如何思考与解答法律问题的（法教义学方法），而不是照搬他们依据刑法典得出的答案（法教义学知识）。三阶层犯罪论体系虽然在德国、日本实现了与规则的“契合”，但是，在未经我国刑法典规则“检验”之前，只能将其粗略地归入“刑事政策学”的范畴，不能当然将其归于“刑法教义学”的体系。

探讨学理问题，必须正视刑法典规则，对其进行人文学科上的解释，揭示规则的意义和目的；阐明规则之间的体系性联系，确保规则的适用是经得起检验的。这就要求我们对规则展开充分的逻辑思考，以实现体系性思考与功能性

---

① 参见［德］约翰内斯·韦塞尔斯著：《德国刑法总论》，李昌柯译，法律出版社2008年版，第490页。

② 参见［德］许迺曼：《刑法体系与刑事政策》，王效文译，载《不移不惑献身法与正义：许迺曼教授刑事法论文选辑》，（中国台湾）新学林出版股份有限公司2006年版，第41页。

③ 参见［德］乌尔斯·金德霍伊泽尔著：《刑法总论教科书》（第六版），蔡桂生译，北京大学出版社2015年版，第14页、第41页。

④ 参见［德］英格博格·普珀著：《法学思维小学堂：法学方法论密集班》，蔡圣伟译，（中国台湾）元照出版有限公司2010年版，第253页。

思考的协调，切不可滥用功能性思考。犯罪论是对于刑法典的规则逻辑认知的条理化总和，如果犯罪论脱离了规则，将无法指导司法实务人员理解与适用刑法典，甚至可能导致完全相同种类的案件因法官们的不同见解而得到不同的评价。法治要求社会共同体成员应当在法律层面形成价值共识，这是我们“共同的底线”。

实行罪刑法定原则，就应当承认刑法典规则对犯罪论体系的建构具有制约作用，犯罪论体系的任何范畴，都必须具备实在的“规则肉身”。如果不运用规则思维，而只是基于个人偏好去进行犯罪论体系的议论，其实是妄图以自己的“一孔之见”取代体现自己所处的社会共同体的合意的刑法典规则。① 这既违背了罪刑法定原则，也使得自己所认同的犯罪论体系丧失了其本应具备的指导司法的功能。

务实可行的办法是，在充分尊重与深入研究现行刑法典的基础上，再开展比较研究，对德国犯罪论体系进行有针对性的借鉴、引入乃至“创造性转化”。各国刑法典不尽相同，所以依据刑法典规则建构的犯罪论体系也应当有所差异。但在刑法典内在结构相近的国家之间，犯罪论体系可能只在具体解释结论上不同而已。

不同于现实主义法学的司法，“基于法教义学的司法，在规则与事实的不对称中偏向于规则和逻辑”。② 刑法研究不能脱离普遍公正去谈论个案公正，更不能脱离成文规则去追求个别价值。有些学者也注意到了这一问题，但为了引入三阶层体系，对规则进行大量不合理的扩大乃至类推解释。通过借助扩张解释的名义，实现的却是犯罪化作业的转移，使得自己的主张最后脱离形式法律空间的界域。③ 其实，即使三阶层体系不具备合法性，不代表我们就不能引入以及进行学理探讨，至少我们可以将其作为未来刑法改革的方向。如果刑法改革

---

① 刑法建立在一个国家宪法所蕴含的社会伦理价值之上，尊重刑法典所确立的规则，就是在尊重社会共同体的根本性基本价值，就是在维护社会秩序框架内的安定稳定。参见［德］约翰内斯·韦塞尔斯著：《德国刑法总论》，李昌柯译，法律出版社 2008 年版，第 5 页。

② 孙笑侠：《基于规则与事实的司法哲学范畴》，《中国社会科学》2016 年第 7 期，第 143 页。

③ 参见［意］恩佐·慕思科：《民主与刑法》，吴沈括译，载《走向科学的刑事法学：刑科院建院 10 周年国际合作伙伴祝贺文集》，法律出版社 2015 年版，第 61 页。

暂时难以实现，或者本就不需要改革，那么，为避免因丧失对话的基础而招致分崩离析的下场，就应当在现行刑法典的规则框架下，在学者对各自观点畅所欲言后，再进行彼此之间深入的辩驳与沟通。这样，既尊重了沟通理性与反思理性，也实现不同体系之间的竞争与融合。由于每个议论主张都是可撤销的，我们有理由相信，最终会形成一个凝聚广泛的价值共识，且具备充分的规则基础的犯罪论体系。

（初审：肖可；校对：王东）

《中国入世议定书》第15条到期的效力之争及应对路径

——以WTO争端解决机制下的条约解释为视角

葛辛祎*

摘　要：针对欧盟在《中国入世议定书》第15条（a）款（ii）项的适用到期后，仍坚持拒不放弃“替代国”的做法，中国已将之诉诸WTO争端解决机制（DS516）。与此同时，也引发了关于该条款到期后法律效果的争议。就其性质认识而言，第15条（a）款仅涉及反倾销调查方式的调整，与中国的“非市场经济地位”无关。“替代国”做法与“市场经济地位”是两个不同层面的法律问题；就其存废效力而言，对于（a）款（ii）项的到期是否意味着该条其他条款也随之失效，目前主要有（a）款实质保留说、（a）款完全失效说，与举证责任转移说三种主流观点。对我国来说，第15条到期效力可以从文义解释优先原则和“系统解释”“目的解释”与“历史解释”原则的综合运用两个层面进行解读，以做好“两手准备”，积极应对DS516案件中的各类问题。

关键词：中国入世议定书；反倾销；WTO争端解决机制

一、问题的提出

多边贸易体制中的“非市场经济”（Non-market Economy，以下简称NME）待遇条款由来已久。它是世界贸易组织（以下简称WTO）（当然，包含1995年

* 葛辛祎，上海交通大学凯原法学院2017级硕士研究生。

WTO成立前关贸总协定时期①）及其主要成员在处理与计划经济、转型经济国家关系时形成的，并落实在这些国家加入多边贸易体制的法律文件（即议定书）之中，其核心内容包括进口承诺机制、反倾销替代国价格机制、数量限制、选择性特别保障机制、议定书履行状况的定期审议和磋商等。②

《中国入世议定书》（以下简称《议定书》）的第15条（又称“日落条款”）正是确定中国的产品存在补贴与倾销的价格比较之“特别规定”。③ 其中，关于反倾销的特别规定是中国与美国就入世谈判最后阶段的妥协结果：即中方接受美方要求对中国产品可采用“替代国”判定是否构成倾销和确定倾销幅度；而美方接受中方要求，在中国入世15年后终止实施。④

从理论上讲，2016年12月11日应该是履行《议定书》15条的到期日，然

---

① 多边贸易体制的发展经历了“关税与贸易总协定”（GATT）和“世界贸易组织”（WTO）两个时期。严格地讲，GATT并非国际组织，仅仅是一项国际协定，因此，当时体制中的国家和地区只能被称为“缔约方”而非“成员”。但是事实上，早在20世纪60年代，GATT首任总干事埃里克·温德汉姆·怀特在一篇“GATT作为一个国际组织”的演讲中就认为：“关税与贸易总协定，从司法的角度讲，如其名称所示，仅是一项贸易协定，但鉴于其是多边协定，且含有联合行动和决策的有关规定，它有可能而且事实上已经成为签字方之间贸易合作的一个国际组织”。转引自Dam，Kenneth W，“The GATT as an International Organization”，*Journal of World Trade Law*，374－389（1969）。而且，关贸总协定和世界贸易组织的权威报告也经常采用“GATT成员”（GATT members）和“GATT/WTO成员”（GATT/WTO members）的表述。鉴于此，本文对GATT时期体制中的国家和地区是“缔约方”和“成员”不作严格区分。

② 参见张斌著：《“非市场经济”待遇：历史与现实》，上海人民出版社2011年版，第107页。

③ 中国加入多边贸易体制后承受着四项贸易救济措施：纺织品特别保障措施（已于2009年1月1日终止适用）、过渡性产品特定保障措施（最长适用期为入世后12年）、确定倾销的替代国价格比较方法（最长适用期为入世后15年）和确定补贴的外部基准比较方法（未规定最长适用期）。严格来说，第15条（a）（d）款规定了确定倾销的替代国价格比较方法以及适用期限之规定，而（b）款则规定了确定补贴的外部基准比较法。See Protocol on the Accession of the People's Republic of China，WT/L/432，November 23，2001。

④ See Summary of U. S. －China Bilateral WTO Agreement（Source：The White House 11/15/1999）. 这是由美国官方在中美WTO协定签署当日公布的内容概要，两处明确该反倾销特别规定在中国入世15年之日到期。又参见高渊：《石广生：现在终于可以说，中国入世是成功的》，《解放日报》2017年1月26日。作为代表中方在该协议上签字的时任外经贸部部长石广生回顾了当年中美谈判有关特别规定的妥协结果。转引自张乃根：《〈中国入世议定书〉第15段的条约解释——以DS397和DS516为例》，《法治研究》2017年第6期，第136页。

而美国和欧盟仍然拒绝按照中国产品自身价格确定正常价值，并继续适用“非市场经济地位”国家产品价值的确定方法，以“替代国”价格或变相采用“替代国”价格作为衡量中国产品倾销与否的标准。因此，就在 2016 年 12 月 12 日（中国入世刚满 15 年的第二天），中国分别将美国和欧盟的相关做法诉诸世贸组织。①

2017 年 11 月 14 日，欧盟提交了“中国诉欧盟与价格比较方法有关的措施案”（DS516）的第一次书面陈述。② 美国申请作为本案第三方并提交书面评论。③ 在美欧的书面陈述中，不仅就到期后中国《议定书》第 15 条是否仍有效进行抗辩，并用很大篇幅论证在确定正常价值时使用“替代国”或替代数据做法符合世贸组织一般性规则，进而主张进口成员无须根据《议定书》第 15 条就可以对中国出口产品使用“替代国”做法。

鉴于所涉法律问题的复杂，该案目前仍处于评审团④审议阶段。⑤ 然而，围绕着第 15 条到期后效力的争议却依然激烈。就其性质认识而言，它究竟是关于中国“非市场经济”身份的界定，还是仅仅为关于反倾销调查方式的调整规定？就其存废效力而言，（a）款（ii）项的到期是否意味着该条其他条款也随

---

① 中国诉美国的案件编号是 DS515（United States — Measures Related to Price Comparison Methodologies），中国诉欧盟的案件编号是 DS516（European Union — Measures Related to Price Comparison Methodologies）。

② See First Written Submission by the European Union （DS516）, at http：//trade. ec. europa. eu/doclib/docs/2017/november/tradoc_ 156401. pdf （Last visited on November 14，2017）.

③ See Third Party Submission of the United States of America（DS516）, at https：//ustr. gov/sites/default/files/enforcement/DS/US. 3d. Pty. Su. pdf （Last visited on November 21，2017）.

④ 为了区别世贸组织争端解决中 panel 与 expert review groups 的不同职能，本文将 panel 翻译成“评审团”，而将 expert groups 翻译成“专家组”。参见胡加祥：《从“专家组”一词误译说起——世界贸易组织争端解决程序中文简介》，《浙江大学学报（人文社会科学版）》2003 年第 3 期，第 147 – 152 页。

⑤ 2018 年 11 月 26 日，DS516 案的评审团主席曾告知 DSB（Dispute Settlement Body，即 WTO 争端解决机构），鉴于该案所涉法律问题的复杂性，评审团将预计在 2019 年第二季度发布最终的评审团报告。See DS516：EUROPEAN UNION – MEASURES RELATED TO PRICE COMPARISON METHODOLOGIES，at https：//www. wto. org/english/tratop_ e/dispu_ e/cases_ e/ds516_ e. htm（Last visited on January 2，2019）。

之失效？此外，以“替代国”做法为典型的“非市场经济（NME）待遇”是否当真如欧盟、美国所声称的，属于世贸组织一般规则？本文拟基于WTO争端解决机制下条约解释的规则与实践为视角，对以上问题做出较为详细的分析与阐述。

二、“替代国”做法：非市场经济待遇的历史与演变

中国加入多边贸易体制的“独特性”不仅表现在加入进程的曲折和时间跨度的漫长，更在于体制在接纳中国时所开列的苛刻条件。① 如上所述，此次受到广泛争论的《议定书》第15条，即“确定倾销的替代国价格比较方法”（以下简称“替代国”做法）条款正是众多苛刻条件中的一项，亦常被学者称为“非市场经济待遇”或“非市场经济方法”，② 正因如此，“替代国”做法和“非市场经济地位”二者之间的关系引起了较大的争议。那么，“非市场经济地位”与此处的“非市场经济待遇”是否属于同一概念？而“替代国”做法与“非市场经济地位”之间的关系，又为何解？应该说，对上述概念的厘清，是分析《议定书》第15条法律性质与到期效力的基础与前提。

（一）“非市场经济地位”概念的由来

“非市场经济”概念本身并不是一个经济学上的术语，更不是一个国际法定义，只存在于某些国家反倾销调查的框架之内。③ 因此，在反倾销领域引入

---

① 翻开《议定书》，可以发现这是一个有别于同期其他加入国家/地区的非标准格式文本，11页的篇幅、13个附件和第一部分（总则）下的17个实质性条款均是该《议定书》所特有的，入世工作组报告被纳入《议定书》的具体承诺竟达到144个，这一数量大大超过同期其他转型国家（附表1）。

② 参见傅东辉、刘超、陈浩：《论西方法学界主流观点对中国非市场经济地位“日落”的共识——兼评美欧及全球性官方立场》，《国际贸易》2016年第6期，第53-58页；陈浩：《论〈中国入世议定书〉第15条“非市场经济方法”的终止适用——兼论美国与欧盟的对策》，中国青年政治学院2016年硕士学位论文，第1-2页。

③ Helena Detlof, Hilda Fridh, “The EU Treatment of Non-Market Economy Countries in Antidumping Proceedings”, 2 *Global Trade and Customs Journal*, 265-281 (2006).

“非市场经济”背后的逻辑是非市场经济体制存在隐藏的补贴。① 然而，相反的观点却认为，“非市场经济地位”实际是资本主义国家对社会主义经济体制的一种排异和打压。从本质上看，这一概念自冷战期间诞生以来很大程度上受到政治关系的影响，② 既是经济问题，也是政治问题。

在《关税与贸易总协定》（以下简称“GATT”）签订之初，缔约国中尚未出现社会主义国家。最初的协议中也并未出现“非市场经济地位”的概念。在社会主义国家逐渐融入多边贸易体制的框架后，西方资本主义国家认定，社会主义国家的“政府之手”占据主导地位，国内产品价格不由市场决定。在着眼于维护国际贸易公平的救济手段中，不能直接比较出口价格和国内价格。故而，在1954年至1955年GATT审议会议上，通过各方的博弈与妥协，最终于附件9中对GATT1947第6条第1款的第2项增补了一个解释性的注解，“各方认识到，在进口产品来自贸易被完全或实质上完全垄断的国家，且所有国内价格均由国家确定的情况下，在确定第1款中的价格可比性时可能存在特殊困难，在这种情况下，进口缔约方可能认为有必要考虑与此类国家的国内价格严格比较不一定适当的可能性。”③ 正是基于这一基本条款，如欧美各方就可以根据国内

① 对此，Helena Detlof和Hilda Fridh认为：“通常意义上的补贴针对的是政府扭曲市场进程、影响市场资源配置的情况，因此必须在市场经济环境下讨论才有意义，而在非市场经济国家，资源配置是通过计划来实现的，所以政府不是干预而是排挤掉了市场。因此，隐藏的补贴使得非市场经济国家国内生产产品的成本降低，造成不公平贸易。”

② Francis Snyder, “The Origins of the Nonmarket Economy: Ideas, Pluralism and Power in EC Anti-dumping Law about China”, 7 *European Law Journal*, 369 – 434 (2001).

③ 事实上，最早提出修改该条款建议的国家是当时的捷克斯洛伐克。很难推测当时捷克斯洛伐克作出这一提议的动机，因为当时它并没有直接面临市场经济国家的反倾销威胁，因此，只能认为是为了弥补GATT第6条的缺陷。但是，事与愿违，根据其提议所作的补充规定为日后多边贸易体制对“非市场经济”国家的歧视和不公正待遇留下了隐患。而捷克斯洛伐克自己就是第一个受害者。参见张斌著：《“非市场经济”待遇：历史与现实》，上海人民出版社2011年版，第117页。

立法建立有关“非市场经济”的实施规则。①

因此，GATT 或 WTO 相关条文中实际上并没有出现“非市场经济地位”的概念或界定，这一词语源于一国的国内法，而非国际条约，这就为各成员国制定各自的标准提供了很大的空间。

（二）反倾销规则下正常价值的确定与“替代国”做法

WTO 反倾销制度起源于 GATT 1994 年第 6 条的反倾销规定。从理论上讲，倾销是企业价格歧视行为。② 确定是否存在倾销的核心在于价格的比较。在国际贸易中，这种价格比较是出口国企业在本国销售的价格即正常价值与出口价格之间的比较。当出口价格低于正常价值时便存在倾销，两者的差额为倾销幅度。因此，判定倾销首先要明确何为正常价值，何为出口价格，而在确定这两个价格后进行比较时，核心是价格的可比性。③

为此，世贸组织反倾销规则（即 GATT 第 6 条第 1 款和《反倾销协定》第 2.1 条、2.2 条的规定）规定了三种确定正常价值的方法：一是使用同类产品在国内的用于消费的价格；二是使用同类产品出口到第三国的价格；三是使用该产品在原产地的生产成本加合理销售成本及利润，即推定价格（constructed value）。④ 而 GATT 第 6 条第 1 款注释 2（对所有 WTO 成员方适用）以及《议定

① 例如，1988 年 4 月 27 日，欧盟颁布的第 905/98 号理事会条例中规定了欧盟审查出口企业是否能够享受“市场经济地位”国家待遇的标准，参见“欧盟第 905/98 号规则”，https://eur-lex.europa.eu/legal-content/EN/TXT/?qid=1485937363630&uri=CELEX:31998r0905，最后访问时间 2018 年 8 月 20 日。再如，美国《1974 年贸易法》（Trade Act of 1974）规定，在进行反倾销调查时，对来自非市场经济国家的商品在确定倾销幅度时，选用“生产相同产品的市场经济国家的国内市场价值”（即“替代国”）价值进行调整。

② 王贵国著：《世界贸易组织法》，法律出版社 2003 年版，第 445 页。

③ 白明：《“替代国”做法不是世贸组织反倾销规则的一般方法》，《人民论坛·学术前沿》2018 年第 2 期，第 84-89 页。

④ “Constructed value”一词有以下几种译法：“推定价值”（韩立余，1999）、“结构价值”（高永富等，2001）、“构成价格”（克拉伯，2000）。事实上，GATT1947 和肯尼迪回合、东京回合反倾销协定中均未出现“constructed value”一词，WTO《反倾销协定》第 2 条（倾销的确定）也未出现该词。但是，在美国《1921 年反倾销法》第 206（a）节对此早有明确的定义。参见韩立余著：《美国外贸法》，法律出版社 1999 年版，第 218 页；高永富著：《WTO 与反倾销、反补贴争端》，上海人民出版社 2001 年版，第 48 页；［美］克拉伯·布鲁斯·E 著：《美国对外贸易法和海关法》，蒋兆康等译，法律出版社 2000 年版，第 511 页。

书》第15条之特别规定（仅对中国适用），即严格条件下的“替代国”方法，则构成了上述确认正常价值规则的例外。

其中，根据GATT第6条第1款注释2的“补充规定”，该条款允许进口成员在计算正常价值时候忽略国内价格和成本而适用一个市场经济国家的数据，①即“替代国”条款。而《反倾销协定》2.7条中也进一步延续了替代国做法，规定“本条不损害GATT 1994附件I中对第6条第1款的第2项的补充规定”。然而，从该“补充条款”适用看，在世贸组织协议中并没有所谓“非市场经济国家”概念，替代国条款具有特定性，指向明确，即指向“贸易被完全或实质性完全垄断的国家”，并且“所有国内价格均由国家确定”。随着经济发展，在世贸组织成员中存在完全垄断贸易和确定价格的成员几乎不复存在了。这导致适用该条款将承担很高的举证责任，而迄今在WTO争端解决实践中尚无先例。②

此外，在个别成员加入世贸组织时，基于特殊考虑，也会将“替代国”条款嵌入其加入世贸组织协议文本中，使其在一定期限内对特定成员国发生法律效力。③《议定书》第15条便是其中的典型。这一条款是中国加入世贸组织时为大局需要所做的妥协，在一定程度上、一定条件下接受“替代国”的计算方法，但期满之后，自然丧失了对中国出口产品弃用中国市场价格和成本的法律依据，其他世贸组织成员针对中国反倾销调查应当适用一般规则。然而，由于《议定书》15条语词的相对“含糊性”，致使各方对条款进行了不同解释，从而引发关于中国能否自动获认市场经济地位，以及是否能够在反倾销正常价值时继续使用“替代国”做法的争议。

---

① See *European Communities – Definitive anti – dumping measures on certain iron or steel fasteners from China*, Report of the Appellate Body WT/DS397/AB/R, 120 (2011).

② 除了DS397案上诉报告明确解释了GATT1994年第6条第1款注释2，但并非适用之。在美国–虾案（越南）（DS404/AB/R）中，上诉报告也依据越南入世议定书，而非适用GATT1994年第6条第2款注释2。参见张乃根：《〈中国入世议定书〉第15段的条约解释——以DS397和DS516为例》，《法治研究》2017年第6期，第136–149页。

③ 例如，2001年11月23日《议定书》第15条，2006年11月7日《越南入世议定书》第二部分以及工作组报告255段和527段，2012年12月10日《塔吉克斯坦入世议定书》第二部分以及工作组报告164和351段。

三、《议定书》第15条的性质认识之争

此次中欧争端的核心在于各方对于中国《议定书》15条法律解读的分歧，根据《议定书》第15条的序言及（a）款的表述：

“GATT 1994第六条、《反倾销协定》和《补贴与反补贴措施协定》应结合下列条款适用于涉及原产于中国的进口产品进入——WTO成员的程序：（a）在依据GATT 1994第六条和《反倾销协定》决定价格可比性时，（WTO）进口成员应该做到：或者采用中国受调查企业的价格或成本，或者基于以下规则，采用不是基于严格比较中国国内价格或成本的方式：（i）如果受调查的（中国）企业能够清晰地证明制造、生产、销售与进口产品相似产品的行业符合市场经济条件，进口成员在决定价格可比性时应该采用受调查中国企业所在行业的价格与成本。（ii）如果受调查的（中国）企业不能够清晰地证明制造、生产、销售与进口产品相似产品的行业符合市场经济条件，进口成员可以采用一种不是基于严格比较中国国内价格或成本的（计算）方式。”

又依（d）款规定，无论如何，（a）款（ii）项的规定应在加入之日后15年终止。其主要分歧集中在两大方面：一为性质认识之争，二为存废效力之争。首先，对于第15条的性质认识而言，正如有学者清晰地指出：如果其是有关中国“非市场经济”身份的界定，那么第15条（a）款（ii）项的到期自然意味着“非市场经济”这顶帽子可以从中国头上摘除；如果其是有关WTO成员对待中国出口商品的反倾销调查的特别调查方法，那么第15条（a）款（ii）项的终止只是与反倾销调查方式的调整有关，而与中国的“非市场经济地位”身份无涉。① 因此，对于《议定书》15条性质认识的明晰是“定分止争”的第一步。

---

① 胡加祥：《〈中国入世议定书〉第15条之解构》，《法学》2017年第12期，第92－103页。

（一）关于《议定书》第15条性质认识的分歧

关于《议定书》的性质认识，包括中国学者在内的不少学者都认为，《议定书》第15条（a）款（ii）项的到期意味着中国自动、全面地取得了“市场经济地位”。① 这一观点以认为第15条是关于中国“市场经济地位”的身份界定条款为出发点。但是，通读《议定书》第15条，到期指向的只是（a）款的反倾销规定，即授权进口成员可以不依GATT 1994第6条和《反倾销协定》要求的价格核算办法，而是采用其他方法，包括“替代国”做法。至于中国在WTO的整体“市场经济地位”，《议定书》第15条其实并无涉及。

实际上，长期以来《议定书》第15条与中国“市场经济地位”的关系被混为一谈。这其中透露出我国政府及学者们对于中国“市场经济地位”能够尽快获得全面认可的迫切希望（事实上，从我国政府最新的正式表态来看，显然也认为两者并无直接关联②）。但与此同时，欧盟、美国、日本的部分论调也一

---

① 例如，在2011年6月人民网一篇题为《中国入世十年——完全市场经济地位并不遥远》的文章就提出，“根据中国加入世贸组织的议定书，加入世贸组织的15年后即2016年，世贸组织成员应承认中国完全市场经济地位”。同年9月27日《人民日报》也刊文指出，入世15年后，中国将在2016年自动获得完全市场经济地位。甚至到了2016年1月15日，《人民日报》还继续坚持这一观点。在一篇题为《欧盟承认中国市场经济地位咋就这么难》的文章中，作者认为“根据2001年中国加入世界贸易组织时签署的4项附加条款，有关中国‘非市场经济地位’的有效期最长为15年，这意味着即使欧盟没能提前达成协议，WTO成员也需要在2016年12月底前承认中国的市场经济地位。”其他持类似观点的中外学者还有：李罗莎：《美欧日为何还不承认中国“市场经济地位”》，《瞭望》2011年第52期，第72页；李雪平：《对中国在WTO体制内能否如期取得完全市场经济地位的几点思考》，《上海对外经贸大学学报》2014年第2期，第58－66页；彭德雷：《2016年后的“非市场经济地位”——争论、探究与预判》，《国际贸易问题》2015年第6期，第166－176页；Rao Weijia，“China's Market Economy Status Under WTO Antidumping Law After 2016”，5 *Tsinghua China Law Review*，152－168（2013）；Christian Tiejie，Karstem Nowrot，“Myth or Reality? China's Market Economy Status under WTO Anti－Dumping Law after 2016”，*Policy Papers on Transnational Economy Law*，2（2011）。

② 外交部发言人陆慷在2016年5月12日记者会上就中国市场经济地位问题回应时表示，关于市场经济地位，实际上现在在WTO框架下没有一个明确的规定。中方一直强调，有关各方应当遵守中国加入WTO议定书第15条的相关规定。也就是说，到了规定时间，必须取消“替代国”法进行反倾销调查。参见中国外交部：“2016年5月12日外交部发言人陆慷主持例行记者会”，http：//www.fmprc.gov.cn/web/fyrbt－673021/t1362683.shtml，最后访问时间2018年8月22日。

反常态，主张将市场经济地位与“替代国”做法相连，显然有混淆视听，进而拒绝承认第15条到期所产生的法律效果之嫌。[①]

（二）《议定书》第15条属于确定正常价值的特殊规则

1.《议定书》第15条不是非市场经济体的判断标准

上文已经提到，《议定书》第15条并不是为了解决判断中国是否具有市场经济地位的问题，而是为了解决补贴和倾销中的价格可比性问题，[②] 属于确定正常价值的特殊规则，这一点在中国诉欧盟紧固件案中（DS397）中得到了上诉机构的确认。[③]

实际上，第15条（a）款的规定属于一种特殊的“非市场经济待遇”，或称为“非市场经济方法”，是指一种具体的、特殊的反倾销调查方式，与WTO对中国非市场经济地位的认定是两个层面的问题。WTO的法律文本并不包括对非市场经济体的定义或判断标准。[④] 相反，《议定书》第15条（d）款[⑤]和《中国入世工作组报告》第151段表明，非市场经济体的判断标准是由WTO各成员国的国内法所规定的。这里的“国内法”不仅包括法律，还涵盖法令、规章和行政法规。[⑥] 这似乎为WTO各成员国主观上承认或否定中国的市场经济地位留

---

① 参见卢峰、李双双：“中国‘市场经济地位问题’备忘录——入世‘日落条款’争论缘起、前景与启示”，http://news.hexun.com/2016-12-01/187149107.html，最后访问时间2018年8月22日。

② 该条的标题为“确定补贴和倾销时的价格可比性”（Price Comparability in Determining Subsidies and Dumping）。

③ See *European Communities - Definitive anti-dumping measures on certain iron or steel fasteners from China*, Report of the Appellate Body WT/DS397/AB/R, para. 282 (2011).

④ 诚如上文中提到的，根据欧盟紧固件案上诉机构所述，GATT附件I对第6条第1款的注释和补充规定第2条描述了非市场经济体的其中一种类型，See *EC - Fasteners* (*China*), Appellate Body Report WT/DS397/AB/R, para. 285 (2011)。但是该条款并没有为非市场经济体做出定义或明确标准，也没有使用“非市场经济”的表述。

⑤《议定书》第15条（d）款规定：第一，一旦中国依据WTO进口成员的国内法证明了自己是一个市场经济体，（a）款的内容将被终止；第二，无论如何，（a）款（ii）项规定将在中国入世15年后终止；第三，一旦中国依据WTO进口成员的国内法证明其国内某个特定行业或领域具备市场经济条件，（a）款有关非市场经济的内容即不适用于该行业或领域。

⑥ 参见“中国入世工作组报告”，第149段，http://www.people.com.cn/digest/rswj/bgs.pdf，最后访问时间2018年9月9日。

下了空间。但事实上，该条只是授权 WTO 成员在哪些情况下，可认定中国为“市场经济国家”，并没有授权认定中国是“非市场经济国家”。证明是否具有市场经济地位是获得反倾销调查中适用市场经济方法的充分条件，但不是必要条件。① 从这一点上看，“市场经济地位”与“替代国”做法虽然存在着一定的联系，但是两个层面的法律问题。

2.《议定书》第 15 条仅适用于确定正常价值环节

从条文表述来看，《议定书》第 15 条将非市场经济方法的使用定位在“确定价格可比性时”，但“中国国内价格或成本”一词则进一步缩小了非市场经济方法的适用范围——仅用于确定价格可比性中确定正常价值的环节。换言之，第 15 条（a）款的规定不适用于反倾销调查的其他任何阶段，包括确定出口价格、征收反倾销税等。在中国诉欧盟紧固件案中，欧盟援引《议定书》第 15 条（a）款作为法律依据，对中国生产商和出口商确定了单一的倾销幅度并按推定的单一税率征收反倾销税。而评审团和上诉机构在其裁决中均强调了，第 15 条只涉及确定正常价值的特殊规则，而不允许 WTO 成员在其他方面对中国实施差别待遇，因此否定了其抗辩。②

综上，《议定书》第 15 条（a）款不是对中国非市场经济地位的认定，只是为了解决在中国加入 WTO 时一些国家对中国经济状况可能会造成不公平贸易的疑虑而达成的特殊方法。同时，除了正常价值以外，非市场经济方法不涉及反倾销调查的其他方面。故而必须承认，第 15 条（a）款（ii）项的到期仅意味着非市场经济方法的到期，并不当然地使得中国自动获得市场经济地位。

但是，就实际法律效果而言，第 15 条（a）款（ii）项的到期是否意味着其他 WTO 成员在反倾销调查过程中应当停止使用“替代国”的特殊方法，转而适用《反倾销协定》第 2.1 和 2.2 条以及 GATT 第 6 条第 1 款规定的一般方法来确定正常价值？由于各方基于自己理解的角度对于《议定书》第 15 条及其“日落条款”做出了全然不同的条约解释，致使对这一问题的认识出现了明显的分歧。在厘清了《议定书》第 15 条的性质认识后，本文将对其到期效力范围

---

① 参见张丽英：《〈中国入世议定书〉第 15 条到期的问题及解读》，《中国政法大学学报》2017 年第 1 期，第 54 – 64 页。

② See *European Communities – Definitive anti – dumping measures on certain iron or steel fasteners from China*, Report of the Appellate Body, (WT/DS397/AB/R), para. 286 – 290.

和法律效果之争做进一步的分析。

四、《议定书》15 条的存废效力之争

按照《议定书》第 15 条（d）款的规定，第（a）款（ii）项的规定在 2016 年 12 月 11 日到期失效。然而，由于“日落条款”终止对象直接指向（ii）项，而非整个（a）款，那么第 15 条的序言及（a）款（i）项是否应当继续有效，还是随之一并到期废止？由该问题进一步引申出，第 15 条（a）款（ii）项的到期是否会导致非市场经济方法也随之终止？换句话说，2016 年 12 月 11 日后，WTO 进口成员还能否继续适用“替代国”做法？实际上，对于以上问题各方存在着很大的分歧，对于第 15 条（a）款和（d）款条文的不同解释和理解是产生这些争议的核心。

（一）关于《议定书》第 15 条到期后法律效果的不同观点

据学者的统计，对于《议定书》第 15 条到期后的法律效果，先后出现了八种之多的解读。① 经过一段时间的讨论，目前主流的解读主要有“（a）款完全失效说”“（a）款实质保留说”以及“举证责任转移说”三种。（详见下表 1）

表 1　《议定书》第 15 条到期后法律效果的主要观点

	主要观点	法律效果	代表学者
（a）款完全失效说	由于序言中采用“正常标准”还是“非正常标准”的依据分别对应（i）项和（ii）项，因此（ii）项的失效实际上意味着（a）款整体失效。 条约解释方法的主要落脚点：整体解释原则、目的宗旨解释原则、善意解释原则、“有效”解释原则（不同观点对该原则本身存在不同的理解）。	不能依第 15 条，适用非市场经济方法（“替代国”做法）。	Folkert Graafsma & Elena Kumashova, Matthew R. Nicely, 张乃根、张丽英等

---

① 这八种不同解释观点分别是：自动承认说、取消（a）款说、有条件取消（a）款说、废止替代国方法、模棱两可主张、非标准化方法、举证责任转移说、实质性保留说。参见卢峰、李双双：“中国‘市场经济地位问题’备忘录——入世‘日落条款’争论缘起、前景与启示”，http://news.hexun.com/2016-12-01/187149107.html，最后访问时间 2019 年 4 月 25 日。

续表

	主要观点	法律效果	代表学者
（a）款实质保留说	仅有（ii）项失效，但（a）款序言、（i）项等在内的第15条其他条款仍有效。 条约解释方法的主要落脚点：严格文义解释原则、“有效”解释原则（不同观点对该原则本身存在不同的理解）。	仍享有使用“替代国”做法为反倾销调查方法的选择权利。	Bernard O' Connor，Brian Gatta 等
举证责任转移说	同样认为，（ii）项失效不会导致第15条其他条款失效。在缺乏（ii）项支持的情况下，（a）款（i）项在2016年12月后存在的意义仅在于“举证责任的转移”。 条约解释方法的主要落脚点：严格文义解释原则。	进口方负举证责任的严格条件下，可适用“替代国”做法（中方可反证）。	Jorge Miranda，Terence Stewart，William Fennell，Stephanie Bell and Nicholas Birch，Theodore Posner，胡加祥、刘敬东等

“（a）款实质保留说”以欧洲律师 Bernard O'Connor① 为代表，同时也是当前欧盟等地坚持的观点。按照这种观点，从第15条“日落条款”的措辞来看，其明确指向的是（a）款（ii）项，该项的失效并不能导致第15条（a）款序言以及（i）项的失效。既然序言继续有效，那么在确定价格可比性时，WTO 进口缔约方依序言规定，依然享有使用“正常标准”或“非正常标准”（“替代国”做法）来计算倾销幅度的选择权。② 支持 O'Connor 观点的论者认为，导致这一结果的原因在于议定书本身，因为其关键性的条文及措辞存在严重的逻辑混乱与漏洞。③

① Bernard O'Connor 是欧盟及 WTO 法律方面的著名律师和研究者，也是欧盟理事会反倾销和反补贴的代理律师之一，曾在欧洲法院及 WTO 框架下处理过多起具有代表性的贸易类案件，并在欧洲多所大学任教，讲授食品法、农产品贸易法等课程。其个人简介参见世界贸易研究院（The World Trade Institute，WTI）网站，http：//www. wti. org/institute/people/169/oconnor – bernard/，最后访问时间2018年9月10日。

② BERNARD O'CONNOR，THE MYTH OF CHINA AND MARKET ECONOMY STATUS IN 2016”，at http：//orldtradelaw. typepad. com/files/oconnorresponse. pdf. ；See also BERNARD O' CONNOR，MARKET – ECONOMY STATUS OR CHINA IS NOT AUTONAMATIC，at Yale Global Online（Last visited on August 23，2018）.

③ SIMON LESTER，WHEN WILL CHINA'S NME STATUS END，at http：//worldtradelaw. typepad. com/ielpblog/2011/11/when – will – chinas – nme – status – end. html（Last visited on August 23，2018）.

Bernard O'Connor 等的观点，同样受到了许多学者的强烈质疑。他们认为，O'Connor 对 15 条（a）款中各条款之间联系的解释缺乏逻辑性、仅仅是条款的咬文嚼字，而非对条文的善意解读。[①] 其“伪善”在于通过形式上的文义解释，将 2016 年的期限局限在《议定书》第 15 条（a）款（ii）项中，从而达到剥夺中国免除在 WTO 框架下反倾销诉讼中不适用替代国做法的目的。[②] 同时，其为条约解释的“有效”观点也颇具迷惑性。[③]

在此基础上，“（a）款完全失效说”应运而生，代表学者为 Folkert Graafsma &Elena Kumashova、Matthew R. Nicely、张乃根教授等。基本观点是：虽然第 15 条之“日落条款”仅仅指向（a）款（ii）项，但由于序言采用“正常标准”还是“非正常标准”的依据分别对应（i）项和（ii）项，因此（ii）项的失效实际上意味着（a）款“整体”失效。从“整体解释”（as a whole）的原则出发，由于（a）款（i）和（ii）项无非一枚硬币的两面，后者的失效意味着前者再无存在之必要。[④] 此外，学者们从目的宗旨解释的角度，并结合相关“补充材料”[⑤] 指出：由于第 15 条及其包含的非市场经济测算方法，根本上就是一种基于冷战思维的不公平待遇，[⑥] 无论从具体的条款还是 WTO “入世工作组报

---

① 参见张丽英：《〈中国入世议定书〉第 15 条到期的问题及解读》，《中国政法大学学报》2017 年第 1 期，第 54 – 64 页。

② 朱兆敏：《论中国在 WTO 框架下市场经济地位的自然取得》，载林中梁主编：《WTO 法与中国论坛 2016 年刊》，知识产权出版社 2016 年版，第 69 页。

③ 参见张乃根：《〈中国入世议定书〉第 15 段的条约解释——以 DS397 和 DS516 为例》，《法治研究》2017 年第 6 期，第 136 – 149 页。

④ 参见张乃根：《〈中国入世议定书〉第 15 段的条约解释——以 DS397 和 DS516 为例》，《法治研究》2017 年第 6 期，第 136 – 149 页。

⑤ 这里的“补充材料”是指《维也纳条约法公约》第 32 条规定中所指的“补充材料”。根据《维也纳条约法公约》第 32 条之规定：“为证实由适用第三十一条所得之意义起见，或遇依第三十一条作解释而意义仍属不明或难解，或所获结果显属荒谬或不合理时，为确定其意义起见，得使用解释之补充资料，包括条约之准备工作及缔约之情况在内。”

⑥ Matthew R. Nicely, “Time to Eliminate Outdated Non – Market Economy Methodologies”, 9 *Global Trade and Customs Journal*, 160 – 164 (2014).

告”（The Working Party Report）[①] 反映出的背景来看，这一非正常的测算方法都应随着过渡期的终结而废止。[②] 自此之后，中国的生产商在反倾销调查中应获得与其他 WTO 成员同等的待遇，欧盟反倾销法规的非市场经济国家名单中也不应再包括中国。[③] 另一方面，“替代国”等非市场经济方法的废除，并不意味着 WTO 进口成员将丧失抵御中国市场扭曲的全部手段，WTO《反补贴协定》及《反倾销协定》，都为有效应对不公平竞争奠定了相对完备的基础（如适用 GATT 第 6 条第 1 款注释 2，但该条适用的门槛更高，而且属于对所有 WTO 成员适用的普遍规范）。[④]

“举证责任转移说”则是另一种支持度较高的论点。持此观点的国外学者有 Jorge Miranda、Theodore Posner，有中国学者也大致认同这一观点，如胡加祥、刘敬东教授。Miranda 认为，尽管《议定书》未明言，但在 2016 年 12 月 11 日以前“中国出口商的产品是在非市场经济体制下生产的”就是一种“不可反驳的推定”（refutable presumption），除非中国企业能够证明其所在的行业是“在市场经济条件下制造、生产、销售”产品的。而现在，这种“不可反驳的推定”变成了“可反驳的推定”（refutable presumption）。基于对第 15 条“日落条款”的文本解读，仅产生（a）款（ii）项终止适用的效果，那么（a）款（i）项如若仍有效存在，将明显违反条约解释原则，而其唯一产生的变化就在

---

① 与《议定书》不同，入世工作组报告本质上不是国际条约，它不是对各成员加入 WTO 设定的条件，而是入世谈判时各方所言意见之记录，其性质相当于《公约》第 32 条所指的“补充材料”。即“当入世议定书的内容不明确或无法解释或显属荒谬或不合理时，入世工作组报告起到补充说明的作用，包括‘条约之准备工作及缔约之情况在内’。然而，《议定书》第 1 条第 2 款将入世工作组报告第 342 段结合在内，而第 342 段又明确列举了入世工作组报告中的第 143 段内容作为中国的具体承诺被《议定书》一并吸收，从而使得第 143 段内容也具有了国际条约的性质。”参见胡加祥：《〈中国入世议定书〉第 15 条之解构》，《法学》2017 年第 12 期，第 92 – 103 页。

② Li Zhenghao, “Interpreting Paragraph 15 of China's Accession Protocol in Light of the Working Party Report”, 11 *Global Trade and Customs Journal*, 226 (2016).

③ Stepanie Noel, “Why the European Union Must Dump So – Called Non – Market Economy Methodologies and Adjustments in Its Anti – Dumping Investigations”, 11 *Global Trade and Customs Journal*, 226 – 305 (2016).

④ Edwin Vermulst, Juhi Dion Sud and Simon J. Evenett, “Normal Value in Anti – Dumping Proceedings Against China Post – 2016: Are Some Animals Less Equal than Others?”, 11 *Global Trade and Customs Journal*, 212 – 228 (2016).

于“举证责任的转移”。即当15年的过渡期结束后，中国企业将不再承担举证责任及其不利后果，而WTO进口成员如果选择非市场经济方法，则需要承担相应的举证责任。① 具体而言，如若进口成员胜诉方无法证明中国企业所处行业不符合市场经济标准，那么WTO进口方必须接受中国企业出口产品的价格。进一步言，在反倾销调查中，如果中国企业能够反驳申诉方的指控，证明自己完全符合市场经济标准，那么进口方同样应当根据《议定书》第15条（a）款（i）项规定接受中国企业出口产品的价格，不得适用“替代国”做法。②

（二）条约解释视角下第15条到期效果的“争议焦点”

关于《议定书》的法律性质，其第1条第2项已经做出了明确的表述，③ 即《议定书》是中国依据《建立世界贸易组织的马拉喀什协定》（以下简称为《WTO协定》）第12条缔结的在WTO框架下的“国际条约”，④ 亦是《维也纳条约法公约》（以下简称为《公约》）第5条所指的“一国际组织内议定之任何条约”。⑤《关于争端解决规则与程序的谅解》（DSU）第3.2条说明，应“依照解释国际公法的惯例澄清WTO所涵盖协定的现有规定”，且“不能增加或减少

---

① See Jorge Miranda, “Interpreting Paragraph 15 of China's Protocol of Accession”, 9 *Global Trade and Customs Journal*, 94 – 103 (2014); Jorge Miranda, “More on Why Granting China Market Economy Status After December 2016 is Contingent upon Whether China Has in Fact Transitioned into a Market Economy”, 11 *Global Trade and Customs Journal*, 244 – 250 (2016); Theodore R. Posner, “A Comment on Interpreting Paragraph 15 of China's Protocol of Accession by Jorge Miranda”, 9 *Global Trade and Customs Journal*, 146 – 153 (2014).

② 参见胡加祥：《〈中国入世议定书〉第15条之解构》，《法学》2017年第12期，第92 – 103页。

③ 《议定书》第1条第2项：“本议定书，包括工作组报告第342段所指的承诺，应成为《马拉喀什协定》的组成部分。”

④ 《世界贸易组织协定》第12条：“1. 任何国家或拥有对外商业往来以及本协议和多边贸易协定规定的完全自主权的独立关税区，均可基于其与WTO同意的条件加入本协议。此一加入应适用于本协议及作为其附件的多边贸易协定。2. 有关加入的决议应由部长级会议做出。部长级会议应以WTO成员的三分之二多数批准加入条件协议。3. 加入多方贸易协定应受该协定有关条款管辖。”

⑤ 《维也纳条约法公约》第5条：“本公约适用于为一国际组织组织约章之任何条约及在一国际组织内议定之任何条约，但对该组织任何有关规则并无妨碍。”

适用协定所规定的权利与义务”。[①] 在 WTO 的首个案例美国汽油标准案中，评审团和上诉机构均援用了《公约》；而在日本酒类税案中，专家小组与上诉机构都确认了《公约》第 31 条与第 32 条已取得习惯国际公法规则的论断。[②] 有鉴于此，对于《议定书》第 15 条的解读也应从《公约》所确定的条约解释之一般通则及相关辅助性规则进行之。

然而，随着国际条约谈判方越多，条约的条款之规定可能会越有弹性，因为它是各方意志的妥协，为了能够达成协调、平衡各方利益的协议，灵活是不可避免的，由此会使条约中的用词模棱两可。[③] 实际上，至今尚无任何一个条约未遇到过解释问题。[④] 对《议定书》第 15 条“日落条款”法律效果的解释也是如此。总结上述不同的解读方式，各方争论的关键，本质上体现在以下几个方面：

1. 对第 15 条（a）款中“依据”（base on）一词的不同理解[⑤]

上述有关《议定书》第 15 条“日落条款”法律效果的不同解读首先源于对（a）款序言部分“根据”（base on）一词的不同理解。“（a）款完全失效说”的观点认为，“依据”一词具有明显的指向性。“依据”一词清楚表明：（a）款序言中给予进口方的两个选择分别以（i）和（ii）项为依据，两种确定价格可比性的方法是“择一”的关系。[⑥] 在（ii）项失效的情况下，序言中所对应的选择前提实际上也就“整体”消失了。[⑦]

---

① Understanding Rules and Procedures Governing the Settlement of Dispute, art 3. 2.

② 王毅：《WTO 争端解决中的法律解释》，《法学研究》2009 年第 5 期，第 62 – 85 页。

③ Richard K. Gardiner, *Treaty Interpretation*, N. Y. : Oxford University Press, 52 – 53 (2008).

④ Anthony Aust, *Mordern Treaty Law and practice*, 2nd ed. , Cambridge: Cambridge University Press, 230 (2008).

⑤ 该部分内容，参见胡斌：《中国入世“日落条款”法律效果的“善意”解释》，《武大国际法评论》2017 年第 4 期，第 125 – 139 页。

⑥ See AEGIS EUROPE, MARKET ECONOMY STATUS FOR CHINA: THE PROPER LEGAL INTERPRETATION OF CHINA'S WTO ACCESSSION PROTOCOL, at http: //staticl.squarespace. com/static/5537b2fbe4b0e49a1e30c0lc/t/568f7c28a128e65d0d3a16fe/1452244009701/The + proper + legal + interpretation + of + China% E2% 80% 99s + WTO + Accession + Protocol. pdf (Last visited on August 24, 2018).

⑦ 参见张乃根：《〈中国入世议定书〉第 15 段的条约解释——以 DS397 和 DS516 为例》，《法治研究》2017 年第 6 期，第 136 – 149 页。

但是，后两种主张都否认这一点。在他们看来，“依据”不意味着调查当局需要基于（a）款（i）项和（ii）项来选择“正常标准”或“非正常标准”，而只是单纯表明，调查当局需要考虑（a）款所列的两个要素［即（i）或（ii）项］。[①]“依据”（based on）不等于“根据”（in compliance with），也不等于“排他性的依据”（exclusively based on）。[②] 在“欧共体荷尔蒙牛肉案”（DS26）中，上诉机构指出，“依据”的通常含义与“遵守”（conform to）的字面或原始含义有很大不同，一个措施根据某项标准却可能不等于遵守某项标准。[③] 上诉机构认为，这种表达系有意为之，且因此可以认为，不同措辞意在表达不同的含义。解释者不能简单推断这种措施上的不同是缔约者无心的（inadvertent）结果。[④] 在“欧共体沙丁鱼案”（DS231）中，上诉机构再次强调了两者的区别。[⑤]

故而，在当下 DS516 案中，如果评审团秉持在“欧共体荷尔蒙牛肉案”与“欧共体沙丁鱼案”裁决中对“依据”一词的“限缩解释”，那么“（a）款完全失效说”据以立论的“（a）款序言与（a）款（i）（ii）两项之整体性”将被打破。此时，（i）（ii）两项无非就是两种示例性规定，无论有无（ii）项，（a）款序言仍将赋予进口成员主管当局是否“采用中国价格和成本”的选择权。换言之，“替代国”做法在未来仍有适用的可能。

2. 对第 15 条（d）款三类终止条件以及与（a）款之关系的不同理解

从结构上分析，《议定书》第 15 条（a）款与（d）款同属一个有机整

---

① See Jorge Miranda, “More on Why Granting China Market Economy Status After December 2016 Is Contingent upon Whether China Has in Fact Transitioned into a Market Economy”, 11 *Global Trade and Customs Journal*, issue 5 (2016).

② See AEGIS EUROPE, MARKET ECONOMY STATUS FOR CHINA: THE PROPER LEGAL INTERPRETATION OF CHINA’S WTO ACCESSSION PROTOCOL, *at* http: //staticl. squarespace. com/static/5537b2fbe4b0e49a1e30c0lc/t/568f7c28a128e65d0d3a16fe/1452244009701/The + proper + legal + interpretation + of + China% E2% 80% 99s + WTO + Accession + Protocol. pdf (Last visited on January 30, 2019).

③ See *EC Measures Concerning Meat and Meat Products* (*Hormones*), Report of the Appellate Body WT/DS26/AB/R, WT/DS48/AB/R, 163 (1998).

④ See *EC Measures Concerning Meat and Meat Products* (*Hormones*), Report of the Appellate Body WT/DS26/AB/R, WT/DS48/AB/R, 164 – 165, 167 – 171 (1998).

⑤ See *European Communities—Trade Description of Sardines*, Report of the Appellate Body WT/DS231/AB/R, 242 (2002).

体，[①]（d）款的内容体现在三句话：第一，一旦（once）中国依据 WTO 进口成员的国内法证明了自己是一个市场经济体，（a）款的内容将被终止；第二，无论如何（in any event）（a）款（ii）项规定将在中国入世 15 年后终止；第三，此外，一旦中国依据 WTO 进口成员的国内法证明其国内某个特定行业或领域具备市场经济条件，（a）款有关非市场经济的内容即不适用于该行业或领域。关于（d）款三类终止条件以及与（a）款之关系，仍存在着不同解读。

有一种解读认为，三者的关系应视为一种平行适用的关系。如果按照这种理解，（d）款第 1 句和第 3 句在中国入世 15 年后将继续有效，即中国只有被其他 WTO 成员方国内法整体承认为市场经济或在特定产业中被承认为市场经济地位的情况下，（a）款才能够完全被排除适用；而"日落条款"生效后的法律后果仅仅是终止（ii）项的适用。显然这种解读，没有考虑（d）款三句话上下文之间的联系，忽视了特定承接词中所蕴含含义的揭示，存在着较大的逻辑漏洞。

然而，在 Jorge Miranda 看来，15 条（d）款的第 1 和第 3 句是对（a）款的整体否定，并无明确的时限规定。具体来说，"一旦"的含义即"any time when"，这表明中国依据进口成员的国内法证明（并得到对方承认）自己是一个市场经济体的事实可能发生在 2016 年 12 月 11 日之前，也可能发生在之后。而（d）款的第 2 句却有明确的时限要求。其中"无论如何"意为"no matter what happens"，故对第 2 句话的解读应为"即使中国到了 2016 年 12 月 11 日仍未证明自己是市场经济，（a）款（ii）项的规定也终止"。但他同时强调，此处否定的并不是非市场经济方法本身，而是转变为一种"可反驳的推定"。[②]

胡加祥教授认为，第 15 条（a）款与（d）款的区别在于证明主体的区别。其中，（d）款的证明主体是中国（国家行为），即中国能够证明自己是市场经济体（并得到对方承认），或者某个行业或领域"符合市场经济标准"，那么中国企业就无须自证产品是否是"在市场经济条件下制造、生产、销售的"，（a）款自然就失去意义；而（a）款的证明主体是中国企业（企业行为），适用

---

① 当然，（b）款和（c）款也是 15 条的组成部分，因与本文主体无关，故不做讨论。

② See Jorge Miranda, "More on Why Granting China Market Economy Status After December 2016 Is Contingent upon Whether China Has in Fact Transitioned into a Market Economy", 11 *Global Trade and Customs Journal*, issue 5 (2016).

前提是中国尚未证明（并得到对方承认）自己是市场经济体，且这种证明具有偶发性。①

3. 对于《议定书》第 15 条如何适用“有效解释原则”的不同理解

实际上，《公约》的条约解释规则既无“有效”这一用语，也未明确包括有效解释原则。② 然而，WTO 争端解决机构却相对较多地以有效解释作为《公约》解释通则的补充规则。在“日本酒税案”③、“韩国奶制品保障措施案”④、“加拿大乳制品案”⑤ 等案件中，上诉机构均一再强调这一原则。在上述关于《议定书》第 15 条到期效力的争论中，似乎各方均在以“有效解释原则”为自己的论点做辩护。但细究后发现，之所以仍存在分歧的本质是各方对于“有效解释原则”本身的理解就存在差异。

根据 1966 年联合国国际法委员会（ILC）对《公约》解释通则的评注，“与其毁物不如使之有用”是“有效解释原则”的基本含义。⑥ 有效解释原则事实上是要求解释者必须赋予条约所有用语以意义和效力，而不是使它（们）毫无意义。⑦ 基于此，以 Bernard O'Connor 为代表的“（a）款实质保留说”的观点认为，“第 15 条的‘日落条款’只是规定了（a）款中非常具体的款项将停止适用，而其他条款将继续适用。将一款项的失效解释为给予市场经济地位

---

① 胡加祥：《〈中国入世议定书〉第 15 条之解构》，《法学》2017 年第 12 期，第 92 - 103 页。

② 联合国国际法委员会（ILC）讨论《维也纳条约法公约》时认为，没有必要将有效解释原则单独作为一项条款，因为这不可避免地最终肯定被宽泛地解释。当时，ILC 考虑的问题不是条约某条款的一部分失效与其他部分仍有效的关系，而是条约解释的宽泛与限制问题。参见张乃根：《〈中国入世议定书〉第 15 段的条约解释——以 DS397 和 DS516 为例》，《法治研究》2017 年第 6 期，第 136 - 149 页。

③ Japan——*Taxes on Alcoholic Beverages*, Report of the Appellate Body, DS8, 10, 11/AB/R, 12 (1996).

④ Korea——*Definitive Safeguard Measures on Imports of Certain Dairy Products*, Report of the Appellate Body, DS98/AB/R, para. 80 (1999).

⑤ Canada——*Measures Affecting the Importation of Milk and the Exportation of Dairy Products*, Report of the Appellate Body, DS103, 113/AB/R, para. 133 (2002).

⑥ Draft Articles on the Law of Treaties with Commentaries Yearbook of the International Law Commission, vol. II: para. 6, 219 (1966).

⑦ Korea——*Definitive Safeguard Measures on Imports of Certain Dairy Products*, Report of the Appellate Body, DS98/AB/R, para. 121 (1999).

的截止日，不仅将不存在的某些内容解读进第 15 条，而且使得其他款项无效，这是国际条约解释所不允许的。一款项的失效不得改变法律的其余部分。"① 前文已述，将《议定书》第 15 条与中国市场经济地位混为一谈的说法，显然是错误的。

然而，许多中国学者对上述理解提出了有力的质疑。他们认为，无论是根据 1966 年联合国国家法委员会（ILC）对《公约》解释通则的评注，还是 WTO 争端解决机构在适用"有效解释原则"的实践中，均表明"有效"解释不应是单独适用于涉案条约解释，而是适用《公约》第 31 条解释通则的一部分。作为解释通则的延伸，"有效解释"应遵循该通则本身的要求：如整体解释、目的宗旨解释以及善意解释的要求。② 这一点在"韩国乳制品案"中上诉机构的报告中也提到过。因此，（i）和（ii）项与（a）款序言是不可分割的"整体"。（a）款序言以及（i）项都将随着（ii）项到期失效而完全无效。

五、《议定书》第 15 条到期效力的合理解读与我国的应对路径

对于庞大的 WTO 协议框架（包括《议定书》在内）来说，条约解释无疑是家常便饭。③ 然而，"对于国际条约的解释，从一定程度上说，是艺术而非准确的科学"④ 之语点出了国际条约解释的本质，说明其具有主观性和不确定性，仁者见仁，智者见智。这也是为何在国际争端中，依赖条约解释解决争端后仍留下诸多争议的根本原因。

---

① See BERNARD O'CONNOR, THE MYTH OF CHINA AND MARKET ECONOMY STATUS IN 2016, at http://orldtradelaw.typepad.com/files/oconnorresponse.pdf.; See also Bernard O' Connor, "Market - economy status or China is not automatic", at Yale Global Online, (Last visited on May 24, 2019).

② 参见张乃根：《〈中国入世议定书〉第 15 段的条约解释——以 DS397 和 DS516 为例》，《法治研究》2017 年第 6 期，第 136－149 页。

③ Anthony Aust, *Modern Treaty Interpretation*, N. Y.: Oxford University Press, 230 (2008).

④ ［英］安托尼·奥斯特著：《现代条约法与实践》，江国青译，中国人民大学出版社 2005 年版，第 179 页。

(一)《议定书》第15条的到期效力的两条合理“解释路径”及论据

1. 基于文义解释优先原则：仅（ii）项失效导致“举证责任的转移”

如WTO上诉机构在“美国诉印度药品与化肥专利保护案”指出的，“条约解释的一般原则既不要求也不宽恕将条约肢解成其文字并不包含的意思，也不强加条约本身并不存在的概念。”① 联合国国家法委员会（ILC）在对《公约》第31条“解释通则”的规定亦曾有过这样的解释：条约解释的出发点是条约文本。所以，条约的解释主要是阐明约文所含意义的过程，而并非自始就探询条约的目的与宗旨，或当事国的缔约意图。②

实际上，从第15条（d）款第3句话来看，“无论如何，（a）款（ii）项规定将在中国入世后15年终止”，其直接指向的仅有（ii）项的失效。从内容安排上看，（a）款是由序言、（i）项和（ii）项三个部分组成，彼此间相互独立。如果（ii）项的失效同时导致序言和（i）项失效，那么理应在序言中作出这样的规定，而不是像现在这样，用一个子目录涵盖总目录，这不合乎起码的逻辑。③

事实上，《议定书》第15条（a）款（ii）项失效的直接后果是：进口成员当局在中国企业无法清晰地证明自己所处的行业符合市场经济标准时，不能直接采用替代国价格计算中国出口产品的销售价值，而是应先由进口成员的申诉企业证明中国企业所处的行业不符合市场经济标准。当然，进一步说，在反倾销调查中，如果中国企业能够反驳申诉企业的指控，证明自己完全符合市场经济标准，那么进口成员当局就应该依据《议定书》第15条（a）款（i）项规定接受中国企业出口产品的价格。

此外，又依（d）款的规定，只有当中国能够证明（并得到对方承认）自己是市场经济体，或某个行业或领域“符合市场经济标准”，那么才导致（a）

---

① India——*Patent Protection for Pharmaceutical and Agricultural Chemical Products*, Report of the Appellate Body, WT/DS50/AB/R, para. 45 (1997).

② 参见万鄂湘、石磊、杨成铭、郑洪武著：《国际条约法》，武汉大学出版社1998年版，第247－248页。

③ 胡加祥：《〈中国入世议定书〉第15条之解构》，《法学》2017年第12期，第92－103页。

款的“整体”失效。值得注意的是，前文已述，（d）款的证明主体是中国，而（a）款证明主体是中国企业。

2. 基于“系统解释”“目的解释”与“历史解释”原则的综合运用：（a）款“整体”失效

（1）解释方法的合法性论证

如前文所述，《公约》第31条和第32条约定了具体的条约解释方法，因此被普遍认为是争端解决机构在解释WTO规则时必须依据的规范。结合WTO争端解决机构的评审团和上诉机构审理的一些典型案件，实践中主要解释方法包括：文义解释方法、系统解释方法、目的解释方法以及历史解释方法。①

《公约》第31条第1款规定：“条约应依……其上下文……解释之”。这一条款规定了条约的系统解释方法。在运用系统解释方法阐述条约文本中的某一法律规范或法律概念时，应注意其与其他法律规范或概念的联系，以及它在整个法律的整体和上下文中的逻辑意义，由此作为阐明该法律规范或法律概念的含义的依据。这点在“日本酒类税案”上诉机构的裁决中有所强调。

目的解释方法同样是一种非常重要且常用的解释方法。“条约应……参照条约之目的及宗旨……解释之”，实际上明确了目的解释方法。《公约》虽然不主张一开始就对缔约意图、条约的目的与宗旨加以探讨，但这并不表示公约排除目的解释方法在条约解释中的应用。在“美国禁止进口虾和虾制品案”中，上诉机构明确指出，GATT第20条关于“环境例外”的规定是50多年前的产物，应根据现代国际社会的环保理念进行解释，而且《WTO协定》序言规定了“可持续发展”的目标。因此，对该条规定的解释，不应是“静态的”（static），而应是“演变的”（evolutionary），应根据条约的“可持续发展”的目的“添加色彩、韵味和进行微调”（add color，texture and shading）。②

---

① 韩立余先生将世贸组织现有的解释方法归纳为12种：“个案解释”“确定实际用字含义”“确定字面含义、通常含义”“根据当前关注的问题来阐述用语的历史演变”“参照其他国际条约来确定条约用语的含义”“上下文的确定”“赋予条约的所有文字以含义和效力”“句子关系”“条约的目的和宗旨”“根据条约的制定历史”“含义不确定时义务从轻”和“司法自我约束”的解释方法。参见韩立余：《世界贸易组织规则的解释》，《国际贸易问题》2000年第3期，第20页。

② See United Stated—*Import Prohibition of Certain Shrimp and Shrimp Products*, Appellate Body Report, WT DS58/AB/R. Oct. 22, 2001.

《公约》第32条“解释之补充资料”规定：“为证实由适用第31条所得之意义起见，或遇依第31条作解释而：（甲）意义仍属不明或难解；或（乙）所获结果显属荒谬或不合理时，为确定其意义起见，得使用解释之补充资料，包括条约之准备工作及缔约之情况在内。”该条规定了历史解释方法。虽然历史解释方法只是一种补充方法，但这并不意味着这种使用例如缔约的历史背景、缔约的谈判记录、条约的历次草案与讨论条约的会议记录等补充资料的解释方法不重要。而事实上，在WTO在争端解决机构的条约解释实践中，历史解释方法也是一种经常被使用的方式。在“日本酒类税案”和“欧盟电脑配件关税分类案”① 中，争端解决机构都运用了历史解释方法。在“加拿大期刊案”中，上诉机构按《公约》第31条的方法对GATT1994第3.8（b）条做出解释后，又使用历史解释方法来证明其解释的准确性。②

（2）解释结论的合理性论证

值得注意的是，与上述四种解释方法不同，“有效解释原则”和“整体解释原则”虽然在WTO争端解决机制的实践中均曾被提及或使用，但其不属于《公约》31条和32条项下的“条约解释通则”，而属于“补充规则”。虽然有学者以“整体解释原则”作为论证（a）款整体失效的论据，③但这一论证方式是否能被DS516的评审团所采纳，仍然很难确定。事实上，在WTO争端解决的历史上，评审团报告中有6次用到了“整体解释”（holistic interpretation）或“整体方式”（in a holistic manner），但它没有对何为“整体解释”作出清晰定义。对于“整体解释”，仅存在学理上的定义。比如有学者认为，条约的整体解释意指主要融合了法律解释学方面的系统解释与历史解释两种方法于一体的方法，但以系统解释为主。④这种解释既要考虑法律文本本身，也要考虑法律文

① See European Communities—*Customs Classification of Certain Computer Equipment*, Appellate Body Report, WT/DS62, 67, 68/AB/R. Jun. 5, 1998.

② See Canada—*Certain Measures Concerning Periodicals*, Appellate Body Report, WT/DS31/AB/R. Jun. 30, 1997.

③ 张乃根：《〈中国入世议定书〉第15段的条约解释——以DS397和DS516为例》，《法治研究》2017年第6期，第136－149页。

④ 马忠法：《论条约的整体解释法——以美日欧诉中国稀土等产品出口措施案为例》，《当代法学》2014年第4期，第142－152页。

本的发展及其修正；既要考虑过去，也要考虑现在。①

可以看到，实际上学理对于“整体解释原则”的解读仍是基于“文义解释方法、系统解释方法、目的解释方法以及历史解释方法”这四项基本的条约解释方法。为了论证“（a）款完全失效论”的合理性，需要否认严格形式意义上的文义解释方法，要综合运用上下文、目的宗旨以及相关“补充材料”，对《议定书》第15条做出善意解释：

首先，从系统解释（上下文）来看，《议定书》15条有着明晰的结构：（a）款规定反倾销中确定正常价值的非市场经济方法；（b）款规定反补贴中确定补贴利益的非市场经济办法；（d）款规定（a）款或（a）款（ii）项特定情况下到期失效。与（b）款确定补贴利益的非市场经济方法能够继续适用这一点的对比表明，（a）款确定正常价值的非市场经济方法是一种临时性、过渡性的安排。具体到（a）款的内容，第15（a）段序言中的“依据（based on）”一词表明，起首部分指明了“两者择一”的两种确定价格可比性的方式，而其下的（i）和（ii）项则分别规定了适用这两种方法的实质性条件。此外，序言后半句的“如下规则”（the following rules）是复数，也表明了（i）和（ii）项是作为“如下规则”的整体，同时与序言具有不可分割的关系。

其次，从条约的目的和宗旨角度看，《反倾销协定》的目的一方面是授权成员采取反倾销措施以反制损害性的倾销行为，另一方面也为进行反倾销调查和实施反倾销措施设定了实质性的条件和具体的程序规则。②非市场经济方法只是《议定书》中的一种过渡性、暂时性的安排，本质上偏离了《反倾销协定》第2.1、2.2条以及GATT第6条第1款的规定，应当防止其成为贸易歧视和贸易保护主义的工具。如果认为《议定书》第15条（a）款规定的非市场经济方法是无期限的，就意味着长久地将中国摆在劣等地位，这明显违反了WTO的重

① Vicki C. Jackson, Holistic Interpretation, “Comparative Constitutionalism, and Fission Freedoms”, 58 *U. Miami L. Rev.* 256 (2004).

② 《反倾销协定》没有阐明其目的和宗旨的序言部分，但上诉机构认为其目的和宗旨可以从其内容和结构中识别。See *EU - Biodiesel* (*Argentina*), Appellate Body Report WT/DS473/AB/R. Oct. 6, 2016。

要原则——最惠国待遇原则。[①]进而,《WTO 协定》的序言部分阐明了促进贸易和给予发展中国家特殊照顾的宗旨,[②]若将第 15 条解释为“允许不加期限地使用非市场经济方法”,显然是与该宗旨相违背的。

此外,从历史解释的角度,WTO 成员在 WTO 框架下磋商并达成的协定,包括入世谈判协定,是 WTO 的法律渊源之一。[③]在《美国 - 中国双边 WTO 协定摘要》中提到,“签署的协议条款保证美国企业和工人在面对包括倾销和补贴在内的不公平贸易时获得有强有力的保护。美国和中国已经同意,我们将能在未来的反倾销案件中维持我们目前的反倾销方法(把中国当作非市场经济国家),而免受法律追诉的风险。这一条款将在中国加入后 15 年内有效。”欧盟委员会在有关中国入世的提案中对中国入世条款摘要的表述为“为中国出口商涉嫌倾销案件规定具体程序的欧盟现行规定……在中国入世后的至多 15 年内将继续可用”。[④] 这些官方性质的声明至少表明了,非市场经济方法是有 15 年期限的。

(二)DS516 案背景下中国的应对路径:抗辩思路的“两手准备”

实际上,基于上述对《议定书》15 条到期效力争议的分析,我们发现,无论是首先基于文义解释的原则[即得出结论:第 15 条中“日落条款”直接指向的是(a)款的(ii)项,并没有提及(a)款序言及(i)项,三个部分应当

---

① 最惠国待遇原则规定在 GATT 第 1 条第 1 款。尽管有若干例外和偏离,最惠国待遇原则仍然是 WTO 法律中最重要的规则。See Peter Van den Bossche & Werner Zdouc, *The Law and Policy of the World Trade Organization*, Cambridge: Cambridge University Press, 95 (2013)。

② 上诉机构认为,序言的表达反映了 WTO 协议磋商者的意图,因此序言会为解释 WTO 协议附件中的条约提供背景。See US – Shrimp, Appellate Body Report, WT/DS58/AB/R, para. 153 (2001)。

③ See SUMMARY OF U. S – CHINA BILATERAL WTO AGREEMENT, WHITE HOUSE PUBLIC LIAISON BRIEFING IN SUMMARIZING THE U. S – CHINA BILATERAL WTO AGREEMENT, at https://clintonwhitehouse3.archives.gov/WH/New/WTO – Conf – 1999/factsheets/fs – 006.html (Last visited on August 25, 2018).

④ PROPOSAL FOR A COUNCIL DECISION ESTABLISHING THE COMMUNITY POSITION WITHIN THE MINISTERIAL CONFERENCE SET UP BY THE AGREEMENT ESTABLISHING THE WTO ON THE ACCESSION OF THE PRC TO THE WTO, para. 55, at http://aei.pitt.edu/37726/1/COM_ (2003) _ 308_ final.pdf (Last visited on August 25, 2018).

是独立的关系］，还是综合运用《公约》31条和32条的解释规则，不仅要看该条款本身的文字，还要看上下文及目的宗旨做“整体”上的善意解释［即得出结论：（a）款整体失效，进口成员无法继续基于第15条对中国实行非市场经济方法］，从理论上都能得出相对合理的解释路径，并有相应的论据支持。

然而，问题的关键就在于，在WTO争端解决机制下评审团和上诉机构会采取怎样的解释路径？事实上，即使是WTO的上诉机构，对于条约解释方法的具体运用，特别是对各种具体解释原则采用顺序的选择上，都存在着不同的见解。具体到此次“我国诉欧盟与价格比较方法有关的措施案”（DS516），在制定申诉和上诉策略的时候，无妨基于上述两种均具合理性的解释路径，做好“两手准备”，为DS516的胜诉增加砝码。

首先，中方在申诉和抗辩中的“第一手准备”，即向评审团论证：对于第15条的解读不能仅是条款的咬文嚼字，还要综合运用系统解释方法、目的解释方法和历史解释方法，对条文进行善意和整体解读。进而得出结论，（ii）的失效实际上意味着（a）款整体失效，故2016年12月11日后，进口方成员应停止依《议定书》第15条之规定非市场经济方法，包括“替代国”做法的变种，如“未扭曲的国际价格”标准（具体论据在上文已有详细分析，故不再赘述）。如若还想继续对中国使用“替代国”价格，只能依据举证难度极大的GATT附件中第6条第1款注释2之规定。

其次，如果评审团坚持先前WTO上诉机构及联合国国家法委员会（ILC）所秉持的“条约解释的出发点是条约文本解读”观点，那么中方的辩护思路应做出相应调整，做“第二手准备”，在后续的审理及程序中做到“见招拆招”，以免措手不及。此时，我们仍然可以适用“举证责任发生转移”的观点以巩固我方的主张（具体论据在上文已有详细分析，故不再赘述），要求进口成员方申诉企业首先应证明中国企业所处行业不符合市场经济标准，否则就要承担“不利后果”，即必须接受中国企业出口价格，无法再适用非市场经济方法。然而，前文也提到，这种证明是具有偶发性的。那么，关于我国“市场经济地位”的认定，中方又该如何据理力争呢？

针对以上困境，胡加祥教授提出的“援引入世工作组报告第151段作为抗辩理由”的思路[1]值得借鉴。基于对工作组报告第151段的条文解读，他认为，该条是针对WTO进口成员就中国出口产品采取反倾销措施时应承担相应义务的最主要条款，其中（a）款明确要求WTO相关成员在采取反倾销措施前必须在国内已公布“市场经济标准”，使用可比价格的方法。这是中国可以援引的一条重要的抗辩理由，因为这是进口成员对中国产品采用“替代国”价格比较的前提。同时，选择替代的成员应该是“生产与中国出口产品相类似产品的主要成员，而且要么其经济发展水平与中国相当，要么因为其他原因，就受进口成员调查的中国出口行业性质而言是一个价格或成本合适的比较对象”。满足上述条件的举证责任在于进口成员。同时（b）至（f）款还规定了涉及中国反倾销调查中进口成员应尽的其他责任和义务。

虽然作者也坦言，入世工作组报告第151段并没有被收录在第342段中（故其不属于国际条约，只能属于“补充资料”），而且在序言中还作了“在落实议定书草案第15条（a）款（ii）项时”这样的限定，从而大大削弱了中国的抗辩能力。但是，这样一来，便会导致法律适用上的不合理现象，即WTO成员可以继续视中国为“非市场经济国家”，但其为此承诺履行的义务却到期失效了。针对这种“显属荒谬”和“不合理”现象，中方便可以根据《公约》32条（解释之补充资料），提出有必要援引作为中国入世谈判和起草议定书的重要准备材料的入世工作组报告加以澄清。这在根本上也符合《关于争端解决规则与程序的谅解》第3条第2款所确立的宗旨，即“世贸组织争端解决机制是确保多边贸易体制的安全和具有可预见性的重要因素”。

六、余论

实际上，《议定书》第15条（a）款的对华歧视性反倾销规定并不是中国入世时接受的唯一不利条款。在众多不利条款中，却唯有与反倾销措施密切相关的“日落条款”引发如此多的争议。个中缘由，除了《议定书》第15条本

① 胡加祥：《〈中国入世议定书〉第15条之解构》，《法学》2017年第12期，第92-103页。

身的确存在一定瑕疵以外，也与当前全球经济格局的深刻演变不无关系。①

当前，全球经济形势整体下滑，致使贸易保护主义和单边主义再一次抬头。因此，一方面，“非市场经济地位”之诉实际上也是中国捍卫 WTO 多边贸易体制的重要举措。中国亦希望通过缘起于《议定书》第 15 条的争端重申：WTO 规则仍是当前国际经济贸易交往的基本行为准则；WTO 多边贸易体制仍将是实现全球‘2015 后（post－2015）发展议程’所不可或缺的有利环境。”② 从另一个方面来讲，此次中欧争端（DS516）也给评审团与上诉机构出了一个“难题”。在如今 WTO 体制日渐式微的背景下，鉴于欧盟与中国是 WTO 的两大重要成员，且该案与美国也有紧密的联系，不少学者预测该案的评审团很有可能会采取“和稀泥”的立场，在提交上诉机构后，直到该案获得最终裁决又可以“拖延”一年半载。故而，此次评审团的报告及最终裁决结果，也备受关注。

因此，在这种情况下，我国更应该旗帜鲜明地坚持自由贸易和经济全球化，维护 WTO 自由、公平的多边贸易体制。面对欧盟等无视其应承担的国际义务、依旧坚持在对中国出口产品的反倾销调查中继续适用“替代国”的做法，继续有理有据地适用 WTO 规则与条约解释通则，主张和维护国家与企业的合法权益。

（初审：何琴琴；校对：常敏、胡萍）

① 胡斌：《中国入世“日落条款”法律效果的“善意”解释》，《武大国际法评论》2017 年第 4 期，第 125－139 页。

② WTO，WORLD TRADE REPORT 2014，at https：//www. wto. org/english/res_ e/booksp_ e/world_ trade_ report14_ e. pdf（Last visited on August 25，2018）.

《中财法律评论》稿件征集公告

《中财法律评论》是由中央财经大学法学院主办、中国法制出版社公开出版的法学学术集刊，由全日制学生自主负责文章的编辑和审校。自2008年创刊以来连续出刊，至今已出版11卷，其品质的连续性在国内同类刊物中名列前茅。作者群体除国内外主流法学院校的研究生，更有优秀中青年学者、法官等实务工作者。

《中财法律评论》坚持学术自由、自主、自律之原则，坚守学术初心，致力于为作者开放“有品格的平台”，为读者输送“有价值的思想”。本刊旨在打造一流的学生自办学术辑刊，不断提升自身的学术品格和学术影响力，现面向广大法学研究者和法律从业者征集稿件。

本刊长年收稿，不对来稿做字数上限要求（鼓励富有真知灼见的长文），不以任何形式向作者收取费用且稿件一经采用即付薄酬。所有投稿在形式上应当符合国家著作权规定、公认学术规范和本刊编辑体例；在内容上应当选题适中合理、论证充分有力、逻辑清晰明了、结构严谨周密、数据真实可靠，具有一定的学术创新性和必要的学术深度。

对实务的仔细研磨和对理论的深入剖析是法学研究走向精细化不可或缺的两面，因应时代发展，对新兴领域的探索亦已成为法学研究的发展重点。为此，本刊将根据收稿情况，适当调整“实务探微”和“理论纵深”两大固定主题，并视情况安排各大主题版块。本刊接收译稿。此外，欢迎来稿以对外文文献的充分阅读和认真研习为前提展开的“介绍性”研究，亦欢迎富有比较法基础和可行性的“启示性”研究，但反对不加甄别的“拿来主义”。

为提升学术品格及贯彻学术标准，公正、严谨地对待每一篇来稿，本刊实行三审终审制。对所有符合基本学术规范、具有基本探讨价值的文章，无论录用与否，本刊均会提出较为具体的书面审查意见和修改建议。作者可以对初审意见进行理性回应，在进行修改、达到通过初审的要求后，编辑委员会将对稿件进行复审。对于重要的或有争议的稿件，编辑委员会将在与编辑部之外的专门研究人员协商讨论后，最终决定是否录用，但只以文章质量为依据。本刊一贯坚持唯以文章学术质量论的用稿原则，请勿以任何方式影响审稿。

来稿请将以文稿标题为主题的电子邮件发送至 zcflpl2012@126.com，并附上作者姓名等身份信息。编辑部将在收稿后一个月内按照您投稿的电子邮箱回复初审意见及修改建议。作者应在收到“修改后用稿通知书”后按照本刊要求做必要的内容和格式修订，本刊编辑部保留对来稿进行文字性和技术性修改的权利。在确定用稿后，本刊将通过邮箱向作者发送用稿通知书扫描件，在正式出版后向作者寄送样刊2册。

投稿人向《中财法律评论》投稿，即视为已知悉并接受此稿件征集公告。